Chaman
des temps modernes

ALBERTO
VILLOLDO

Chaman des temps modernes

Traduit de l'anglais (États-Unis)
par Danielle Champagne

J'AI LU

Collection dirigée
par Florent Massot

L'auteur de ce livre n'offre aucun conseil médical et ne suggère aucunement, que ce soit directement ou indirectement, d'abandonner les traitements que pourrait vous avoir prescrits votre médecin pour régler vos problèmes de santé. L'intention de l'auteur se résume à vous offrir une information de nature générale pour vous aider dans votre quête de bien-être. Au cas où vous utiliseriez quelques informations contenues dans ce livre, ce qui est votre droit le plus strict, l'auteur et l'éditeur se déchargent de toute responsabilité quant aux conséquences de vos actions.

Titre original
SHAMAN, HEALER, SAGE

Éditeur original
Harmony Books, membre de Crown Publishing Group,
une division de Random House, Inc.

À Helena Kriel, avec tout mon amour

REMERCIEMENTS

Aucun mot ne peut exprimer ma gratitude aux personnes qui ont rendu ce livre possible. Tout d'abord, il y a mon mentor, don Antonio, qui a eu la patience et la vision d'initier un jeune anthropologue occidental aux arts chamaniques. Ma rédactrice, Patty Gift chez Random House, qui s'est plongée dans les enseignements thérapeutiques et m'a accompagné sur les plus hautes montagnes des Andes pour travailler avec les derniers sages incas. Je lui suis infiniment reconnaissant d'avoir fait de ce livre une réalité. Je remercie chaleureusement Laura Wood et Normandi Ellis qui m'ont aidé à structurer mon manuscrit ; Stanley Krippner qui a cru en moi et soutenu mes recherches à mes débuts ; mon agente Sue Berger, pour son encouragement constant. Finalement, je veux souligner la contribution des élèves et du corps professoral de l'école *Healing the Light Body* qui a permis de développer les techniques et les pratiques présentées dans ce livre ; et je dis merci à Lisa Summerlot, pour son amour et son soutien inlassables.

SOMMAIRE

PARTIE II LE MONDE LUMINEUX

PARTIE III LE TRAVAIL DU CHAMAN

PROLOGUE

Ce livre est le résultat de mes voyages et de mon apprentissage avec les chamans incas. L'une des plus grandes civilisations d'Amérique, bâtisseurs du Machu Picchu, les Incas vivaient dans des villes perchées dans les nuages, aux rues pavées de cailloutis nettoyées chaque soir par les eaux d'un système de canalisation urbain. Les chamans incas ont pratiqué la médecine énergétique pendant plus de 5000 ans et transmis ce savoir d'une génération à l'autre par la tradition orale. Pendant 25 ans, j'ai étudié avec les meilleurs guérisseurs et guérisseuses incas. Les rites que j'ai suivis sur les monts élevés des Andes et en Amazonie font partie d'une tradition ancienne, et cela exigeait parfois des mois de préparation. Grâce à eux, en tant qu'apprenti, j'ai été libéré de l'emprise de la peur, de l'avidité, de la violence et de la sexualité prédatrice. Ma quête était guidée par un vieux sage nommé Antonio Morales. J'ai raconté mes aventures avec don Antonio dans la région amazonienne et les hautes terres des Andes dans mes livres précédents, *Dance of the Four Winds* et *Island of the Sun*.

Les techniques thérapeutiques basées sur l'esprit et la lumière décrites dans ce livre sont une interprétation contemporaine d'anciennes pratiques de guérison. Des versions de la perception du chaman, que j'appelle la seconde conscience, et du processus d'extraction sont toujours en usage en Amérique du Nord et du Sud. Les rites de la mort ont été créés en Amazonie et font partie d'un bloc de connaissances découvert par des hommes et des femmes qui ont transcendé les notions de temps et de mort. J'ai élaboré le processus d'illumination avec mon mentor, don Antonio, à partir d'une pratique de guérison inca presque oubliée faisant appel au champ d'énergie lumineux. Ces techniques sont extraordinairement puissantes et efficaces. Leur usage exige la plus grande intégrité et une éthique très stricte.

Dans la partie I, j'explique le système de croyances sur lequel s'appuient ces techniques. Dans la partie II, je fournis des méthodes pour acquérir la perception du chaman, pour créer l'espace sacré, ainsi que des pratiques que vous pourrez expérimenter dans le cadre de votre démarche personnelle de guérison. Vous ne devriez pas les utiliser avec d'autres personnes sans avoir reçu une formation adéquate d'un praticien expérimenté. Dans la partie III, je décris des techniques avancées qui ne doivent être exercées que par des praticiens expérimentés, ayant été formés par un maître qualifié. Ces chapitres révèlent des procédures servant à désencombrer la réaction immunitaire, à éliminer les énergies et les entités importunes, et à assister un être cher qui retourne au monde de l'Esprit.

La guérison énergétique comporte des [illegible]gers, tant pour le client que pour le guér[illegible]seur. Beaucoup trop de praticiens mal formés dispensent leurs traitements sans comprendre la mécanique du champ d'énergie humain. J'ai déjà vu des personnes souffrant d'un cancer recevoir un « traitement énergétique » à même leur tumeur, ce qui n'a fait que répandre la maladie dans tout leur organisme. À leur grand étonnement, elles ont découvert que le cancer se développait sous l'effet de certaines formes d'énergie. J'ai aussi vu des personnes aux prises avec de graves problèmes psychologiques se faire soigner par des guérisseurs incompétents, ce qui n'a fait qu'aggraver leur état et amplifier les symptômes de leur névrose ou de leur vision dysfonctionnelle du monde. Une femme qui avait perdu son enfant dans un accident d'automobile est venue me consulter. Une voyante lui avait dit que sa petite fille était toujours à ses côtés et qu'elle n'avait qu'à « s'ouvrir » pour sentir sa présence. Elle avait aussitôt ressenti un soulagement, mais avait commencé à souffrir d'insomnie quelques jours plus tard. Après une semaine sans sommeil, elle était venue me voir. Elle m'a annoncé d'emblée qu'elle voulait mourir et était prête à s'enlever la vie. Lorsque j'ai vérifié la présence d'une entité intrusive (chapitre 8), le résultat a été positif. L'esprit de la petite fille s'était accroché au champ d'énergie lumineux de sa mère, cherchant à s'échapper de la confusion et de l'agitation expérimentées à la suite d'une mort violente. Le conseil de « s'ouvrir », même s'il était bien intentionné, contribuait à maintenir la mère et la fille dans un état d'agitation émotionnelle et de souffrance psychique.

Lors de notre première séance, la mère a remis sa fille aux soins des guérisseurs lumineux qui la transporteraient dans la lumière du monde de l'Esprit. Elle a trouvé difficile de la laisser partir. Durant le processus d'illumination, elle a perçu la mort comme un portail vers l'infini ; elle a vu que sa fille n'était séparée d'elle que par un mince voile. Peu de temps après, elle a retrouvé un sommeil profond. Nous avons ensuite fermé l'ouverture de son champ d'énergie lumineux par lequel s'était immiscé l'esprit de sa fille. Telle une blessure vive, cette ouverture était une véritable invitation aux entités opportunistes et aux énergies perturbatrices. Puis nous avons passé quelques séances à guérir son deuil. Je l'ai encouragée à s'adresser à un psychothérapeute spécialisé dans le traitement des personnes ayant subi une perte. Je suis sûr que cette femme se serait suicidée si elle avait continué à suivre les conseils de la voyante. Elle a plutôt entrepris une démarche de guérison avec beaucoup de courage et de volonté. Elle est devenue une guérisseuse douée et sensible et aide d'autres personnes ayant subi tout genre de deuils.

La magie noire et blanche

Alors que j'étais au début de la vingtaine, je me préparais en vue d'une expédition en Amazonie lorsque j'ai reçu un appel de la fondation qui parrainait mes recherches. On avait besoin d'un anthropologue pour terminer une étude sur les guérisseurs vaudous d'Haïti. J'hésitais à accepter puisque je connaissais très peu de choses sur les pratiques de guérison de ce pays, inspirées des techniques africaines. Le représentant de la fondation m'a annoncé qu'il s'agissait d'assister l'anthropologue principal pendant 10 jours seulement, et a réussi à me convaincre en mentionnant qu'il examinait ma demande de subvention pour retourner en Amazonie. Cinq jours plus tard, j'ai atterri à Port-au-Prince. L'anthropologue principal, fin de la trentaine, avait passé presque un an en Haïti. Il m'a expliqué que les Français qui avaient colonisé cette île avaient été les pires surveillants d'esclaves du Nouveau Monde. Tandis que l'espérance de vie des esclaves africains débarqués en Amérique était de 30 ans, celle de ceux qui avaient la malchance d'aboutir en Haïti n'était que de 2 ans. Il a poursuivi en disant que le vaudou était originellement une pratique thérapeutique du Sahara sub-africain et qu'en Haïti on y recourait aussi pour causer du tort à ses ennemis, particulièrement concernant les négriers sans merci. Il m'a expliqué que les techniques étaient les mêmes. Les pratiques servant à guérir servaient également à blesser. Les méthodes utilisées pour stimuler le système immunitaire en vue d'éradiquer une tumeur cancéreuse pouvaient également être employées pour y déposer des résidus faisant mourir la victime d'une pneumonie en quelques semaines.

En raison de mon jeune âge, je me pensais plus avisé. Je soutenais que la magie noire n'agissait que sur les personnes qui y croyaient. Si vous n'adhériez pas à ce système de croyances, elle n'avait aucun effet sur vous. Je me souviens d'avoir fait cette déclaration péremptoire à l'anthropologue principal dans un petit café en bordure de la mer. Il m'a regardé en souriant. « Je suis prêt à parier de l'argent », ai-je déclaré. Ce à quoi il a répondu : « Pari accepté. » Nous avons parié 100 dollars que le vaudou n'aurait aucune influence sur moi. Puis nous nous sommes dirigés vers la maison du prêtre vaudou avec qui il travaillait. Le vieil homme habitait une cabane en bois délabrée sur une colline dominant la ville. Après les présentations usuelles en créole local, mon collègue a expliqué à l'homme que j'étais un non-croyant, que pour moi cette magie n'était qu'un leurre et qu'il voulait m'apprendre une leçon. Je comprenais suffisamment le français pour saisir quelques mots. « Ne lui faites pas de mal », a-t-il dit. Le vieil homme s'est tourné vers moi en souriant. « Voulez croire ? » m'a-t-il demandé dans un anglais incertain. Puis il s'est mis à rire très fort. Nous avons décidé qu'il procéderait le lundi de la semaine suivante, après mon retour en Californie.

Le jour convenu, je dînais avec des amis à qui je parlais de mon expérience en Haïti et du pouvoir de guérison du vaudou. Je pontifiais sur l'importance de croire, aussi bien quand il s'agissait de guérir des malades que de causer du tort à des adversaires. J'expliquais que pour des gens qui n'adhéraient pas à ce système de croyances, le vaudou ne fonctionnait tout simplement pas. J'en étais une preuve vivante puisque ce soir même, le plus terrible des prêtres vaudous d'Haïti tentait d'exercer son pouvoir sur moi, mais sans succès. Sur ce, tout le monde a trinqué à ma santé. Le lendemain et le jour suivant, je me sentais bien, mais le jeudi après-midi, j'ai commencé à ressentir un mal de tête qui s'est transformé en migraine. Dans la soirée, mon estomac s'est complètement noué et j'avais des spasmes intestinaux accompagnés de haut-le-cœur incontrôlables. À minuit le téléphone a sonné. C'était un appel en PCV de l'anthropologue. Ils n'avaient pas pu travailler sur moi le lundi, tel que convenu, et avaient donc procédé aujourd'hui. Il venait tout juste de rentrer à son hôtel, après la cérémonie, et voulait savoir si je sentais quelque chose. Je lui ai marmonné de retourner chez le prêtre vaudou pour lui demander d'annuler toute action que ce soit. À ce stade, j'aurais accepté la mort comme un grand soulagement.

Le lendemain matin, j'étais presque rétabli et j'ai réussi à me convaincre que j'avais attrapé une infection intestinale. Je me suis rendu au centre de santé universitaire, où des médecins m'ont fait passer des tests qui ont révélé l'absence de tout parasite. Cette leçon m'a coûté 100 dollars, ce qui représentait beaucoup d'argent pour moi qui étais étudiant à cette époque, et l'une des pires nuits de ma vie. J'ai découvert qu'on pouvait aider les gens par la médecine énergétique, mais aussi leur causer du tort. Plus tard, j'allais découvrir que la médecine énergétique exercée par un praticien n'ayant pas reçu de formation adéquate équivalait souvent à la magie noire, malgré les bonnes intentions du guérisseur. La magie noire se produit non seulement en Haïti et dans les bayous de la Louisiane, mais partout où des individus bien intentionnés, mais mal formés, posent les mains sur des personnes en vue de réaliser la guérison mais transmettent plutôt, sans s'en rendre compte, une énergie toxique. Les élèves émettent souvent le commentaire que cela ne peut arriver lorsqu'on envoie de l'amour à l'autre personne, puisque cette énergie est censément pure et sacrée. Je leur rappelle la souffrance qu'il est possible d'infliger aux autres au nom de l'amour. Avec le temps, j'ai découvert un autre type de magie noire que nous exerçons sur nous-mêmes : les pensées et les croyances négatives qui nous privent de notre pouvoir personnel et qui ravagent notre système immunitaire.

Cette nuit-là, la leçon la plus importante pour moi a été la prise de conscience du rôle que jouent l'éthique et l'intention du guérisseur. Une bonne partie de la formation du chaman, qui s'étend sur une décennie, est consacrée à l'acquisition d'une éthique, un système de valeurs fondé sur une profonde révérence envers toute vie. Les techniques peuvent ensuite être maîtrisées. Similairement, un médecin de la tradition occidentale passe au moins cinq ans à apprendre son métier. Est-il prudent de confier ma santé à quelqu'un qui a suivi pendant un week-end un atelier en médecine énergétique ?

Voilà l'impasse des Occidentaux qui suivent une formation de courte durée en médecine énergétique ou en chamanisme. Si vous ressentez une vocation pour ce type de médecine, prenez le temps de vous instruire auprès de maîtres dont l'intégrité, la sagesse et les connaissances techniques favoriseront l'épanouissement de vos dons spirituels.

Mon aventure personnelle dans le chamanisme a été guidée par mon désir d'atteindre la plénitude. En guérissant les blessures de mon âme, j'ai appris à m'aimer et à aimer les autres. J'ai suivi la voie du guérisseur blessé et j'ai appris à transformer la souffrance, la tristesse, la colère et la honte qui m'habitaient en sources de puissance et de compassion. J'étais capable de sentir la douleur des autres parce que je savais ce que c'était de souffrir. À l'école *Healing the Light Body*, chaque élève entreprend une quête d'auto-guérison au cours de laquelle les blessures de l'âme sont transformées en sources de pouvoir. Les élèves apprennent qu'il s'agit de l'un des cadeaux les plus merveilleux qu'ils offriront plus tard à leurs clients : la chance de découvrir le pouvoir au sein de la souffrance. Ils comprennent également que la guérison est une démarche personnelle et non une opération exécutée par un guérisseur.

Finalement, je veux préciser que les méthodes thérapeutiques présentées dans ce livre viennent de ma propre synthèse et interprétation de pratiques anciennes. Je ne parle pas au nom de mes maîtres, issus des Incas, ni des chamans autochtones d'Amérique. Même si j'ai eu la chance d'être formé par les meilleurs guérisseurs incas, je n'ai pas la prétention d'offrir un corpus de traditions incas. Les pratiques de guérison que je décris sont celles que j'ai apprises dans le cadre de ma formation comme chaman et j'accepte l'entière responsabilité de leur beauté et de leurs limites.

Partie I
LES ENSEIGNEMENTS DES CHAMANS

Les chamans autochtones des Amériques exercent la médecine énergétique depuis plus de 5 000 ans. Certains guérisseurs croient que leur lignée spirituelle remonte plus loin encore. Ils se souviennent d'histoires transmises de grands-mères à petites-filles, parlant de l'époque où la Terre était jeune. Même si les premiers habitants des Amériques détenaient une connaissance complexe de l'astronomie, possédaient une mathématique et une architecture évoluées, l'écriture ne s'est jamais développée autant qu'ailleurs dans cette partie du monde. Les chercheurs ont négligé les traditions spirituelles des Autochtones américains au profit du judaïsme, du christianisme et du bouddhisme qui, eux, ont laissé des documents écrits. Par exemple, tandis que les théologiens occidentaux étudient le bouddhisme depuis plus de deux siècles, ce n'est qu'au cours des quarante dernières années que l'étude de la spiritualité des Autochtones des Amériques a suscité un intérêt sérieux. Le domaine du chamanisme a été laissé aux anthropologues qui, à l'exception de Margaret Mead, n'avaient pas une formation adéquate pour étudier le monde des esprits.

La destruction massive des Indiens d'Amérique du Nord par les colons européens a refoulé les Autochtones survivants dans des réserves infestées de maladies, où les aînés ont soigneusement conservé les traditions spirituelles. Tout naturellement, les aînés hésitaient à partager leur héritage avec les dominateurs blancs. La situation n'était pas mieux chez les Indios du Pérou. Les conquistadors espagnols sont venus dans ce pays pour y chercher de l'or, sans trop se préoccuper des traditions spirituelles incas. Et ce que les conquistadors ont négligé, les missionnaires ont cherché à l'anéantir.

Le groupe hétéroclite de chercheurs d'or qui a débarqué sur le continent sud-américain avait apporté un ensemble de croyances incompréhensibles pour les Indios. La première énonçait que toute la nourriture du monde appartenait par droit divin aux humains – plus particulièrement aux Européens – qui régnaient sur les animaux et les plantes de la Terre. La deuxième stipulait que les humains ne pouvaient parler aux rivières, aux animaux, aux montagnes, ou à un dieu. Et la troisième spécifiait que l'humanité devait attendre la fin des temps avant de connaître l'éternité dans le sens chrétien du terme.

Rien n'était plus absurde pour les Autochtones d'Amérique. Tandis que les Européens croyaient avoir été bannis du mythique Jardin d'Éden, les Indios eux comprenaient qu'ils étaient les responsables et les gardiens de ce Jardin. Ils répondaient aux rivières tonitruantes et aux murmures des montagnes ; ils entendaient la voix de Dieu dans le vent. Les historiens espagnols installés au Pérou ont écrit que lorsque le conquistador Pizarro a rencontré l'empereur inca Atahualpa, il lui a remis la Bible en lui expliquant que c'était la parole de Dieu. L'Inca a approché le livre de son oreille pour l'écouter attentivement pendant quelques instants. Puis il l'a jeté par terre en s'exclamant : « Quel est ce dieu qui ne parle pas ? »

Le silence du Dieu européen semait la confusion chez les Autochtones, mais également son sexe. Les conquistadors avaient apporté avec eux une mythologie patriarcale qui allait à l'encontre des traditions féminines autochtones des Amériques. Avant l'arrivée des Espagnols, la Terre Mère et ses formes féminines – les cavernes, les lagons et les autres cavités dans la terre – représentaient les principes divins. Les Européens ont imposé le principe divin masculin – le phallus, ou arbre de vie. Des clochers se sont élevés vers le ciel. La Terre féminine n'était plus vénérée ni respectée. Les arbres, les animaux et les forêts étaient offerts au pillage.

Nous vivons encore selon la loi de cette vision insensée du monde. Nous croyons que tout ce qui ne respire pas, ne bouge pas, ne grandit pas, n'est pas vivant. Nous concevons l'énergie provenant de sources telles que le bois, le pétrole ou le charbon comme un combustible destiné à notre usage. Dans l'ancien monde, l'énergie était perçue comme le tissu vivant de l'Univers. L'énergie était la création manifestée. L'expression contemporaine la plus importante de cette croyance a probablement été formulée par Albert Einstein, lorsqu'il a décrit la relation entre l'énergie et la matière par l'équation $E = MC^2$. En Occident, nous privilégions la matière qui, par nature, est finie. Les chamans accordent plus d'importance à l'énergie qui, par nature, est infinie.

Il existe une autre différence fondamentale entre les anciens peuples américains et les sociétés modernes. De nos jours, nous sommes un peuple de préceptes. Notre société est régie par des règles énoncées dans des documents tels que la Constitution, les dix commandements, ou par des lois votées par des représentants élus afin de mettre de l'ordre dans nos vies. Nous changeons les préceptes (règles ou lois) quand nous voulons changer le monde. Les Grecs anciens, par contre, étaient un peuple de concepts. Ils ne s'intéressaient pas aux règles, mais plutôt aux idées. Selon eux, une seule idée pouvait changer le monde et rien n'était plus puissant qu'une idée émergeant à un moment opportun. Les chamans sont des gens de perception. Quand ils souhaitent changer le monde, ils entreprennent des changements perceptifs qui modifient leur relation à la vie. Ils visualisent le possible, et le monde extérieur change. Voilà pourquoi les vieux sages incas se regroupent pour méditer en visualisant le monde qu'ils désirent léguer à leurs petits-enfants.

L'une des raisons pour lesquelles les pratiques de la médecine énergétique ont été gardées secrètes, c'est qu'on les prend souvent à tort comme un ensemble de techniques, de la même façon que la médecine occidentale est souvent perçue comme un ensemble de procédures. Nous nous leurrons quand nous pensons pouvoir maîtriser la médecine énergétique en assimilant ses règles. Toutefois, pour le chaman, ce ne sont pas les règles ni les idées qui importent, mais plutôt la vision et l'Esprit. Et même si les pratiques thérapeutiques varient souvent de village en village, l'Esprit reste toujours le même. La guérison véritable n'est rien de moins qu'un éveil à une vision de notre nature régénérée et à l'expérience de l'infini.

CHAPITRE 1
LA GUÉRISON ET L'INFINI

Nous marchions depuis des jours. J'ai dit à Antonio que j'étais prêt à payer pour que nous prenions un bus ou un taxi. Mais il ne voulait pas en entendre parler. Il ne voulait même pas que je loue des chevaux. « Mon peuple a toujours marché », m'a-t-il dit. De plus, il aime bien me montrer qu'il a plus d'endurance que moi, même s'il approche 70 ans.

Lorsque nous sommes arrivés à Sillustani, j'ai enlevé mes souliers pour tremper mes pieds dans le lac glacé. C'est un endroit fantastique. Un cimetière s'étendait sur des dizaines de kilomètres, semblable à la Vallée des Rois en Égypte. Seuls des chamans, des rois et des reines sont enterrés ici, dans de gigantesques tours de pierre, en bordure du lac Titicaca. Les meilleurs maçons venaient de cette région. Comment cette technologie s'est-elle développée ici, au lac situé sur le toit du monde ?

Antonio m'a expliqué que les tours mortuaires, ou chulpas, *ne servent pas qu'à commémorer les chamans défunts, mais que ce sont également leurs résidences temporaires lorsqu'ils reviennent en ce monde. Ce sont des esprits puissants, complètement libérés, pouvant se matérialiser à souhait. Cela ne m'a pas rassuré. Nous étions venus ici pour y passer la nuit, pour honorer ces anciens chamans par une cérémonie.*

« Ils sont sortis du temps », m'a-t-il révélé. Puis il m'a expliqué que si ma foi en la réalité s'appuyait sur l'idée que le temps ne se déroulait que dans une seule direction, l'expérience de mon avenir me bouleverserait. « Il faut beaucoup d'adresse pour goûter au futur sans que cette connaissance gâche les actions du présent. »

Extrait du *Carnet de voyage*

*

* *

J'ai entrepris ma carrière en psychologie et, plus tard, en anthropologie médicale avec une grande fascination pour l'esprit humain. Dans les années 1980, j'ai passé des centaines d'heures dans des laboratoires d'anatomie. Je voulais savoir comment l'esprit pouvait influer sur le corps pour créer soit la santé ou la maladie. À cette époque, je m'intéressais peu à la spiritualité, traditionnelle ou Nouvel Âge. J'étais persuadé que la science était la seule méthode fiable pour acquérir des connaissances. Un jour, à l'Université de Californie, je découpais du tissu cérébral, préparant des micro-plaquettes en vue de les observer au microscope. Le cerveau est l'organe le plus déroutant du corps. Ses crevasses le font ressembler à une noix géante. Ces vallées et circonvolutions étaient la seule façon pour la nature de loger une mince mais vaste couche de néocortex (ou « nouveau cerveau ») dans notre tête sans accroître la taille du crâne. L'évolution humaine s'était déjà heurtée à un obstacle anatomique insurmontable dans sa quête d'un cerveau plus intelligent : la ceinture pelvienne ne pouvait tolérer une tête plus grosse dans le canal génital.

Sous le microscope, on peut observer les millions de synapses qui tissent chaque cellule cervicale à ses voisines, formant un réseau extraordinaire de fibres vivantes. Ces réseaux de neurones transmettent d'énormes quantités de données motrices et sensorielles. Pourtant, cette fascination pour le cerveau est typique de l'Occident. Les Égyptiens s'en préoccupaient très peu, le liquéfiant et le vidant après la mort, tandis que le reste des organes était momifié. La question que nous débattions ce jour-là au laboratoire était de découvrir si l'esprit humain était confiné au cerveau et même au corps, d'ailleurs. Je savais que si le cerveau était assez simple pour que nous le comprenions, *nous* serions alors trop simples pour le comprendre. Et malgré notre observation minutieuse des micro-plaquettes du cerveau, l'esprit continuait de nous échapper. Plus j'en apprenais sur le cerveau, plus je devenais perplexe à propos de l'esprit.

Je croyais que la race humaine avait réussi à survivre pendant un million d'années avant l'avènement de la médecine moderne, parce que le corps-esprit connaissait les voies d'accès à la santé. Nous avons survécu à des plaies qui se sont infectées, à des os cassés à la suite d'une chute du haut d'un ravin en allant nous approvisionner en eau. Jusqu'au milieu du 20e siècle, il était plus dangereux d'aller chez le médecin que de rester à la maison et de laisser le corps-esprit suivre son propre cours. Au début du siècle dernier, la médecine n'excellait que dans le domaine du diagnostic. Les techniques curatives, les médicaments efficaces et les interventions chirurgicales, qui ne seraient mis au point que vers l'époque de la Seconde Guerre mondiale, n'étaient pas encore disponibles. Par exemple, la pénicilline, le premier antibiotique efficace, n'a été en usage qu'en 1940. Malgré la triste situation de la médecine avant le milieu du 20e siècle, comment nos ancêtres ont-ils réussi à rester en bonne santé pendant des milliers d'années ? Les sociétés indigènes possédaient-elles une connaissance séculaire du corps et de l'esprit que nous avions oubliée et que nous tentions maintenant de redécouvrir en laboratoire ?

Le concept de la maladie psychosomatique est à présent bien établi, mais originellement elle était associée à l'hypocondrie – « c'est dans votre tête ». La recherche a confirmé que l'esprit avait de réels effets sur le corps. Dans un sens, nous sommes tous devenus des experts dans le développement de maladies psychosomatiques, très tôt dans la vie. À l'âge de 6 ans, j'étais capable de créer les symptômes d'un rhume en quelques minutes, si je ne voulais pas aller à l'école. La maladie psychosomatique va à l'encontre de tout instinct de survie programmé dans le corps durant 300 millions d'années d'évolution. L'esprit est certainement très puissant pour primer sur tous les mécanismes de survie et d'autoconservation. Imaginez si nous pouvions organiser ces ressources afin de créer la santé psychosomatique !

Au cours des quelques dernières décennies, le champ de la psychoneuroimmunologie (PNI), qui étudie comment nos humeurs, nos pensées et nos émotions influent sur notre santé, a évolué. Les chercheurs en PNI ont découvert que l'esprit n'est pas logé dans le cerveau, mais plutôt dispersé dans tout le corps. Le docteur Candace Pert a trouvé que les neuropeptides, des molécules qui circulent en permanence dans nos circuits sanguins, inondant l'espace entre chaque cellule, réagissaient presque instantanément à chaque sentiment et humeur, transformant réellement tout le corps en un « esprit » vibrant. Notre corps en entier fait l'expérience de chaque émotion que nous éprouvons. Le fossé entre l'esprit et le corps a été résolu avec la découverte d'une simple molécule. Nous avons aussi compris le fonctionnement de la maladie psychosomatique. Nous savons que lorsque nous devenons déprimés, chaque cellule de notre corps le ressent, nos défenses immunitaires s'affaiblissent et nous sommes plus vulnérables à la maladie. Nous savons aussi que le rire est un excellent remède, peut-être même le meilleur. Bien des années après que j'ai quitté le laboratoire, des chercheurs en PNI ont découvert ce que les chamans savaient depuis longtemps : l'esprit et le corps ne font qu'un. Toutefois, un élément leur a échappé, la base de tout l'art de la guérison chamaniste : l'Esprit.

La quête de l'esprit

Dans la mi-vingtaine, j'étais le professeur clinique le plus jeune à l'Université d'État de San Francisco. Je dirigeais mon propre laboratoire, le *Biological Self-Regulation Lab,* où j'étudiais comment la médecine énergétique et la visualisation pouvaient changer la chimie du cerveau. Nous avons réussi à augmenter de 50 % la production d'endorphines, les agents chimiques naturels du cerveau responsables de la diminution de la douleur et de la création d'états extatiques, en recourant aux techniques de la guérison par l'énergie. Mes étudiants et moi faisions des découvertes fascinantes, mais j'étais tout de même de plus en plus désenchanté. Nous étions capables d'influencer la chimie du cerveau, mais n'avions vraiment aucune idée de la façon d'aider une personne souffrant d'une maladie grave à recouvrer la santé. Nous étions comme des enfants qui découvraient qu'on pouvait obtenir de l'argile en mélangeant de la vase et de l'eau. Je voulais davantage. Je voulais découvrir comment bâtir des maisons en argile, ou au moins faire de la poterie.

Un jour, dans le laboratoire de biologie, je me suis rendu compte que mes explorations devaient s'orienter vers le plus grand, et non vers le plus petit. Le microscope n'était pas le bon instrument pour répondre aux questions que je soulevais. Je devais trouver un système plus grand que les réseaux de neurones du cerveau. Puisque beaucoup d'autres personnes étudiaient déjà le matériel, je souhaitais plutôt apprendre à programmer le système. S'il existait des experts encore en vie, capables de mettre à contribution les facultés extraordinaires de l'esprit humain pour guérir le corps, mon but était de les trouver. J'avais besoin d'apprendre ce qu'ils savaient. Les récits d'anthropologues supposaient qu'il y avait des gens partout dans le monde qui affirmaient détenir un tel savoir, dont les Autochtones d'Australie et les Incas du Pérou.

Quelques semaines plus tard, j'ai démissionné de mon poste à l'université. Mes collègues ont cru que j'étais fou de quitter une carrière prometteuse en milieu universitaire. J'ai échangé mon laboratoire contre une paire de bottes de randonnée et un billet pour l'Amazonie. J'allais apprendre des chercheurs, dont la vision n'avait pas été confinée aux lentilles d'un microscope, des gens dont le savoir dépassait le monde matériel mesurable et dont on m'avait dit qu'il était la seule réalité. Je voulais rencontrer les personnes qui percevaient les espaces entre les choses, ainsi que les fils lumineux animant toute vie. Je voulais travailler avec des chercheurs qui connaissaient le côté « énergie » de l'équation d'Einstein, $E = MC^2$.

Par la suite, mes recherches m'ont amené de la forêt tropicale amazonienne jusqu'aux Andes au Pérou, où j'ai rencontré don Antonio, qui approchait des 70 ans à cette époque. Selon nos critères occidentaux, il était pauvre. Il n'avait pas de téléviseur, ni même d'électricité. Cependant, il disait avoir goûté à l'infini. « Nous sommes des êtres lumineux en voyage vers les étoiles », m'a-t-il déclaré un jour. « Mais tu dois avoir expérimenté l'infini pour le comprendre. »

Je me souviens d'avoir souri la première fois que ce guérisseur m'a dit que nous étions des voyageurs cosmiques, existant depuis le début des temps. Du pur folklore, ai-je pensé, les ruminations d'un vieillard qui craint de voir en face l'inéluctable de sa mort. Je croyais que les rêvasseries de don Antonio s'apparentaient aux structures archétypales du psychisme, telles que décrites par Carl Jung. Antonio interprétait ses mythes littéralement, plutôt que symboliquement comme moi. Mais je ne l'ai pas questionné à ce moment. J'ai pensé plutôt à la fois où j'avais tenté d'expliquer à ma grand-mère très catholique que l'Immaculée Conception était une métaphore signifiant que la Vierge Marie avait donné naissance à un être éclairé, le Fils de Dieu, au sens le plus fort du terme. Elle refusait cette explication. Pour elle, l'Immaculée Conception était un fait historique. C'était pareil pour don Antonio et ses idées à propos de l'infini. Pour eux, une jolie métaphore s'était constituée en un dogme. Le mythologue Joseph Campbell avait coutume de dire que la réalité était faite de ces mythes que nous n'arrivions pas vraiment à comprendre. C'est pourquoi il est si facile d'être un anthropologue dans une autre culture – tout est transparent aux yeux de la personne étrangère, comme dans le conte *Les habits neufs de l'empereur*[1].

Parfois, je tentais de montrer à Antonio que l'empereur *était* nu, qu'il confondait la mythologie avec les faits. Jusqu'à ce qu'un jour je me retrouve

1. *N.d.T.* : Conte de Hans Christian Andersen repris dans les dessins animés de Walt Disney.

à ses côtés, alors qu'il assistait une missionnaire dans son agonie.

Blotti à flanc de colline, le village était construit autour et encastré dans une immense ruine inca. Des sections des murs en bloc de granite étaient si bien taillées et ajustées ensemble que seule la friction les maintenait en place depuis des siècles. À proximité de l'Altiplano, les Incas avaient construit un hameau, un avant-poste de leur civilisation. À présent, un millier d'années plus tard, leurs descendants vivaient parmi les ruines et cultivaient les gradins en pente qui s'étalaient à partir de leur village. Dans la cour, des poulets, des cochons et un lama broutaient. Une Indienne broyait du maïs dans l'un des mortiers. Un vieil homme nous a conduits à l'une des huttes. Les ombres s'allongeaient et nos yeux ont mis quelque temps à s'ajuster à la noirceur de la pièce. Une femme dont la tête était couverte d'un châle noir se tenait là, une chandelle à la main, murmurant près d'un lit une paillasse soutenue par deux caisses en bois au centre de la pièce.

Une femme était étendue sur la paillasse, couverte jusqu'au menton d'une couverture indienne. Il était impossible de deviner son âge, tellement elle était émaciée. Une jaunisse lui avait jauni la peau, complètement tendue sur les os de son visage. Les tendons de son cou formaient des saillies aiguës. Ses cheveux étaient courts et gris ; ses yeux creux fixaient le plafond. Elle était immobile, ne donnait aucun signe de conscience. Rien ne montrait qu'elle savait que nous étions là.

Antonio s'est retourné, m'a regardé et m'a tendu la chandelle. Je me suis avancé pour la prendre. Il a passé une main au-dessus de son visage ; ses yeux fixaient toujours le plafond. Un crucifix en argent, attaché à un chapelet autour de son cou, reposait sur sa poitrine.

« Une missionnaire, a-t-il murmuré. Les Indiens l'ont montée jusqu'ici il y a deux jours. » Il a fait un geste vers la jungle, au-delà de la colline.

« Son foie est malade, ai-je dit. Je crois qu'elle est dans le coma. » J'ai demandé ce que nous pouvions faire.

« Rien. Elle va mourir ce soir. Nous ne pouvons qu'aider son esprit à se libérer. »

Une vingtaine ou une trentaine de chandelles avaient transformé la cabane de terre et de paille en une sorte de chapelle. J'étais installé sur un sac rempli de maïs décortiqué près de la porte et je surveillais mon compagnon, assis face à moi à l'autre bout de la pièce. Les chandelles réchauffaient la cabane, protégée de la fraîcheur du soir par d'épais murs en argile.

Il s'est avancé vers le lit et, toujours en douceur, il a soulevé sa tête et enlevé le chapelet de son cou. Il l'a placé dans la paume de sa main gauche, puis a refermé ses doigts. Antonio m'a ensuite fait signe d'éteindre les chandelles.

Je me suis déplacé le long de la petite saillie qui formait une sorte de tablette autour de la pièce pendant qu'il psalmodiait un chant à voix basse. Il avait fermé les yeux et posé une main sur son front ; ses lèvres bougeaient à peine. Trois chandelles éclairaient la pièce et leur fumée restait suspendue dans l'air.

Les mains de don Antonio se mouvaient juste au-dessus de son cœur. L'index et le majeur pointés, il a amorcé un mouvement circulaire en sens inverse, puis il a éloigné sa main, toujours en rotation, dans l'air enfumé. Le chakra du cœur. Il a répété ce geste trois fois, puis il s'est déplacé au troisième chakra où il a formé, lentement, puis plus rapidement, un cercle parfait d'un diamètre d'environ huit centimètres, tout près de la surface de sa peau, au-dessus du plexus solaire, levant et éloignant la main dans un mouvement de rotation. Il a ensuite remonté vers le creux profond à la base de sa gorge, son estomac, son front, puis le dessus de sa tête.

« Regarde », a-t-il dit.

J'ai détourné les yeux de son visage pour contempler le corps, cette poitrine qui se soulevait et s'abaissait à peine. Puis Antonio m'a frappé à la tête.

Le coup est arrivé comme un éclair. Son coude est venu heurter mon front vivement. Un peu étourdi, j'ai automatiquement porté la main à mon front.

« Regarde », a-t-il dit.

Cela n'a duré qu'un instant, pas plus. Quelque chose scintillait le long de la surface de son corps, quelque chose de laiteux et de translucide à environ deux centimètres autour de son corps. Puis ça a disparu. Il m'a saisi le bras d'une main ferme et m'a amené à la tête du lit.

« Regarde maintenant. Décentre ton regard. »

Et je l'ai vue. Floue, mais bel et bien là. Une lueur subtile, maintenant à environ 10 centimètres de sa peau, comme une silhouette lumineuse émergeant de son corps. Je devais me rappeler d'éviter de concentrer mon regard. Un frisson m'a parcouru le dos.

« Suis-je vraiment en train de voir ce que je vois ? » ai-je murmuré.

« Oh oui, mon ami, a répondu le vieil Indien. C'est une vision que nous avons oubliée, qui a été obscurcie par le temps et la raison. »

« Qu'est-ce que c'est ? »

« C'est elle. C'est son essence, son corps lumineux. Ce qu'elle appellerait l'âme. Elle veut la laisser partir. »

Antonio s'est activé pendant une heure encore. Il a répété les mouvements que je venais de voir, avec la même intensité, sans aucune hésitation, totalement absorbé dans sa tâche. Puis il s'est penché, chuchotant tout près de son oreille. Soudain, sa poitrine s'est soulevée et elle a sursauté tandis que l'air entrait dans sa bouche et ses poumons. Il est resté là.

« Expire ! »

Un long sifflement, un soupir laborieux, s'est fait entendre. Son dernier souffle s'échappait de sa poitrine, sortant par sa bouche ouverte. Du coin de l'œil, j'ai aussitôt aperçu la luminescence laiteuse s'élever et se fondre en quelque chose d'amorphe, sans forme particulière. Quelque chose de translucide et mat, telle une opale, survolait sa poitrine. Je l'ai vue se déplacer vers sa gorge, sa tête, avant de disparaître tout simplement. Une impression de paix profonde régnait dans la cabane.

« Qu'est-ce que c'était ? » Ma voix était un murmure.

« Ce que les Incas appellent le wiracocha. » *Du bout des doigts, il a fermé ses paupières. « Je suis content que tu l'aies vu. »*

Extrait de *Dance of the Four Winds*,
VILLOLDO et JENDRESEN

Aujourd'hui, plus de 20 ans après, j'ai enfin compris le vieil Indien qui affirmait qu'il est possible de goûter à l'infini. J'ai appris que l'expérience de l'infini peut nous guérir et nous transformer, nous libérer des chaînes temporelles qui nous gardent prisonniers de la maladie et du vieillissement. Au cours des deux décennies passées avec les chamans dans les jungles et les montagnes des Andes, j'ai découvert que je n'étais pas que chair et os, mais que j'étais aussi Esprit et lumière. Cette révélation s'est répercutée dans chaque cellule de mon corps. Je suis convaincu qu'elle a changé la façon dont je guéris et que je vieillis, de même que la façon dont je mourrai. L'expérience de l'infini est au cœur du processus d'illumination, qui est la pratique de guérison essentielle de ce livre.

La différence entre guérison et traitement

Durant mon apprentissage avec les chamans, je me suis aperçu qu'il y avait une différence entre traiter et guérir. Le traitement est de nature curative et s'applique à régler tout problème extérieur qui survient, par exemple réparer un pneu crevé, soigner une morsure de serpent, ou recourir à la chimiothérapie pour contenir une tumeur. Cela ne vous aide pas à éviter les clous sur la chaussée, le serpent dans la forêt, ni la maladie ayant provoqué la tumeur. La guérison est un concept plus large, plus global, plus complet. Elle transforme la vie d'une personne et souvent, mais pas toujours, elle s'étend sur le plan physique. J'ai été témoin de plusieurs traitements médicaux n'amenant pas de véritable guérison. J'ai aussi connu des circonstances où une profonde guérison avait eu lieu, mais où la personne était morte. La guérison découle d'une expérience de l'infini. Dans le processus de guérison, le succès se mesure à partir d'un bien-être plus grand, d'un sentiment nouveau de paix, de pouvoir, de communion avec toute vie.

Quelques semaines après l'incident avec la missionnaire, je faisais une randonnée dans les montagnes près du Machu Picchu et j'ai attrapé une pneumonie. La prise d'une série complète d'antibiotiques n'a pas réussi à venir à bout de l'infection ; mes quintes de toux persistaient. Chaque fois que je toussais, j'avais des spasmes dans les muscles abdominaux. Je me suis rendu chez don Antonio, très souffrant. Le vieil Indien m'a indiqué de m'étendre sur un jeté en fourrure, au pied de son lit. Il s'est assis sur un coussin, près de ma tête, et a exécuté une pratique de guérison. Il a invoqué les quatre points cardinaux, puis le Ciel et la Terre. Il a ensuite levé les bras, comme pour séparer l'air au-dessus de sa tête, puis les a lentement ramenés de part et d'autre de son corps, ayant l'air de tracer les limites d'une bulle invisible. Il a repris ce mouvement, prolongeant cette fois le contour de la bulle vers moi pour me couvrir comme avec une couverture. Je me suis aussitôt senti en sécurité et bien. Le bavardage a cessé dans mon esprit et j'ai glissé dans un état de calme et de tranquillité que je n'avais connu qu'en méditant. J'entendais la voix d'Antonio, qui semblait parvenir de loin, m'ordonnant de respirer à l'unisson avec lui, et j'ai senti ma respiration qui s'accélérait pour s'accorder à la sienne. Je sentais aussi ses doigts qui effectuaient une rotation en sens inverse au niveau du creux à la base de ma gorge et qui en retiraient une substance filamenteuse et collante. Je remarquais tout cela de façon détachée, comme si cette situation arrivait à une autre personne ou comme si je rêvais. Rien ne perturbait ma tranquillité. Puis ma jambe gauche s'est mise à trembler involontairement. Don Antonio a dit : « C'est l'énergie toxique qui sort de ton système. N'aie pas peur. Laisse aller les choses naturellement. » Les secousses se sont ensuite déplacées jusqu'à mon épaule gauche, puis à ma jambe droite. Elles se produisaient tout à fait involontairement, comme les sursauts qui surviennent parfois juste avant le sommeil, sauf qu'elles étaient persistantes et s'intensifiaient. Puis, tout aussi soudainement qu'elles avaient commencé, elles ont cessé et je me suis endormi.

Près d'une heure s'était écoulée quand je me suis réveillé. Antonio était encore assis près de moi, ses mains encerclant ma tête. Il m'a demandé comment je me sentais. Reprenant mes sens, je me suis rendu compte que j'étais incapable de bouger. Étrangement, cependant, ce fait ne m'a pas dérangé. Je me sentais flotter dans une mer chaude et calme. Antonio s'est mis à masser mon crâne et en peu de temps j'ai pu étirer mes mains et mes pieds et m'asseoir. J'avais l'impression d'avoir profité d'une bonne nuit de sommeil et la douleur dans ma poitrine avait disparu. J'ai demandé à Antonio ce qu'il avait fait. « Cela s'appelle *Hampe*, ou guérison énergétique, m'a-t-il expliqué. Tu as passé la majeure partie de la dernière heure dans l'infini, a-t-il ajouté en souriant, mais ce n'est qu'une figure de style, puisqu'il n'est pas possible de passer une partie de temps mesuré dans l'intemporalité. »

Il ne m'a traité que pendant une seule séance et ma toux a cessé presque immédiatement. Mon système immunitaire avait été relancé et je me sentais sur la voie du rétablissement. Mais au-delà de ce simple rétablissement, une guérison plus profonde s'était produite. À la suite de cette séance, j'ai ressenti un calme et une sérénité que je ne pourrais décrire que comme un état de grâce, de pardon et de bonheur, qui m'a accompagné pendant des années. J'avais goûté à la liberté, libéré des chaînes qui me liaient au passé, à mon histoire douloureuse, à la culpabilité, au regret, ainsi qu'à mes espoirs et à mes angoisses concernant l'avenir. J'avais goûté à la paix. J'avais été amené à croire qu'une telle grâce ne pouvait être atteinte que par la prière et la générosité de l'amour de Dieu.

« Je n'attribue pas la grâce ni rien de tel à qui que ce soit », m'a vite expliqué don Antonio. « Je n'ai fait qu'entretenir un espace sacré dans lequel tu as expérimenté l'infini. Tu as toi-même accompli le travail véritable. » Il voulait me dire qu'il avait créé l'espace sacré où se produit la guérison. L'énergie de cet espace et l'aide des êtres lumineux du monde de l'Esprit m'ont donné le pouvoir de me guérir.

La manière du chaman, ai-je compris, est une voie de pouvoir, d'engagement direct avec les forces de l'Esprit. Jamais auparavant je n'avais fait l'expérience de la voie du pouvoir. Dans le cadre de mon éducation chrétienne, j'avais appris à prier et je récitais mes prières du soir sans faute. Plus tard, j'ai étudié la méditation ; encore aujourd'hui, ces deux pratiques demeurent importantes dans ma vie. Toutefois, la voie du pouvoir est différente. Elle exige une expérience directe de l'Esprit dans son propre domaine, l'infini. Une formidable guérison se réalise lorsque nous communions avec les énergies puissantes du monde lumineux. C'est un processus durant lequel vous cessez de vous identifier à votre soi limité et faites l'expérience d'une union infinie avec le Créateur et la Création.

Les pratiques de guérison que j'ai apprises et perfectionnées avec mon mentor indien sont des méthodes anciennes qui ouvrent des espaces sacrés où les miracles deviennent possibles. Elles nous permettent d'accéder à l'infini et d'expérimenter l'illumination dans le moment intemporel. C'est la pratique de guérison chamaniste essentielle de ce livre, le processus d'illumination. Quand nous entrons dans l'infini, le passé et l'avenir n'existent plus ; il n'y a que l'ici et maintenant. Nous ne sommes plus liés aux histoires de notre passé qui nous font du mal, et notre avenir n'est plus défini par notre histoire. Le passé ne disparaît pas comme par magie. La perte, la souffrance et la tristesse que nous avons vécues ne survivent que comme souvenirs et ne nous définissent plus.

Nous prenons conscience que nous ne sommes pas notre histoire. Et l'expérience de l'infini élimine l'illusion de la mort, de la maladie et de la vieillesse. Il ne s'agit pas d'un processus purement psychologique ou spirituel ; chaque cellule de notre corps est informée de cette expérience et en est renouvelée. Notre système immunitaire se débride et ainsi la guérison survient à un rythme accéléré, tant sur le plan physique qu'émotionnel. Les miracles font partie de la vie ordinaire et les rémissions spontanées, ces guérisons mystérieuses qui déroutent la médecine, deviennent choses courantes. Une libération spirituelle, ou illumination, a lieu. En présence de l'infini, nous sommes en mesure d'expérimenter ce que nous étions avant de naître et ce que nous serons après notre mort.

Le chaman avec qui j'ai étudié croyait qu'il pouvait retracer sa nature lumineuse – ce que nous appelons l'âme – à travers le temps, de la même façon qu'il pouvait repérer un cerf dans la forêt. Il affirmait avoir remonté les fils lumineux de son être aussi loin qu'à l'époque du big bang, au début des temps, et jusqu'à la personne qu'il était en voie de devenir dans le futur, et même au-delà, au moment où notre Univers retournera à cette singularité à partir de laquelle il a été créé.

Il ne faut pas confondre l'expérience de l'infini avec l'éternité. L'éternité signifie un nombre de jours illimités. L'éternité est liée au temps, au processus de vieillissement et à la mort. L'infini précède le temps, et existait avant même la naissance de celui-ci. Et puisque l'infini n'a jamais pris naissance, il ne meurt pas. Notre soi infini précède la vie et la mort et n'entre jamais dans le cours du temps comme tel. Il n'est pas né avec votre corps et ne mourra pas quand votre corps périra. Dans l'infini, vous sortez du temps linéaire et adhérez au sacré. Puisque vous ne vous identifiez plus exclusivement à l'intérieur du temps, à une forme physique qui vieillit et périt, la mort ne menace plus la fin de vos jours. Cet état de libération est au cœur de nombreuses traditions mystiques de notre monde. Les chamans ont découvert des méthodes pratiques pour y arriver. Mon mentor savait que sa nature lumineuse était permanente. Nous voulons y croire, nous aussi, et pourtant peu d'entre nous en sont convaincus. Il n'est pas suffisant de lire un livre sur ce sujet. Antonio m'a déjà expliqué que pour un chaman, il y a une différence entre acquérir de l'information et détenir une connaissance réelle. L'information consiste à savoir que l'eau est composée de deux atomes d'hydrogène et d'un atome d'oxygène, H_2O. La connaissance, c'est comprendre tellement bien la nature de l'eau qu'il nous est possible de faire tomber la pluie.

Au fil des ans, don Antonio et moi avons élaboré et perfectionné le processus d'illumination, fondé sur une pratique de guérison qui avait presque été détruite par les conquistadors et l'Église. Le processus d'illumination nous permet de goûter à l'infini et de nous renouveler à partir de la source qui anime et nourrit toute vie. Évidemment, si vous vous éraflez la jambe, vous n'avez pas besoin d'une manifestation spirituelle ; vous nettoyez et pansez la blessure tout simplement. Par contre, si votre système immunitaire ne fonctionne plus, ou si une personne que vous chérissez est menacée par une maladie grave, ou encore si vous répétez continuellement les mêmes modes de vie qui vous font souffrir, peut-être qu'il est temps de regarder au-delà du domaine concret et fini et de découvrir une pratique thérapeutique qui s'appuie sur l'expérience de l'infini.

Chapitre 2
LES GUÉRISSEURS LUMINEUX

Pendant le goûter, le professeur Lancho nous a raconté l'histoire des empreintes géantes sur le sol du désert. En tant qu'archéologue en chef de la région de Nazca, il est l'homme le plus puissant de ce secteur. Il approuve les fouilles archéologiques et une unité de police travaille sous ses ordres afin d'éviter que les sites ne soient pillés. Je le connais depuis des années. Lorsqu'il arrête des pilleurs de temples, il confisque leur butin et l'envoie au musée régional. Les pilleurs de tombes sont emprisonnés. Certaines des pièces qu'ils déterrent datent de milliers d'années. Lorsqu'il tombe sur un artefact qu'il croit que je vais apprécier, il le garde pour moi. C'est ainsi en Amérique latine. Il ne représente pas la loi. Il est *la loi. Et nous sommes amis. Aujourd'hui, il m'a offert un cadeau dans une boîte à chaussures. « Le musée ne possède même pas un tel objet », m'a-t-il dit. Quand j'ai ouvert la boîte, j'y ai trouvé l'avant-bras d'une momie. Le poignet était tatoué aux marques d'une grande prêtresse chamanique. Lancho m'a déjà donné d'intéressants artefacts, mais celui-ci remportait certainement le prix du plus étrange. Antonio n'a pas été content lorsqu'il a appris que la tombe de cette prêtresse avait été profanée. Ce soir, nous allons effectuer une cérémonie devant la figure d'un gigantesque colibri, esquissé à même le désert. Je vais l'emmener avec moi et l'enterrer, afin de le retourner à la Terre, là où il réside.*

La cérémonie s'est terminée à minuit. Nous avons marché jusqu'aux immenses empreintes sur le sol du désert afin de capter l'énergie du colibri, qui représente les qualités que doivent posséder les chamans pour entreprendre leur voyage épique. J'ai placé l'avant-bras momifié au bord de l'autel, une simple nappe tissée contenant les pierres médicinales d'Antonio. Dans la noirceur, les doigts semblaient bouger et nous faire signe. Antonio a fermé les yeux et a entonné un chant en agitant une crécelle. Il s'est tourné vers moi. Ses yeux bruns, profonds et bienveillants, étaient métamorphosés et je croyais fixer le regard d'un faucon. « Elle souffre, a-t-il dit d'une voix résolue. Elle se tourmente pour son peuple qui a été massacré par les Espagnols à cet endroit, il y a longtemps. Nous devons l'aider. » Puis il a à nouveau inauguré la cérémonie en se mettant à siffler et à chanter pour que reviennent leurs esprits.

Antonio n'en croyait pas ses yeux. Un défilé d'entités est apparu devant nous, une multitude d'esprits s'alignaient devant l'autel, dans le désert. Antonio les dirigeait, disant à chacun qu'il était temps de se reposer, de rentrer à la maison, dans le monde de l'Esprit. Il a invité la lignée de guérisseurs et de guérisseuses – les esprits lumineux – à venir les assister et, un par un, ils ont été soulagés de leur souffrance. « Elle ne peut trouver la paix tant qu'elle ne saura pas que son peuple a été pleuré et guéri », a-t-il déclaré. À mesure que chaque esprit s'approchait, je pensais que je pouvais éprouver sa souffrance : un enfant qui avait perdu sa mère et son père, une jeune femme qui avait perdu son bien-aimé, un homme qui avait perdu sa demeure.

Cela s'est poursuivi toute la nuit. Au lever du jour, tandis qu'était guéri le dernier esprit, Antonio m'a ordonné d'enterrer l'avant-bras. « Maintenant, elle peut retrouver la paix, a-t-il dit. Voilà pourquoi l'archéologue t'a remis ce membre. Elle a tout orchestré à partir de l'Au-delà. Elle savait qu'elle serait ici aujourd'hui pour aider son peuple à guérir. »

Le fonctionnement de l'esprit est certainement très bizarre…

Extrait du *Carnet de voyage*

*

* *

J'ai été le premier anthropologue nord-américain à entretenir des liens proches avec la nation q'ero, les derniers cas survivants, qui vivent sur des sommets de montagnes isolés, dans les Andes. Ils parlent encore la langue pure appelée quechua, et ont eu peu de contacts avec l'Église ou l'État depuis les 500 dernières années. Leurs pratiques chamaniques sont restées intactes depuis l'époque de la Conquête, et non altérées par les enseignements des missionnaires. Les Q'ero sont les gardiens légendaires des prophéties incas. Leurs guérisseurs, incluant mon mentor don Antonio, croient que leur lignée spirituelle remonte à 100 000 ans et se souviennent d'histoires transmises de grands-mères à petites-filles relatant l'époque précédant l'arrivée des humains. La sagesse spirituelle de leurs ancêtres incluait des leçons de vie, le voyage par-delà la mort vers l'infini, et les techniques de guérison par le champ d'énergie lumineux.

En raison de la destruction massive des Indiens par les premiers colons des Amériques, les traditions spirituelles de la plupart des groupes autochtones ont été oubliées. Les pratiques thérapeutiques qui ont survécu au génocide indien ont été soigneusement gardées. Tout naturellement, les chamans autochtones ont été de plus en plus réticents à partager leur héritage avec les Blancs. Les conquistadors espagnols et les missionnaires qui les accompagnaient ont détruit les écoles de guérisseurs à Cuzco. Les temples ont été démolis et des églises ont été construites avec les mêmes pierres, sur les mêmes sites. Les traditions des guérisseurs incas n'étaient plus entretenues par un ordre organisé de prêtres chamaniques et ces derniers étaient constamment persécutés par l'Inquisition. Les pratiques spirituelles et médicinales des Incas ont été propagées oralement. Lorsque l'Église catholique a interdit les rites et les cérémonies des peuples païens, les enseignements spirituels sont devenus telle une tapisserie secouée par les vents du temps. Après 500 ans, il n'en restait plus que des fragments, étroitement conservés par les chamans-guérisseurs qui restaient.

Nous nous imaginons que l'Inquisition est un événement du passé, que cette organisation brutale a pris fin au siècle des Lumières, et c'est vrai en partie. L'Inquisition a fermé ses bureaux il y a de nombreuses années, sauf dans un pays, le Pérou, la terre des Incas. Encore de nos jours, le dernier bureau est dirigé par des dominicains, l'ordre catholique qui a condamné à mort Jeanne d'Arc. Il porte le nom de Bureau de l'extirpation des idolâtries. Il subsiste dans les Andes parce que c'est le seul endroit en Amérique où les pratiques chamaniques progressent sur une grande échelle. Aujourd'hui, le Pérou est un pays catholique de 24 millions d'habitants. Plus de 20 millions sont des Indios convertis au catholicisme et qui continuent tout de même à s'adresser aux chamans pour guérir et à saluer Inti, le Soleil, à peu près de la même façon qu'il y a 500 ans.

Que l'Inquisition poursuive activement ses activités au Pérou a suffi à attirer mon attention sur les descendants des bâtisseurs du Machu Picchu. Ce peuple de guérisseurs qui parlait encore avec les rivières et les arbres, et conversait avec Dieu, m'intéressait au plus haut point. J'étais irrésistiblement attiré vers ces chamans qui détenaient peut-être la clé des pratiques anciennes pour guérir l'esprit et le corps. C'est ainsi qu'a commencé le voyage sans fin qui m'a mené dans le jardin vierge de la forêt tropicale d'Amazonie, jusqu'aux plus hauts sommets des Andes. J'y ai découvert une pratique spirituelle séculaire qui stipule que chacun de nous peut connaître l'infini et que cette expérience peut nous apporter la plénitude ; que la Terre ne nous appartient pas, mais qu'inversement nous lui appartenons ; et que nous pouvons encore converser avec Dieu et entendre Sa voix dans toute la Création.

Guidé par don Antonio, je suis retourné aux racines de la civilisation inca afin de réunir les fragments de la médecine énergétique, datant de

5000 ans, qui guérit par l'Esprit et la lumière. Disséminés parmi les vestiges de l'empire, il existait quelques sages qui se rappelaient les pratiques anciennes. Don Antonio et moi avons parcouru quantité de villages et de hameaux et rencontré de nombreux guérisseurs et guérisseuses. Nous avons distillé l'essence de leurs rituels. Vu l'absence de documents rassemblant cette masse de renseignements, dans chaque village les pratiques subsistantes étaient teintées d'un style particulier. Nous nous sommes rendus en Amazonie, et pendant plus de 10 ans j'ai été formé par les guérisseurs de la jungle. À pied, nous avons parcouru la côte du Pérou, de Nazca, le site d'empreintes géantes dans le désert représentant des animaux de pouvoir et des figures géométriques, jusqu'aux fabuleux lagons de Shimbe au nord, où résident les sorciers les plus réputés du pays. Au lac Titicaca, la mer sur le toit du monde, nous avons rassemblé les histoires et les pratiques thérapeutiques des peuples dont, selon la légende, les Incas sont issus. Lorsque mon mentor a cessé de voyager en raison de son âge avancé, j'ai poursuivi seul la quête.

Antonio et moi avons tissé ensemble les nombreux fils des traditions de guérison incas. Pour lui, notre démarche se comparait à la reconstitution d'une tapisserie ancienne ayant été endommagée par le temps, à la suite de la conquête européenne. Cette tapisserie, les conquistadors croyaient l'avoir irréparablement effilochée et dispersée aux quatre coins de l'empire inca qui était en train de s'effondrer. Après presque 25 ans de recherches, il ne nous restait plus qu'à tisser ces fils sur le métier du savoir des chamans survivants pour reconstituer les parties de tissu déchirées par le temps. Ce qui a alors émergé, c'est un ensemble de techniques sacrées pouvant transformer le corps, guérir l'âme et changer la manière dont nous vivons et mourons. Ces connaissances révèlent que nous sommes entourés d'un champ d'énergie lumineux trouvant sa source dans l'infini, une matrice qui entretient la santé et la qualité vibrante du corps physique.

Parmi les sages avec lesquels nous avons travaillé se trouvaient doña Laura, une guérisseuse des hautes terres, et don Manuel Quispe, le plus vieux guérisseur de la nation q'ero. Chacun de ces sages représentait l'une des racines du peuple inca, dont les ancêtres sont venus de la côte, de la jungle et des hautes terres. Bon nombre de maîtres sont maintenant morts, mais don Manuel, âgé de 90 ans, est encore l'un de mes mentors. En tant qu'anthropologue, je pense qu'il est important de rendre ses sources vérifiables et transparentes. C'est l'objection que j'ai formulée à l'égard des auteurs dont le travail manque de crédibilité puisque personne ne s'attend à ce qu'ils aient rencontré leurs sources. Dans les pages suivantes, je vous présente les guérisseurs qui ont guidé mon apprentissage. Ces personnes sont des chamans qui se sont réalisés par eux-mêmes. Leur travail fait maintenant partie des légendes. Ils ont été mes maîtres.

Don Antonio Morales

Antonio faisait partie du personnel de l'université de Cuzco. Je cherchais un traducteur pour m'aider dans mon domaine de recherche, quelqu'un qui parlait couramment le quechua, la langue inca, et qui pourrait comprendre et traduire les nuances subtiles des chamans. Le professeur Morales était le candidat idéal. Cet homme de petite taille qui portait des habits vieillots datant des années quarante et qui transportait un plumier en plastique dans la pochette de sa chemise, ne parlait pas seulement le quechua couramment, mais il était également un érudit capable de comprendre la poésie et la philosophie des Indios. Cependant, il éprouvait une aversion innée envers les anthropologues qui, selon lui, étaient des conquistadors modernes venus piller les richesses spirituelles de son peuple. Au début, je n'ai pas compris pourquoi il a accepté de travailler avec moi. Il a refusé d'être payé pour ses services de traduction, n'acceptant que le gîte et le couvert lors de nos déplacements. Ce n'est que des années plus tard que j'ai compris. J'allais devenir son interprète. Il me considérait comme un pont pour la transmission des enseignements des chamans dans le monde occidental.

Ce n'est que lors de l'incident avec la missionnaire que j'ai su que don Antonio menait une double vie : professeur d'université pour les *civilizados* et chaman-guérisseur pour les Indiens. Il maniait la crécelle avec autant de dextérité que la plume. Savant respecté, chaman à la fois craint et aimé, c'était le guérisseur que je cherchais et, lui, m'avait trouvé. Antonio était devenu orphelin très jeune et avait été élevé par des religieuses. Durant son enfance, il avait nettoyé les églises de Cuzco le jour et, le soir, il avait appris tout seul à lire et à écrire. L'hiver, la saison sèche dans les Andes, il se rendait dans le village montagneux appelé Paucartambo, dans les hautes terres de Q'ero, où il poursuivait ses études dans l'art médicinal.

Les chamans peuvent être amenés à leur vocation de différentes façons. La foudre est la plus directe et fatale. Antonio a été frappé par la foudre à l'âge de 12 ans. Une partie de son lobe droit a été arraché et une cicatrice sillonne sa poitrine de l'épaule droite à la hanche gauche. Il est resté muet durant deux ans après cet accident, et les religieuses étaient convaincues qu'il était faible d'esprit. Pourtant, à 15 ans, il avait lu tous les classiques de l'Occident et connaissait à fond le latin et l'espagnol. Le coup de foudre avait « rebranché » son cerveau et éveillé des facultés inactives qui lui permettaient de s'adapter parfaitement parmi les métis universitaires de Cuzco et les Indios de sang pur. Je suis persuadé que la foudre lui a légué un cerveau extrêmement raffiné, telle une automobile à haute performance ne pouvant fonctionner qu'avec un combustible à haute teneur en octane. Cela impliquait qu'il ne pouvait supporter l'alcool, devenant ivre après quelques gorgées de bière seulement. Sa langue se déliait et il se mettait à me conter des histoires de sa jeunesse. Ce n'est qu'à ces moments qu'il répondait à toutes mes questions. Mais le problème, c'était que, dès la fin de la première bière, il cessait soudainement de parler et tombait endormi.

Antonio était la personne la plus étrange que j'aie jamais rencontrée. Quand je suis retourné à Cuzco avec un groupe d'élèves, je ne l'avais pas vu depuis plusieurs années. Il avait entendu dire que j'étais en ville et il avait quitté son village à pied, à trois heures du matin, pour me rendre visite. À l'âge de 70 ans, il refusait encore de prendre l'autobus et il possédait la force et l'agilité d'un félin. Il est arrivé à la posada rustique où nous logions aux environs de six heures. Il est entré dans la pièce sans frapper, voulant me surprendre. De la douche, je l'ai aperçu, bondissant dans les airs tel un chat et atterrissant sur mon compagnon de chambre endormi, Hans, un ami, maître en arts martiaux chinois. J'ai fermé les yeux, craignant ce qui allait arriver à mon vieux mentor. Quand je les ai ouverts, je les ai vus, tous les deux sur le lit, se serrant la main et riant comme des amis de longue date.

Antonio était un *kurak akuyek* de niveau sept, le plus haut degré que peut atteindre un chaman[1].

---

1. *N.d.T.* : Le premier niveau du chamanisme pratiqué dans les Andes s'appelle *ayni karpay,* où l'élève acquiert un lien approprié avec la nature sans être considéré comme un chaman. Le deuxième niveau est le *pampa-mesayok. Pampa* fait référence aux basses terres, *mesa* représente l'autel du chaman et *yok* signifie pouvoir. À ce niveau, l'apprenti devient un porteur de *mesa*. Il rassemble sa collection d'objets médicinaux et il devient le gardien de la Terre. Le troisième niveau s'appelle *alto-mesayok,* ou haut porteur de *mesa*. L'*alto-mesayok* est responsable des *apus,* les montagnes sacrées, et des enseignements médicinaux. Ce niveau comprend trois degrés et, à mesure que votre pouvoir et votre sagesse s'accroissent, vous entrez sous la protection de montagnes de plus en plus élevées. Le quatrième niveau est le *kurak akuyek*. Le mot *kurak* signifie « sage » et *akuyek* veut dire « mastiquer ». Telle une mère qui mastique un raisin avant de l'offrir à son enfant, à ce stade le chaman « mastique » la connaissance afin que les autres puissent la digérer. Cela peut prendre toute une vie avant d'atteindre ce niveau, où vous êtes responsable des étoiles. Peu de chamans y parviennent. Les niveaux supérieurs portent les

Il m'avait pris comme apprenti, mais me considérait comme son égal en ce qui concernait les mœurs occidentales. Il était convaincu que le chamanisme n'appartenait plus aux Indios, que l'Occident avait besoin des enseignements sacrés pour se créer une philosophie et une écologie nouvelles au 21e siècle. Il espérait que j'allais lui donner raison.

Don Manuel Quispe

Don Manuel Quispe, âgé de 90 ans, est le plus vieux guérisseur inca. J'avais lu au sujet de don Manuel en 1962 un article du *National Geographic* consacré au Pérou qui le décrivait, à l'âge de 52 ans, comme l'un des plus vieux chamans q'ero, et le seul qui se rappelait comment calculer avec le *quipu*, un anneau de cordelettes en couleurs nouées sur lequel était gardée la comptabilité de l'empire inca. Lorsque je l'ai rencontré en 1989, il ne se servait plus du *quipu* que pour raconter des histoires. Il avait oublié la mathématique des Incas. Sa tête ne contenait plus que les légendes.

Don Manuel est né dans la communauté de Q'ero. C'était le fils d'un fermier. À 15 ans, il est tombé gravement malade et son père l'a amené chez les guérisseurs du village. Personne n'a pu l'aider, pas même les médecins de la clinique

---

appellations *Inka Mailku*, l'éternel ; *Sapha Inka*, le resplendissant ; et *Taitanchis Ranti*, celui qui brille de la lumière de Dieu. Chaque niveau est supérieur au précédent et le chaman y parvient selon les pouvoirs acquis.

médicale de la ville de Cuzco. Tandis qu'il ramenait son fils amaigri à Q'ero, il s'est arrêté au sanctuaire de Huanca, un lieu sacré où se concentre le pouvoir de la nature. Ce sanctuaire était tellement révéré des Incas que les prêtres catholiques y avaient construit une église pardessus pour convertir les Indiens. Un miracle s'est produit : don Manuel s'est remis à manger et a repris des forces. Huanca est situé à mi-chemin du sommet du versant sud du mont Pachatusan dont le nom signifie « axe du monde ». Les esprits de la montagne ont ordonné à Manuel de se rendre à une autre *apu*, une montagne sacrée appelée Ururu, directement de l'autre côté de la vallée. Le jeune Manuel a passé les quelques mois suivants dans une caverne, vivant comme un ermite. Il buvait l'eau qui filtrait à travers les parois de la caverne et faisait de longues promenades seul dans les montagnes. C'est à ce moment qu'il a commencé à parler à l'*apu*. La montagne comme telle est devenue son maître. Il avait frôlé la mort, expérimenté la continuité de la vie dans l'Au-delà, et il était revenu. À son retour à Q'ero, il a complété sa formation et a reçu les rites de passage par l'un des chamans légendaires de la communauté.

La première fois que je l'ai rencontré, il avait déjà perdu toutes ses dents de devant. Il connaissait mon mentor Antonio et avait accepté d'être mon maître. En retour, il ne me demandait que de nouvelles dents, mais cette demande était plus compliquée que je ne le croyais. Le dentiste a dû extraire les dents restantes, quelques-unes à la fois, et après chaque chirurgie don Manuel était souffrant pendant des jours. À deux reprises, il a failli mourir sous anesthésie, et il me tenait pour responsable de chaque extraction douloureuse. Finalement, il a eu son nouveau dentier. Il s'est regardé dans le miroir et il a souri. La semaine suivante, il a commencé à m'enseigner tout ce qu'il savait. Nous sommes allés au mont Ausangate et il m'a donné son *hatun karpay*, qui est la grande transmission. Il m'a ensuite enjoint de plonger dans l'Otorongo Warmi Cocha, le lagon de la femelle jaguar.

Je l'ai regardé d'un air incrédule. « Faire quoi ? »

« Plonge dans le lagon, m'a-t-il répété. Pour toute la douleur que j'ai dû endurer quand je me suis fait enlever les dents. »

Nous étions à 4 000 mètres d'altitude, en plein hiver, et de légers flocons de neige tombaient. Le thermomètre accroché à mon sac à dos indiquait 20 degrés sous zéro. L'eau du lagon provenait d'un glacier de glace bleue, au milieu du bassin. À cette température et à cette altitude, j'étais sûr de faire une crise cardiaque.

« Ce n'est pas de ma faute si le dentiste ne vous a pas suffisamment anesthésié. » Je tentais de le persuader de me faire subir une autre épreuve.

« Je suis presque mort au pied de la montagne avant que l'*apu* me redonne la vie. » Il souriait, révélant ses nouvelles dents brillantes. « Je t'ai amené à la montagne sacrée. Je te donne mon *karpay*. Voyons si l'*apu* te redonnera la vie. » Il a poursuivi en m'expliquant que je devrais poser mes lèvres sur la glace au fond du bassin. Même si la glace bleue ne se trouvait qu'à environ deux mètres sous la surface de l'eau, je n'étais pas certain de pouvoir retenir mon souffle assez longtemps pour me rendre au fond.

« Ne reste pas longtemps », m'a-t-il dit.

Je suis trop vieux pour faire ça, ai-je pensé. Mais quelque chose en moi avait pris le dessus et je me suis retrouvé en train d'enlever mes vêtements : ma veste de montagnard, mon pantalon en molleton, mes sous-vêtements thermiques. Le froid me pinçait la peau. J'ai sauté sur un rocher au-dessus de l'eau glaciale, les bras serrés autour de ma poitrine. Ma peau s'était transformée en chair de poule. Y penser ne m'aidait pas. J'ai plongé dans le bassin et l'eau glacée m'a fait perdre le souffle. J'ai réussi à nager jusqu'au centre, mais je ne pouvais retenir mon souffle assez longtemps pour plonger. Puis je suis allé sous l'eau, comme dans un rêve, et j'ai embrassé le glacier.

Par la suite, don Manuel m'a parlé des initiations des chamans des Andes. Il existe sept niveaux, ou rites initiatiques principaux. Le guérisseur n'a besoin que des deux premiers niveaux, tandis que le maître chaman doit maîtriser les quatre premiers. Très peu de gens se rendent jusqu'au septième niveau. Don Manuel, doña Laura et don Antonio étaient les derniers chamans ayant accompli les sept rites d'initiation.

Au premier niveau, le guérisseur reçoit les sept archétypes, ou principes organisateurs de l'univers, incorporant les esprits du serpent, du jaguar, du colibri et du condor dans ses quatre chakras inférieurs. Dans les chakras supérieurs, l'élève reçoit trois êtres lumineux, les principes organisateurs des mondes inférieur, intermédiaire et supérieur. Il obtient aussi les « bandes de pouvoir », une protection qui empêche le guérisseur de capter les énergies toxiques de ses clients. Puis il est soumis au rite du *kawak*, qui lui octroie la perception du chaman. J'ai adapté ce rite en une technique (voir chapitre 5) pour éveiller la *seconde attention* qui permet de percevoir le côté lumineux de la vie.

Le deuxième niveau est le *pampamesayok*. Durant ce rite, le chaman reçoit une lignée de guérisseurs et de guérisseuses qui sont les gardiens de la Terre et de tous les êtres sensibles. Par la suite, le guérisseur ne travaille jamais seul. Il est soutenu par une communauté d'esprits lumineux qui l'assistent dans son travail de guérison. Ces êtres lumineux transcendent la culture et le temps. Ce rite vous relie à une lignée de guérisseurs lumineux qui vous acceptent parmi eux et répondent à votre appel.

« Tu n'avais pas besoin de plonger dans le lagon », m'a dit don Manuel tandis que j'étais assis, tout tremblant, tentant de remettre mes vêtements. « Je ne faisais que mettre ta détermination à l'épreuve. »

Ce soir-là, pendant que don Manuel dormait, je suis entré furtivement dans sa tente et j'ai caché son dentier. Il a mis deux jours à le trouver.

Pendant près de sept ans, jusqu'à ce qu'il devienne trop frêle pour voyager, j'ai enseigné avec don Manuel les principes du *kurak akuyek* à mes élèves en Amérique du Nord. Le point culminant de ces voyages a été la fois où nous avons accompli une cérémonie pour guérir la Terre, à l'autel principal de la cathédrale St. John the Divine, à New York, la plus grande église gothique du monde. Des centaines de personnes y ont assisté. Don Manuel avait souri toute la soirée. Jamais il n'avait imaginé qu'un jour il dirigerait une cérémonie devant un autel chrétien.

Doña Laura

Doña Laura était la partenaire guérisseuse de don Antonio. Ils avaient acquis leur art des mêmes maîtres, dans les hautes terres. Antonio avait déménagé en ville, tandis qu'elle s'était rendue encore plus loin dans les montagnes et vivait au-delà de la limite des neiges éternelles, près du mont Ausangate, la montagne sacrée inca. C'était une vieille femme bourrue, l'une des personnes les plus effrayantes que j'aie rencontrées. Elle voyait à travers vous et, à la lueur d'une chandelle, ses traits semblaient se transformer, son nez devenant un bec pointu, ses yeux, ceux d'un faucon. Elle n'approuvait pas qu'Antonio soit mon maître et le réprimandait en lui rappelant que c'étaient les mœurs des Indios. Ce n'est que lorsque j'ai subi mes rites de passage, quand je suis moi-même devenu un *kurak akuyek*, qu'elle a cessé de m'appeler « jeune homme » et que nous sommes devenus amis.

Je n'ai jamais pris son mépris personnellement. Elle était dure avec ses propres élèves, les frappant avec un bâton quand ils commettaient des erreurs particulièrement stupides. Un sourire d'elle, même bref, valait plus que tous les éloges de n'importe quel maître. Elle était à la tête des sociétés de guérisseurs, détenant le même rang et la même importance que don Antonio. De plus, elle pouvait changer de forme. La plupart des chamans sont capables de voyager en rêve sous forme de l'esprit d'un aigle ou d'un jaguar. Laura en est capable à l'état de veille, en plein jour. Elle peut s'unir à un condor et voler avec cet oiseau à sa guise, plongeant dans les ravins ou survolant la terre qu'elle contemple sous elle. Un jour, à la base du mont Ausangate, l'un de ses élèves l'a questionnée. C'était un Indien trapu nommé Mariano qui avait un grand sens de l'humour et un don pour dénicher des plantes médicinales, mais qui faisait tout le reste de travers. « Comment puis-je être certain que vous êtes vraiment dans le corps d'un condor et que vous ne l'imaginez pas ? » a-t-il demandé. J'étais à quelques mètres de là, à notre campement, avec don Antonio. Soudain, l'air est devenu électrique et j'ai perçu un petit sourire sur le visage de don Antonio. Nous savions tous qu'il ne fallait pas défier la vieille femme et nous attendions sa réponse attentivement.

« Y a-t-il une différence entre la réalité et l'imagination ? » a-t-elle répondu d'une voix douce. Nous nous sommes regardés, déçus.

Le jour tombait et quelques-uns d'entre nous sont partis ramasser des branches et du *masto*, des excréments séchés de lamas servant de combustible en haute altitude. Une demi-heure plus tard, nous étions tous de retour au campement, sauf Mariano. La plupart des élèves de Laura étaient des femmes et elles avaient donné aux deux apprentis masculins des noms féminins qu'elles utilisaient en leur absence. « Où est Maria ? » se demandaient-elles en rigolant. « Elle s'est peut-être perdue », a glapi l'une d'elles.

Je devinais qu'Antonio commençait à s'inquiéter. C'était l'hiver sur la deuxième plus haute montagne d'Amérique du Sud. Dans une demi-heure, la température tomberait sous le point de congélation. Il nous a fait signe, à moi et à un autre homme, d'aller à sa recherche. Tandis que nous nous apprêtions à partir, nous avons aperçu Mariano, chancelant, qui venait vers le campement. Son visage était ensanglanté et il tenait à peine sur ses pieds. Je gardais une trousse de premiers soins au fond de mon sac à dos, en cas de situations semblables. Mon mentor n'aimait pas recourir à la médecine occidentale, mais aucune plante médicinale ne poussait à cette altitude. Nous étions tellement loin de la limite forestière qu'il n'y avait même aucune sorte de végétation. Nous étions entourés de terre stérile, un terrain couvert de glace ponctué de parcelles de roc par endroits. Nous avons transporté Mariano dans notre tente, où nous avons constaté que le dos de sa veste était déchiré et que la doublure blanche était tachée de sang. Le tranchant avait traversé ses vêtements et son dos présentait trois coupures profondes semblables à celles qu'auraient pu provoquer les griffes d'un animal. Nous avons demandé à Mariano de nous raconter ce qui était arrivé, mais il ne faisait que secouer la tête en disant qu'il avait fait une chute et s'était entaillé le visage sur la glace. Plus tard dans la soirée, nous l'avons surpris en train de s'excuser auprès de doña Laura. Il semble qu'un immense condor avait émergé du ciel et tenté de l'emporter au loin. Les condors étaient connus pour avoir déjà enlevé un mouton adulte et l'avoir transporté entre leurs griffes à une cinquantaine de mètres dans les airs, l'abandonnant à sa mort sur les rochers.

Au fil des ans, doña Laura et moi nous sommes liés d'amitié. Un jour, elle m'a dit que le secret du changement de forme consistait à prendre conscience que nous n'étions pas différents de quoi que ce soit dans l'univers, ni meilleurs ni pires. Quand vous comprenez dans vos cellules mêmes que vous êtes exactement identique à tout, pas plus important qu'un insecte, pas moins important que le Soleil, vous pouvez adopter la forme de votre choix, que ce soit un condor ou un arbre. Vous pouvez même devenir invisible aux yeux des autres. Elle m'a expliqué que le chaman devait maîtriser l'art de l'invisibilité afin de ne pas attirer l'attention sur lui. Antonio a su le maîtriser. Il était invisible à l'Église catholique. Personne ne savait qui il était, ainsi il était libre de changer le monde. « Tu peux tout accomplir, m'a-t-elle dit, pourvu que tu acceptes de laisser les autres s'en attribuer le mérite. »

Don Eduardo

Eduardo Calderón était un pêcheur. Il vivait dans la région de la côte nord du Pérou, près des légendaires lagons de Shimbe. Il avait le don naturel de voir la nature lumineuse de la vie. Eduardo était un descendant des Indiens mochicas, une grande civilisation ayant prospéré il y a un millénaire. Il s'est entraîné durant des années à perfectionner son don et il pouvait raconter votre vie en vous regardant, aussi bien notre vie publique que les secrets les plus intimes que nous portons tous en nous. La réputation de don Eduardo, en tant que voyant et guérisseur, s'était répandue dans tout le Pérou. Même des membres du Sénat américain étaient venus le consulter.

Antonio m'avait mentionné à quelques occasions que je devrais aller travailler avec don Eduardo.

Les chamans de la côte étaient réputés pour leur capacité de voir dans le monde l'Esprit. Dans les Andes, cet art s'était perdu. La plupart ne faisaient que lire dans les feuilles de coca, plutôt malhabilement de surcroît. La suggestion d'Antonio ne m'enthousiasmait pas tellement. Ma formation avec lui m'occupait amplement et je passais déjà du temps dans la région amazonienne à m'instruire sur les rites funèbres et le voyage au-delà de la mort. Et soudain, Antonio disparut.

J'étais revenu au Pérou pour voyager avec lui dans les hautes terres pendant trois mois. Il avait pris un congé sabbatique de l'université, et personne ne savait où il était allé ni quand il reviendrait. C'était la saison des pluies en Amazonie ; il était donc impossible de s'y rendre. À contrecœur, j'ai fait mes bagages pour aller visiter don Eduardo, avec qui j'avais déjà travaillé quelques années auparavant. Le lendemain de mon arrivée, il devait présider une cérémonie de guérison. Il y avait entre 25 et 30 personnes, les malades et leurs familles, toutes réunies le soir, en cercle sur la plage. Eduardo avait deux assistants à ses côtés. Au bout d'une heure environ, j'ai senti le besoin de me délier les jambes et je me suis à marcher sur la plage. Quand je suis revenu au cercle, j'ai remarqué que l'un des assistants de don Eduardo n'était plus là. L'homme était tombé malade et il était étendu, enveloppé dans une couverture. Eduardo m'a fait signe d'approcher pour prendre la place de l'assistant.

Dès que je me suis assis à côté de don Eduardo, j'ai eu l'impression d'entrer dans un monde cristallin, plus lucide. C'était comme si on venait d'allumer les lumières et que je pouvais maintenant voir. Les formes lumineuses que j'avais vues dans les Andes avec don Antonio n'avaient rien de comparable. Quand je me suis éloigné de quelques pas, le monde s'est à nouveau rempli de la noirceur de la nuit. Le champ d'énergie lumineux de don Eduardo me donnait une vision aussi claire que le cristal. Puis il s'est tourné vers moi et m'a dit que j'avais un don, mais que je devais le développer, apprendre à voir avec clarté et précision.

Ce soir-là, pour la première fois, j'ai aperçu une entité intrusive. Cet esprit était logé dans le champ d'énergie lumineux d'une femme. Cette entité parasite la vidait de sa force vitale. Elle était venue consulter Eduardo, se plaignant d'être déprimée et désespérée. Le guérisseur s'est levé, a pris une épée et un cristal sur son autel et a entrepris d'extraire l'entité intrusive qui causait du tort à cette femme.

« Nous devons le guérir », a-t-il dit en se tournant vers moi. « C'est son frère, qui a été tué dans un accident d'automobile il y a quelques mois. Il ne sait pas qu'il est mort et il est venu demander de l'aide à sa sœur. »

Il a ensuite effectué un rite de guérison pour le frère décédé, afin de l'aider à se réveiller du cauchemar dans lequel il se trouvait et à poursuivre son voyage vers le monde de l'Esprit.

« Un prêtre aurait procédé à un exorcisme et rejeté son âme dans la noirceur », a souligné don Eduardo.

Ce soir-là, mes yeux se sont ouverts à un monde que j'avais refusé d'accepter jusqu'à maintenant. Naïvement, j'avais cru que seuls les anges et les êtres lumineux habitaient le monde de l'Esprit.

Je n'étais pas du tout prêt à accepter que les états physiques et émotionnels puissent être causés par des esprits envahissants. Je ne voulais rien avoir à faire avec les « voyous » du monde de l'Esprit. Toutefois, je voulais apprendre à voir, et don Eduardo était un voyant accompli. Ce que j'ai vu m'a révélé qu'une personne ne devenait pas automatiquement sanctifiée en mourant. Il y a autant de personnes tourmentées dans l'Au-delà que dans le monde physique. Eduardo m'a enseigné les rites de passage qui éveillent notre faculté de voir dans le monde invisible. C'était une pièce du puzzle qu'Antonio et moi cherchions depuis longtemps, le *kawak*, ou rites du « voyant ».

CHAPITRE 3
LE CHAMP D'ÉNERGIE LUMINEUX

Je me suis aperçu que la potion de San Pedro ne faisait que me rendre malade. Le liquide visqueux me fait penser à du mucus et je m'étouffe quand j'essaie de l'avaler. C'est probablement un goût qui s'acquiert... J'ai vérifié et il n'y a pas assez d'ingrédients actifs dans cette potion pour amener quiconque à avoir des visions. Je suis certain que mon état de conscience est altéré par le chant de don Eduardo. Et puis, il y a l'énergie qui, d'après ce qu'il a dit, circule dans l'espace cérémonial lorsqu'il invoque les esprits du serpent, du jaguar, du colibri et du condor. Je pense qu'il s'agit même peut-être d'une forme subtile d'hypnose, qui nous fait faire une virée, et que ses clients guérissent parce qu'ils le veulent et reçoivent la permission du chaman. En somme, de la suggestion post-hypnotique. J'ai déjà vu un homme se dévêtir devant un auditorium rempli, ne gardant que son caleçon, à cause du phénomène de suggestion post-hypnotique.

Toutefois, je ne peux expliquer le fait que je vois l'énergie. Cela ne se produit que lorsque je suis assis à côté de don Eduardo. Quand je m'éloigne de quelques pas, je ne sens plus rien. C'est comme s'il était entouré d'un espace électrique où l'air vibre. Quand je suis dans cet espace, je vois tout ce qu'il voit.

Hier soir, il a soigné une jeune femme. Elle se tenait à deux mètres devant nous, son enfant dans les bras, et Eduardo s'est mis à chanter. Soudain, cinq ou six vrilles semblables aux tentacules d'une pieuvre sont sorties du ventre de la femme. Une vrille s'est tendue et s'est reliée à un ventre à la forme laiteuse que nous voyions à côté d'elle. Eduardo a décrit cette entité comme son ancien mari, qui tentait d'obtenir la garde de leur fille.

« Cet homme vous fait du mal, a-t-il dit. Il est relié à vous par votre utérus. »

Malgré sa forte stature, le chaman a bondi de derrière son autel, a saisi l'une des épées et a atterri devant la femme. Lorsqu'il a touché son abdomen avec le bout de l'épée, tout son corps lumineux s'est allumé. C'était une vison des plus fantastiques, comme si une lampe à lave avait soudainement été allumée et que les bulles tourbillonnaient dans des courants de lumière et de noirceur, à quelques centimètres au-dessus de la surface de sa peau. Puis, maniant l'épée, il a rompu un cordon noir, qui s'est immédiatement rétracté dans l'abdomen de l'entité. Directement dans son intestin.

Eduardo s'est mis à retirer les autres vrilles sombres du ventre de la femme, aspirant bruyamment dans sa bouche ces fils toxiques. Cela a duré environ une minute, puis il a émergé du cercle. J'entendais ses violents haut-le-cœur.

Quand j'ai à nouveau regardé la femme, toutes les fibres noires avaient disparu. Je voyais son deuxième chakra qui tournait lentement, puis il a accéléré et repris sa forme conique. Don Eduardo est ensuite retourné à l'autel et s'est laissé choir près de moi, épuisé.

« *Tu as vu,* compadre ? » *m'a-t-il demandé.*

Extrait du *Carnet de voyage*

*

* *

Nous possédons tous un champ d'énergie lumineux qui enveloppe notre corps physique et l'informe de la même façon que les champs d'énergie d'un aimant agencent de la limaille de fer sur un morceau de verre. Notre champ d'énergie lumineux existait même avant le début des temps. Il faisait un avec la lumière non manifeste de la Création et il existera dans l'infini. Il existe hors du temps, mais se manifeste dans le temps en créant de nouveaux corps physiques, vie après vie.

Imaginez que vous êtes enveloppé dans une orbite multicolore translucide de la largeur de vos bras déployés, émettant des pulsations de bleu, de vert, de magenta et de jaune. Juste au-dessus de votre peau, des courants de lumière dorée chatoyante circulent dans les méridiens d'acupuncture. Entre votre peau et la membrane du champ d'énergie lumineux tourbillonnent des courants éblouissants s'unissant en une spirale de lumière. Ce réservoir de force vitale est un océan d'énergie vivante aussi indispensable pour notre santé que l'oxygène et les nutriments que transporte notre circuit sanguin. Ce sont les forces du champ d'énergie lumineux, le plus pur et le plus précieux combustible de la vie. Lorsque les réserves vitales du champ d'énergie lumineux sont épuisées en raison de la maladie, de polluants environnementaux et du stress, notre état de santé est altéré. En refaisant le plein de ce combustible essentiel, nous nous assurons une longue vie active et en bonne santé.

Les mystiques indiens et tibétains qui ont documenté l'existence du champ d'énergie lumineux, il y a des milliers d'années, l'ont décrit comme une aura ou un halo entourant le corps physique. Au départ, il semblait étrange de trouver le même concept d'un champ d'énergie humain chez les chamans de la jungle et des montagnes d'Amérique. Toutefois, quand j'ai saisi le caractère universel du champ d'énergie humain, j'ai compris que chaque culture devait l'avoir découvert. En Orient, les mandalas illustrent le Bouddha enveloppé de bandes de feu bleues et or. En Occident, les représentations du Christ et de ses apôtres les montrent entourés de halos lumineux. Dans la littérature mystique, on dit de l'apôtre Thomas qu'il rayonnait de la même radiance que le Christ. Les légendes autochtones américaines font mention de personnes irradiant dans la noirceur, comme animées d'un feu intérieur. Les conteurs des Andes se rappellent l'empereur Pachacutek, considéré comme le fils du Soleil, qui rayonnait de la lumière du crépuscule.

Chaque chose vivante sur Terre est composée de lumière. Les végétaux absorbent la lumière directement du soleil et la transforment en une forme de vie. Les animaux mangent les plantes nourries par la lumière, et c'est ainsi que celle-ci devient la composante fondamentale de la vie. Nous sommes de la lumière contenue dans de la matière vivante. Toute chose vivante qui nous entoure est faite de lumière, contenue dans des formes et vibrations différentes. Les physiciens qui étudient les particules subatomiques savent qu'en examinant en profondeur le cœur de la matière, on découvre que l'univers entier est fait de vibrations et de lumière.

Nous sommes dans l'erreur si nous pensons que les témoignages faisant mention d'une lumière autour du Bouddha et du Christ ne sont que des mythes et des légendes. Nous ne pouvons pas non plus attribuer ce rayonnement à une sorte étrange de bioluminescence produite par le corps, comme si c'était l'effet d'une luciole. Le Bouddha nous a montré la voie de l'illumination. Il nous a enseigné à suivre notre lumière pour nous libérer de la souffrance. Il est dit qu'une lueur aveuglante est apparue au-dessus du Christ lorsqu'il a été baptisé dans le Jourdain. Si nous croyons que le Christ brillait de la lumière de son amour, mais que *nous* ne le pouvons pas, nous nions ses enseignements lorsqu'il a dit : « Vous ferez des choses encore plus grandes que ce que j'ai accompli. » Généralement, nous prenons ces références à la lumière de la métaphore. Nous cherchons l'illumination comme une forme de compréhension supérieure. Mes recherches m'ont convaincu que ces anciennes références à la lumière sont des faits qui peuvent être vérifiés par l'expérience. Ainsi, lorsque nous comprenons que notre nature est lumineuse, nous sommes en mesure d'éviter les pièges du monde matériel et d'expérimenter l'infini. Mais il nous faut d'abord connaître l'anatomie du champ d'énergie lumineux.

L'anatomie de l'âme

Le champ d'énergie lumineux est une matrice invisible qui informe l'anatomie du corps. Quand je fréquentais l'école primaire, j'étais en admiration devant les jolis motifs ovales que créait la limaille de fer sur une plaque de verre grâce aux champs invisibles d'un aimant. J'ai remarqué que lorsque je bougeais l'aimant sous le verre, la limaille de fer suivait sagement, telle une procession de fourmis métalliques. Je déplaçais la limaille de fer avec mon doigt et quand je la lâchais, je constatais qu'elle revenait aussitôt à sa position originale. On aurait dit qu'elle avait un esprit bien à elle. Qu'est-ce qui faisait en sorte que les petits morceaux de fer reformaient leur motif original ? Des années plus tard, j'ai compris que la médecine occidentale, s'efforçant de modifier le corps physique, ne faisait que déplacer la limaille de fer sur le verre. La chirurgie et les médicaments provoquaient souvent des changements brutaux et traumatisants pour le corps. Cette approche m'a paru grossière et envahissante, comme quand je dispersais la limaille avec mes doigts plutôt que de la faire bouger en déplaçant l'aimant sous le verre.

L'aimant et la limaille de fer sont devenus pour moi une métaphore de la manière dont la matière et la conscience sont liées par un champ d'énergie invisible. J'ai vu un cancer réapparaître quelques semaines ou mois après qu'un chirurgien eut retiré une tumeur. Même si la masse physique, la tumeur, avait été enlevée, le champ d'énergie lumineux renfermait toujours l'empreinte de la maladie. Ce n'était qu'une question de temps avant qu'elle réapparaisse, se restructurant rapidement selon le modèle préexistant. Lorsque nous guérissons par le processus de l'illumination, nous changeons la limaille de fer du corps en changeant les champs d'énergie qui l'organisent. Nous guérissons le champ d'énergie lumineux et le corps physique suit.

Le champ d'énergie lumineux comprend quatre couches, partant du corps vers l'extérieur :

1. le corps causal (l'Esprit)
2. le corps psychique (ou éthérique – l'âme)
3. le corps mental-émotionnel (l'intellect)
4. le corps physique (l'organisme)

Chaque couche renferme une qualité différente d'énergie. La couche la plus extérieure emmagasine l'énergie qui nourrit le corps physique. La couche en dessous comprend les énergies qui entretiennent notre résistance mentale et émotionnelle. Sous cette couche se trouvent les énergies psychiques raffinées et, près de la peau, l'énergie la plus pure, notre réserve de combustible spirituel. Dans la littérature mystique, ces couches sont appelées « corps subtils ». En réalité, elles ne sont pas séparées les unes des autres, de la même manière que les couleurs de l'arc-en-ciel ne sont pas dissociées ; elles se dissolvent plutôt les unes dans les autres.

Le champ d'énergie lumineux rassemble les archives de tous nos souvenirs personnels et ancestraux, de tous nos traumatismes d'enfance et même des blessures de nos vies antérieures. Ces inscriptions ou empreintes sont conservées dans la couleur pure et l'intensité de l'émotion. Les empreintes s'apparentent à des programmes informatiques inactifs qui, une fois activés, nous poussent vers des comportements, des relations, des accidents et des maladies qui reproduisent la blessure originelle. En effet, notre histoire personnelle se répète. Les empreintes des traumatismes physiques se retrouvent sur la couche la plus extérieure du champ d'énergie lumineux. Les empreintes émotionnelles sont contenues dans la deuxième couche, celles de l'âme sont dans la troisième, et les empreintes spirituelles sont dans la quatrième couche qui est la plus profonde. Les empreintes du champ d'énergie lumineux nous prédisposent à suivre certaines voies dans la vie. Elles orchestrent les incidents, les expériences et les personnes que nous attirons à nous. Elles nous incitent à recréer les événements et les rencontres qui nous ont fait du mal, tout en nous guidant, en bout de ligne, vers des situations où nous pouvons guérir nos blessures de l'âme.

Je ne me soucie pas trop de savoir dans quelle couche se situe une empreinte, comme je ne me soucie pas de l'endroit où une lettre est mise en mémoire dans mon ordinateur. Je m'intéresse surtout à réviser et à changer le contenu de la lettre. De façon similaire, je suis intéressé à dégager le contenu négatif d'une empreinte durant le processus d'illumination. Toutes les empreintes contiennent des indications qui informent les chakras, et qui ensuite organisent notre monde physique et émotionnel. L'information d'une empreinte organise le champ d'énergie lumineux qui, par la suite, organise la matière.

Le champ d'énergie lumineux renferme un schéma de la manière dont nous vivons, vieillissons, guérissons et mourrons probablement. Lorsqu'il n'y a pas d'empreinte de maladie dans notre champ d'énergie lumineux, la guérison se produit très rapidement. Pareillement, les empreintes de maladies peuvent affaiblir le système immunitaire et il peut nous falloir beaucoup de temps pour recouvrer la santé. Personne ne veut passer des mois de convalescence quand il est possible de retrouver la santé en quelques jours ou semaines. Lorsque nous effaçons l'empreinte négative qui déclenche le mal, le système immunitaire peut éradiquer rapidement la maladie.

Couches du champ d'énergie lumineux

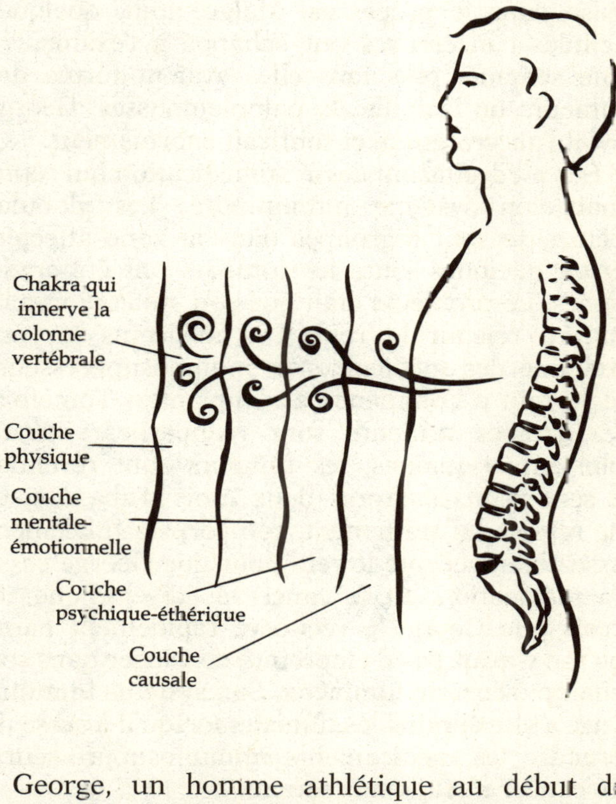

George, un homme athlétique au début de la vingtaine, souffrait d'une dysfonction rénale.

Dès qu'un donneur a été trouvé, George s'est rendu au centre médical de l'Université de Californie, à San Francisco, pour subir la greffe. La veille de l'opération, on lui a donné des médicaments pour supprimer les réactions immunitaires, afin que son corps ne rejette pas le rein étranger. Précaution d'usage avant toute greffe, l'organe a été soigneusement examiné pour s'assurer qu'aucune cellule cancéreuse ne soit transmise dans le processus. Malgré tout, quelques cellules cancéreuses ont échappé à l'examen et une semaine plus tard elles avaient formé des tumeurs de la taille de pamplemousses. George avait l'air grotesque et souffrait énormément.

Ses médecins ont cessé la médication qui réprimait son système immunitaire. Les globules blancs se sont regroupés dans la zone affectée, et en quelques jours les tumeurs ont été éradiquées. Le problème était que son système immunitaire rejetait le rein. Les médecins lui ont redonné des médicaments immunosuppresseurs et le rein a commencé à s'implanter. Toutefois, les grosses tumeurs sont réapparues. Durant plusieurs semaines, les tumeurs sont revenues à sept reprises. Après deux mois d'abandon et de reprise du traitement, son corps a finalement assez bien accepté le rein pour que George cesse sa médication. Et le cancer a été éradiqué. Je crois que George a récupéré rapidement parce qu'il n'y avait pas d'empreinte de cancer dans son champ d'énergie lumineux. Son système immunitaire a vite éliminé les tumeurs lorsqu'il a cessé de prendre les médicaments immunosuppresseurs. Le cancer n'est jamais revenu.

Des rivières de lumière

Le champ d'énergie lumineux a la forme d'un beignet (ce qu'on appelle un tore en géométrie), comportant un axe étroit ou tunnel en son centre, dont l'épaisseur est moindre qu'une molécule. C'est ce qui s'appelle *popo*, ou bulle lumineuse, en langue inca. Les personnes qui ont vécu une expérience de mort imminente rapportent qu'elles ont traversé ce tunnel durant leur voyage de retour vers la lumière. Le champ d'énergie humain est un reflet du champ magnétique de la Terre, qui émane du pôle Nord et fait le tour de la planète avant de la réintégrer par le pôle Sud. Similairement, les courants d'énergie, ou *cekes*, du champ d'énergie lumineux circulent autour du corps lumineux à partir du dessus de la tête, formant ainsi un immense ovale de la largeur de nos bras déployés. Notre champ d'énergie pénètre dans la Terre à une profondeur d'environ 30 centimètres, puis réintègre notre corps par nos pieds.

Même si la puissance du champ magnétique de la Terre décroît très rapidement à mesure qu'il s'éloigne de la planète, elle n'atteint jamais zéro. Il se prolonge sur des centaines de kilomètres dans l'espace avant de perdre de sa force ; il voyage à la vitesse de la lumière, à environ 300 000 kilomètres par seconde, jusqu'aux confins de l'Univers. Le champ d'énergie humain semble ne se prolonger qu'à une courte distance du corps puisque, comme le champ magnétique de la Terre, il diminue très rapidement en puissance. Pourtant, il voyage aussi à la vitesse de la lumière, nous reliant à la matrice lumineuse de l'Univers, que les Incas appellent *texemuyo*, toile permanente.

À la surface de la planète circulent des courants d'énergie, ou *cekes*, semblables aux méridiens d'acupuncture qui relient les chakras principaux de la Terre. Les méridiens de la Terre traversent le globe et transportent de l'énergie et de l'information d'une partie à une autre de la planète. Les chamans affirment pouvoir communiquer entre eux par la matrice lumineuse formée des courants d'énergie de la Terre. Les guérisseurs sont capables de sentir, et parfois de voir, la toile lumineuse de l'Univers qui part de la Terre et rejoint les galaxies.

Dans nos sociétés technologiques, bien des gens sont dissociés de la matrice de l'Univers. Souvent, je me rends compte que les personnes qui viennent me consulter et qui présentent les symptômes de la fatigue chronique se sont peu à peu complètement coupées du monde de la nature. Elles ne vont jamais se promener en forêt, ne plantent pas de tomates dans leur jardin, ne s'arrêtent même pas pour humer les fleurs. Je ne dis pas que les promenades en forêt guérissent la fatigue chronique, qui est une maladie complexe. Toutefois, durant leur processus de guérison, les personnes qui en souffrent doivent impérativement se reconnecter à la grille naturelle.

Tout comme les courants d'énergie circulent le long de l'anatomie de la Terre, les méridiens parcourent la surface de la peau, reliant les points d'acupuncture (essentiellement de tout petits chakras) les uns aux autres. Ces méridiens d'énergie sont similaires au système circulatoire de notre corps. Ce sont les veines et les artères du champ d'énergie lumineux. Les guérisseurs des Amériques appellent les méridiens *ríos de luz*, ou rivières de lumière qui coulent dans le corps lumineux. Selon les légendes, il y a 5 000 ans, les premiers praticiens de l'acupuncture pouvaient voir les méridiens qui formaient une toile à la surface du corps. Même de nos jours, la plupart des acupuncteurs réputés au Japon sont aveugles. Ils possèdent une grande compétence en matière de diagnostic parce qu'ils ne sont pas distraits par les apparences physiques. Capables de suivre le courant du *chi* avec leurs doigts, ils sentent son rythme et son pouls le long des méridiens. En repérant les blocages du *chi* et les endroits où il circule vigoureusement, ils peuvent poser un diagnostic de santé ou de maladie.

Les traditions mystiques abondent de références concernant des individus capables de percevoir le champ d'énergie lumineux. Chez les Incas, ce sont les *kawak*, les voyants. Dans les plaines de Nazca, la région désertique du sud du Pérou, il y a une ville abandonnée connue sous le nom de Kawachi (« lieu des voyants »). Toute la ville est consacrée à la formation des personnes qui veulent ressentir la nature lumineuse de la vie. Au fil des ans, j'ai acquis la faculté de percevoir les courants de lumière qui parcourent le corps lumineux et de lire les empreintes de la santé et de la maladie. Je crois qu'il s'agit d'une habileté innée que nous possédons tous, mais que nous ne développons pas, ou que nous perdons après l'âge de 7 ou 8 ans parce qu'on nous apprend que le monde matériel est le seul monde « réel ». Les chamans, à travers les Amériques, se fient à leur faculté de percevoir le domaine énergétique.

Il y a presque 20 ans, lors d'une visite de la ville de Cuzco, la capitale de l'empire inca, j'ai eu la chance d'observer un guérisseur nommé Máximo qui soignait une Indienne. La vieille femme souffrait d'asthme et au moindre effort, comme par exemple monter un escalier, elle subissait des accès de toux. Après les présentations et les salutations d'usage, Máximo a demandé à la femme de s'asseoir et de déboutonner sa blouse. Parcourant un cercle, il s'est placé derrière elle et de son index il s'est mis à tracer une ligne invisible d'un côté de sa colonne vertébrale. Il s'arrêtait, enfonçait le bout du doigt dans sa peau et l'invitait à se détendre. Il a continué à tracer des lignes le long de son dos en appliquant une pression à divers points, tandis que la femme sursautait de douleur.

Máximo avait stimulé les points précis qu'utilisaient les acupuncteurs pour traiter l'asthme. Après la thérapie, j'ai exprimé mon étonnement et la réponse du guérisseur m'a étonné encore davantage. Il affirmait n'avoir jamais entendu parler de l'acupuncture ni de tels points. Il avait appris cette technique de sa grand-mère, qui lui avait expliqué comment percevoir les rivières de lumière, les *cekes*, le long de la surface de la peau et comment masser les points là où le courant était bloqué afin que la lumière puisse circuler librement. Au moment où son dernier client de la journée partait, j'ai demandé à Máximo s'il pouvait décrire ces rivières de lumière pour que je puisse mieux saisir ce concept. Il a souri, puis m'a demandé de me dévêtir et de ne garder que mon caleçon. Avec le rouge à lèvres écarlate d'Anita, son épouse, il a tracé les rivières de lumière de mon corps. Je me suis mis debout sur la table de la salle à manger et Máximo m'a photographié. Anita et leurs deux filles sont entrées dans la pièce à ce moment. Poussant un cri, Anita s'est aussitôt enfuie. Plus tard, j'ai appris qu'elle n'avait pas été choquée par la vue d'un homme à demi nu sur sa table de salle à manger, mais bien par le fait que nous avions utilisé son seul rouge à lèvres. À mon retour en Californie, j'ai comparé les photographies avec des représentations graphiques des méridiens de l'acupuncture chinoise et j'ai constaté que les deux coïncidaient. Pour Máximo et les autres chamans des Amériques, les rivières de lumière du corps sont des affluents qui, à la fois, se déversent dans les grands fleuves lumineux qui courent à la surface de la Terre et en tirent leur substance.

Les chakras

Les gens sont souvent surpris de constater que les chakras existent dans les traditions autochtones américaines. « Je pensais que les chakras étaient d'origine hindoue », me disent-ils. Les chakras font partie de l'anatomie du champ d'énergie lumineux. Même si les reins ont reçu leur nom des Européens, cela ne les rend pas exclusivement européens. De la même façon les chakras ne sont pas exclusivement hindous.

Tout être vivant possède des chakras. Les grillons en ont, tout comme les cerfs, les écureuils et les humains. Même les arbres ont des chakras. Chez les animaux, comme chez les humains, les chakras sont répartis le long de la colonne vertébrale. Ceux des arbres par contre sont mobiles, puisqu'ils n'ont pas de colonne. Parcourez la surface d'un arbre avec vos mains ; quand vous ressentez un picotement, cela indique la présence d'un chakra. Tenez-le de vos deux mains (il a à peu près la taille d'un ballon de basket-ball). En déplaçant délicatement ce chakra de manière à l'aligner à l'un des vôtres, vous pouvez vous relier à l'arbre sur le plan énergétique.

Dans certaines régions de l'Amérique du Sud, les chakras sont désignés comme des *ojos de luz*, des yeux de lumière. Mon mentor inca les appelle *pukios*, puits de lumière. C'est par nos chakras que nous captons des impressions du monde. Nous percevons l'amour dans notre cœur ; la sexualité, la peur et le danger dans notre ventre (deuxième chakra) ; l'intuition se situe au niveau du troisième œil (sixième chakra). Dans une situation désagréable, notre deuxième chakra peut se contracter et nous nouer l'estomac. L'expérience non équivoque d'éprouver des sensations au niveau du cœur nous a amenés à associer l'amour au cœur, et à appeler un chagrin d'amour une peine de cœur.

Selon les traditions orientales, les chakras sont contenus dans le corps humain. Par contre, les chamans eux croient qu'ils se prolongent au-delà du corps sous la forme de fils lumineux, ou *huaskas*, qui nous relient aux arbres, aux rivières et aux forêts. Ces fibres lumineuses sont aussi rattachées à l'endroit où nous sommes nés et avons vécu, ainsi qu'à notre histoire personnelle et à notre destinée. La tradition hindoue décrit sept chakras. Le chaman avec qui j'ai fait mon apprentissage m'a enseigné à en percevoir deux autres : le huitième chakra, au-dessus du corps lumineux mais à l'intérieur du champ d'énergie lumineux, connu sous l'appellation *wiracocha*, ou source du sacré, et le neuvième chakra, à l'extérieur du corps, uni à toute la Création et résidant dans l'infini, le monde de l'Esprit, appelé *causay*, le point d'accès à la Création non manifeste – l'infini. Nous explorerons plus en détail le système des chakras au chapitre 6.

Les chakras sont les organes du champ d'énergie lumineux. Ce sont des disques tourbillonnants dotés d'un grand orifice qui tourne à quelques centimètres du corps, et par lequel est absorbé le combustible radieux emmagasiné dans le corps lumineux qui nous nourrit sur les plans spirituel, émotionnel et créatif. L'extrémité étroite en forme d'entonnoir se rattache directement à la colonne. Les chakras transmettent au système nerveux de l'information au sujet des traumatismes et des peines du passé, contenus dans les empreintes du champ d'énergie lumineux. Ils informent notre système neurophysiologique, influant sur nos humeurs et notre bien-être physique et émotionnel. Ils sont également reliés à nos glandes endocrines, qui régulent tout le comportement humain.

Vivre longtemps et radieusement

Quand le champ d'énergie lumineux devient intoxiqué par les polluants environnementaux et émotionnels, les chakras s'engorgent, tels les pistons d'un moteur qui s'encrassent. Les chakras accumulent des résidus et leur rotation devient laborieuse. En conséquence, nous avons moins d'énergie et devenons plus vite irrités ou déprimés. Ils finissent par se bloquer et notre système immunitaire ne fonctionne plus. La qualité du combustible dans les réserves du champ d'énergie lumineux a aussi une incidence sur notre longévité. Quand nos réserves d'énergie sont contaminées, les chakras acheminent ces toxines au système nerveux central. C'est alors que nous tombons malades ou risquons la mort. Un renouvellement efficace de nos ressources d'énergie nous assure une vie saine et active. La qualité de notre énergie lumineuse peut même avoir un impact sur le processus de vieillissement.

Les scientifiques qui étudient le vieillissement ont découvert que les horloges biologiques du corps ne sont pas basées sur le temps linéaire. Nos cellules n'ont pas un nombre limité d'années ; elles ont plutôt un nombre limité de vies, un nombre de fois où elles peuvent se régénérer en des copies exactes d'elles-mêmes. Supposons, par exemple, que les cellules du foie puissent faire 100 copies d'elles-mêmes avant de commencer à dégénérer. Si vous congeliez une quantité de cellules du foie après 49 reproductions et les décongeliez en laboratoire 100 ans plus tard, elles continueraient de se diviser encore 51 fois. Même si chaque cellule du foie possède 100 vies, vos habitudes alimentaires et votre mode de vie déterminent dans une grande mesure si oui ou non vous profiterez de toute la durée de cette vie. Si vous consommez des quantités excessives d'alcool, vous risquez de réduire la durée de vie de votre foie. La qualité des réserves du champ d'énergie lumineux est aussi importante que le régime alimentaire et le mode de vie pour notre longévité. Même si aucune preu fique ne fait la corrélation entre les r corps lumineux et la durée de vie d les chamans croient que la qualité e de ces énergies vitales sont des facteurs déterminants de la longévité. Lorsque nous subissons un stress émotionnel ou physique, nous vidons très rapidement ces réserves. Nos réserves de combustible baissent dangereusement. Le champ d'énergie lumineux, telle une pile, ne fournit un rendement maximal que pendant une durée limitée, puis il devient incapable de se régénérer. Nous connaissons tous des personnes qui ont vieilli soudainement après avoir vécu un événement traumatisant, par exemple un divorce ou la mort d'un être cher. Notre capacité de préserver et de renouveler notre réservoir lumineux semble déterminer si nous vivrons longtemps et en bonne santé.

Le processus d'illumination, décrit au chapitre 7, est une façon d'améliorer les réserves du champ d'énergie lumineux. Le nettoyage des chakras est un autre moyen. C'est un exercice exécuté le matin sous la douche. Il s'agit de placer votre main gauche à la base de votre colonne et, avec votre main droite à une distance de 8 à 10 centimètres de la peau, de sentir votre premier chakra. (Vous trouverez l'emplacement des chakras au chapitre 4.) Faites tourner le chakra dans le sens inverse des aiguilles d'une montre (imaginez que votre corps est le cadran de la montre) trois ou quatre fois, en effectuant un mouvement de rotation du bout de vos doigts. Rincez vos doigts sous l'eau. Vous éliminez ainsi les résidus et les toxines qui ont adhéré aux parois du chakra.

Reprenez cet exercice pour les sept chakras, en prenant soin de bien rincer vos doigts avant de passer au suivant. Tentez de sentir l'énergie dense – semblable à de la mousse – sur les chakras. Revenez ensuite au premier chakra et faites-le tourner trois ou quatre fois dans le sens des aiguilles d'une montre. Poursuivez avec les sept chakras. Cet exercice augmente la vitesse de rotation des chakras, permettant à chaque vortex d'énergie de tourner à sa fréquence optimale. Un chakra propre peut puiser dans l'énergie naturelle pour ravitailler le réservoir du champ d'énergie lumineux et nous garder en excellente santé.

Le processus d'illumination peut aussi nous permettre de réaliser une longévité extraordinaire. Les biologistes comparent parfois le processus de vieillissement des cellules à la reproduction d'une photocopie, à une autre photocopie et ainsi de suite. À la quatre-vingt-dix-neuvième copie, l'image devient embrouillée. Vers la fin de la trentaine, notre peau perd de son élasticité, les pattes-d'oie s'accentuent autour de nos yeux et les rides apparaissent. Si seulement nous pouvions retrouver l'image originale et la reproduire ! Grâce au processus d'illumination, nous pouvons faire des copies à partir de la première image ; nous pouvons informer notre corps à partir de cette source originelle qui informe toute la vie. La même source qui informe les séquoias et les bras spiraux de la Galaxie est également celle qui nous informe lorsque nous pratiquons la guérison par le champ d'énergie lumineux.

Les empreintes de la santé et de la maladie

Le champ d'énergie lumineux contient de l'information qui peut nous tuer ou nous guérir, tout comme l'ADN encode dans sa double hélice la formule de la longévité ainsi que les états de santé dont nous héritons. Il renferme le plan de notre corps, tout comme un dessin d'architecture renferme le plan d'une maison. Toutefois, contrairement à un plan physique, qui est séparé de la maison et demeure intact à mesure qu'elle vieillit, notre matrice lumineuse est continuellement informée par les incidents positifs et négatifs qui nous arrivent au fil de la vie. Les traumatismes psychologiques et spirituels non réglés se gravent telles des traces d'éraflures dans notre champ lumineux. Les expériences positives ne laissent pas de traces dans notre corps lumineux. La paix et la sérénité que nous éprouvons grâce à notre pratique spirituelle alimentent les couches les plus profondes du champ d'énergie lumineux, fournissant ainsi de l'énergie à notre âme et à notre esprit.

La matrice qui nous a façonnés à partir du moment où nous sommes dans l'utérus de notre mère contient les souvenirs de toutes nos vies antérieures – nos souffrances, nos amours, nos maladies, nos morts. En Orient, ces empreintes sont appelées karma. Ce sont des forces qui balaient notre vie tel un courant immense duquel nous ne pouvons nous dégager. Ces empreintes renferment des instructions qui nous prédisposent à répéter certains événements du passé. Nous voulons apprendre à repérer et à effacer ces empreintes d'énergie dans notre champ d'énergie lumineux pour que notre corps, notre esprit et notre âme puissent recouvrer la santé.

Dans la couche située le plus à l'extérieur du champ d'énergie lumineux se trouve la membrane ou « peau » du corps lumineux. Cette membrane sert de cocon protecteur, tout comme notre peau protège notre corps. Les empreintes des traumatismes physiques et de la maladie sont gravées dans cette membrane tels des motifs incrustés dans du verre. Quand je travaille avec un client atteint d'une maladie depuis longtemps, presque toujours, je trouve une empreinte d'énergie qui affaiblit le système immunitaire. Si elle n'est pas évacuée, le rétablissement peut prendre des mois voire des années et non seulement la personne sera prédisposée à une rechute, mais elle emportera cette empreinte dans sa prochaine vie. Les empreintes gravées dans la couche émotionnelle-mentale du champ d'énergie lumineux nous prédisposent à adopter des modes de vie particuliers et à être attirés par certaines personnes et relations. Elles dictent le cours de notre vie émotionnelle. Il est très difficile de changer de mode de vie sans libérer cette couche de telles empreintes. Les empreintes du corps éthérique (l'âme) informent et organisent notre réalité physique. Celles du corps causal, ou spirituel, orchestrent notre voyage à travers la vie, déterminant entre autres le type de paix et de contentement que nous connaîtrons.

Une empreinte inscrite dans le corps lumineux s'apparente à une lettre conservée dans la mémoire d'un ordinateur. Vous pouvez toujours examiner à fond votre unité de disque dur, vous n'y trouverez aucune phrase, aucune ponctuation, aucun paragraphe. Le langage informatique est fait de zéro et de un dotés d'une charge magnétique. Le champ d'énergie lumineux est codé de manière similaire. La violence subie durant l'enfance n'est pas inscrite comme une image illustrant un enfant battu. De la même façon, un cancer n'apparaît pas comme une tache dans la matrice énergétique. Pour ceux qui ont la faculté de les voir, tous les deux se présentent comme un regroupement d'énergie stagnante et sombre. Quand une empreinte est activée, elle met en marche ses programmes, qu'elle alimente à partir des réserves d'énergie du champ d'énergie lumineux. Ce processus est pratiquement impossible à arrêter. Comme si vous arriviez sur une rivière à bord d'un radeau. Dès que vous vous retrouvez en eaux vives, vous ne pouvez reculer. Vous devez descendre les rapides avant de repérer un endroit où accoster.

Les empreintes se forment lorsque les émotions négatives qui accompagnent les traumatismes ne sont pas guéries. Chez l'une de mes clientes, Susan, une empreinte très chargée s'est créée à la suite de la séparation de ses parents. Susan avait 7 ans à cette époque et elle croyait qu'elle était responsable du départ de son père. Elle avait dû faire quelque chose de mal. Elle était aux prises avec une forte crainte de l'abandon, qui n'est apparue que deux ans après son mariage quand l'empreinte a été soudainement activée. Même si elle aimait son mari et qu'il ne lui avait jamais donné de raisons de douter de lui, elle était persuadée qu'elle ne pouvait compter sur lui, ni sur aucun homme, pour la soutenir quand elle avait vraiment besoin de lui. Son mari ne pouvait rien faire pour la rassurer. Lorsque j'ai scruté son champ d'énergie lumineux, j'ai vu un paquet de fils emmêlés au-dessus de son épaule gauche. Quand une empreinte est activée, elle se met à vibrer dans le champ d'énergie lumineux. Celle de Susan vibrait au-dessus de son épaule. Grâce à des années passées en psychothérapie, elle avait compris sa crainte d'être abandonnée. Cependant la thérapie n'a pas évacué l'empreinte, qui pouvait se manifester n'importe quand. Sa crainte refaisait surface et était projetée sur tous les hommes de sa vie. Après trois séances, Susan a été capable de commencer à croire que son mari pouvait prendre soin d'elle. Elle a pardonné à son père et a guéri sa relation avec lui.

Toutefois, j'ai vu des clients qui ont subi de la violence physique et émotionnelle, entre autres des victimes de viol et de torture en temps de guerre, qui ne présentaient aucune empreinte dans leur champ d'énergie lumineux. Ils avaient pu guérir la souffrance et les émotions négatives qui accompagnaient le traumatisme. Nous connaissons tous des gens qui ont subi une grande perte, en ont accepté les défis et les leçons de vie, et qui en sont ressortis grandis. Nous connaissons aussi des personnes marquées à jamais par la souffrance et les traumatismes ; elles demeurent profondément blessées, amères et rancunières. Comment se fait-il que le psychiatre Jérôme Frank ait pu trouver un sens et un but à sa vie alors qu'il était interné dans un camp de concentration durant la Seconde Guerre mondiale, après que sa famille eut été tuée par les nazis ? Si nous sommes capables de guérir l'élément émotionnel d'une situation douloureuse à mesure qu'elle se produit, il n'y a pas d'empreinte qui se crée dans le champ d'énergie lumineux. Lorsque nous découvrons la compassion et le pardon au cœur de notre souffrance, aucune énergie toxique résiduelle n'est absorbée dans le champ d'énergie lumineux.

Les empreintes du champ d'énergie lumineux peuvent organiser des événements étranges, apparemment sans rapport entre eux, dans le monde extérieur. Elles peuvent orchestrer nos rencontres avec des partenaires amoureux possédant tous les mêmes traits toxiques de la personnalité. Elles peuvent nous faire aboutir aux endroits les plus invraisemblables pour tomber sur quelqu'un que nous étions destinés à rencontrer. Elles peuvent nous programmer pour que nous nous retrouvions dans l'automobile qui se fait frapper, ou dans celle qui échappe de justesse à l'accident. L'histoire de Magda illustre la façon dont les empreintes de la couche éthérique (ou de l'âme) du champ d'énergie lumineux organisent le monde physique aussi aisément qu'elles peuvent rendre le corps malade.

Magda est venue me consulter parce qu'elle se disait victime d'une « terrible malchance ». Elle élevait seule son fils unique qui, à 17 ans, avait été impliqué dans un accident d'auto tragique. Chaque année, à la date de son décès, Magda se retrouvait dans une situation constituant un danger de mort. Une fois, sa voiture a été heurtée par-derrière alors qu'elle était arrêtée à un feu de circulation, et elle a dû subir une chirurgie d'urgence. L'année suivante, elle s'est retrouvée aux urgences à cause d'une indigestion, où on lui a donné une solution orale de baryum en vue d'un examen. Les médecins se sont rendu compte qu'elle était allergique au baryum quand son cœur a cessé de battre. Ce genre de phénomène s'est reproduit pendant cinq années consécutives. Magda n'arrivait pas à comprendre pourquoi elle vivait continuellement des expériences où elle frôlait la mort, uniquement le 26 février.

En entrant dans mon bureau la première fois, Magda s'est exclamée : « Pourquoi n'est-ce pas moi qui suis morte ? Pourquoi dois-je continuer à vivre ? » Elle se reprochait d'avoir laissé son fils prendre l'auto avec ses amis ce soir-là. Sans lui, elle se sentait seule, sans but ni raison de vivre. Durant le processus d'illumination, Magda éprouvait des spasmes musculaires, des crampes et un relâchement physique. Plusieurs fois, elle a pleuré doucement, en tremblant. Un jour, vers la fin d'une séance, elle m'a fait part d'une profonde sensation de calme. Elle avait l'impression que son fils était en paix, qu'il était près d'elle et essayait de la consoler. Après quelques séances, nous avons dégagé les empreintes qui la prédisposaient aux accidents, appelés crises de rappel en psychiatrie. Elle a eu ainsi la révélation que leurs âmes étaient unies ; elle avait la certitude que jamais elle ne serait séparée de son fils. Magda a alors pu faire le deuil de son enfant et cesser de rejouer continuellement l'accident. Elle a passé le 26 février suivant en pleine forme. Une fois le modèle énergétique brisé, le monde autour d'elle a changé.

Quand une empreinte est activée, son énergie toxique se déverse dans un chakra, causant des ravages sur le plan émotionnel ou compromettant notre réaction immunitaire. Dans le cas de Magda, sa souffrance s'amplifiait telle une nuée d'orage, qui éclatait à la date de commémoration de la mort de son fils. Quand j'observe une empreinte dans le champ d'énergie lumineux, je remarque auparavant la nuée d'orage qui circule tout autour. Ces énergies sombres indiquent toujours la présence d'une empreinte active. Lorsqu'elle commence à se manifester, nous gravitons autour de personnes et de situations qui nous permettront de libérer les circonstances de la blessure originelle dans une tentative de guérison.

Les empreintes générationnelles

Dans la forêt tropicale humide de l'Amazonie, les guérisseurs font référence à des malédictions s'acharnant sur des familles, transmises de génération en génération. Au cours de mes années d'étude avec les chamans, j'ai découvert que ces guérisseurs s'exprimaient métaphoriquement, faisant référence à des empreintes qui se transmettaient d'une génération à l'autre. Les affections physiques dont nous héritons de nos parents sont la forme la plus courante d'empreintes générationnelles. Nous savons que la maladie cardiaque et le cancer du sein sont héréditaires. Si votre mère et votre grand-mère sont mortes d'une maladie du cœur, vous présentez un facteur de risque génétique qui vous prédispose aux affections cardiaques. Ces conditions héréditaires sont également archivées dans le champ d'énergie lumineux.

Ken est venu me consulter à propos d'un problème conjugal. Lui et son épouse avaient de la difficulté à s'adapter à leur nouvelle vie à deux et voulaient des conseils. Durant notre entretien, j'ai aperçu un point sombre dans le champ d'énergie lumineux de Ken, à 15 centimètres au-dessus de sa poitrine. En l'examinant de plus près, j'ai senti comme une racine qui émergeait de ce point et pénétrait dans son cœur. Je lui ai demandé s'il y avait des antécédents de maladie cardiaque dans sa famille. Il a répondu que tous les membres de sa famille avaient un cœur en bonne santé et que personne n'avait succombé à une telle maladie. Il a ajouté qu'il se sentait en forme. J'ai été surpris puisque je faisais confiance à ma perception. J'ai conseillé à Ken de passer un examen médical de routine, plus spécifiquement un électrocardiogramme, d'éliminer la viande rouge de son régime alimentaire, de faire de l'exercice et de prendre soin de son cœur. Puis je me suis mis à travailler sur son chakra du cœur, mon esprit rationnel me suggérant qu'il souffrait peut-être de stress émotionnel, que je confondais avec une maladie cardiaque.

Trois jours plus tard, Ken m'a téléphoné pour m'annoncer que son frère venait de subir un quadruple pontage coronarien. Lors d'un examen de routine, les médecins avaient découvert que son cœur était sur le point de flancher. De son côté, l'examen médical avait révélé que son cœur allait bien. Toutefois, je savais que le champ d'énergie lumineux peut indiquer des maladies des mois et des années avant qu'elles se manifestent dans le corps physique. J'ai encouragé Ken à continuer de suivre des mesures préventives afin de renforcer son cœur. Je me suis aussi assuré qu'il reçoive une illumination afin d'éliminer la maladie à la source, avant qu'elle se manifeste physiquement. Ken s'est guéri avant de devoir subir un pontage coronarien.

Sept générations

Les empreintes peuvent aussi avoir rapport aux traits psychologiques hérités de nos parents. Dans son livre *Ma mère, mon miroir*, Nancy Friday dévoile qu'elle s'est aperçue qu'elle revivait la vie de sa mère, même si elle faisait tout son possible pour faire exactement le contraire. Nous finissons souvent par mener les mêmes batailles et effectuer les mêmes parcours de vie que nos parents. Une femme dont la grand-mère et la mère ont eu affaire à des hommes violents sera possiblement prédisposée à ce type de relations. Même dans la Bible, on trouve une référence selon laquelle on héritera des péchés du père durant sept générations. Ces péchés ne sont pas des punitions contre des descendants innocents, mais plutôt des énergies négatives qui sont passées de génération en génération. Les psychologues croient que les motifs et les comportements subconscients dont nous héritons de nos parents pourraient être encodés dans l'ensemble des circuits du cerveau, et que la psychothérapie est le seul moyen de reprogrammer ces circuits. Je suis convaincu que ces habitudes et ces modèles négatifs sont encodés dans le champ d'énergie lumineux et que le processus d'illumination peut accomplir en une seule séance ce que la psychothérapie met parfois des années à guérir.

La psychothérapie verbale n'est souvent pas suffisante pour réaliser la guérison. En psychologie, on croit que dès que vous devenez conscient des « complexes » et des « pulsions » jusqu'ici inconscients, vous pouvez vous libérer de leur influence nocive. Les chamans, eux, croient que la connaissance intellectuelle ne fait qu'écorcher la surface et ne suffit pas à provoquer la guérison. Le fait de savoir qu'elle a été agressée sexuellement durant son enfance aidera une femme à comprendre pourquoi elle hésite à faire confiance aux hommes. Toutefois, ce n'est que rarement que cette compréhension lui permettra de s'engager dans une relation intime. Nous comprenons tous que nous devons faire plus d'exercice physique, manger moins de desserts et méditer plus souvent. Pourtant, nous devons souvent nous forcer à faire ce que nous savons être bon pour nous. L'esprit rationnel a très peu d'influence sur les émotions, les envies physiques, les peurs et les désirs. Le processus d'illumination peut nous faire faire de grands bonds puisque ce travail s'accomplit au niveau causal du champ d'énergie lumineux. La thérapie verbale s'effectue uniquement au niveau mental et ne peut effacer ou informer à nouveau les empreintes anciennes du champ d'énergie lumineux.

Il existe une autre forme d'empreinte qui se passe d'une génération à l'autre, de père en fils, de mère en fille. Je me suis intéressé à ce concept après l'avoir observé dans ma propre famille. À l'âge de 45 ans, mon grand-père a tout perdu lors de la grande crise de 1929. À 46 ans, mon père, un procureur prospère de La Havane, a perdu son emploi et tous ses biens matériels avec l'arrivée du régime communiste. Il avait toujours mesuré sa réussite à partir de ses succès matériels – le type de maison dans laquelle nous vivions, son revenu, les écoles que fréquentaient ses enfants. Lorsque nous nous sommes enfuis de Cuba après la révolution, il était déterminé à se refaire et à atteindre à nouveau le niveau de confort matériel qu'il avait connu autrefois. Durant les 25 années suivantes, il a travaillé jour et nuit, ne voyant pratiquement jamais sa famille, se privant des plaisirs de la vie. Finalement, quand il a atteint 70 ans, il a pris sa retraire pour vivre dans une relative aisance. Après quelques mois de retraite, il m'a téléphoné pour me dire qu'il s'était levé ce matin-là en se demandant où était passée sa vie. Il était déterminé à commencer à profiter de la vie, et peu de temps après il a entrepris un long périple qui l'a amené en Europe, en Chine et à d'autres endroits qu'il avait toujours souhaité visiter. Malgré tout, il avait quand même perdu un quart de siècle.

Lorsque mon frère a eu 48 ans, les médecins lui ont diagnostiqué un type de cancer très grave du cerveau. Malgré la radiation et la chimiothérapie, il est mort quelques mois après le diagnostic, dans la force de l'âge, laissant deux beaux enfants et une épouse. À 45 ans, j'ai aussi perdu tout ce que j'aimais. À cause du succès de mes livres, j'étais un conférencier et un professeur très demandé. Quatre jours par semaine, je me retrouvais sur la route à donner des conférences sur la médecine énergétique et le chamanisme, ce qui me laissait très peu de temps pour ma famille. Malgré de courageux efforts pour sauver mon mariage, dont une thérapie et des consultations, mon épouse et moi nous sommes séparés. Peu de temps après, ma fille de 6 ans a fait une chute de cheval et a dû subir une chirurgie d'urgence car son foie était perforé. À cette époque, je dirigeais une expédition dans la jungle amazonienne, accompagné d'un guérisseur réputé, don Ignacio. Ce chaman était un voyant extraordinaire et quand je l'ai informé de ce qui s'était passé dans ma vie depuis six mois, il a décrit une masse sombre au niveau de mon cœur.

« C'est la peine que je ressens », ai-je dit.

« Non », a-t-il dit en plaçant doucement une main près de mon cœur. « C'est la malchance de ton grand-père. » Il a poursuivi en racontant comment le père de mon père avait détruit la carrière d'un autre homme et déclenché sa colère. Cette « malédiction » avait été transmise à mon père, à mon frère, puis à moi.

« Tu peux résoudre cela en luttant contre des adversaires toute ta vie, m'a expliqué don Ignacio, ou tu peux guérir ton cœur et le monde extérieur suivra. »

Ce soir-là, don Ignacio m'a aidé à guérir mon cœur. Il a dégagé la nébuleuse au niveau de mon chakra du cœur et l'empreinte générationnelle gravée dans mon champ d'énergie lumineux. Le lendemain matin, j'ai pris l'avion pour retourner aux États-Unis. Ma fille a obtenu son congé de l'unité pédiatrique de soins intensifs quelques jours plus tard et s'est rétablie complètement. Il était trop tard pour sauver mon mariage, mais ma relation avec mes enfants s'est développée et intensifiée. Aujourd'hui, nous nous entendons à merveille ; et ils m'ont appris à être un père formidable. C'est à cette époque que j'ai compris comment une empreinte pouvait se passer de génération en génération. Lorsque nous guérissons ces empreintes en nous, nous les guérissons aussi pour nos parents et nos enfants. Je crois avoir épargné à mon fils le besoin de vivre une grosse crise à l'âge de 46 ans, afin de guérir sa lignée mâle qui remonte à plusieurs générations. Comment puis-je en être certain ? Je sais que j'ai survécu et que ma famille est intacte, même si mon mariage est fini. Contrairement à mon père, il ne m'a pas fallu 20 ans pour guérir.

De nouvelles empreintes

Pour nous physiciens convaincus, la distinction entre le passé, le présent et le futur n'est qu'une illusion persistante.

Albert EINSTEIN

Le chaman s'applique à drainer l'énergie émotionnelle toxique autour d'une empreinte, qu'il élimine ensuite. Les premières étapes de la formation du chaman consistent en une profonde épuration, un « nettoyage à fond », de son champ d'énergie lumineux. Le chaman ne s'identifie plus à son histoire personnelle ; si bien que les guérisseurs navajos peuvent dire : « Je suis les montagnes, je suis les rivières. » Peut-être ont-ils connu la perte, la faim, la souffrance et la violence, mais les chamans comprennent qu'ils sont avant tout des voyageurs ayant entrepris un grand périple dans l'infini.

C'est le but de la guérison par le processus d'illumination. Je ne suis pas trop intéressé à travailler avec les histoires de mes clients, à la manière d'un psychothérapeute. Je veux surtout les aider à prendre conscience du fait qu'ils ne sont pas leur histoire, ni les acteurs d'une pièce écrite par leur mère et leur père, ou déterminée par la culture et l'époque dans lesquelles ils vivent. Pour ce faire, je dois accéder à l'empreinte profonde du champ d'énergie lumineux. Il est très difficile d'y accéder directement. C'est comme essayer de regarder un film en délogeant la cassette vidéo de son boîtier. Nous n'avons accès au film que par l'interface, c'est-à-dire un magnétoscope et un écran de télé.

Les chakras sont l'interface entre notre monde matériel et le champ d'énergie lumineux. En un sens, on peut voir ces vortex d'énergie tournoyants comme s'ils étaient à la place du signe d'égalité dans l'équation d'Einstein $E = MC^2$. Les chakras utilisent l'énergie pour organiser la matière physique du corps, pour créer la santé ou la maladie et pour façonner le monde à proximité de nous. Grâce à eux, nous pouvons passer du monde de la matière à la sphère de l'énergie.

Partie II
LE MONDE LUMINEUX

Les écoles traitant des mystères du passé enseignaient les secrets de notre nature transcendante. Ces écoles ont été fondées par des visionnaires originaires du croissant fertile entre les fleuves Tigre et Euphrate et par des chamans du Tibet et de la Chine. Leurs enseignements subsistent de nos jours. De nombreuses personnes ont étudié la kabbale, le I Ching, le tantrisme et le bouddhisme tibétain. De plus, d'excellentes pratiques thérapeutiques sont enseignées par des maîtres reiki et d'autres praticiens de la médecine énergétique. Quantité de pratiques spirituelles, dont le yoga et la méditation, s'offrent à nous pour nous assister dans notre cheminement.

Des écoles semblables traitant des mystères ont existé en Amérique chez les Mayas, les Hopis, les Incas et d'autres groupes autochtones. Elles décrivent les neuf portes, ou rites de passage, qu'une personne doit traverser dans sa démarche pour atteindre la sagesse. Chacune de ces portes correspond à l'un des chakras. Pour les chamans incas avec lesquels j'ai étudié, il existe neuf chakras. Chacun de ces centres représente une porte que doit franchir le sage dans son processus de réalisation de soi. Sept de ces chakras se trouvent dans le corps. Les deux autres résident dans le champ d'énergie lumineux. Dans ces deux chakras, le chaman accède à une réalité transpersonnelle.

Les chapitres suivants décrivent l'anatomie du champ d'énergie lumineux de la perspective du chaman. Ils comprennent des exercices pour stimuler notre faculté à voir dans le monde invisible de l'énergie. J'appelle ces pratiques de voyance la *seconde conscience*, afin de les différencier de la conscience ordinaire de la vie courante. Ce sont des méthodes puissantes et pratiques pour apprendre à percevoir les espaces entre les choses et la réalité lumineuse autour de nous.

Dans le chapitre 6, je présente le concept de l'espace sacré. Mon mentor me répétait souvent d'ouvrir l'espace sacré et de m'effacer. Il faisait référence à l'immense aide spirituelle qui nous vient des guérisseurs du monde invisible. Après avoir assimilé ces pratiques, j'ai découvert que je n'avais pas besoin de tout faire par moi-même. Explorez les techniques du chapitre 6 si vous voulez créer des espaces où l'Esprit peut toucher le corps et l'imprégner de sagesse. Surtout, n'hésitez pas à faire des expériences avec les pratiques offertes dans cette partie du livre. Le voyage du chaman est un processus de découverte. En bout de ligne, les expériences que vous aurez acquises dans ce domaine seront votre source de connaissance la plus fiable.

Chapitre 4
LES CHAKRAS

La nuit dernière, j'ai suivi les cekes, *les filaments lumineux partant de mon deuxième chakra. Nous étions dans une vallée luxuriante d'eucalyptus et de pins. Après le dîner, nous avons entrepris ce qui d'après moi allait être une courte promenade, mais Antonio m'amenait toujours plus loin dans la forêt. La lune était presque pleine et quand les nuages se dispersaient, nous trouvions notre chemin assez facilement. Quand la lune était couverte, nous étions plongés dans la noirceur. Nous sommes arrivés à une clairière où il m'a invité à m'asseoir sur un rocher et à me relier à un grand pin à une dizaine de mètres de moi.*

« Pas avec ta tête, niño *», a-t-il dit.*

Je déteste qu'il m'appelle « enfant » et il le sait. Je suis convaincu que c'est la raison pour laquelle il le fait quand il désapprouve ce que je fais.

« Avec ton ventre, a-t-il ajouté. Relie une vrille de lumière à l'arbre à partir de ton cosco *[deuxième chakra]. »*

Je l'ai fait et j'ai senti un lien viscéral avec le pin, comme si j'y touchais. Je discernais la texture de l'écorce et je pouvais même pénétrer dans l'arbre. Quand Antonio m'a dit d'ouvrir les yeux, j'ai vu le filament de lumière qui se prolongeait de mon ventre.

« Maintenant, détache-toi de l'arbre et branche-toi sur tes souvenirs les plus lointains. Essaie de te rappeler l'époque où tu étais un petit bébé, avant de marcher, et relie le filament à ce garçon », a-t-il dit.

J'ai dû passer une heure à tenter d'y parvenir. Je devinais qu'Antonio s'impatientait. « Tu penses, m'a-t-il dit. Cesse de penser et fais-le. »

Et j'ai réussi. Je sentais la peau de ce garçon comme j'avais senti l'écorce de l'arbre. Je goûtais ce qu'il goûtait et percevais le monde comme très grand. Tous mes sens étaient actifs et pratiquement surchargés. Ce n'était plus le moi que je connaissais qui touchait et sentait, mais un autre moi plus ancien, aussi familier, plus jeune.

Antonio m'a ensuite demandé de suivre cette fibre lumineuse, de remonter le long de ce cordon, en laissant les images et les sentiments se déverser en moi. J'ai imaginé que je marchais le long de la corde comme sur un sentier et j'ai aperçu des images de mon enfance et de mon adolescence auxquelles je n'avais pas pensé depuis des décennies : le costume d'Halloween que mes parents m'avaient fait porter à 5 ans, le béguin que j'éprouvais pour mon enseignante de troisième année, le jour où notre chien était mort. C'était très étrange. Non seulement je voyais ces images, mais j'étais inondé d'émotions. Je voyais chaque moment difficile et heureux de ma vie. Puis Antonio m'a donné une petite tape sur l'épaule.

« La prochaine fois, m'a-t-il annoncé, nous te relierons à la personne que tu deviendras dans 10 000 ans. »

Extrait du *Carnet de voyage*

*

* *

D'après les croyances des Hopis du Sud-Ouest, « l'homme a été créé parfait, à l'image de son Créateur ». Dans *Le livre des Hopis*, Frank Waters relate que « le corps vivant de l'homme et le corps vivant de la terre ont été construits de la même façon. Chacun était traversé par un axe : chez l'homme, la colonne vertébrale, qui contrôle l'équilibre de ses mouvements et ses fonctions. Le long de cet axe, il y avait plusieurs centres vibratoires faisant écho au son primordial de la vie à travers l'univers ». On retrouve des références aux chakras chez les Hopis, les Incas et les Mayas et dans bien d'autres cultures autochtones partout dans le monde.

Les descriptions des chakras que nous connaissons le mieux proviennent du yoga. Dans les écoles de yoga, on apprend que les chakras sont le terrain de jeu du désir humain. Chaque centre d'énergie symbolise les plaisirs et les peines qui nous maintiennent liés au karma. Par exemple, le premier chakra représente notre attachement au monde matériel et le deuxième, le plaisir sexuel. Le yoga est une voie de vertu et de pureté. Dans le yoga, le but est de vaincre l'appel des sens afin de découvrir ce qui est transcendant. *Yoga* est un mot sanskrit qui signifie « accoupler » dans le sens « d'unir ce qui a été séparé ». Le corps et l'âme sont réunis ; le terrestre et le divin ne forment qu'un. À l'opposé, les chamans des Amériques vivent dans un monde où le Créateur n'est pas dissocié de la Création, où le Ciel n'est pas séparé de la Terre, où l'Esprit et la matière sont imprégnés l'un de l'autre. Pour eux, il n'y a pas de division entre le corps et l'esprit, entre le monde visible de la forme et le monde invisible de l'énergie. Il n'y a rien à transcender et rien à accoupler. Les chamans ne se coupent pas de leurs désirs, ni de leur esprit éclairé. Certains maîtres de yoga affirment que nous ne sommes pas notre corps. Les chamans, eux, disent que nous sommes notre corps et bien d'autres choses. Ils savent que les mondes visible et invisible s'imprègnent l'un l'autre et se déversent l'un dans l'autre. Nous avons facilement assimilé la version orientale des chakras parce qu'elle s'accorde à notre mythe du bannissement de l'Éden. Nous nous sommes habitués à penser que nous sommes séparés de la nature. L'âme est peut-être logée dans le corps, mais elle en est complètement détachée. Les philosophes occidentaux appellent cette idée la scission du corps et de l'esprit. (De nombreuses écoles hindoues, dont le tantrisme et l'advita, admettent l'union du corps et de l'esprit, de même que notre lien immanent avec la nature.)

Ces deux grandes orientations théologiques coexistent depuis des millénaires, pas toujours paisiblement, cependant. Selon la première, la matière et l'Esprit sont séparés. Même si l'Esprit a possiblement créé la matière, il n'y réside pas. Cette école de pensée a donné lieu aux religions dont le dieu est un Créateur céleste masculin, distinct de la Création (par exemple Zeus, Yahvé). Dans la seconde, toute la matière est une manifestation de l'Esprit et en est imprégnée. Cette école de pensée met en avant les religions basées sur une déesse vivant sur Terre – une Créatrice terrestre dont la présence imprègne toute la Création (par exemple Héra, Inana, Pachamama). Les chamans adhèrent à la seconde école de pensée. Les maîtres les plus accomplis transcendent les limites de leurs propres croyances et comprennent que les deux orientations font partie d'un ensemble plus large.

Les chakras représentent des qualités humaines élémentaires. Plutôt que de supprimer nos désirs et nos passions instinctuels, les chamans les perfectionnent pour en faire des instruments bien accordés. Je crois que la peur est une graine de la compassion. Guérissez la peur et la compassion émergera. Le soi pulsionnel ne doit pas devenir un ennemi. La colère, l'avidité et la convoitise recèlent toutes des ressources cachées pouvant se transformer en amour, en clarté, en sagesse et en courage. Tout dans la nature est sacré, et chaque chakra contient la graine de notre illumination et de la personne que nous sommes en train de devenir.

L'anatomie des chakras

Peu importe où nous sommes nés, nous avons tous un squelette doté du même nombre d'os. Similairement, nous partageons tous la même anatomie lumineuse qui inclut les chakras et les méridiens d'acupuncture. Les chakras (« roues » en sanskrit) sont des disques d'énergie tourbillonnants. Ils tournent à une distance de 8 à 10 centimètres du corps et se rattachent à notre colonne vertébrale et à notre système nerveux central. Ce sont des voies directes vers le réseau neuronal humain. Leur rotation s'effectue dans le sens des aiguilles d'une montre, comme les bras spiraux de la galaxie. Chaque chakra a une fréquence unique, que nous percevons comme l'une des sept couleurs de l'arc-en-ciel. Chez un nouveau-né, les couleurs sont pures, partant du rouge dans le premier chakra au violet dans le septième. À mesure que nous vieillissons, elles s'estompent en raison des résidus toxiques qu'y laissent nos traumatismes et nos deuils. Les impuretés qui adhèrent à un chakra l'empêchent de vibrer à sa fréquence pure et c'est ainsi que le vieillissement physique s'accélère. À la fin du processus de guérison, les chakras du chaman retrouvent leur limpidité. Ils tournent librement et vibrent à nouveau de leur pureté originelle.

Les chamans d'Amazonie croient que lorsque les chakras sont libérés de leurs impuretés, nous acquérons un « corps arc-en-ciel ». Chaque centre vibre à sa fréquence naturelle et nous irradions les sept couleurs de l'arc-en-ciel. Selon la légende, lorsque vous acquérez le corps arc-en-ciel, vous pouvez faire le voyage au-delà de la mort, dans le monde de l'Esprit. Vous êtes capable d'aider les autres dans leur processus de guérison et vous pouvez mourir consciemment, puisque vous connaissez déjà le chemin pour retourner au bercail. Les chamans de la jungle croient que la mort est une grande prédatrice qui guette chacun d'entre nous. Ils disent que de nombreuses maladies sont causées par la mort qui nous contamine de l'intérieur. D'après ces guérisseurs, la mort (ou l'absence de vie, comme je préfère le concevoir) nous gagne peu à peu, jusqu'à ce qu'un jour nous nous apercevions que nous sommes davantage morts que vivants. J'ai constaté ce phénomène chez de nombreuses personnes et je pense qu'il s'agit d'un état très répandu en Amérique de nos jours. Quand les chakras sont libérés des impuretés, la mort ne vous traque plus. La vie vous appelle et c'est pourquoi la mort n'a plus d'emprise sur vous. Le drapeau de la nation inca représente un arc-en-ciel ; celui-ci tient une place très importante dans sa mythologie. Même aujourd'hui, on le voit voleter au-dessus des toits de Cuzco.

Pour les adeptes du yoga, il y a sept chakras, mais don Antonio m'a enseigné que nous en possédions neuf. Sept d'entre eux se trouvent dans le corps physique et deux sont à l'extérieur. Il appelle le huitième chakra le *wiracocha* (« source sacrée »), le nom du Créateur, ou Esprit suprême. Il existe dans le champ d'énergie lumineux, suspendu au-dessus de notre tête tel un soleil tournoyant. C'est notre lien avec l'Esprit suprême, le lieu où réside Dieu en nous. Les *civilizados* (les Blancs et les Indios ayant été exposés aux croyances occidentales) ont comme huitième chakra un soleil faible, assombri. « Parce que les *civilizados* ont été bannis de l'Éden », m'a confié une guérisseuse. Curieusement, le mot espagnol *Indios* signifie « un avec Dieu ». Le chakra des Indios qui n'ont pas adopté la mythologie occidentale brille comme un disque doré. Ce chakra est représenté comme la lumière entourant le

Christ et les langues de feu se posant sur les apôtres à la Pentecôte, lorsqu'ils ont reçu le don du Saint-Esprit. Quand nous mourons, le huitième chakra se prolonge en un globe lumineux pour envelopper les sept autres chakras dans un vaisseau de lumière. Après un temps de réparation et de purification, le huitième chakra fabrique un autre corps, comme il l'a fait tant de fois dans de nombreuses autres vies. Il nous conduit vers nos parents biologiques et vers la meilleure vie (pas la plus facile !) qui nous fera acquérir l'expérience nécessaire pour évoluer spirituellement. Les souvenirs traumatisants de notre incarnation précédente sont reportés dans notre nouveau corps, sous forme d'empreintes dans le champ d'énergie lumineux.

Le huitième chakra trouve sa source dans le neuvième chakra, l'Esprit, qui réside à l'extérieur du champ d'énergie lumineux et se répand dans tout le cosmos. C'est le cœur de l'univers, uni à l'Esprit suprême. Mon mentor dit que le huitième chakra est le lieu où Dieu réside en nous et que le neuvième est cette partie de nous qui réside dans le Créateur.

Le huitième chakra correspond au concept chrétien de l'âme, qui est personnelle et limitée. Le neuvième chakra correspond à l'Esprit, qui est impersonnel et illimité. La religion s'est toujours préoccupée de l'âme et de sa rédemption. Puisque l'âme est personnelle, elle semble autonome. Nous présumons que nous pouvons soit ne faire qu'un avec l'esprit ou en être dissociés. Le neuvième chakra est uni à toute la Création ; il est infini et éternel, contrairement à l'âme finie et personnelle. Puisque le mot *âme* a plusieurs connotations différentes, je préfère l'appeler huitième chakra. Le huitième chakra se manifeste dans le temps. Les Égyptiens le nommaient *Ka*. Le neuvième chakra est présent dans le maintenant intemporel, un point hors du temps et de l'histoire. Il est immanent et transcendant, ne meurt et ne naît jamais. Pour les Égyptiens, c'était le *Khu*.

Les chakras métabolisent les énergies vitales de la nature. Toute notre énergie provient de cinq sources : 1) les plantes et les animaux, 2) l'eau, 3) l'air, 4) le soleil et 5) l'énergie biomagnétique (connue sous le nom de *chi* en Orient et de *causay* chez les Incas). Ces nutriments vont des aliments les plus matériels, comme les animaux et les plantes, aux plus éphémères, la lumière et l'énergie pures. Nous absorbons la nourriture végétale et animale ainsi que l'eau par notre tube digestif, l'oxygène par nos poumons, le soleil par notre peau et le *causay* par nos chakras. Les énergies lumineuses circulent par les chakras, tout comme l'eau et les aliments, les énergies physiques traversent notre corps. Quand notre tube digestif est bloqué, il nous est impossible d'absorber les nutriments contenus dans la nourriture. De façon similaire, quand nos chakras sont obstrués, nous ne pouvons absorber le *causay* emmagasiné dans le champ d'énergie lumineux.

Des chakras émanent des filaments lumineux qui nous relient aux arbres, aux rivières, aux forêts et aux autres personnes. Nos chakras ne sont associés à notre corps que pour une courte durée. À notre mort, ils s'en retirent et rejoignent le huitième chakra. C'est alors que notre voyage se poursuit dans le monde invisible.

Les chakras de la Terre

Les cinq chakras inférieurs, allant de la racine à la gorge, sont essentiellement alimentés par la Terre. Imaginez un arbre dont les racines s'enfoncent profondément dans le sol. Les nutriments qu'il tire de la Terre sont acheminés dans le tronc jusqu'aux plus hautes branches. Le soleil absorbé par les feuilles est transformé en énergie qui, par la suite, retourne aux racines. Les quatre chakras supérieurs sont principalement nourris par les énergies du Soleil, notre étoile. Les religions axées sur une déité dans le ciel mettent l'accent sur l'épanouissement des chakras supérieurs au détriment des autres. Elles ont donné lieu à des civilisations qui ont perfectionné la technologie, la raison et la logique. Les religions axées sur une déesse de la Terre accordent beaucoup d'importance aux chakras inférieurs et négligent les autres. Ces civilisations sont demeurées des cultures agricoles manifestant peu d'intérêt envers les progrès occidentaux, mais ayant fait avancer les domaines de l'astronomie, de la philosophie et de l'architecture. (Les Chinois ont découvert la poudre à canon, mais ne l'ont utilisée que pour les feux d'artifice ; ce sont les Européens qui en ont fait du matériel de guerre.) Je pense qu'aujourd'hui, nous devrions développer les qualités des chakras de la Terre et des chakras célestes.

Comme les organes du corps, chaque chakra détient une fonction particulière. Les deux premiers assimilent les énergies émotionnelles, les retournant dans tous les sens pour en retirer des nutriments. Ils peuvent métaboliser les énergies des traumatismes physiques et émotionnels et en faire des sources de pouvoir et de lumière. À l'instar du système digestif qui puise des nutriments dans les aliments et retourne à la Terre les matières non digestibles, les chakras inférieurs retournent à la Terre les énergies lourdes qui ne peuvent être métabolisées en carburant. Quand le premier chakra n'est plus relié à la Terre, les centres inférieurs ne peuvent plus rejeter les résidus émotionnels. Il n'y a plus de voie d'évacuation. Ces résidus deviennent des impuretés toxiques qui adhèrent aux parois des chakras et en entravent le mouvement de rotation. Quand les résidus s'accumulent dans le deuxième chakra (où réside notre réaction de combat ou de fuite), nous interprétons le monde comme un lieu menaçant et hostile. Les chakras du plexus solaire, du cœur et de la gorge (troisième, quatrième et cinquième chakras) se nourrissent des énergies plus raffinées de l'amour, de la compassion et de l'empathie. Ils ne sont pas conçus pour digérer les émotions d'aucune sorte. (Quand nous essayons d'assimiler des émotions et des sentiments par notre chakra du cœur, nous éprouvons des brûlures gastriques émotionnelles.) L'énergie spirituelle la plus subtile alimente les chakras célestes.

Durant mon apprentissage comme chaman, j'ai été initié à un rite appelé « bandes de pouvoir », au cours duquel mon mentor a tissé des bandes invisibles autour de mon corps. Je m'assure que les élèves de l'école *Healing the Light Body* reçoivent ce même rite, puisqu'il s'agit d'une protection spirituelle très importante pour un guérisseur. Cinq bandes sont installées à divers niveaux du corps. La première est noire et représente la Terre riche et sombre ; elle couvre le premier chakra. La deuxième est rouge et symbolise l'eau, le sang de la Terre ; elle protège les deuxième et troisième chakras. La troisième est dorée, comme le feu, et recouvre le cœur. La quatrième est argent et désigne le vent ; elle est tissée sur la gorge. La dernière est d'un blanc pur lumineux et représente le *causay* ; elle couvre le chakra du troisième œil. Les bandes nous lient aux cinq éléments et nourrissent directement les chakras de terre, d'air, de feu, d'eau et du *causay*.

Le premier chakra

Élément : terre
Couleur : rouge
Aspects physiques : fondation du corps, élimination des déchets, rectum, jambes, pieds, testostérone et œstrogène
Instinct : survie, procréation
Aspects psychologiques : nourriture, abri, sécurité, capacité de pourvoir à ses propres besoins
Glandes : ovaires et testicules
Germes : Kundalini, abondance
Expressions négatives : thésaurisation, comportement prédateur, violence gratuite, fatigue chronique, traumatisme de la naissance, peur de l'abandon.

Le premier chakra est situé à la base de la colonne vertébrale, entre l'anus et les organes génitaux. C'est la voie d'accès vers le féminin, ses filaments lumineux descendant le long de nos jambes pour rejoindre la biosphère. Semblable à une racine pivotante qui atteint les endroits humides et riches de la Terre nourricière, le premier chakra nous fournit nos nutriments essentiels. Il nous ancre à la Terre et constitue la fondation sur laquelle repose notre système énergétique lumineux. Lorsque nous rompons notre lien à la Terre, notre nourriture provient de la surface. En conséquence, nous devenons tel un arbre faiblement enraciné qui ne résiste pas aux tempêtes. Nous perdons notre stabilité, notre appui, notre sécurité.

Quand le premier chakra n'est plus lié à la Terre féminine, nous nous sentons comme des orphelins. Le principe masculin domine et nous recherchons la sécurité dans les biens matériels. L'individualisme prévaut sur les relations ; les désirs égoïstes l'emportent sur les responsabilités familiales, sociales et planétaires. Plus nous nous éloignons de la Terre, plus nous devenons hostiles à l'aspect féminin. Nous nions notre passion, notre créativité, notre sexualité. Peu à peu le monde lui-même devient un lieu funeste. Je me souviens de ce que m'a dit une femme-médecine d'Amazonie : « Sais-tu vraiment pourquoi ils rasent la forêt tropicale ? Parce qu'elle est humide et sombre, embrouillée et féminine. »

Les pulsions du premier chakra sont primaires et instinctuelles. Nous cherchons un abri. Nous fouillons pour trouver de la nourriture. Nous nous efforçons de survivre, même dans les situations les plus difficiles. Nous procréons. Ces motivations sont des instincts fondamentaux. De la même façon que nous pouvons retenir notre souffle, mais ne pouvons pas commander à notre corps de cesser de respirer, il nous est impossible de déroger à notre instinct de survie.

Les quatre pulsions instinctuelles – la peur, l'alimentation, le combat et la sexualité – se reflètent dans les fonctions des deux premiers chakras. Ce sont les programmes de base requis pour la survie physique et émotionnelle. L'habitude compulsive de manger excessivement ou d'amasser de l'argent ou des gadgets est l'une des expressions négatives de l'instinct de s'alimenter. Quelle que soit la quantité, nous ne sommes jamais satisfaits. Le déséquilibre de ce chakra se manifeste par des sentiments de manque. Les personnes jouissant de nombreuses possessions craignent de les perdre. Ironiquement, les pauvres sont souvent plus généreux que les riches. Une fois le premier chakra purifié, la peur du manque disparaît. Nous nous rendons compte que nous ne manquons de rien et que nous vivons dans l'abondance. Toutefois, la compréhension intellectuelle ne suffit pas. Nous devons être conscients dans chaque cellule de notre corps que l'Univers prend soin de nous et assure notre subsistance. Un premier chakra affaibli nous amène à élever des barrières afin de protéger nos biens contre nos voisins. Un deuxième chakra mal en point nous porte à ramasser des cailloux en vue de nous défendre contre eux.

Les hormones associées au premier chakra sont la testostérone et l'œstrogène. Les études en laboratoire montrent que la testostérone provoque deux réactions primaires chez l'humain de sexe masculin : la sexualité et l'agression. Les femmes qui reçoivent des injections de testostérone se plaignent de ne pouvoir s'arrêter de penser au sexe.

Quand ce chakra est déséquilibré, les effets de la testostérone peuvent être exacerbés et l'homme peut confondre les deux pulsions instinctuelles de cette hormone. Quand cela se produit, il se met à blesser la femme qu'il aime et finit par détruire l'intimité de sa relation amoureuse. Cela mène à la violence sexuelle, très répandue non seulement en Amérique mais partout dans le monde, surtout dans les pays où la société est en cours de transition entre le monde rural et urbain. En Afrique du Sud, où a lieu une telle transition, toutes les 26 secondes, une femme se fait violer. Quand je travaille avec une femme qui a subi de telles agressions tôt dans sa vie, souvent je découvre que son premier chakra est immobilisé, dans bien des cas en raison d'une peur inconsciente de blesser les autres, comme elle-même l'a été par son père ou un autre homme de sa famille.

L'œstrogène, produit par les ovaires, est essentiel pour maintenir la teneur minérale des os. La production d'œstrogène diminue énormément après la ménopause, ce qui peut provoquer l'ostéoporose chez les femmes. Dans les sociétés non industrialisées, l'incidence d'ostéoporose semble moindre qu'en Amérique. Certains chercheurs expliquent ce phénomène par le fait que dans le tiers monde les femmes ne vivent pas assez longtemps pour en arriver à subir des pertes minérales considérables. Je suis persuadé qu'il y a une autre raison : tout au long de leur vie, les femmes des sociétés non industrialisées entretiennent activement un lien avec la Terre féminine. Le premier chakra déclenche chez les femmes de forts désirs de bienveillance, de relation et d'union. Des déséquilibres dans ce chakra peuvent se traduire chez elles par un besoin excessif de sécurité dans la relation, au prix de leur autonomie.

Les cultures tribales effectuent des rites de passage axés sur le premier chakra pour célébrer l'arrivée d'un jeune homme ou d'une jeune femme à l'âge adulte. Le but est de les encourager à couper les liens qui les gardent auprès de leur père et leur mère. Durant la cérémonie, ils revendiquent la Terre comme la mère qui jamais ne les abandonnera, et le Ciel comme le père toujours présent et fiable. Ainsi, les jeunes continuent de bénéficier de parents – dorénavant, des puissances supérieures à leurs mère et père biologiques. Les jeunes peuvent alors participer à des cérémonies et à des offrandes au Ciel et à la Terre, entretenant ainsi un lien conscient avec ces parents cosmiques. Ne possédant pas de tels rites pour souligner la puberté, les Occidentaux sont des orphelins spirituels. Nous bataillons pour surmonter les obstacles de la vie, avec l'impression de n'avoir ni père ni mère, et découvrons plus tard que nous ne savons pas comment être de bons parents.

Une personne dominée par le premier chakra vit en état de fusion primaire avec le monde. Elle est absorbée par ses sens et ne s'engage que dans le monde matériel. Elle croit que le monde lui doit quelque chose et que son entourage doit reconnaître qu'elle est spéciale. Elle devient égocentrique et narcissique. Elle ne peut connaître l'amour authentique puisqu'elle est incapable de se mettre à la place de quelqu'un d'autre, de le comprendre de l'intérieur. Ce centre correspond aux sept premières années de la vie. Les traumatismes vécus à cette époque, incluant le traumatisme prénatal et de la naissance, sont inscrits dans ce chakra et forment des complexes psychologiques qui entravent le développement ultérieur. Comme un jeune enfant, une personne essentiellement motivée par le premier chakra sera préoccupée par ses besoins de survie et de divertissement. Acculée au pied du mur, elle peut devenir agressive physiquement ou psychologiquement devant ce qu'elle perçoit comme une menace. La personne dominée par le premier chakra recherche la gratification sensuelle temporaire à tout prix. Souvent, elle ne perçoit pas la limite entre son corps et le monde ; les autres deviennent ainsi un prolongement d'elle-même et elle cesse donc de s'en soucier. Quand je rencontre un client qui a subi de la violence durant son enfance ou qui a été abandonné par un ou ses deux parents, je me mets immédiatement à la recherche de répercussions au niveau du premier chakra. Les traumatismes se logent souvent dans l'un de deux premiers chakras. Au cours de l'histoire, des dictateurs en quête de domination ont été motivés par les effets négatifs du premier chakra.

Ce chakra possède aussi des qualités positives remarquables. L'instinct de survie assure la continuité de notre espèce : il nous pousse à nous accoupler et à engendrer des enfants, en plus de permettre aux humains de persévérer dans les conditions les plus difficiles. En sanskrit, le premier chakra porte le nom de *muladhara*, ce qui veut dire « fondation ». Notre foyer énergétique doit être construit sur une base solide. Dans le yoga, ce chakra est perçu comme le centre de l'énergie du Kundalini et son symbole est un serpent lové, endormi à la base de la colonne. Le Kundalini est considéré comme le pouvoir actif de la grande déesse Shakti, la force qui anime toute création. Les chamans, eux, le voient comme le serpent fondamental qui se mord la queue, Ouroboros, et qui symbolise un état de repli sur soi inconscient. Pour les peuples amazoniens, ce pouvoir est représenté par le *sachamama*, le boa aquatique. En Amérique du Nord, il est illustré par le serpent à sonnette. À mesure que nous effaçons les empreintes du premier chakra, l'énergie du Kundalini s'éveille. Le serpent primordial se déroule et son énergie féminine se propage dans les autres chakras. Les chamans des Amériques, de l'Inde et du Tibet croient depuis longtemps que c'est grâce au pouvoir du féminin primal que les créatures se déplacent, vivent, procréent et s'épanouissent. Il n'est pas étonnant que ce soit le serpent qui nous a apporté le fruit de la connaissance dans la Genèse. Son énergie, que chacun porte en soi, est celle de la Terre et le battement du cœur de la planète, notre mère.

Le deuxième chakra

Élément : eau
Couleur : orange
Aspects physiques : digestion, intestins, reins, voies urinaires, activité sexuelle, adrénaline, douleurs au bas du dos, douleurs menstruelles, perte d'appétit
Instinct : sexualité

Aspects psychologiques : pouvoir, argent, sexualité, contrôle, peur, combat, passion, estime de soi, violence sexuelle ou psychologique, problèmes hérités des parents, inceste
Glandes : surrénales
Germes : créativité, compassion, famille
Expressions négatives : peur, combativité.

Le deuxième chakra se trouve à une distance de quatre doigts sous le nombril. Il est relié aux reins et à l'élément eau. Il active les glandes surrénales qui nous aident à lutter contre le stress. Le cortex surrénal, la partie externe de la glande, fabrique plus d'une centaine de stéroïdes différents, dont les hormones sexuelles. La moelle, ou la section interne, produit l'adrénaline qui commande au foie de sécréter le glucose dans le sang, nous rendant alertes. L'adrénaline est l'hormone qui sert de médiateur dans la réaction de combat ou de fuite. J'ai précisé plus tôt que le premier chakra élève des barrières de protection, tandis que le deuxième amasse des cailloux pour se défendre. Le problème, c'est que nous avons constamment besoin de cailloux plus gros pour accomplir cette fonction. L'adversaire semble toujours posséder une plus grosse réserve de cailloux, et ainsi nous percevons une menace plus grande. La guerre froide a été un exemple parfait, à grande échelle, d'une mentalité issue du deuxième chakra. Lorsque les États-Unis ont entrepris la guerre froide, bien des gens croyaient que les Russes possédaient de plus gros navires et avions de guerre. En réalité, leurs navires étaient rouillés et prenaient l'eau et leurs avions n'avaient rien de comparable aux nôtres. Le deuxième chakra est le facteur motivant des tyrans et des lâches. Les bravaches et les poseurs s'inspirent de ce chakra. Représentez-vous l'image très mâle du gorille qui montre les dents en se frappant la poitrine.

Le deuxième chakra métabolise les nutriments énergétiques dans le champ d'énergie lumineux. Toutes les formes d'énergie représentent de la nourriture pour ce chakra. Il traite l'énergie de la Terre absorbée par le premier chakra et assimile les énergies émotionnelles dans le système nerveux. Quand il fonctionne bien, ce chakra peut broyer les émotions négatives telles que la colère et la peur et les rejeter sous forme de déchets par le premier chakra. Quand il est déséquilibré, ces émotions négatives pourrissent en nous, dans nos intestins, se décomposant lentement. Nous connaissons tous des gens incapables d'abandonner leur colère, qui entretiennent leur rancœur pendant des semaines et même des années. Les émotions négatives s'installent dans le deuxième chakra et l'empoisonnent. Ces toxines émotionnelles finissent par envahir le champ d'énergie lumineux.

Le deuxième chakra est le foyer de la passion. Il s'exprime par la créativité et l'intimité. Dans le premier chakra, nous nous reproduisons. Dans le deuxième, nous faisons l'amour à l'être aimé. Le nom sanskrit de ce chakra est *svadhisthana*, ce qui signifie « lieu d'habitation du soi ». Chronologiquement, ce chakra correspond à la période allant de 8 à 14 ans. Les désirs adolescents d'aventures amoureuses dérivent de la poussée d'activité du deuxième chakra. C'est un chakra érotique, bouillonnant d'appétits et de fantaisies, donnant lieu à des histoires sentimentales mouvementées. Chez un adolescent qui n'a pas acquis un sens de l'identité clair et positif durant la puberté, la croissance du deuxième chakra peut être ralentie. Ses frontières émotionnelles seront fragiles et cette personne sera incapable de reconnaître que les désirs des autres peuvent différer des siens. Elle se sentira mal à l'aise dans ses relations et tourmentée par les personnes qui ne satisfont jamais ses besoins.

Les expressions négatives du deuxième chakra sont la colère et la peur. Les chamans croient que la peur est la pire ennemie. C'est une adversaire rusée contre laquelle vous ne devez pas lutter, car dès que vous le faites, elle mine vos forces et s'en sort victorieuse. Il s'agit plutôt d'identifier et d'amadouer votre peur. Servez-vous-en comme d'un mécanisme d'alerte et non comme d'un déclencheur de la réaction de combat ou de fuite. Mon mentor me disait souvent que la peur était l'absence d'amour. Je ne comprenais pas. Je lui ai dit que les chamans d'Amazonie s'imposaient comme discipline de se rendre dans la jungle seuls, par une nuit sans lune, afin d'affronter leur peur. La fois où je l'avais fait moi-même, j'en étais revenu terrifié. Toute la nuit, j'avais senti mes cheveux dressés sur ma nuque. J'avais eu l'impression d'être traqué par tous les gros carnivores de la jungle et par tous les esprits qui hantaient ce lieu. Le vieil homme a souri. Il m'a dit que c'était en effet une pratique assez intéressante, mais que le but véritable du chaman était d'embrasser sa peur. « Quand tu comprends que le jaguar que tu as entendu et les fantômes que tu as sentis sont dans ton esprit, tu peux les chasser, m'a-t-il dit. Et quand tu as expulsé de toi toute la peur, tu peux rencontrer le chat sauvage en chair et en os, sachant qu'il n'est pas différent de toi, que vous êtes tous les deux des expressions de la même force vitale. »

Je suis végétarien depuis longtemps, principalement parce que je refuse de manger quoi que ce soit que je ne souhaite pas tuer. (De plus, je me suis aperçu que la viande rouge réduisait mes facultés de voyance.) Au cours de mon entraînement avec les chamans d'Amazonie, dans le cadre d'un cérémonial, il fallait que je traque, tue et mange un animal dont je souhaitais acquérir le pouvoir. Mon maître avait choisi pour moi un boa aquatique (*sachamama*), une magnifique créature brun et jaune qui aime les affluents peu profonds de l'Amazone. Même si je ne suivais pas un régime végétarien strict (je mangeais de la viande quand les chamans à qui je rendais visite en préparaient lors d'occasions spéciales), pendant longtemps j'ai refusé de faire cet exercice. J'ai même quitté la jungle pour retourner aux États-Unis en pensant que si ma formation exigeait que je tue un animal, je ne voulais plus la continuer. Pourtant, quelque chose m'a à nouveau attiré en Amazonie, et j'ai décidé de poursuivre au moins la partie de la traque de l'animal. Je verrais plus tard comment régler les étapes suivantes.

Les boas peuvent avoir une taille impressionnante, atteignant jusqu'à 6 mètres de long et un poids de plus de 300 kilos. Ils sont assez faciles à repérer dans l'eau ou sur terre, mais difficiles à attraper, puisqu'ils sont très rusés et peuvent rester submergés durant de longues périodes.

Je comprenais que le *sachamama* représentait la passion et la sexualité, ainsi que la créativité et la faculté de voir au-delà de l'apparence des choses. Je traquais des boas depuis plusieurs jours, ne réussissant jamais à m'en approcher suffisamment pour prendre une photo quand, par frustration, j'ai décidé de m'asseoir simplement au bord du fleuve. J'ai sorti un sac de noix mélangées et j'ai contemplé l'eau qui coulait sans bruit. Je me suis demandé pourquoi j'étais si réticent à tuer pour me nourrir. J'étais vraiment dégoûté à l'idée de tuer un animal aussi beau qu'un boa aquatique. Ma rêverie m'a amené à évoquer l'amour avec lequel le jaguar agrippait le cou du cerf qu'il allait dévorer. Il n'y avait aucune malice dans cet acte. Soudain, j'ai réalisé que la mise à mort du boa aquatique n'était violente que parce que je me considérais comme distinct de ce grand reptile. Tant que nous étions dissociés, le manger ne ferait que mettre fin à sa vie pour me nourrir. Ce qui en faisait un acte violent.

J'ai soudain compris que le reptile et moi étions des manifestations de la même force vitale. Nous n'étions pas différents. C'était la vie qui se nourrissait d'elle-même. Le serpent continuerait de vivre en moi, et à cet instant, tous les deux nous ferions partie d'une puissance beaucoup plus grande. J'ai émergé de ma rêverie et mon regard a dérivé vers un buisson près de moi, se posant sur une lumière réfléchie par une écaille. Le boa aquatique mesurait 2 mètres et venait tout juste de se régaler d'un gros rongeur ; il était plongé dans une rêverie, tout comme moi. Je n'en croyais pas mes yeux. Le serpent reposait en spirale, digérant son repas, une grosse bosse d'environ

30 centimètres déformant son corps. Un serpent de cette taille ne mange qu'une fois toutes les deux ou trois semaines. Après un repas, il devient paresseux. Il ne peut bouger pendant la digestion. Là se trouvait la réponse à ma quête.

J'ai pris le serpent, qui s'est mollement enroulé autour de mes bras et de mes épaules. Je suis revenu vers la hutte de la chaman et lui ai fièrement montré le serpent. Elle s'est mise à rire pendant plusieurs minutes. Je commençais à me sentir contrarié. Je lui ai demandé pourquoi je devais manger le boa pour bénéficier de son pouvoir. La vieille femme a souri et a dit que la connaissance ne s'assimilait pas facilement par le tube digestif. Toujours en souriant, elle m'a dit de trouver un lieu protégé près de l'eau, où le serpent serait hors de danger. Avec le temps, j'ai découvert que la violence était une chose que je devais conquérir en moi, non pas à l'extérieur de moi en formulant des règles à propos de ce que je pouvais ou non manger. J'avais appris la leçon que j'étais venu apprendre.

Les troubles de la personnalité liés au deuxième chakra peuvent s'avérer très dévastateurs. Les personnes atteintes vivent dans un monde où la pluie tombe parce que le ciel lui-même veut qu'elles soient trempées. Parfois, elles pensent même que le monde entier conspire contre elles. Bien sûr, il arrive qu'il pleuve pour nous, mais il pleut aussi pour les arbres, les plantes, les animaux et les pierres, ainsi que pour la pluie elle-même. Ces personnes prennent souvent l'attitude d'un individu qui croit que tout lui est dû. En guérissant leur deuxième chakra, elles se rendent compte que le monde ne leur doit rien.

Bien au contraire, ce sont elles qui ont une dette envers la vie. Sous la direction du deuxième chakra, le centre de l'amour érotique, nous explorons notre passion et découvrons l'intimité. Un mauvais fonctionnement de ce chakra peut nous faire confondre amour et sexualité. La grande tâche du deuxième chakra consiste à transformer la sexualité en amour, les histoires sentimentales en intimité. Ce n'est pas un travail facile puisque la pulsion négative de ce chakra est un besoin de dominer les autres par l'argent, le pouvoir et la sexualité. Le deuxième chakra traverse l'utérus, là où germe la vie. Dans ce centre, germent les graines de la passion et de la créativité qui fleuriront dans nos chakras supérieurs.

Le troisième chakra

Élément : feu
Couleur : jaune
Aspects physiques : estomac, abdomen, foie, pancréas, emmagasinage et libération de l'énergie, rate
Instinct : pouvoir
Aspects psychologiques : courage, pouvoir, expression dans le monde
Glandes : pancréas
Germes : autonomie, individuation, altruisme, réalisation des rêves, longévité
Expressions négatives : problèmes gastro-intestinaux, anorexie, tristesse, fierté, inflation de l'ego, symptômes névrotiques, manque d'énergie, victimisation, crises de colère, honte.

Le troisième chakra est logé dans la région du plexus solaire et est associé au pancréas. Cette glande est le banquier qui gère l'énergie du corps, et le glucose est sa monnaie. (Le pancréas fabrique l'insuline, qui amène le glucose du circuit sanguin vers les cellules, là où il nous sert de carburant.) Quand ce chakra fonctionne bien, le corps dispose d'une grande énergie pour accomplir toutes ses activités. Puisque le cerveau est le plus gros consommateur de combustible du corps, il est essentiel d'avoir un troisième chakra bien équilibré pour penser avec clarté. Il agit aussi sur le foie, l'entrepôt des combustibles du corps. Les individus dont le troisième chakra est mal en point éprouvent souvent un manque d'énergie. Les aliments qu'ils consomment sont éliminés avant que les nutriments atteignent le circuit sanguin. Des problèmes de subsistance peuvent apparaître aux niveaux psychologique et spirituel. Les projets d'une personne ayant un troisième chakra déséquilibré ont tendance à échouer. Même si elle détient toutes les ressources nécessaires au succès, la vitalité lui fait défaut pour se rendre à la ligne d'arrivée.

Le troisième chakra est le centre du pouvoir dans le champ d'énergie lumineux. Son pouvoir peut être utilisé de manière constructive pour extérioriser nos aspirations dans le monde. Employé à mauvais escient, il peut réprimer notre nature primaire, notre libido et se manifester sous forme de symptômes névrotiques, dont la honte et la culpabilité. Ce chakra correspond chronologiquement à la période entre 14 et 21 ans, les années précédant l'âge adulte.

Le pouvoir féminin du premier chakra et l'énergie sexuelle primaire du deuxième chakra sont transformés en un combustible raffiné dont se sert le troisième chakra pour la réalisation de nos rêves. Ce chakra reconstitue les réserves du champ d'énergie lumineux. Lorsque nous stimulons le pouvoir de ce chakra, un courage et une détermination inaltérables nous habitent. Les obstacles s'estompent sur notre chemin. Toutefois, il y a un danger : cela peut résulter en un ego démesuré. Nous nous mettons à croire que nous sommes les seuls auteurs de notre destinée et que nous pouvons soumettre le monde à notre volonté. Nous nous sentons capables de créer ou de détruire le monde et devenons dictatoriaux et manipulateurs, recherchant le pouvoir et la gloire à n'importe quel prix. Les individus séduits par le pouvoir du troisième chakra cherchent souvent à contrôler les autres par l'intimidation. Quand ce chakra est purifié, nos relations familiales et interpersonnelles se stabilisent. Nous communiquons plus efficacement et découvrons le pouvoir du langage écrit et parlé. Ce centre nous amène à respecter notre nature véritable. Notre but dans la vie se clarifie et nous nous concentrons sur lui.

Il existe des récits de guerriers incas dont le troisième chakra brillait comme un disque doré. La légende raconte qu'ils ne pouvaient être tués. Les conquistadors ouvraient le feu sur eux, mais leurs balles manquaient toujours leur cible. Chez les Indiens des Plaines de l'Amérique du Nord, des légendes semblables font mention de braves que les fusillades de la cavalerie n'atteignaient jamais. Selon les témoignages de la littérature inca, quand l'un de ces guerriers lumineux tuait un adversaire, il l'honorait en versant quelques gouttes de son propre sang dans la terre. Il comprenait qu'en d'autres circonstances, ils auraient pu se retrouver ensemble devant un feu à partager des histoires. Ces hommes et ces femmes croyaient qu'ils courraient à leur perte s'ils entraient dans la bataille avec de la colère ou de la peur.

À l'époque où j'écrivais *Dance of the Four Winds*, moi et mon coauteur sommes allés à Rio de Janeiro pour travailler sans interruption durant quelques semaines. Je revenais tout juste d'une expédition en Amazonie et un ami m'avait offert son appartement situé directement sur la plage. Le dernier soir, après un dîner de célébration, nous revenions vers l'appartement en marchant sur la plage, et nous avons été attaqués par six hommes. Tandis que nous luttions contre nos détrousseurs, le temps a paru ralentir et j'ai soudain compris les enseignements des guerriers lumineux. J'ai cessé de me battre et j'ai crié : « Halte ! » Le cri a semblé percer la nuit et tout le monde s'est arrêté. Je me suis tourné vers le chef de la bande et lui ai offert ma montre, en lui précisant qu'il devait changer les piles tous les deux ans. Puis je lui ai donné mon portefeuille. Je me suis adressé à un autre homme pour lui demander sa pointure de chaussures. Il m'a répondu 44. Je lui ai dit que c'était exactement la même que moi et l'ai invité à essayer mes souliers. Ils lui allaient parfaitement et un sourire a éclairé son visage. Eric, mon coauteur, n'en croyait pas ses yeux et a recommencé à se battre. Aussitôt, trois hommes l'ont maîtrisé et il s'est retrouvé étendu sur le sable. Je l'ai rejoint et lui ai expliqué que ces hommes étaient pauvres, qu'ils avaient besoin de nos montres, de nos portefeuilles et de nos ceintures. À la fin de cet échange, le chef de la bande m'a serré la main et chacun des autres voleurs nous a remerciés. Je les ai salués de la main en leur souhaitant bonne chance. Au moment de nous quitter, j'ai demandé au chef s'il avait une automobile. Il m'a dit non. J'ai donc mentionné qu'il n'aurait probablement pas besoin de mon permis de conduire. Il a souri en acquiesçant, avant de me le remettre. Il n'allait pas non plus utiliser mes cartes de crédit, a-t-il ajouté en me les redonnant. Puis il m'a retourné mon passeport et mes documents de voyage. Eric était étonné. Les voleurs nous redonnaient nos biens. Volés malgré tout, au moins, nous n'étions pas victimes d'actes de violence. En pratiquant la non-violence, nous avons pu changer le déroulement de cet affrontement. Nous avons réussi à maîtriser une réaction issue du deuxième chakra en réagissant à partir du troisième chakra.

Le troisième chakra a pour fonction de traduire la vision en réalité. En sanskrit, il s'appelle *manipura*, « le palais des bijoux », ce qui fait référence à sa capacité de transformer les rêves en trésors vivants. Les chamans savent que nous manifestons le monde par le rêve. Ce centre est l'alambic par lequel nos rêves, par un procédé alchimique, deviennent de l'or. Quand vous souhaitez améliorer le monde autour de vous, équilibrez votre troisième chakra. La visualisation est l'instrument de ce centre – que vous soyez assis à méditer ou debout sur la plage en train de vous faire voler. L'élément feu qui le gouverne fournit le carburant nécessaire pour réaliser les rêves. Prenez garde de ne pas exercer ce pouvoir pour votre bénéfice personnel, mais plutôt pour le bien de tous. Le mot clé de ce chakra est *service*.

Le quatrième chakra

Élément : air
Couleur : vert
Aspects physiques : appareil circulatoire, poumons, poitrine, cœur, asthme, déficience du système immunitaire
Instinct : amour
Aspects psychologiques : amour, espoir, résignation, compassion, intimité
Glandes : thymus
Germes : amour désintéressé, pardon
Expressions négatives : ego démesuré, ressentiment, égoïsme, chagrin, solitude, abandon, trahison.

Le chakra du cœur est au niveau du plexus cardiaque, au milieu de la poitrine et non directement sur le cœur. C'est l'axe du système des chakras. Tout comme le ventre est le centre de gravité du corps physique, le cœur est le centre du corps lumineux. Le thymus est régulé par le chakra du cœur. Cette glande est responsable de l'immunité cellulaire. C'est l'un des principaux éléments de la réponse immunitaire et il est essentiel au développement des lymphocytes B et T, les cellules protectrices du corps. Les personnes dont le système immunitaire est affaibli retrouvent une excellente immunité une fois que le chakra du cœur est libéré par le processus d'illumination.

Le nom sanskrit de ce chakra est *anahata*, ce qui veut dire « libre ». Cela fait allusion à la liberté que nous acquérons lorsque nous cessons de mesurer le succès en termes matériels. L'argent, les automobiles, la célébrité et la fortune ne sont plus des symboles de notre réussite. La liberté, la joie et une paix durable deviennent les marques d'une personne qui habite son chakra du cœur. Chronologiquement, ce chakra est associé à la période de 21 à 28 ans. C'est à partir de ce chakra que nous formons notre famille et découvrons l'amour avec nos âmes sœurs et nos enfants.

Nous partageons et expérimentons l'amour par le chakra du cœur. C'est le chakra le plus mal interprété parce que la qualité de son amour n'est pas l'affection que nous échangeons entre nous, ni l'état amoureux dans lequel nous « tombons ». Le chakra du cœur est nourri par l'amour de la Création, cet amour que les fleurs ressentent pour la pluie, que le jaguar éprouve pour l'antilope qui constituera son repas. Ce type d'amour n'est pas centré sur un objet, et son existence ne dépend de rien d'autre. Ce n'est pas un amour sentimental, mais plutôt impersonnel. Les théologiens chrétiens l'appellent *agapè* ; les Incas, *munay*. Cet amour n'est pas un moyen pour parvenir à une fin. Il ne mène pas à un mariage ni à une relation amoureuse. Il est une fin en soi.

Il y a quelques années, lors d'un voyage dans les Andes, mes compagnons et moi avons été pris dans un blizzard. Nous accompagnions une Indienne qui amenait son bébé de 3 mois à une clinique dans la vallée. Nous nous sommes réfugiés dans une hutte abandonnée qui nous a protégés de la neige et de la grêle, mais le vent sifflait sans merci entre les fentes du mur de pierre. Nous nous sommes entassés les uns contre les autres, tandis que Maria serrait son bébé sur sa poitrine. Toute la nuit, elle a tenté de nourrir son bébé, amenant ses lèvres à son sein. Le matin, la tempête avait cessé et les collines étaient recouvertes d'un manteau blanc. Quand le soleil s'est levé, nous sommes sortis pour nous réchauffer sous ses rayons. Lorsque Maria a démailloté son bébé, nous nous sommes aperçus que la petite fille était morte. Nous sommes retournés au village, où une femme-médecine a béni l'enfant et effectué les rites funèbres. J'ai ensuite accompagné la jeune mère et l'ai consolée pendant que nous creusions une tombe peu profonde dans le sol gelé. Nous étions en larmes et avons récité une prière à Pachamama, la Terre Mère, pour qu'elle accueille cette enfant. À la fin, nous avons recouvert le monticule d'un tas de pierres avant de retourner au village.

Deux jours plus tard, Maria était de retour au travail, dans les champs de sa famille. Ils retournaient le sol pour le préparer aux semences. J'étais encore sous le choc et j'avais passé la journée précédente à pleurer la mort du bébé. Quand Maria a vu à quel point j'étais secoué, elle est venue vers moi, m'a serré dans ses bras et m'a dit : « Ne sois pas triste. Mon bébé a maintenant retrouvé sa mère. » Son commentaire a mis fin immédiatement à mon malaise. J'ai marché jusqu'au ruisseau glacial, à l'extrémité du village, j'ai enlevé mon short et ai pataugé dans l'eau peu profonde. L'eau glacée m'a permis d'émerger de mon sentimentalisme excessif. Maria m'a ensuite conduit chez la femme-médecine qui avait effectué les rites funèbres. La vieille femme a pressé une main contre mon cœur, et d'un air bienveillant, m'a assuré que je n'avais pas de raisons d'être triste. J'avais peine à le croire ; elle essayait de me réconforter. Plus tard dans la soirée, les membres de sa famille m'ont remercié de lui avoir tenu compagnie au cours de cette longue nuit extrêmement froide. Visiblement tristes, ils étaient tout de même remplis de chaleur et de compassion. Jamais auparavant je n'avais été témoin d'un tel amour désintéressé. L'égotisme, même s'il peut sembler altruiste, peut créer de terribles déséquilibres dans le quatrième chakra.

Pour vivre l'amour désintéressé, il nous faut mourir à la personne que nous avons été dans le passé. Ainsi, les chamans ont conçu des pratiques complexes pour provoquer la mort de l'ego et de l'égotisme. Cependant, nous n'avons pas besoin de subir les rites compliqués des chamans de la jungle pour connaître l'amour du chakra du cœur. Il suffit de nous abandonner à l'amour – de transformer le sentiment d'amour en une pratique et une méditation. Nous devons cesser de « tomber amoureux » et devenir l'amour lui-même. Quand vous sentez battre votre cœur, rappelez-vous que c'est l'amour qui vibre.

L'une des expressions négatives de ce chakra est la suffisance. Nous connaissons tous ces gens qui affirment que « l'amour est la solution », diffusant toujours les mêmes clichés à propos de l'amour. Ces individus sont davantage enclins à démontrer leur « illumination » qu'à pratiquer la charité et l'amour désintéressé. L'incapacité de faire preuve de compassion envers soi-même est un autre aspect négatif de notre instinct d'amour. Quand l'amour de soi est absent, nous demeurons coincés dans l'autocritique et la honte. Un chakra du cœur mal en point nous empêche de nous engager dans une relation intime. Nous nous enfuyons dès que nous nous sentons vulnérables, recourant au travail ou à d'autres distractions pour nous éloigner de la personne aimée. Un chakra équilibré du cœur nous permet de connaître l'intimité amoureuse. Il intègre les principes féminin et masculin en nous, et nous ne cherchons plus « notre moitié manquante » à l'extérieur de nous. La tendresse et la dureté, la réceptivité et la créativité ne sont plus des contraires puisqu'elles sont réunies en une douce harmonie. Grâce au chakra du cœur, nous retrouvons une innocence qui nous rend heureux et nous inspire. Nous savons qui nous sommes et nous nous acceptons. Voilà pourquoi nous sommes dans la joie et en paix.

Le cinquième chakra

Élément : lumière
Couleur : bleu
Aspects physiques : gorge, bouche, cou, œsophage
Instinct : expression psychique
Aspects psychologiques : réalisation des rêves, créativité, communication, foi
Glandes : thyroïde et parathyroïde
Germes : pouvoir personnel, foi, volonté
Expressions négatives : trahison, dépendances, psychose, troubles du sommeil, mensonges, peur de s'affirmer, ragots, toxicité.

Le cinquième chakra se trouve à la base de la gorge et influe sur la glande thyroïde, la régulatrice de la température du corps. En régulant le rythme du métabolisme, c'est-à-dire la vitesse à laquelle le carburant est consumé dans le corps, elle a une influence sur le poids et le réapprovisionnement en vitamines. En sanskrit, ce chakra s'appelle *vishuda*, « pureté ». Le plus ancien de tous les textes yoguiques, écrit il y a 1 500 ans par Patanjali, fait mention des *siddhis*, les pouvoirs magiques s'offrant à la personne qui a éveillé ce centre lumineux. Ces pouvoirs incluent la faculté d'être à la fois à deux endroits, de devenir invisible, de voir dans le passé et de discerner la marche du destin.

Le cinquième chakra est notre centre psychique ; il est responsable de la clairvoyance, de la clairaudience, de toute perception extrasensorielle ainsi que de la faculté de communiquer sans mots. Un cinquième chakra dysfonctionnel peut résulter en des expériences psychiques non désirées, à la limite en une personnalité vulnérable à la psychose et à la névrose. Sans qu'elle le veuille, les fantasmes de cette personne font partie de son monde de tous les jours et elle n'arrive plus à les distinguer de la réalité. Les troubles du sommeil sont aussi fréquents.

Chronologiquement, le cinquième chakra correspond aux âges allant de 28 à 35 ans, l'époque où nous commençons à faire notre marque dans le monde. Quand ce chakra est clair, nous commençons à être reconnus dans notre domaine et acquérons de la maîtrise dans la profession que nous avons choisie. Notre expérience et nos connaissances définissent notre statut dans le monde.

Le cinquième chakra nous donne la capacité de visualiser des futurs possibles et de réaliser notre vision. Vous imaginez qui vous voulez devenir en ayant conscience des possibilités infinies. Une véritable introspection peut avoir lieu puisque la totalité de notre monde intérieur nous devient accessible pour la première fois. Ce chakra nous permet de voir en nous, de prendre conscience de nos processus intérieurs. Nous élaborons un vocabulaire pour évoquer notre vie émotionnelle, psychologique et spirituelle. Ce vocabulaire prend de l'ampleur dans le sixième chakra, ainsi que la faculté de trouver des ressources intérieures chaque fois que nous avons l'impression de devoir changer le monde extérieur. Dans le cinquième chakra, nous commençons à acquérir une perspective globale. Nous ne restons plus fixés sur un groupe, une tribu, une culture uniques. Nous nous identifions peu à peu à toutes les personnes, sans égard à la race ni au lieu de naissance. Dans le premier chakra, notre identité dérive de notre mère ; dans le deuxième, de notre famille ; dans le troisième, nous nous rebellons contre nos parents et nous identifions à un groupe de pairs ; dans le quatrième, nous nous associons à notre pays ou notre culture (pop ou autre). Dans le cinquième chakra, nous devenons des citoyens de la planète.

Le cinquième chakra donne voix aux sentiments du cœur. Il exprime notre amour, notre bonté et notre pardon. Dans ce centre, les quatre éléments – terre, eau, feu, air – des chakras inférieurs sont combinés en une énergie pure qui fournit la matrice, ou cadre de travail, nécessaire à nos rêves, comme le nid d'abeilles donnant forme à une ruche. Le chakra de la gorge déploie sa matrice autour de laquelle nous créons notre monde.

Un chakra de la gorge éveillé nous met en synchronicité avec la vie. Il nous arrive à tous de nous demander certains matins, quand tout semble aller mal, si nous n'aurions pas mieux fait de rester au lit. Vous arrivez à la cuisine et il n'y a plus de céréales ; vous partez en auto et tombez sur tous les feux rouges. Quand l'Univers devient un adversaire, quand tout va de travers, nous pouvons retrouver une relation harmonieuse avec la vie en dégageant les débris et les énergies denses du chakra de la gorge afin de le purifier. Le cinquième chakra agit comme une grande cheminée pour tous les chakras inférieurs, libérant les énergies volatiles qui ne sont pas décomposées dans la Terre par le premier chakra. Un moyen simple de libérer le cinquième chakra consiste à le taper trois fois du bout des doigts. Je le fais plusieurs fois par jour, surtout après avoir travaillé avec un client particulièrement « toxique ».

S'intoxiquer avec son propre savoir est une expression négative de ce chakra. Les personnes qui la subissent n'écoutent plus les autres. Il est plus important pour elles d'être approuvées que de montrer leur compréhension. Le danger ici est de développer une tendance à transformer en dogme toute intuition spirituelle. Cette pathologie du cinquième chakra a touché bien des pays et des religions, comme nous le constatons dans notre monde qui a connu l'Inquisition, et où règnent de nos jours les intolérances religieuses.

Chez la plupart des gens, le cinquième chakra sert de cheminée d'évacuation aux énergies consumées par les chakras inférieurs. La majorité utilise leur voix exclusivement pour communiquer les besoins émotionnels de ces chakras. À mesure que nous prenons conscience de nos ressources psychologiques et spirituelles, ce chakra se renforce et nous découvrons notre véritable mode d'expression.

Les chakras célestes

Dans les sixième, septième, huitième et neuvième chakras, le développement devient transpersonnel. De plus en plus, nous explorons des domaines subtils. Et c'est ici que les choses se compliquent. La spiritualité Nouvel Âge consolide la notion d'un Dieu de l'Au-delà et néglige l'aspect spirituel pratique de la déesse Terre. Les chakras célestes sont soutenus par les chakras de la Terre, tout comme les branches d'un arbre sont soutenues par ses racines. Les dons des chakras supérieurs sont immensément pratiques et manifestes en *ce* monde. Ils ne viennent pas d'un autre monde. Cette vérité a été admise par tous les grands maîtres spirituels. Quand le Christ enseignait que « le royaume des Cieux vous appartient », il voulait dire que le Ciel et la Terre ne faisaient qu'un.

Nous connaissons bien les questions liées aux chakras terrestres grâce à la psychothérapie et à notre croissance personnelle. Nous avons tous eu à régler des problèmes face à nos parents, à la colère, la honte, la peur, la sexualité, le désir et le besoin de sécurité. Dans les chakras célestes, nous entrons dans un territoire moins familier. À ces chakras se rattachent des qualités souvent difficiles à percevoir. Dans certains cas, la distinction entre les caractéristiques de deux chakras n'est qu'une question de degré. Pensons à l'amour qu'un enfant éprouve pour sa mère, par rapport à celui qu'une fois devenue adulte, cette personne ressentira envers l'être aimé. Même si les deux entrent dans la catégorie amour, il s'agit d'expériences différentes (malgré ce que la psychologie veut nous faire croire : que généralement les gens finissent par épouser le modèle du parent du sexe opposé). Il en est ainsi des leçons et des propriétés spirituelles des chakras supérieurs.

Lorsque mon mentor et moi avons établi la carte des domaines des chakras célestes, nous avons précisé des propriétés qui correspondaient à ces centres. Aller au-delà de la mort relevait du sixième chakra ; maîtriser le temps, du septième ; la faculté de devenir invisible, du huitième, et celle de garder un secret, du neuvième.

Le sixième chakra

Élément : lumière pure
Couleur : indigo
Aspects physiques : cerveau, yeux, système nerveux
Instinct : vérité
Aspects psychologiques : raison et logique, intelligence, empathie, dépression, troubles liés au stress, déni
Glandes : pituitaire
Germes : esprit éclairé, réalisation de soi

Expressions négatives : illusion, névroses, manque d'adaptation, crises.

Le sixième chakra, ou troisième œil, est au centre du front. Dans les traditions hindoues, on dit que c'est le troisième œil de Shiva, la déesse qui accorde la connaissance de la vérité parfaite et la non-dualité. Le nom sanskrit de ce chakra est *ajna* ou « pouvoir illimité ». Dans ce chakra, nous comprenons que nous sommes inséparables de Dieu. Nous exprimons le divin qui vit en nous et nous le percevons chez les autres. Nous ressentons une paix et un calme profonds en présence d'une personne qui a fait cette prise de conscience. Nous comprenons que nous sommes des êtres éternels qui habitent un corps temporel. Une personne dont le sixième chakra est éveillé sait que le soi authentique doit cesser de s'identifier exclusivement aux expériences physiques et mentales. Nous transcendons le corps et l'Esprit, tout en les accueillant tous les deux dans le champ de notre conscience. Lorsque nous commençons à observer l'Esprit, nous pouvons accéder à des états transpersonnels. Nous suivons l'Esprit avec curiosité, en évitant de nous laisser absorber par lui. Quand nous dépassons l'Esprit, le doute s'efface ; les envies et les désirs cessent d'être les forces qui nous stimulent. Nous entrons dans un domaine de connaissance que nous pouvons expérimenter sans pouvoir en parler. Non pas que ce domaine réside à l'extérieur du langage, mais l'expérience comme telle est tout ce qui existe. Les chamans affirment qu'il s'agit d'un domaine qui ne peut être découvert en cherchant, mais que seuls ceux qui sont à la recherche peuvent le trouver. Comme deux amants qui ne sont plus séparés, mais unis en un seul baiser. Quand il n'y a personne pour faire l'expérience, comment pouvons-nous en parler ? Dès que nous la racontons, elle s'effrite. C'est comme s'éveiller d'un rêve. Dès que nous comprenons que nous rêvons, le rêve est oublié.

Lorsque le sixième chakra ne fonctionne pas bien, nous confondons information et connaissance. Nous avons l'impression d'avoir découvert de grandes vérités spirituelles, mais nous n'avons qu'un amas d'informations. Les chamans savent comment faire tomber la pluie, sans avoir besoin d'expliquer que l'eau est composée d'atomes d'hydrogène et d'oxygène. Le matérialisme spirituel est une dysfonction endémique du chakra du troisième œil. Les individus qui subissent cette influence exercent souvent beaucoup d'influence et de pouvoir sur le monde, sans assumer la responsabilité consistant à le protéger. Dans notre monde médiatique entretenant le culte de la célébrité, les énergies du sixième chakra peuvent être déformées et donner lieu à l'arrogance spirituelle ainsi qu'à l'infatuation.

En tant qu'anthropologue, j'ai appris que tout contact que nous avons avec un groupe autochtone corrompt la culture étudiée. Les aliments que nous apportons, l'appareil photo et les divers instruments, même les vêtements occidentaux sont dérangeants. Les Incas avec qui j'ai étudié, incluant doña Laura et don Manuel, filaient encore la laine et confectionnaient leurs vêtements à la main. Ils ne portaient pas d'habits occidentaux. Pourtant, après avoir été témoin du décès de la fille de Maria, j'ai laissé tomber la maxime anthropologique selon laquelle il ne faut pas interférer. Je me suis mis à recueillir des vêtements d'enfants parmi nos élèves pour les apporter dans les hautes terres incas. Grâce aux nombreux dons généreux que nous avons reçus, nous avons pu offrir des vestes et des vêtements d'hiver à tous les enfants de six villages. En 1992, nous avons commencé à mettre en place des équipes médicales pour aider les villageois. Même s'ils avaient peu de contacts avec l'Ouest, les maladies de la civilisation les avaient tout de même atteints. Annuellement, nous avons fourni une aide médicale à plus de 300 adultes et enfants sous une tente servant de clinique de fortune, là-haut dans les montagnes. Une année, des personnes qui avaient lu des articles à propos de notre travail ont voyagé jusqu'à ces villages éloignés pour y prendre des photos et ont laissé quelques boîtes de lait maternisé que plusieurs femmes se sont mises à utiliser au lieu d'allaiter leur bébé. Quelques mois plus tard, l'une d'elles est venue à notre tente pour nous montrer son bébé. Elle n'avait plus de lait maternisé depuis trois semaines et sa production de lait maternel s'était arrêtée. Le petit n'avait que la peau et les os ; il pesait moins de quatre kilos. Nous lui avons remis toutes nos réserves de suppléments alimentaires pour nourrissons et lui avons suggéré de permettre à l'une de ses voisines de nourrir son enfant au sein jusqu'à ce qu'il puisse consommer des aliments solides. Ces voyageurs bien intentionnés avaient laissé derrière eux des cadeaux dangereux.

J'en suis venu à penser qu'il faut découvrir le chaman en soi. J'enseigne à mes élèves que les voyages effectués avec les Indiens ne peuvent les amener à leur propre sagesse et à leur propre pouvoir. Je me suis rendu compte que souvent ces expéditions nous distrayaient d'une véritable rencontre avec l'Esprit, ratant ainsi le but recherché. Le chaman est un individu qui se réalise lui-même. Il découvre la voie de l'Esprit grâce à son éveil intérieur. Antonio me rappelait souvent que le Bouddha n'était pas un bouddhiste, que le Christ n'était pas un chrétien. L'un s'est assis sous un figuier jusqu'à ce qu'il parvienne à l'illumination ; l'autre est resté pendant 40 jours dans le désert. Dans le sixième chakra, nous expérimentons notre propre éveil. Nous rangeons les ponchos, les tuniques, les crécelles, les plumes et tous les autres signes extérieurs.

Un troisième œil éveillé permet au chaman de savoir qui il est. Il accède à la connaissance de son passé et de son avenir et peut visualiser d'autres destinées. Selon certaines légendes, les personnes qui parviennent à éveiller ce chakra peuvent même atteindre l'immortalité physique. Elles cessent de vieillir et ne succombent plus aux maladies. Elles sont capables de conserver la vitalité et la force de leur jeunesse. Tous leurs désirs se réalisent, et quand plusieurs guérisseurs entretiennent la même vision, elle devient réelle pour toute la planète. Les religions autochtones pratiquent depuis longtemps cette tradition. Les sages du peuple hopi de même qu'un conseil similaire de guérisseurs et de guérisseuses incas s'assoient pour méditer et visualiser le monde qu'ils souhaitent pour leurs petits-enfants.

Le septième chakra

Élément : énergie pure
Couleur : violet
Aspects physiques : peau, cerveau, équilibres hormonaux
Instinct : éthique universelle
Aspects psychologiques : altruisme, intégrité, sagesse
Glandes : épiphyse
Germes : transcendance, illumination
Expressions négatives : psychoses, régression, cynisme.

Le chakra de la couronne, situé au sommet de la tête, est notre portail vers le Ciel, tout comme notre premier chakra est notre portail vers la Terre. Des fils lumineux émergent de ce centre et atteignent les étoiles et notre destinée. La Terre nous protège et nous nourrit de sa force vitale, tandis que le Ciel nous propulse vers ce que nous sommes en train de devenir. Les graines ne produisent des germes que lorsqu'elles sont dans une terre riche, sombre et humide. Ces derniers, par la suite, s'épanouissent sous la lumière du soleil. Après la germination, toutes les plantes vivent grâce aux rayons du soleil. Similairement, notre vie spirituelle germe dans le premier chakra, notre lien à la Terre et, plus tard, la lumière du Ciel pénètre par notre couronne pour nourrir tous nos chakras. *Sahasrara* est le nom sanskrit de ce chakra et signifie « vide ». Les personnes qui ont réalisé les dons de ce chakra n'ont plus besoin d'une forme physique. Capables de voyage dans l'espace-temps, elles ne font qu'un avec le Ciel et la Terre.

La leçon du septième chakra est la maîtrise du temps. Quand nous nous libérons du temps linéaire causal, nous échappons à l'emprise tyrannique du passé. Le présent ne découle plus d'un incident vécu auparavant, et nous sommes affranchis des liens de cause à effet. Une part de nous vit dans le monde ordinaire et une autre, dans le monde spirituel ; nous réalisons ainsi que les deux partagent un terrain commun. Tandis que dans le sixième chakra le guérisseur acquiert la connaissance des événements passés et futurs, une fois qu'il a éveillé les dons du septième chakra, il peut agir sur eux. Il peut favoriser la réparation d'événements survenus dans le passé et aider ses clients à choisir un avenir autre, dans lequel il ne succombera plus à la maladie et mènera une vie plus enrichissante.

Dans le septième chakra, le chaman est libéré du désir, de l'espoir et du regret. À la frontière bordant le Pérou et le Brésil, sur les rives de la rivière Madre de Dios, vit un vieil homme guérisseur, un maître de l'utilisation de l'*ayahuasca*, une potion provenant de la jungle et qui permet à une personne guidée convenablement d'expérimenter les domaines de l'Au-delà. Ce vieil homme ne parle presque plus ; les mots ne lui sont d'aucune utilité. Durant la cérémonie, il siffle et chante les chants de la rivière et des plantes médicinales et vous faites l'expérience de l'union avec la forêt humide tropicale qui vous entoure. Vous et la rivière n'êtes plus séparés ; les grillons, les cigales et vous devenez des notes jouées sur une même flûte. Dans le septième chakra, nous comprenons que la vie est un réseau complexe de fils lumineux et que chacun de nous est à la fois l'un de ces fils et tout le réseau. Je me souviens de la première fois que j'ai travaillé avec ce chaman. Cela faisait plus de cinq ans que j'avais pris de l'*ayahuasca*. Je savais à quoi m'attendre de cette plante médicinale puisque je l'avais essayée plusieurs fois. Du moins, c'est ce que je croyais. Environ une heure après l'avoir ingérée, je me suis vu en train de mourir. J'ai vu mon corps devant moi, sans vie, et je l'ai observé. Mon identité était intacte. J'étais l'observateur et non le corps. Puis j'ai été pris de nausées ; j'ai couru vers la jungle et j'ai été malade. La vie vibrait et palpitait tout autour de moi : les immenses plantes grimpantes, les lianes suspendues, les arbres colossaux abritant toute la vie arboricole. Tout était vivant sauf moi. D'observateur, j'étais devenu cadavre ambulant. J'ai senti la souffrance de ma vie et la perte des êtres que j'aimais. La peine m'envahissait. Puis je suis redevenu observateur et me suis senti libéré. Durant la part d'éternité qui suivit, j'ai alterné entre ces deux perspectives, la douleur et la paix, l'asservissement et la liberté, la vie et la mort, jusqu'à ce que je comprenne qu'elles étaient identiques. Dans le septième chakra, il n'y a plus de sujet et d'objet. Tout est participatif. Les contradictions apparentes se fusionnent : la vie et la mort, la paix et la douleur, la liberté et l'asservissement.

L'expression négative du septième chakra est la régression spirituelle, faussement considérée comme un éveil de l'Esprit. Même s'il est vrai qu'il faut dépasser l'ego pour expérimenter la transcendance, nous croyons souvent que tout état libéré de l'ego est transcendant. Nous croyons à tort qu'en nous débarrassant de l'ego nous accédons à l'Esprit. De nombreux états sans ego existent à des niveaux différents. Par exemple, le sens de l'identité d'un nourrisson n'est pas distinct de son environnement. En psychothérapie, un ego dont les frontières ne sont pas clairement établies est considéré comme malsain. L'ego de personnes souffrant de graves maladies mentales – la schizophrénie, par exemple – est tellement fragmenté qu'elles deviennent dysfonctionnelles. Dans les cultures traditionnelles, le processus initiatique est soigneusement conçu en vue de s'assurer que l'apprenti s'est forgé un sens de soi très solide avant de tenter de parvenir au niveau de la dissolution de l'ego.

Dans notre culture qui valorise la gratification immédiate, les personnes en quête d'évolution spirituelle sont souvent tentées de laisser tomber le travail sur les chakras inférieurs. Certaines d'entre elles sont attirées par la promesse d'expériences exotiques. D'autres sont tout simplement impatientes ou ne savent pas qu'elles doivent d'abord purifier leurs chakras inférieurs en guise de préparation. Parfois, même leurs maîtres n'ont pas terminé ce processus et ne sont pas conscients de sa nécessité. Ces individus croient avoir acquis un esprit éclairé, peu importe le niveau d'évolution atteint, et rejettent ouvertement l'idée qu'il faille peut-être aller encore plus loin. Ce genre de mauvaise conception de la spiritualité est très répandu de nos jours.

Les personnes qui maîtrisent leur septième chakra ont acquis des pouvoirs inhabituels, dont la faculté de se rappeler les anciens souvenirs appartenant à la conscience collective de l'humanité. Doña Laura me disait souvent que l'épreuve finale d'un chaman qui tente de parvenir à ce niveau consiste à se souvenir de la première histoire racontée.

« À l'époque où le temps était encore jeune, avant l'arrivée des quadrupèdes et des plantes, la première histoire nous a été racontée par le peuple de l'âge de la pierre, disait-elle. Voilà pourquoi nous plaçons un cercle de pierres autour de nos feux. »

Je l'ai implorée de m'en révéler davantage.

« Demande aux pierres », m'a-t-elle répondu. Puis, un jour, je m'en suis souvenu.

La faculté de changer de forme est un autre don du septième chakra. Les chamans qui la possèdent savent qu'ils ne sont pas différents des pierres, des plantes, de la Terre. Laura est déjà apparue à l'une de nos rencontres sous la forme d'une jeune et jolie Indienne. J'étais très attiré par elle et je suis tombé sous le charme de ses yeux et de son sourire. À un moment de la soirée, elle est allée derrière un gros rocher et quelques instants plus tard doña Laura, la personne la plus ordinaire que je connaisse, est revenue.

« Tu ne me trouves plus jolie ? » m'a-t-elle demandé en souriant.

Les personnes qui maîtrisent les dons de ce chakra comprennent que la rivière de la vie coule au-delà de la forme et de l'absence de forme, au-delà de l'existence et de la non-existence. Elles connaissent l'infini, hors du temps et de la forme.

Le huitième chakra

Élément : âme
Couleur : or
Aspects physiques : architecte du corps
Instinct : transcendance
Aspects psychologiques : aucun
Glandes : aucune
Germes : intemporalité
Expressions négatives : matrice de la maladie, horreur cosmique.

Don Antonio appelait le huitième chakra *wiracocha*, « source du sacré ». C'était probablement une appellation personnelle pour décrire ce centre puisque je n'ai entendu aucun autre chaman lui donner ce nom. Ce chakra réside à quelques centimètres au-dessus de la tête. Lorsqu'il est éveillé, il brille comme un soleil radieux à l'intérieur du champ d'énergie lumineux. La personne qui place sa conscience dans le huitième chakra a accès à la mémoire ancestrale. Elle se rappelle un savoir qu'elle n'a pas expérimenté directement. Par exemple, peut-être se souvient-elle spontanément d'avoir été assise dans la prairie devant un feu, des buffles derrière elle, ou d'avoir prié dans des temples de pierres au-delà de la limite des neiges éternelles. Les enseignements de tous les chamans ayant déjà vécu lui sont accessibles. Leurs voix deviennent la sienne et ces anciens maîtres vivent en elle. Ce centre est lié au domaine archétypal, les images et les souvenirs originels appartenant à la collectivité humaine.

Les champs d'information du huitième chakra jouent le rôle d'une matrice qui crée le corps physique. Ce chakra est comme un ouvrier qui bâtit une chaise (le corps physique) et qui plus tard la brûle dans son foyer. L'ouvrier ne ressent pas la perte puisqu'il sait qu'il peut en construire une autre avec du nouveau bois. Le huitième chakra n'est pas touché par la mort du corps. Lorsqu'il y a une empreinte de maladie dans ce chakra, elle est comme un défaut de conception qui se répète à chaque nouvelle chaise.

Dans le huitième chakra, nous expérimentons une union profonde non seulement avec l'ensemble de la Création, qui se produit dans le septième chakra, mais aussi avec le Créateur. Le Créateur est ineffable et ne peut être enfermé dans une image qui se perçoit par les sens. Ces rencontres sont souvent préétablies culturellement. Un chrétien peut expérimenter l'union avec le Créateur comme une fusion avec un ange, un saint, ou le Christ. Un bouddhiste peut la vivre comme une communion avec le Bouddha, ou un chaman inca, comme une fusion avec son étoile, le Soleil. Nous ne faisons qu'un avec le Créateur et percevons les visages archétypaux du divin qui existent dans ce règne. Ce sont les représentations de Dieu qui ont été gravées, sculptées et peintes par nos ancêtres depuis des milliers d'années.

L'horreur cosmique, que connaissent les êtres pris entre le monde de l'Esprit et celui de la matière, est une expression négative de ce chakra. Ni vivants ni morts, ils sont prisonniers d'un domaine cauchemardesque dont ils ne peuvent émerger. C'est le purgatoire, ce que les bouddhistes appellent les plans *bardo*. Les entités désincarnées, qui se raccrochent à des lieux ou à des personnes sur Terre, sont coincées dans ce domaine. Les personnes qui connaissent un éveil spontané et déséquilibré de ce centre peuvent rester prises dans ce règne. Bon nombre d'entre elles sont dans des hôpitaux psychiatriques ; d'autres souffrent dans la solitude, chez elles. D'autres encore se joignent à des cultes pseudo-mystiques étranges.

Le huitième chakra a comme attribut l'invisibilité. Dans ce centre, nous prenons conscience du Spectateur (connu chez les bouddhistes comme le Témoin) – un soi présent depuis le début de notre voyage spirituel. Maintenant détaché de l'Esprit, il est en mesure de le contempler, avec toutes ses intrigues, sans toutefois y participer. Le Spectateur regarde notre vie et comprend que toutes les histoires que nous utilisons pour nous décrire ne sont effectivement que des histoires. Tout ce que nous pensons savoir sur nous-mêmes n'appartient pas à notre soi véritable. Le Spectateur sait que tout ce qui peut être vu et senti n'est pas réel. Le Spectateur adhère au mystère et non à la manifestation. Le Spectateur perçoit tout, mais ne peut être lui-même perçu puisqu'il ne peut devenir un objet de perception. Le Spectateur est invisible parce qu'il n'est pas perceptible.

Un jour, je me promenais sur les rives d'une rivière avec une guérisseuse et son mari. Nous sommes parvenus à une clairière et ils m'ont dit : « Alberto, marche devant nous et remarque ce qui se passe. »

J'ai fait un premier pas dans la forêt tropicale et j'ai remarqué qu'elle était remplie de chants.

Les perroquets poussaient des cris rauques, les singes jacassaient entre eux et les oiseaux chantaient. À mon troisième pas, tous les bruits de la jungle se sont tus. La guérisseuse, qui m'avait suivi de près, s'est approchée et m'a dit : « C'est parce qu'ils savent que tu as été banni du Jardin. Voilà pourquoi ils se taisent. Ils savent que tu as été chassé du paradis. Tu ne parles plus à Dieu. »

Pour moi, c'était un non-sens. Nous venions de passer à quelques pas de deux Indiens shipebos qui faisaient cuire un boa sur une tige. Je les ai rejoints pour leur demander si je pouvais avoir un peu de gras du serpent, qu'ils avaient recueilli dans une boîte de conserve. J'étais persuadé que les animaux avaient senti les effluves du désodorisant et du dentifrice que j'avais utilisés le matin même. Je me suis dévêtu, ne gardant que mon caleçon, et j'ai enduit tout mon corps de gras de serpent, déterminé à acquérir l'odeur d'un boa rampant dans la forêt dense. Je suis retourné dans la jungle et, au premier pas, la musique de l'Amazonie m'a empli les oreilles. Puis, au troisième pas, la jungle est redevenue silencieuse.

Bien des années plus tard, après avoir appris la pratique de l'invisibilité, j'ai pu entrer dans la jungle et être accueilli comme un être faisant partie du Jardin, qui communiquait avec la nature. Nous réalisons l'invisibilité en éliminant les projections du « moi » et par la pratique du calme.

Petit à petit, le Spectateur commence à révéler sa propre source, qui est l'Esprit ou le neuvième chakra.

Le neuvième chakra

Élément : Esprit
Couleur : lumière blanche translucide
Aspects physiques : aucun
Instinct : libération
Aspects psychologiques : aucun
Glandes : aucune
Germes : infinité
Expressions négatives : aucune.

Le neuvième chakra réside au cœur de l'Univers. Il est en dehors de l'espace-temps ; relié au huitième chakra par un fil lumineux, il se prolonge dans l'immensité de l'espace. Les chamans ont la faculté de voyager sur ce fil pour expérimenter l'ampleur de la Création. Nous désignons ce centre comme un chakra, faute d'un meilleur nom. En réalité, c'est le lieu de l'Esprit. Il existe au-delà de l'âme personnelle, qui nous tient liés au continuum de l'espace-temps et au salut, et qui est associée au huitième chakra. C'est l'esprit de toute chose dans l'Univers. À la fin, le Spectateur devient tout ce qui a été embrassé du regard.

Le neuvième chakra est le Soi, qui n'est jamais né et qui ne mourra jamais. Ce Soi précède le temps et ne s'intègre jamais à la rivière d'où celui-ci s'écoule. Il précède aussi l'espace et existait avant que l'Univers se manifeste. C'est le Soi qui n'a jamais quitté le jardin d'Éden.

La voie du neuvième chakra est la capacité de garder un secret, même envers soi-même. Le secret, c'est qu'il y a très longtemps, cette Force immense que nous appelons Dieu a décidé, à partir du vide non manifeste, de s'expérimenter

Elle-même. Elle s'est donc manifestée il y a 12 milliards d'années comme une singularité à partir de laquelle toute la matière de notre Univers s'est formée. Cette Force immense a continué de s'explorer sous toutes les formes de vie, en tant que sauterelle, baleine, planètes et lunes. Ainsi, puisqu'elle est omniprésente et omnisciente, chacune de ses manifestations possède aussi ces qualités. Elle doit donc garder secrète la nature de son être, même pour elle-même, afin de pouvoir se connaître par ses milliers de formes.

Quand ce centre est éveillé, un grand rire profond résonne par-delà les montagnes et traverse le ciel.

CHAPITRE 5

LA PERCEPTION DU CHAMAN

Nazca, site d'empreintes géantes sur le sol du désert. Elles représentent des colibris, des araignées gigantesques, des formes géométriques qui se prolongent vers l'horizon. Erich von Däniken les qualifiait de terrains d'atterrissage pour les dieux de l'espace. Rien ne pouvait être plus éloigné de la vérité.

Les chamans ont tracé d'immenses mandalas ici afin d'équilibrer le Ciel et la Terre. Les rectangles, les triangles et les traits font partie d'une géométrie sacrée maintenant oubliée. Toutefois ces figures ont conservé tout leur pouvoir. Chaque fois que j'y entre la nuit, je vois l'énergie. La lune doit être adéquate. C'est fantastique. Au début, je perçois une forme semblable à des empreintes digitales survolant le sable, puis les figures apparaissent. Le plus étrange est que nous voyons tous la même chose. S'agit-il d'une hallucination collective ?

Hier soir, la lune était parfaite. Nous étions une dizaine à travailler en bordure d'une spirale immense, posée dans le désert tel un serpent lové. Eduardo a expliqué qu'en marchant dans la spirale nous nous délestions du passé qui nous hantait.

que nous avons émergé de la spirale, nous vons convoqué la personne que nous sommes en train de devenir. Quand le chaman est entré, j'ai vu une forme opaque tapie derrière lui. J'ai tapé sur l'épaule d'Isabel, la plus vieille élève de doña Laura et la meilleure voyante du groupe.

« Qu'est-ce que c'est ? » ai-je demandé.

En longeant la courbe de la spirale, Eduardo s'est approché de nous. Puis nous l'avons vue. C'était la bête la plus horrible que nous aurions pu imaginer : mi-reptile, mi-gorille, mi-humaine. Elle semblait tout droit sortie d'une peinture de Jérôme Bosch. Et elle se rapprochait d'Eduardo, tentant de l'agripper dans ses griffes. Soudain, elle a été avalée par la Terre. Eduardo était parvenu au centre de la spirale et tendait les bras vers le Ciel.

Lorsqu'il en est sorti, nous avons décrit notre vision.

« C'était La Chiconga, a-t-il dit. C'est un animal du pouvoir des éléments, que l'un de mes maîtres a réussi à maîtriser il y a très longtemps. C'était une créature dénaturée qu'employaient les sorciers pour causer du tort aux gens. Quand ce maître est mort, La Chiconga s'est retrouvée sans chef et est venue vers moi. Je ne l'avais pas vue depuis des années. Je suis heureux qu'elle soit partie. »

Je savais qu'Eduardo avait été formé par des sorciers durant sa jeunesse avant de s'orienter sur la voie des chamans guérisseurs. Je l'avais déjà entendu parler de La Chiconga, mais je croyais que c'était une légende.

Ces énergies peuvent s'accrocher à vous très longtemps.

Extrait du *Carnet de voyage*

*
* *

Les exercices de ce chapitre vous amèneront à développer votre capacité de percevoir l'énergie. Vous apprendrez à sentir le champ d'énergie lumineux, les rivières de lumière et à interpréter les disques tourbillonnants des chakras. Quand vous maîtrisez la manière de percevoir du chaman, vous pouvez repérer la blessure originelle qui a créé une empreinte dans le champ d'énergie lumineux. De plus, vous êtes en mesure de déceler les énergies intrusives dans le corps, et de détecter la présence d'esprits indésirables qui causent des dommages émotionnels ou physiques.

Quand je travaille avec des clients, je vois un événement traumatisant du passé comme s'il était rejoué devant moi. Souvent les faits ne sont pas tout à fait précis, mais le thème et l'impact émotionnel sont généralement exacts. Concernant Diane, j'ai vu une jeune fille impliquée dans un accident d'automobile. Elle se couvrait la tête de ses mains et fermait les yeux très fort ; elle s'est raidie et a quitté son corps physique. L'esprit semblait voler au-dessus d'elle, et elle m'a dit qu'elle ne voulait pas revenir. Elle n'était pas en sécurité ici. Quand je lui ai fait part de cette histoire, Diane ne s'est souvenue d'aucun accident. Plus tard, elle a questionné sa mère, qui lui a confirmé qu'il était effectivement survenu un accident durant son enfance et que personne n'avait été blessé. Pourtant, depuis cette époque, Diane avait vécu à moitié à l'intérieur et à moitié à l'extérieur de son corps, n'étant jamais complètement à l'aise, ne se sentant jamais tout à fait en sécurité. Son champ d'énergie lumineux avait conservé cette information.

Les civilisations maya, hindoue, bouddhiste, autochtones, inca et le premiers chrétiens ont tous illustré le champ d'énergie lumineux à l'aide de la même iconographie. L'artiste qui a décoré la tombe du roi Toutankhamon, il y a 5 000 ans dans la basse Égypte, a représenté le dieu Thot avec un orbe lumineux au-dessus de la tête, un glyphe lunaire démontrant son énergie et sa faculté d'influer sur la nature cyclique du temps. Ce halo est identique au huitième chakra des chamans d'Amazonie. Les habitants de la jungle croient que le don de ce chakra est exactement celui que représente le dieu mythique égyptien – la faculté d'échapper au temps. Similairement, le halo de lumière qui entoure le Christ est essentiellement le même que celui que l'on voit autour du Bouddha ou d'un chaman maori de Nouvelle-Zélande. Ces images gravées dans la pierre et le bois, ou dessinées sur toile, confirment l'existence de voyants qui ont été capables de percevoir une réalité surnaturelle. Ce n'étaient pas des artistes qui utilisaient le halo uniquement comme symbole ; c'étaient des voyants. La similitude de leurs perceptions témoigne de notre habileté innée à percevoir le champ d'énergie lumineux.

Même si les références au champ d'énergie lumineux abondent partout sur le globe et à toutes les époques, la plupart des penseurs occidentaux trouvent encore difficile d'accepter cette évidence. Nous croyons que lorsque les scribes égyptiens, les graveurs dogons et les artisans bouddhistes entouraient leur sujet d'un halo de lumière, c'était une référence allégorique à un certain type d'esprit éclairé. Nous imaginons cet esprit éclairé comme un état intérieur auquel parviennent les saints et les sages. Puisqu'en général nous ne pouvons le voir avec nos yeux, nous sommes persuadés qu'il ne s'agit pas d'un fait réel. De plus, la science n'a pas prouvé l'existence du champ d'énergie lumineux. Toutefois, en y réfléchissant, nous réalisons que la science n'a pas tenu compte de la gravité jusqu'à ce que Newton démontre qu'il s'agissait d'une loi de la nature. Pourtant, depuis des milliers d'années, des pommes tombaient des arbres et l'eau s'écoulait en aval. Bien sûr, la gravité est plus facile à observer que le champ d'énergie humain. Cependant, pour les chamans partout dans le monde, le domaine invisible de l'énergie et de l'Esprit est aussi tangible que l'eau qui coule en aval.

Certains obstacles surviennent quand les Occidentaux adoptent ces pratiques chamanistes. Nous vivons dans une culture où les gens qui affirment percevoir l'énergie sont mal vus ou considérés comme déséquilibrés. Cela me rappelle des circonstances de l'époque où je faisais mon internat en psychologie dans un hôpital du nord de la Californie. Le lendemain de mon arrivée dans l'équipe, un patient nommé Pietro est venu me voir et m'a dit : « Je sais qui vous êtes. Vous ne pouvez vous cacher de moi. » Puis il s'est mis à décrire des événements de mon enfance que personne à l'extérieur de ma famille immédiate ne pouvait connaître. Les facultés surnaturelles de Pietro avaient été stimulées à la suite d'une mauvaise expérience avec le LSD, des années auparavant. Il se trouvait à l'unité psychiatrique parce qu'il ignorait comment mettre ces facultés en veilleuse. Ainsi, il alarmait les gens avec ses observations personnelles effrayantes. Souvent nos médecins et nos thérapeutes ne savent pas comment aider une personne chez qui de tels dons se manifestent, que ce soit de manière terrifiante et abrupte comme chez Pietro, ou en douceur et spontanément comme cela se produit parfois durant l'enfance ou l'adolescence. Pietro devait être tenu sous forte médication, et il n'y avait pas d'espoir de guérison. Dans une culture tribale, il aurait probablement eu un rôle d'assistant, aidant un chaman à diagnostiquer la maladie.

La perception du chaman est un talent qui se cultive. À l'instar des personnes qui possèdent un don musical et qui doivent constamment s'exercer et être encouragées pour progresser, ceux qui souhaitent acquérir la vision du monde lumineux doivent entretenir et affiner leur faculté. Depuis des millénaires, les chamans du monde ont élaboré des techniques servant à la perfectionner. Ces techniques ont émergé dans des sociétés qui vouaient un grand respect aux personnes capables d'entrevoir le monde invisible. J'ai adapté les plus précieuses de ces pratiques, que nous enseignons à nos élèves à l'école *Healing the Light Body*.

Comment nous voyons

La vision est un processus plutôt miraculeux qui a exigé des millions d'années d'évolution.

Pour de nombreuses formes de vie complexes – de la sauterelle à la baleine –, c'est le premier moyen de perception. La vision humaine repose sur trois éléments : les yeux, le nerf optique et le cortex visuel dans le cerveau. Les yeux convertissent la lumière en signaux électriques. Ces signaux sont amenés dans le cortex visuel, la « salle de visionnement » du cerveau, par le nerf optique. Le nerf optique transporte un courant d'électrons des yeux au cerveau de la même façon qu'un câble de télévision conduit un signal jusqu'au téléviseur. Le cortex visuel, situé derrière les oreilles à l'arrière de la tête, produit ensuite une image. La vision se passe en réalité dans notre tête, même s'il nous semble que nous percevons le monde à l'extérieur de nous.

Les yeux ne sont pas tellement utiles pour percevoir le monde invisible de l'énergie et de l'Esprit. Notre rétine enregistre seulement une bande étroite dans le spectre électromagnétique. Elle n'enregistre pas l'infrarouge ni l'ultraviolet, par exemple, auxquels la peau réagit promptement. Le nerf optique n'est d'aucune aide, non plus, puisque c'est un câble unidirectionnel qui relie uniquement les yeux à la salle de visionnement. Toutefois, le cortex visuel est une structure extraordinaire. Il peut traduire l'énergie (les impulsions électriques issues du nerf optique) en images animées. Le mécanisme qui sert à voir l'énergie est déjà en place. Afin de percevoir le champ d'énergie lumineux et les histoires qui s'y trouvent encodées, nous n'avons qu'à changer la source du signal et à permettre au cortex visuel de faire ce pour quoi la nature l'a conçu : créer des images.

Pour vérifier votre activité cardiaque, votre médecin vous fait passer un électrocardiogramme. Les capteurs reliés à votre poitrine envoient un signal par câble à un enregistreur graphique qui représente les battements de votre cœur. S'il voulait vérifier la température de son cellier, il pourrait simplement fixer un thermomètre au mur et utiliser le même enregistreur. Avec un capteur et un câble adéquats, l'enregistreur graphique peut mesurer n'importe quel type d'activité, du rythme cardiaque aux secousses sismiques. Dans la vision ordinaire, les yeux sont les capteurs, le nerf optique joue le rôle de câble et le cortex visuel est l'enregistreur. Pour être en mesure de voir le monde de l'énergie, nous devons débrancher les capteurs (les yeux) et le câble (le nerf optique), mais conserver l'enregistreur (le cortex visuel). L'unique fonction de l'enregistreur consiste à traduire un signal en images. Voilà pourquoi je l'appelle la salle de visionnement.

Nous possédons les capteurs qui nous sont nécessaires pour acquérir la perception du chaman. Il s'agit du sixième chakra (le « troisième œil » au centre du front) et du quatrième chakra (le cœur). En reliant le chakra du cœur et le troisième œil au cortex visuel, nous voyons avec les yeux de l'Esprit et du cœur. L'objectif est de relier un « câble » à partir de ces chakras jusqu'à la salle de visionnement, à l'arrière de la tête.

Dans mes cours d'anatomie, j'ai appris que le cerveau humain est câblé. Une fois que sont établis les trajets neuronaux, il est très difficile de les modifier. Il est impossible de rattacher de nouvelles chaînes neurologiques au cortex visuel. Lorsque le nerf optique humain est rompu, la personne est aveuglée et ne peut recouvrer la vision. Elle continue pourtant de rêver sous forme d'images colorées. Le cerveau ne peut réorienter les signaux au cortex visuel. Ainsi, pour voir avec les yeux du cœur, nous devons créer un réseau extra-cérébral, c'est-à-dire à l'extérieur du cerveau. Les rites de vison du chaman établissent des trajets extra-cérébraux qui connectent le cœur et le troisième œil à la salle de visionnement du cortex visuel, afin de capter les images multisensorielles du monde lumineux.

Chez les bébés, il y a dix fois plus de connexions synaptiques dans le cerveau que chez les adultes. Les synapses ressemblent à des branches partant des cellules nerveuses et qui se ramifient en de multiples directions, jusqu'à ce qu'elles trouvent une autre branche à laquelle elles se rattachent. Les connexions synaptiques sont les voies par lesquelles l'information est traitée. Quand nous étions tout petits, peut-être avons-nous découvert six façons de nous approcher d'un verre d'eau et de le saisir. Puis, lorsque nous avons trouvé quel était le meilleur moyen pour nous, incluant la préhension de la main droite ou gauche, les autres voies se sont peu à peu estompées et ont disparu. Les synapses relient les cellules cérébrales entre elles et se comparent à des sentiers en forêt. Certains sentiers vous mènent directement de la prairie à la rivière. D'autres, moins directs, passent par des territoires où poussent des peupliers et des ormes avant de vous conduire à la même rivière. Une fois que nous avons tracé notre carte de la réalité, quatre-vingt-dix pour cent de nos connexions synaptiques meurent. Nous ne connaissons plus qu'un seul moyen de nous rendre à la rivière. Les autres trajets sont effacés. Si nous nous familiarisons avec le sentier qui passe par la prairie, nous oublions l'existence des peupliers et des ormes. Nous refusons de croire aux histoires du randonneur qui nous parle des arbres exotiques qu'il a vus en allant à la rivière.

Dans notre culture, ce n'est pas une priorité d'établir la carte du monde invisible. Ce paysage spirituel n'est même pas reconnu comme réel. Il n'y a pas de rivière, pourquoi donc créer des sentiers pour s'y rendre ? Les Occidentaux n'ont pas développé de trajets neuronaux pour sentir l'énergie. Il nous faut donc poser ces trajets à l'extérieur du cerveau. Nous pouvons les considérer comme des méridiens de lumière dorée disposés tout autour de la tête, reliant le troisième œil et le cœur à la salle de visionnement à l'arrière du crâne. C'est par ces trajets que sont transmises les données sensorielles multimodales – les images, les textures, les sons, les saveurs, les sentiments et les odeurs.

Perdre la tête et retrouver ses sens

Le monde invisible ne peut être vu avec les yeux de la logique et de la raison. Nous devons faire renaître le sentiment d'innocence de l'enfant et redécouvrir la perception primaire et directe. Un enfant explore les textures, distingue les couleurs, regarde sous les pierres et pose des questions à propos de tout. Sa perception est primaire, immédiate. Quand le Christ a dit : « Si vous ne changez et ne redevenez comme des petits enfants, vous n'entrerez point dans le Royaume des cieux », il voulait nous suggérer d'apprendre à percevoir le monde avec innocence, sans idées préconçues. Le langage et la raison nous coupent de l'expérience directe. Les noms et la logique, même s'ils nous sont utiles, nous éloignent du mystère de la vie. Il nous faut éveiller nos sens avant d'effectuer les exercices qui suivent ; sinon, notre pratique devient une activité intellectuelle qui se limite à ce que les yeux voient. Lorsque nous éveillons nos sens, nous parvenons à une perception holistique du monde où le toucher, le goût, l'ouïe et la vue ne nous séparent plus de l'expérience vécue, nous unissant plutôt à ce que nous percevons. Vous sentez une odeur et devenez cette odeur, indissociable d'elle. Ce n'est pas une sorte de communion poétique, mais une compréhension profonde de notre interconnexion. Par exemple, quand une guérisseuse plonge sa tasse dans les sources de l'Amazone, elle ne pense pas : *Ah, maintenant cette eau m'appartient*. Elle se fait plutôt cette réflexion : *Maintenant, l'Amazone coule à travers moi*.

EXERCICE : LA PERCEPTION

Prenez votre pouls sans regarder votre montre. Ne comptez pas vos battements de cœur. Prenez simplement conscience des vagues qui montent et descendent en vous, des flots de vitalité qui vous traversent. Sentez le rythme de votre pouls. C'est votre tempo. Personne n'a exactement le même que vous. Les habitants d'Indonésie croient que tout dans la vie a un pouls. Il y a des milliers d'années, ces derniers confectionnaient des tambours de bronze de la taille d'un éléphant sur lesquels ils faisaient résonner les rythmes de la Création afin d'harmoniser leur esprit au tempo de l'Univers.

Faites preuve d'imagination. De quelle couleur est votre sang ? Avez-vous la certitude qu'il est rouge ? Pourquoi vos veines sont-elles bleues ? Quand et pourquoi votre sang change-t-il de couleur ? Oubliez les cours de biologie suivis à l'école. Votre corps connaît la réponse. Posez-lui la question. Suivez votre sang jusqu'à votre cœur et trouvez la réponse vous-même. Le cœur est le premier organe qui reçoit des poumons le sang rouge riche en oxygène ; il s'en nourrit avant de le faire circuler dans tout le corps.

Prêtez maintenant attention à votre respiration. Bouchez une narine, puis l'autre. Par laquelle respirez-vous le mieux ? Nous respirons principalement par une narine pendant quelques heures, puis par l'autre. Suivez votre respiration à mesure qu'elle descend dans votre trachée et pénètre vos poumons. Que ressentez-vous ? Votre souffle est-il rauque ou doux ? D'où vient votre souffle et combien de temps vous habite-t-il ?

Puis faites appel à votre sens olfactif. Quelle est votre odeur ? Chaque personne a une senteur bien à elle. Sentez vos mains après avoir tranché de l'ail ou du basilic. Respirez des odeurs différentes : les effluves nuancés des fleurs, l'arôme piquant du vinaigre, les émanations âcres du lait suri, le doux parfum de la lavande. La plupart des mammifères comptent d'abord et avant tout sur leur sens de l'odorat. Un ours polaire peut sentir un phoque à 50 kilomètres. Les singes qui se rencontrent pour la première fois se flairent les uns les autres. Dans la forêt, un lion sentira votre peur.

Stimulez maintenant votre sens du toucher. La peau est le plus grand organe sensoriel du corps. Il est fait de la même matière que votre cerveau et votre système nerveux. La peau est vivante. En colère, elle s'érige ; dorlotée, elle brille. Caressez votre visage un instant. Sentez vos lèvres en passant vos doigts sur leur surface entière. Caressez le visage de la personne que vous aimez. Puis prenez conscience de vos pieds. Bougez vos orteils dans vos chaussures. Le cerveau humain fonctionne par inhibition. Quand vous vous chaussez le matin, vous avez conscience de la température et du confort à l'intérieur de vos chaussures. Par la suite, le cerveau inhibe cette sensation parce que, après tout, vous n'avez pas besoin de garder cette information toute la journée. Vous ne reprenez conscience de vos pieds que si vous heurtez une chaise ou marchez sur une punaise. Durant votre prochain repas, inversez votre manière habituelle de tenir votre couteau et votre fourchette. Remarquez comme c'est incommode et servez-vous de cette sensation pour prêter attention à chaque bouchée et à la saveur des aliments.

Sollicitez votre sens du goût. Quel est le goût de votre peau ? Léchez le dessus de votre main. Est-ce salé ou sucré ? Quel est le goût de votre sang ? Goûtez-y la prochaine fois que vous vous couperez. Quelle est la saveur de l'eau ? Il n'est pas vrai que l'eau est insipide. Dans chaque ville, dans chaque ruisseau, son goût diffère. Buvez lentement pour la savourer. Appréciez sa fraîcheur et devenez cette fraîcheur. Sentez-la se répandre dans toute votre bouche et se propager dans votre corps. Laissez-la vous imprégner.

Finalement, fermez les yeux, prenez une grande respiration et écoutez. Quels bruits vous entourent ? Essayez de repérer le plus de sons naturels possible. Un oiseau chante-t-il ? Des abeilles bourdonnent-elles ? Les bruits proviennent-ils tous de l'activité des humains ? Y a-t-il quelque chose qui gronde ? Entendez-vous des cris ou des grincements aigus ? Les gens qui poursuivent des jaguars dans la forêt amazonienne écoutent les oiseaux. Leurs cris les alertent des allées et venues de ces gros félins bien avant que leurs pistes soient visibles.

Pour pratiquer la perception primaire, les chamans ont élaboré une sorte de « sens commun » qui relie tous les sens. Ils sont capables de goûter le feu, de toucher le parfum d'une fleur et de humer une image. Ils acquièrent une perception immédiate, une habileté appelée synesthésie, avant que l'expérience soit divisée entre tous les sens. Ce mélange des modalités sensorielles ne paraît étrange qu'aux personnes qui se sont distancées de l'expérience directe et primordiale du monde naturel. Les musiciens racontent souvent qu'ils entendent l'air qui passe entre les plumes des ailes des oiseaux en plein vol. Ce « sens commun », le signe distinctif de la perception primaire, est une faculté que la plupart d'entre nous ont perdu au fil du progrès de la civilisation. Comme l'a écrit le philosophe Maurice Merleau-Ponty dans *Phénoménologie de la perception* : « La perception synesthésique est la règle, et si nous ne nous en apercevons pas, c'est parce que le savoir scientifique déplace l'expérience et que nous avons

désappris de voir, d'entendre et, en gén
sentir, pour déduire de notre organisation
relle et du monde tel que le conçoit le phys
ce que nous devons voir, entendre et sentir. » La synesthésie se développe à mesure que nous prenons conscience du toucher, du goût, de la sensation et du son.

L'un de mes exercices préférés sur la synesthésie consiste à « goûter » nos émotions. Prenez conscience de la saveur dans votre bouche. Est-elle sucrée ? Amère ? Boisée ? Métallique ? Rappelez-vous maintenant un événement qui vous a rendu triste. Le goût change-t-il ? Remémorez-vous une situation plaisante et remarquez s'il y a un changement dans votre bouche. Souvenez-vous d'une fois où vous avez eu peur. Percevez-vous le goût de la peur ? De l'amour ? De la joie ?

Exercice : La seconde attention

La pratique de la seconde attention est un exercice du mouvement oculaire qui a pour but de recalibrer notre réseau de neurones. Il remet à zéro nos coordonnées sensorielles, pour ainsi dire, en moins de 30 secondes. Autrement, notre perception sensorielle reste bloquée dans la première attention, le tunnel de vision tubulaire de la réalité ordinaire. Dans cet exercice initial, nous recourrons à la pratique de la seconde attention pour libérer notre sensation kinesthésique et percevoir les méridiens d'acupuncture. Lorsque vous pourrez sentir l'énergie, vous serez capable de traduire cette sensation en images grâce à la synesthésie.

Imaginez que vos yeux sont le cadran d'une horloge dont les aiguilles désignent la région de votre cerveau que vous utilisez pour diverses activités mentales, afin de l'alerter. Par exemple, de nombreuses personnes droitières indiquent 10 heures lorsqu'elles effectuent des opérations mathématiques, et 2 heures lorsqu'elles pensent à leurs chansons favorites. Vérifiez ce phénomène avec vos collègues de travail. Demandez-leur d'additionner 27 et 19 et surveillez dans quelle direction ils tournent les yeux. Chaque personne réagit différemment, mais les yeux s'orientent à tout coup dans la même direction. Invitez-les ensuite à se rappeler l'odeur du pain chaud ou une chanson. Observez la direction indiquée par leurs yeux. Ce sont les coordonnées perceptives de la première attention, de la réalité ordinaire.

La pratique de la seconde attention consiste à effectuer une rotation des yeux, paupières fermées, afin de vider l'écran perceptif. Fermez les yeux et bougez-les (en gardant la tête immobile) de gauche à droite, de haut en bas, du côté supérieur gauche au côté inférieur droit, et vice versa. Maintenant, tournez-les trois fois en un grand cercle allant de gauche à droite, puis dans l'autre sens, encore trois fois. Reprenez l'exercice en effectuant des cercles plus petits, toujours paupières fermées.

Placez vos mains en position de prière. (Les dix principaux méridiens d'acupuncture s'échelonnent sur le corps, en passant par les mains et le bout des doigts. Lorsque nous joignons les mains, nous équilibrons les énergies qui circulent dans les méridiens d'acupuncture. Cette position est associée à la prière puisque lorsque nous prions, nous voulons parvenir à un équilibre.) Assurez-vous de laisser un peu d'espace entre les doigts de chaque main et que leurs bouts se touchent, index contre index, pouce contre pouce, etc. Posez vos mains sur votre poitrine de manière décontractée. Prenez quelques profondes respirations.

Dégagez ensuite vos mains et secouez-les vigoureusement d'un côté à l'autre pendant environ 30 secondes. Laissez-les devenir toutes molles. Puis reprenez la position de prière. Séparez graduellement vos paumes, mais gardez ensemble le bout de vos doigts. Prenez conscience des sensations dans vos mains. Sont-elles froides ? Chaudes ? Ressentez-vous un léger picotement électrique entre vos paumes ? Séparez vos mains lentement en maintenant votre attention sur le bout de vos doigts. Sentez-vous un fourmillement ? Voyez jusqu'où vous pouvez éloigner vos doigts tout en continuant de percevoir ce fourmillement ou cette sensation électrique. Imaginez que vous pouvez sentir les fils lumineux qui relient vos doigts entre eux. Ce sont les prolongements des méridiens d'acupuncture. Refaites cet exercice souvent jusqu'à ce que vous sentiez vos méridiens, quand vos mains sont séparées de 30 centimètres l'une de l'autre. Remarquez laquelle de vos mains est la plus sensible. Sentez-vous mieux l'énergie avec le bout de vos doigts gauches ou droits ?

Nous allons maintenant apprendre à explorer le champ d'énergie lumineux. En position debout, fermez les yeux et effectuez la pratique de la seconde attention. Prenez conscience de votre respiration. Les adeptes de la méditation zen sont attentifs à leur respiration afin de garder l'esprit rationnel en éveil pendant qu'ils explorent d'autres domaines avec leur conscience.

Secouez vigoureusement vos mains pendant quelques secondes, puis joignez-les en position de prière. Tournez lentement vos mains de manière à que vos paumes soient dirigées vers l'extérieur, à l'opposé du corps. Déplacez-les graduellement jusqu'à ce qu'elles soient à environ 30 centimètres de votre ventre. Effectuez un mouvement de va-et-vient avec vos mains, comme si vous étiez en train d'essuyer une vitre. Efforcez-vous de sentir la membrane intérieure ou la peau du champ d'énergie lumineux. Est-elle lisse ou a-t-elle une texture ? Est-elle élastique et malléable ou ferme ? Dégage-t-elle de la chaleur ou de la fraîcheur ? Pouvez-vous la prolonger vers l'extérieur ? (En ville, le champ d'énergie lumineux nous enveloppe tel un cocon de soie serré, tandis qu'après quelques jours dans la nature, il se déploie à la largeur de nos bras grands ouverts). Comporte-t-elle des bosses et des cavités ? Généralement, elles indiquent les endroits où notre membrane lumineuse est faible, par où notre énergie peut s'échapper ou encore par où des énergies et des émotions appartenant à autrui peuvent s'introduire. Imaginez la couleur de votre champ d'énergie lumineux.

Quand vous avez fini, joignez à nouveau les mains pendant quelques respirations pour équilibrer votre énergie. Faites souvent cet exercice jusqu'à ce que vous puissiez sentir distinctement la texture de la membrane de votre champ d'énergie lumineux.

Sentir les chakras

Cet exercice dans lequel nous travaillerons avec chacun des chakras terrestres est semblable au précédent. Effectuez la pratique de la seconde attention. Secouez vigoureusement les mains pendant quelques secondes, puis placez-les en position de prière. Concentrez-vous sur votre respiration.

Placez maintenant les paumes de vos mains ouvertes à environ 8 centimètres sous votre nombril, très près de la peau. Continuez de prêter attention à votre souffle. Imaginez que vos chakras sont des entonnoirs d'énergie qui tournent juste en surface de votre peau comme des tourbillons de lumière. Le bord extérieur de l'entonnoir se trouve à une distance d'environ 8 à 10 centimètres de votre corps, tandis que la plus grande partie du chakra réside à l'intérieur. Repérez le bord extérieur de votre deuxième chakra. Touchez sa circonférence et sentez l'énergie qui tourbillonne. Quand je place un doigt à l'intérieur d'un chakra, je sens l'énergie telle une eau fraîche qui s'agite sur le bout.

Amenez lentement votre index à l'intérieur du chakra. Que ressentez-vous ? Est-il frais, chaud ou neutre ? Portez votre attention sur le bout de votre doigt et prenez conscience de ce que vous y sentez. Y a-t-il un picotement, est-ce doux ou rugueux ? Le chakra du ventre est associé à la réaction de combat ou de fuite. Lorsque nous sommes en situation de peur ou de danger, cela s'inscrit immédiatement dans ce chakra. Tout en explorant votre deuxième chakra avec le bout de votre index, souvenez-vous de la dernière fois où vous avez eu peur. Percevez-vous un changement de sensation et de texture ? Chacun sent l'énergie différemment. Ce qui est glacial pour vous peut être chaud pour quelqu'un d'autre. Le deuxième chakra est le plus facile à sentir puisqu'il est le siège de nos passions et de nos émotions et qu'il est très chargé. Refaites cet exercice avec le premier chakra. Remarquez si la texture et la densité changent lorsque vous évoquez un temps où vous vous sentiez en sécurité, peut-être durant votre enfance. Rappelez-vous maintenant une situation où vous ne vous sentiez pas en sécurité ou une fois où vous avez fait un cauchemar. En quoi l'énergie diffère-t-elle ?

Essayez maintenant de sentir le troisième chakra. Évoquez une fois où l'un de vos accomplissements a été souligné. Percevez-vous un changement dans la texture de l'énergie ? Remémorez-vous une fois où vous avez éprouvé de la honte. Passez ensuite au quatrième chakra. Pensez à la fois où vous avez rencontré l'être aimé et qu'un fort sentiment amoureux vous habitait. Songez ensuite à une époque où vous viviez une grande peine et un abandon. Remarquez les changements dans la qualité de l'énergie. Tentez maintenant de sentir le cinquième chakra. Rappelez-vous un moment de grande paix intérieure, peut-être durant une méditation. Évoquez maintenant une fois où vous avez senti de l'incompréhension de la part d'une personne aimée. En quoi l'énergie diffère-t-elle ?

Jusqu'ici, nous avons travaillé avec des mesures quantitatives. Les exercices que vous venez de faire vous ont fourni une idée de la texture et de l'intensité de l'énergie des chakras. La plupart des guérisseurs ne dépassent pas ce stade. Ils se contentent de déceler la puissance et la faiblesse de l'énergie. Nous allons passer à l'étape suivante, celle des mesures qualitatives. Nous découvrirons l'information que contient l'énergie – les histoires, les joies, les peines – par la seconde conscience. La pratique de la seconde conscience libère vos systèmes sensoriels. La seconde conscience vous permet de lire les histoires contenues dans l'énergie.

Exercice : La seconde conscience

C'est par la seconde conscience que vous êtes en mesure de lire les histoires que renferme l'énergie. Vous installez des fibres de lumière le long de votre cuir chevelu, qui transmettent l'information du troisième œil au cortex visuel, où elle peut être décodée et représentée en couleurs vibrantes. Nous y ajoutons, sur des fibres de lumière similaires, l'information qui provient du cœur. Ces trajets extra-cérébraux véhiculent une sagesse émotionnelle et spirituelle. Le troisième œil enregistre les faits, tandis que le cœur enregistre les sentiments. Ainsi, la compassion tempère ce que vous percevez. En lui-même, le troisième œil est froid et sans passion. Par lui-même, le cœur est expansif et sentimental. Ensemble, les deux deviennent les plus puissantes sources de connaissance du guérisseur. Quatre-vingt-dix pour cent de mes élèves sont capables d'acquérir cette habileté. Il ne s'agit pas d'un don naturel que possèdent seuls quelques privilégiés. Le cortex visuel a la capacité de tout visualiser. De plus, il décode l'information, ainsi que les images chargées de symboles et de sens.

Joignez les mains et amorcez la pratique de la seconde attention en prenant plusieurs respirations profondes. Puis, avec le bout des doigts des deux mains, frappez doucement le centre de votre poitrine au niveau du cœur. Tapotez le contour d'un collier imaginaire de lumière, qui va du chakra du cœur jusque derrière votre crâne, au cortex visuel. Reprenez ce mouvement trois ou quatre fois, lentement et en toute conscience.

Frappez ensuite délicatement votre sixième chakra, au centre de votre front. Tapotez une bande imaginaire, de votre front jusqu'à la base de votre crâne, derrière votre tête. Suivez une ligne imaginaire qui passe juste au-dessus de chaque oreille. Répétez l'exercice plusieurs fois.

Maintenant, tapotez à nouveau votre sixième chakra et suivez une bande au-dessus de votre tête (tapez de vos deux mains le long de la ligne médiane) jusqu'à la base de votre crâne. Imaginez que vous posez une couronne de lumière sur votre tête.

Couronne de lumière

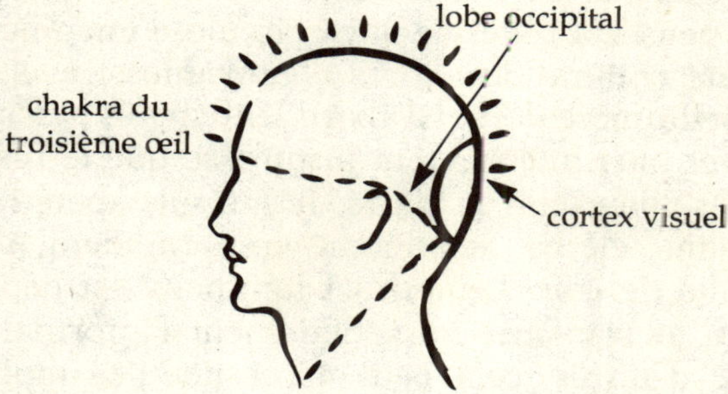

Tapotez en suivant le pointillé

Collier de lumière

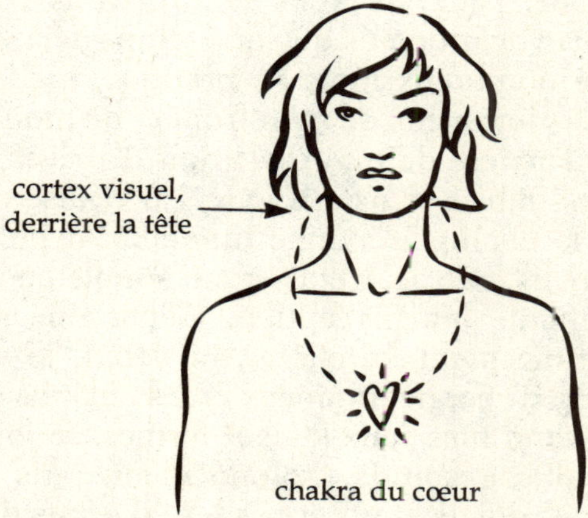

Tapotez en suivant le pointillé

En visualisant la couronne et le collier de lumière, vous installez des trajets extra-cérébraux jusqu'au cortex visuel du cerveau. Pour les activer, pensez à l'énergie qui y circule. J'imagine ces trajets comme des fibres chatoyantes traversées d'une lumière dorée, d'abord lentement, puis plus vite et plus intensément jusqu'à ce que le réseau entier vibre dans la clarté. Je me suis aperçu que certains élèves acquièrent très rapidement la faculté de voir. Leur trajet lumineux est déjà en place et transmet immédiatement l'information. Pour d'autres, cela peut nécessiter des mois et même des années. La seconde conscience ne s'obtient pas par l'effort, qui est un acte de volonté appartenant au monde de la conscience ordinaire (première). Stimulez les trajets extra-cérébraux et laissez le cortex visuel du cerveau faire ce pour quoi il a été conçu.

Un jour, peut-être vous rendrez-vous compte que vous voyez depuis quelque temps déjà. Il m'a fallu de nombreux mois de pratique, à stimuler les trajets lumineux de mon front et de mon cœur jusqu'à l'arrière de ma tête, avant d'arriver à des résultats fiables. Puis, un jour, j'ai réalisé que je voyais le champ d'énergie lumineux depuis des mois, mais que je n'étais tout simplement pas conscient de ma perception. C'était une sensation étrangement familière. Au début, je voyais le champ d'énergie lumineux et les chakras seulement quand mes yeux étaient fermés. Je joignais mes mains, respirais profondément, puis j'éloignais mes doigts et observais les courants d'énergie. Je pouvais alors concentrer mon attention sur un client et percevoir son corps lumineux. Au début, la vision ordinaire prenait le dessus et me distrayait, mais avec le temps j'ai appris à voir aussi en gardant les yeux ouverts. Je n'utilise la seconde conscience qu'avec le consentement de mes clients (ou avant de monter à bord d'un avion afin de m'assurer que tous les passagers ont un champ lumineux sain, signe que nous arriverons sains et saufs à destination).

Exercez-vous à voir le champ d'énergie autour des plantes et des animaux. Remarquez les filaments qui relient un animal à son maître, ou vos plantes d'intérieur à la nature et à votre propre champ d'énergie lumineux. Le fait d'admettre que nous voyons le monde de l'énergie et de l'Esprit est la meilleure validation, non seulement de notre faculté, mais de la réalité de ce monde invisible.

Susan était au début de la cinquantaine lorsqu'elle s'est inscrite à l'école *Healing the Light Body*. Elle était professeure d'université et avait voyagé avec moi au Pérou, environ 10 ans plus tôt. Nous ne nous étions pas revus depuis plusieurs années. Durant notre conversation, elle m'a confié qu'elle subissait chaque jour des migraines qui l'empêchaient de travailler. Elle était alors incapable d'enseigner et même de parler pendant près d'une heure. Les médecins n'avaient décelé aucun problème, mais les migraines persistaient. Elle m'a demandé si je voulais bien examiner son champ d'énergie afin de tenter de voir ce qui pouvait causer ces maux de tête.

Susan s'est assise, appuyée contre un mur blanc, devant moi. J'ai tamisé l'éclairage de la pièce. Adoucissant mon regard, j'ai joint les mains et accédé à l'état de calme que j'associe à la seconde conscience. J'ai tout de suite senti que le septième chakra de Susan était bloqué. Aucune énergie ne circulait dans cette région. Habituellement, le septième chakra est comme une fontaine d'énergie qui jaillit du dessus de la tête et coule dans le champ lumineux. Il y avait des remous d'énergie sombre et dense au-dessus de son front. Un peu plus loin derrière, j'ai perçu une tache de forme ovale. Tout le système vibrait, incluant cette tache et l'énergie sombre qui l'entourait. Même si les médecins de Susan n'avaient trouvé aucune cause médicale expliquant ses migraines, j'ai senti qu'une anomalie physique provoquait une accumulation de pression à l'intérieur de son crâne. J'ai effectué une illumination afin de libérer les empreintes de ce mal et d'extraire l'énergie sombre qui remuait autour de sa tête.

Lorsque j'ai à nouveau scruté le champ d'énergie lumineux de Susan, j'ai remarqué que l'objet que j'avais senti était encore présent. Je lui ai fortement conseillé de retourner chez son médecin pour passer un examen par IRM (imagerie par résonance magnétique) afin d'obtenir une image détaillée de l'intérieur de son crâne. Ses médecins hésitaient ; selon eux, rien ne justifiait un tel examen, une procédure très coûteuse qu'elle devrait payer elle-même si elle voulait absolument y recourir. Elle a insisté, ajoutant avec un sourire que son chaman le lui avait recommandé. Les films ont révélé une tumeur de la taille d'un œuf près de la glande pituitaire, au centre de la tête, dans une cavité qui à l'origine n'était pas plus grosse qu'un pois. Ce kyste provoquait une dangereuse accumulation de pression dans son cerveau. Deux jours plus tard, les chirurgiens ont réussi à le retirer et ont découvert qu'il n'était pas cancéreux. Par la suite, ils ont expliqué à Susan que vu la taille du kyste, elle n'aurait pas survécu très longtemps. L'intervention chirurgicale avait eu lieu juste à temps.

Repérer l'énergie

Les chamans sont des experts du repérage. Je me souviens d'une fois où je voyageais depuis quelques jours dans la forêt humide d'Amazonie avec deux chamans. Ce matin-là, nous avions décidé de marcher jusqu'à la rive d'une rivière tout près, où des ananas poussaient. Les singes connaissaient ce lieu et quand les ananas étaient mûrs, ils descendaient de leurs arbres et venaient y festoyer tapageusement. Les jaguars, bien sûr, connaissaient aussi l'endroit et au déclin du jour, venaient y traquer les singes qui étaient leur repas préféré. Nous voulions observer les jaguars et savions que si nous les manquions, nous pourrions au moins nous régaler en compagnie des singes. Nous suivions un sentier couvert d'une épaisse couche de feuilles pourpres. Soudain, l'un des chamans s'est arrêté. Il a indiqué le sol en murmurant : « Des pistes de jaguars. » Je me suis penché, mais je ne voyais que l'épaisse couverture de feuilles humides et de terre écarlate. L'autre chaman approuvait en silence, puis elle a montré un arbre à environ 6 mètres de nous et s'est exclamée : « De la fourrure de jaguar. » Nous avons marché jusqu'à l'arbre et avons vu deux poils coincés dans l'écorce entaillée, là où un gros félin s'était éraflé. Je n'avais rien vu avant que la femme-médecine retire les poils de l'arbre, exactement identique aux centaines d'autres arbres de la forêt.

Nous n'avons pas vu de jaguar ce jour-là et les singes s'étaient déjà occupés des ananas. Par contre, j'ai profité de deux leçons sur le repérage. J'ai appris que le repérage nécessitait une attention inconditionnelle. Quand vous cherchez des jaguars, vous ne pensez à rien d'autre. C'est ainsi que deux poils de jaguar peuvent attirer votre regard tel un morceau de verre reflétant le soleil dans le désert. J'ai également découvert que le repérage se produisait dans l'espace, mais aussi dans le temps. Nous repérions des événements qui étaient arrivés quelques jours auparavant. Les pistes de jaguar que nous avions vues dataient de quatre jours. Nous les avons suivies et avons décelé des poils, des empreintes de pas sur une rive plus loin et, de temps en temps, un endroit où cette femelle s'était étendue pour se reposer. Le premier jour, nous avons effectué le parcours que le fauve avait fait en trois jours, gambadant paresseusement dans la forêt. Chaque piste que nous observions était plus récente et mieux définie que la précédente. Le deuxième jour, nous sommes parvenus à repérer la splendide créature. Elle se prélassait au bord d'une rivière, lissant sa fourrure, entièrement occupée à lécher ses pattes antérieures. Quand elle a perçu notre odeur, elle a bondi sur ses pattes et s'est évaporée dans la jungle.

De manière similaire, un voyant apprend à repérer dans le temps la cause d'une maladie et d'un trouble émotionnel. Il peut découvrir l'incident qui a provoqué la maladie ou le malheur d'une personne. La technique suivante vous sert à repérer une blessure originelle chez un client, l'événement déclencheur d'un mal particulier. Cette blessure peut être un événement récent, un traumatisme de l'enfance et même une expérience vécue dans une existence précédente. Le voyant remonte le temps jusqu'à l'incident originel qui a provoqué la blessure. Selon mon mentor, il s'agissait de « trouver la facette blessée » de son patient. J'ai maîtrisé cette pratique en repérant mes propres facettes blessées.

Quand j'ai commencé à effectuer cet exercice, j'étais certain que les faces que je voyais étaient mes propres sous-personnalités, les nombreuses identités qui vivaient en moi. Je n'étais pas convaincu que ces facettes provenaient de mes incarnations passées, des centaines ou des milliers d'années auparavant. Après des années de pratique, j'en suis venu à la conclusion que la différence était davantage une question de sémantique que de réalité. Il n'a pas été prouvé que nous avons vécu des vies antérieures, et cet exercice n'en constitue aucunement une preuve. Qu'elles proviennent de cette vie ou d'existences antérieures, ces histoires m'habitent. À mes yeux, elles ne sont pas plus ou moins réelles que le récit de mon enfance. Quelle que soit leur origine, elles sont porteuses d'un pouvoir de guérison. Un tel repérage exige une grande habileté et beaucoup de pratique. Toutefois, quatre-vingt-dix pour cent de nos élèves ont acquis cette faculté à la fin de leur formation.

Don Antonio m'a appris comment me servir de mon intention pour le repérage. Lorsque vous êtes au cœur de la forêt tropicale et que vous suivez des traces de jaguars, vous devez exclure tout le reste de votre champ de perception. Vous voyez des plumes d'aras d'un vermillon et d'un jaune éblouissants sur votre chemin, sans leur prêter attention. Votre intention est centrée sur les jaguars ; tout le reste s'estompe dans le paysage. Le chant des perroquets et le hurlement des singes n'ont pas d'importance. Seul le grognement des fauves vous intéresse. Quand vous procédez au repérage d'une blessure originelle, que ce soit la vôtre ou celle de quelqu'un d'autre, seule cette facette vous interpelle. Déterminez clairement votre intention au début de la séance de repérage et laissez l'Esprit s'occuper des détails. La face qui apparaît et s'immobilise après quelques transformations est celle que vous recherchez. Lorsqu'elle apparaît, elle vous révélera son histoire.

Dans une pièce tamisée, assoyez-vous à 1 mètre d'un miroir et posez une petite bougie sur une table près de vous. Il est important que la bougie soit à côté de vous et non devant vous.

Adoptez la position de prière, effectuez l'exercice oculaire de la seconde attention et prenez conscience de votre respiration. Lorsque vous êtes dans un état de détente complète, regardez dans votre œil gauche en évitant de fixer votre regard. Comptez chaque inspiration jusqu'à 10, puis reprenez à 1. Remarquez le jeu d'ombre et de lumière sur votre visage et maintenez votre concentration sur votre œil gauche.

Le processus de repérage comporte quatre étapes.

À la première, regardez votre visage tel que vous l'avez toujours vu. *Tout est exactement tel qu'il apparaît*. C'est le visage que vous avez vu un millier de fois dans le miroir.

La deuxième étape s'amorce quelques minutes plus tard. Votre visage peut prendre des formes diverses. Peut-être verrez-vous des faces d'animaux qui se superposent à la vôtre. Il est possible aussi que votre visage disparaisse complètement, à l'exception de vos yeux. *À ce stade, rien n'est uniquement tel qu'il apparaît*. Absorbez-vous dans les changements, en restant concentré sur votre respiration. Ne vous inquiétez pas des images perçues. Retenez simplement les divers visages qui apparaissent, sans jugement ni interprétation. Certains peuvent dater de dizaines de milliers d'années. Parmi eux, plusieurs proviennent de vies antérieures, d'autres sont des animaux de pouvoir, nos guides et nos alliés dans la nature. D'autres encore sont nos guides spirituels.

À la troisième étape, un seul visage prédomine. C'est celui que vous cherchez. *Ici, tout est tel qu'il devrait être*. Vous avez remarqué les faces qui changeaient de forme jusqu'à ce que vous en reconnaissiez une, qui s'immobilise. Lorsque cette image émerge, laissez-la vous informer. Retenez-la en vous concentrant sur votre respiration tout en regardant dans votre œil gauche de manière détendue. Laissez-la vous révéler son histoire. Qui est-ce ? D'où vient-elle ? Que veut-elle de vous ? Le champ d'énergie lumineux conserve les souvenirs de toutes nos anciennes identités, entre autres le visage de la personne que nous étions quand nous avons été blessés. Il peut s'agir d'une identité d'une existence antérieure où vous avez beaucoup souffert ou subi une mort violente. Plus souvent, ce sont des visages de personnes que nous avons déjà été ou que nous aurions pu être, dans cette vie.

À la quatrième étape, toutes les images disparaissent, même votre propre visage. À ce stade de la pratique de repérage, vous voyez la nature lumineuse de la réalité. (Je l'appelle l'étape « pouf », puisque tout disparaît.) Il ne reste que l'Esprit et la lumière.

Pour terminer cette pratique, joignez à nouveau les mains et prenez quelques respirations profondes, les yeux fermés.

À l'époque où j'assimilais cette pratique avec don Antonio, il m'a fait travailler avec un autre élève envers qui j'éprouvais une grande aversion. Nous formions un groupe de 12 personnes qu'il avait choisies comme élèves parmi un grand nombre qui avait manifesté le désir d'étudier avec lui. Carlos était un homme en qui j'avais confiance pour ma survie – il avait traversé les montagnes et la forêt humide tropicale – mais je refusais de prendre mes repas avec lui. Je le trouvais excessivement pieux et stéréotypé sur le plan spirituel et quand les choses n'allaient pas à son goût, il devenait boudeur et puéril. Je me rendais compte que je portais beaucoup de jugements à son sujet, mais je ne pouvais m'en empêcher. L'aversion était réciproque. Nous nous évitions. Et voilà que don Antonio nous faisait pratiquer le repérage ensemble et qu'il fallait nous regarder les yeux dans les yeux. Au premier stade du processus, j'ai vu ses yeux noirs, ses traits indiens, et j'ai vaguement perçu le coucher de soleil et le profil des montagnes derrière lui. Il avait la mi-trentaine ; sa longue chevelure noire était frappante.

À la deuxième étape, son visage a commencé à se modifier. Son nez est devenu un bec et ses yeux se sont enfoncés dans leur cavité. Il s'est transformé en un aigle magnifique. Au troisième stade, son visage a soudain ressemblé à celui d'un enfant de 6 ans. Des larmes coulaient sur ses joues ; sa mère, qui était malade, lui manquait. Ce petit garçon semblait perdu et il croyait que sa mère ne reviendrait jamais à la maison. Il paraissait inconsolable, mais j'avais envie d'aller vers lui pour le réconforter.

À la quatrième étape, j'ai laissé l'image se dissoudre en énergie pure. Mon partenaire a disparu et je ne voyais que les derniers rayons de soleil derrière lui. Antonio nous avait expliqué que ce dernier stade, le plus difficile, était nécessaire pour ne pas relier l'image persistante à la réalité physique. C'était surtout important lorsque nous souhaitions déceler des possibilités futures. Il ne fallait pas enfermer l'image de la destinée d'un client. Quand vous dissolvez l'image, vous la remettez à la volonté de l'Esprit Tout-Puissant.

Il m'a été difficile de dissoudre l'image du petit garçon désespéré. Je n'arrivais pas à l'extirper de mon esprit. J'ai dû me concentrer sur ma respiration et laisser filer les sentiments intenses que cette image suscitait. À la fin de l'exercice, Carlos et moi nous sommes étreints chaleureusement, ce que nous n'avions jamais fait. Je lui ai dévoilé les images que j'avais vues, la tendresse que j'avais ressentie pour lui, puis je me suis enquis de ce qui lui était arrivé quand il avait 6 ans. Carlos était un homme très discret et puisque nous nous étions évités pendant toutes ces années, nous ne savions rien de nos vies privées. Il m'a raconté que sa mère était morte quand il avait 1 an, en accouchant de sa sœur. Il ne voyait pas de lien avec mes images. À la fin de la séance, don Antonio a expliqué que nous avions vu notre propre histoire dans le visage de notre partenaire. De retour chez moi, j'ai interrogé ma mère et été très surpris d'apprendre qu'elle avait été hospitalisée plusieurs fois durant presque un an quand j'avais 6 ans.

Avant d'essayer cet exercice avec un client, assurez-vous d'avoir suivi une formation adéquate dans l'art des pratiques de la guérison lumineuse. Surtout, réalisez les exercices de ce chapitre pour apprendre à voir avec les yeux du cœur. Pour l'instant, recourez à la pratique du repérage pour découvrir l'ensemble de vos propres facettes. Familiarisez-vous avec les visages que vous portez en vous. Lorsque l'un d'eux se manifestera chez un de vos clients, sachez le reconnaître comme l'une de vos projections. Souvent, les autres nous servent de miroir pour nous aider à mieux connaître les aspects de notre psyché que nous nous dissimulons à nous-mêmes. Carl Jung qualifiait d'ombres ces parties reniées de nous. N'oubliez pas que lorsque les eaux d'un lac sont totalement calmes, le lac reflète à la perfection les arbres, le ciel et tout ce qu'il y a autour. À la moindre brise, dès que l'eau est agitée de petites ondes, le lac ne reflète que lui-même. Pour voir l'autre avec clarté et objectivité, il faut d'abord maîtriser le calme. La moindre brise de jugement et d'interprétation venant de l'esprit rationnel crée une onde qui brise la seconde conscience et nous ramène à la perception ordinaire.

Repérer nos identités futures

Cette technique peut aussi nous servir à voir dans l'avenir, pour accéder à une destinée dans laquelle nous sommes guéris et vivons une vie créative et enrichissante. Il s'agit simplement de formuler l'intention de repérer des avenirs possibles plutôt que votre passé. Plusieurs destinées s'offrent à nous. Imaginez votre ligne de vie tel un gros cordon de lumière partant du présent pour remonter vers le passé et se prolongeant vers l'avenir sous forme de filaments lumineux semblables à des fibres optiques. Chaque filament représente une possibilité. Dans l'un de ces avenirs possibles, peut-être profitez-vous d'une longue vie et d'une bonne santé, mais seulement si vous réalisez vos projets de déménager dans une certaine ville, acceptez un certain poste ou emploi ou modifiez un aspect particulier de votre mode de vie. Un autre filament peut vous mener vers une destinée moins heureuse.

Le physicien Werner Heisenberg a formulé un principe clé de la mécanique quantique : on peut déterminer précisément la vélocité ou la position d'un électron, mais pas les deux. Selon le principe d'incertitude de Heisenberg, l'action d'observer un événement influe sur son dénouement ou sa destinée. La découverte de Heisenberg semble indiquer que la capacité de changer le monde physique par l'exercice de la vision est très limitée une fois que l'énergie a pris forme. Il est temps de changer le monde avant que la forme émerge de l'informe, avant que l'énergie devienne matière. Ainsi, de nombreuses pratiques de guérison élaborées par les chamans consistent à guérir les états avant qu'ils se manifestent dans le corps, avant que les vieilles empreintes du champ d'énergie lumineux organisent la matière en maladie ou en calamité.

Certains voyants sont capables d'aider leurs clients à choisir une destinée qui défie leurs chances de guérison. Quand je travaille avec une personne qui a un pronostic de santé peu positif, je tente de repérer des avenirs autres, parmi lesquels se trouve un état guéri qui, même s'il est peu plausible, reste possible selon les lois de la biologie et de la physique. Lorsque j'aperçois l'état de guérison, je suis en mesure de favoriser les chances de rétablissement. Une fois cet état repéré, le voyage vers la guérison peut s'amorcer. L'histoire de Steve illustre bien ce phénomène.

À l'époque où il est venu me consulter, Steve travaillait comme physicien au département de l'Accélérateur linéaire de l'Université de Stanford. Lui et ses collègues analysaient des données afin de déterminer s'il y avait suffisamment de matière dans l'Univers pour qu'il poursuive éternellement son expansion, ou si la gravitation des étoiles était assez forte pour provoquer sa résorption en lui-même. Il a interrompu temporairement ses recherches afin de se joindre à l'une de mes expéditions dans le sud-ouest des États-Unis. Nous campions à Canyon de Chelly en Arizona, aujourd'hui patrie du peuple navajo. Les premiers habitants du canyon ont vécu dans des habitations rupestres surplombant le désert, jusqu'en 1200. Lorsque nous sommes arrivés dans le canyon en cul-de-sac où nous campions ce soir-là, j'ai averti le groupe de respecter le cimetière des Anasazis qui longeait une paroi de la falaise. Au fil des siècles, le vent et la pluie avaient exposé les tombes. À certains endroits, des fragments de poterie et d'os jonchaient la surface aride. Les occupants actuels du canyon, les Navajos, ne s'aventuraient même pas à proximité de ce lieu. Selon eux, quiconque dérangeait les anciennes sépultures était frappé de malchance.

Pendant que je montais ma tente, j'ai entendu Steve qui amusait quelques membres du groupe en jouant le rôle de Yorick, bouffon du roi du Danemark dans *Hamlet*. Il tenait un crâne humain entre ses mains. J'ai couru vers lui pour lui demander de remettre le crâne là où il l'avait trouvé. Les bouffonneries de Steve avaient sidéré nos guides navajos. Ils lui ont suggéré de réciter une prière en remettant le crâne à sa place, puis ils nous ont conseillé de quitter cet endroit dès que possible.

Deux mois plus tard, Steve m'a téléphoné. « Comment vont les recherches ? » me suis-je enquis. Les nouvelles étaient bonnes. L'Univers semblait parti pour durer éternellement.

« Et comment vas-tu ? »

Pour Steve, les nouvelles n'étaient pas encourageantes. Quelques jours auparavant, on lui avait diagnostiqué un lymphome malin. Les médecins du centre de santé de l'Université de Stanford lui donnaient moins de quatre mois à vivre.

Steve était persuadé que l'incident du crâne anasazi avait provoqué son cancer. Même s'il était certainement malade depuis des mois avant l'expédition, nous avons tous les deux été étonnés par la synchronicité de ces événements. Il n'était pas important qu'il y ait un lien réel entre les deux. Ce qui importait, c'est que Steve *croyait* que les deux étaient liés. Comprendre ce lien allait faire partie de son voyage vers la guérison. Nous avons commencé à travailler ensemble dès l'obtention du diagnostic et pendant toute la durée de la chimiothérapie. Vers la fin du quatrième mois, le cancer était tenu en échec. Steve était toujours vivant, malgré le pronostic. Pour nous, cela signifiait qu'il lui était possible de vivre encore plus longtemps. Bien sûr, ce n'était pas très probable, mais c'était possible.

Nous avons entrepris un repérage pour trouver le visage de son véritable soi guéri. Nous avons ajouté une note intéressante à la technique de repérage. Au lieu de chercher Steve, je me suis simplement assis devant lui dans le calme. Steve avait beaucoup travaillé avec moi et connaissait bien le repérage. Je l'ai invité à m'utiliser comme miroir. Nous savions qu'il devait lui-même découvrir son soi guéri. Personne ne peut vous guérir ; vous vous guérissez vous-même. Je ne pouvais offrir à Steve que les cartes que je connaissais, mais je savais qu'une carte n'était pas un territoire. Il allait devoir parcourir lui-même le terrain. À chacune de nos rencontres, nous faisions du repérage. À la fin de chaque séance, j'effectuais une illumination pour dégager les empreintes associées aux visages blessés qu'il avait découverts. Mon propre calme servait de diapason, lui évitant ainsi de se laisser séduire par les images magnifiques ou terribles qu'il percevait. La plupart étaient des aspects de son passé : des visages exprimant la tristesse, le traumatisme, la joie, la perte. Il avait deux jeunes filles et venait tout juste de rencontrer une femme qu'il considérait comme son âme sœur ; ils devaient se marier l'été prochain.

Steve a fini par découvrir sa propre quiétude. Ses eaux s'apaisaient, commençant à refléter son soi guéri. Finalement, un matin, je me suis vu réfléchi dans ses yeux et j'ai su que Steve avait trouvé ce qu'il cherchait. À la fin de notre pratique, nous nous sommes simplement étreints. Des larmes coulaient sur nos joues. J'ai demandé à Steve ce qu'il avait vu et il m'a répondu qu'il avait été témoin de tout. Je l'ai pressé de me donner des précisions et il a répété : « Tout, avec un T majuscule et moi-même. »

Quand Steve a repéré son soi guéri, il a découvert son visage originel, sa nature essentielle. Cet été-là, j'ai célébré la cérémonie de son mariage. Steve a vécu encore huit ans – les années les plus importantes de sa vie. Un an avant sa mort, il m'a fait parvenir un collier portant le motif d'une orque, semblable aux sculptures des Inuits. Une note l'accompagnait, précisant qu'il avait choisi l'orque parce que même si c'est un mammifère carnivore, en réalité c'est l'un des animaux marins les plus doux. Les orques descendent dans les profondeurs de l'océan, tout comme lui était descendu dans les profondeurs de son âme. Elles causent une peur bleue à quiconque s'approche d'elles, tout comme son cancer l'avait effrayé. Mais en réalité, ce cancer lui avait apporté le don de la vie.

Très peu de chamans parviennent à la sagesse et à l'habileté nécessaires pour repérer la destinée d'une autre personne. Vous n'y arrivez que lorsque vous connaissez votre nature essentielle, que vous avez retracé votre propre visage originel et que vous êtes capable d'aider une autre personne avec le détachement et la compassion absolus que ce type de repérage exige. Tout dans la vie laisse sa trace dans le temps.

CHAPITRE 6
L'ESPACE SACRÉ

INVOCATION

Aux vents du sud,
Grand Serpent,
Enveloppe-moi de tes rayons de lumière.
Montre-moi à me départir du passé comme tu te dépouilles de ta peau,
À me déplacer doucement sur la terre. Montre-moi la voie de la beauté.

Aux vents de l'ouest, Mère Jaguar,
Protège mon espace de guérison.
Montre-moi à vivre dans la paix, dans la perfection.
Montre-moi la voie au-delà de la mort.

Aux vents du nord,
Colibri, Grands-mères et Grands-pères,
Ancêtres,
Venez réchauffer vos mains à nos feux.
Murmurez dans le vent.
Je vous honore, vous qui êtes venus avant moi,

Et vous qui viendrez après moi, les enfants de mes enfants.

Aux vents de l'est,
Aigle majestueux,
Du pays du soleil levant, viens vers moi.
Garde-moi sous ton aile.
Montre-moi la montagne dont je n'ose à peine rêver.
Montre-moi comment voler aile contre aile avec le Grand Esprit.

Terre Mère,
Je prie pour la guérison de tous tes enfants,
Les minéraux, les végétaux,
Les êtres à quatre pattes, à deux jambes, qui rampent,
Les êtres ailés, à nageoires, à fourrure,
Toutes nos relations.

Père Soleil, grand-mère Lune, Étoile des nations,
Grand Esprit, toi qui es connu sous des milliers de noms,
Et qui es l'innommable,
Merci de me laisser chanter le chant de la vie encore aujourd'hui.

Prière pour créer un espace sacré

*
* *

Les chamans amorcent toujours une cérémonie de guérison en ouvrant un espace sacré. Nos préoccupations de la vie ordinaire sont exclues de cet espace. Nous délaissons le monde affairé des réunions et des horaires chargés et nous préparons à rencontrer le divin. L'espace sacré nous permet d'accéder au calme de notre monde intérieur, là où a lieu la guérison. Ici nous ne sommes pas distraits par les mondanités et toute action est réfléchie et sanctifiée. Pourtant, l'espace sacré n'est ni sérieux ni grave. Les chamans prennent leur travail au sérieux sans se prendre eux-même au sérieux ; il y a souvent des rires et de la gaieté durant les cérémonies de guérison. À l'intérieur de l'espace sacré, nous faisons l'expérience de la légèreté de notre être. Les rires autant que les larmes surgissent facilement. Alan Watts avait l'habitude de dire que les anges pouvaient voler parce qu'ils se prenaient très à la légère. Dans l'espace sacré, notre fardeau s'allège et la main de l'Esprit peut nous toucher. À la fin de la séance de guérison, l'espace sacré doit être fermé en invoquant une fois de plus les quatre directions, ainsi que le Ciel et la Terre. Ce faisant, le chaman libère les énergies archétypales qu'il a appelées, et elles réintègrent la nature.

L'espace sacré est une sphère de guérison pure, sanctifiée et protégée. Je la conçois telle une coupole chatoyante surplombant l'endroit où j'effectue mon travail thérapeutique. Dans cet espace, chaque personne est en sécurité et mes clients peuvent exprimer leur tristesse, leur souffrance, et expérimenter la joie qui accompagne souvent le processus de guérison. Une bonne part de notre peur et de notre souffrance vient du sentiment que le monde n'est pas un lieu sûr pour nous. Quand le monde est perçu comme dangereux et menaçant, nous élevons nos défenses, nous revêtons notre armure psychologique. L'espace sacré crée un environnement où nous pouvons laisser tomber nos défenses et explorer notre partie vitale la plus vulnérable, douce et tendre. Il nous donne également accès aux guérisseurs lumineux – les guérisseurs et les guérisseuses du monde de l'Esprit, qui nous prêtent assistance.

Nous apprenons tôt dans la vie que le sacré se trouve à l'intérieur des temples, des cathédrales ou dans un lieu merveilleux de la nature. Les quatre murs d'une église créent-ils un espace sacré ? Est-il instauré par les prières qui y ont été murmurées au fil des ans ? Combien de prières faut-il pour obtenir un espace sacré ? Une seule prière prononcée du fond du cœur est peut-être suffisante. Vous pouvez créer un espace sacré et invoquer le pouvoir guérisseur de la nature n'importe où sur Terre. J'utilise l'invocation citée au début de ce chapitre. Je ne l'ai pas apprise de quelqu'un, même si elle comporte certains emprunts à de nombreux peuples autochtones américains, par exemple les quatre directions et leurs animaux archétypaux. Elle est à la fois récente et ancestrale. Utilisez-la avant que votre prière personnelle se révèle à vous. Même si certains éléments sont nécessaires pour créer un espace sacré, avec le temps vous pourrez y mettre votre propre expression. Par exemple, remarquez que la prière est structurée à partir des directions spatiales. Elle invoque les quatre points cardinaux, ainsi que le haut et le bas. Les six directions et le chaman au centre représentent les sept principes de l'organisation de l'Univers. Le serpent symbolise le principe de liaison ; le jaguar, la force qui se renouvelle ; le colibri, le voyage épique d'évolution et de croissance ; l'aigle ou le condor, la transcendance de soi. Le Ciel est la force créative ; la Terre, la force réceptive. Lorsque vous les appelez, vous vous harmonisez aux forces qui animent toute vie.

Le chaman a un pacte avec l'Esprit : quand il l'appelle, l'Esprit répond. De puissants guérisseurs du monde de l'Esprit apparaissent sous forme d'êtres lumineux pour nous aider dans notre travail thérapeutique. Nous utilisons littéralement les quatre points cardinaux pour nous orienter dans le monde matériel. Nous allons au nord pour voir des ours polaires, au sud pour passer l'hiver ; nous nous installons sur la côte est ou ouest. Pour le chaman, ces directions personnalisent aussi des qualités et des énergies. Si nous sommes capables d'imaginer le mouvement de ces énergies de la même façon que la météo peut prévoir un courant atmosphérique qui amènera la pluie d'une région à une autre, nous comprenons comment l'énergie se déplace dans l'espace. Les qualités de chacune des quatre directions sont représentées par des animaux archétypaux. Ces créatures ne sont pas que des symboles ; ce sont des énergies ou des esprits primordiaux. Chaque archétype a une vie et des pouvoirs propres. Les animaux archétypaux des points cardinaux varient chez les diverses cultures autochtones des Amériques. Pour moi, le colibri est associé au nord, tandis que pour certains peuples autochtones d'Amérique du Nord, c'est le buffle. Même si les représentations diffèrent d'une culture à l'autre, les propriétés des énergies restent identiques puisqu'elles illustrent les mêmes principes organisateurs de la nature. Le nom que nous donnons à ces énergies, et même l'archétype utilisé, n'est pas ce qui importe le plus. Il s'agit surtout de les connaître assez bien pour qu'elles répondent quand nous les appelons. L'appel vient du cœur ; la voix est notre amour et l'Esprit répond. Lorsque l'appel est lancé dans l'espace sacré, l'Univers joue en notre faveur.

J'ai connu le père Alexandre, un prêtre de Chicago, lorsqu'il s'est inscrit à notre programme de formation. Deux ans après notre rencontre, il a été appelé par son évêque pour prendre en charge une église dont le curé était tombé malade. Un grand projet de restauration de l'église avait été entrepris. La toiture fuyait et les vitraux avaient besoin d'être remis en état. Malheureusement, la paroisse avait épuisé ses fonds. De plus, la congrégation avait diminué, ce qui n'arrangeait rien. L'aire de stationnement étant insuffisante, les paroissiens devaient se rendre à pied à l'église, ce qui n'était pas facile pour les plus âgés d'entre eux quand le sol était couvert de neige et de glace.

Quelques jours après son entrée en fonction, à un moment où il n'y avait personne dans l'église, le père Alexandre a ouvert un espace sacré au-dessus de l'autel principal. Il a invoqué les quatre directions, le Ciel et la Terre Mère. Il avait l'impression de se trouver dans une situation insoutenable, comme le capitaine d'un navire en naufrage, et il était prêt à tenter n'importe quoi. Il a décidé de laisser l'espace ouvert pendant un mois pour voir si un changement allait se produire. La semaine suivante, pendant qu'il visitait les nombreuses pièces de l'ensemble domiciliaire avec un autre prêtre, il est arrivé devant une porte qui refusait de s'ouvrir. Ils ont appelé un ouvrier qui a dû retirer la porte de son cadre. Ils ont alors découvert que le passage fermé menait au beffroi, une pièce mesurant la moitié d'un terrain de basket-ball qui, à leur grande stupéfaction, était presque toute enterrée d'excréments de chauves-souris. En plus du risque sanitaire, le poids des excréments menaçait de faire s'écrouler le beffroi. La situation semblait aller de mal en pis.

Le père Alexandre s'est rendu à l'autel principal et a rouvert l'espace sacré. Puis il a fait appel à un expert pour se débarrasser des excréments accumulés depuis des décennies. Après avoir examiné la montagne de guano, l'homme a informé le père Alexandre que son meilleur prix était de 40 000 $. Consterné, le prêtre a secoué la tête. L'expert a paru perplexe, puis il a expliqué qu'il était prêt *à payer* 40 000 $ pour le guano. Les excréments de chauves-souris sont un excellent fertilisant, mais il est très difficile d'en trouver en grande quantité. Le père Alexandre exultait. La toiture a pu être réparée avant l'arrivée de l'hiver. Quelques jours plus tard, il a obtenu de la ville une permission de stationnement, le dimanche, dans l'aire du service de police située de l'autre côté de la rue. C'est ainsi que le père Alexandre est devenu très demandé dans le diocèse de Chicago. De temps à autre, d'autres paroisses en difficulté font appel à lui. Chaque fois qu'il se rend dans une église, il ouvre l'espace sacré à l'autel principal. Il est convaincu qu'ainsi l'Esprit accepte son invitation à lui donner un coup de main bien utile. À l'intérieur de l'espace sacré, nous bénéficions d'une aide spirituelle extraordinaire.

Les animaux de pouvoir

Le serpent

Chacun des animaux archétypaux émet une énergie qui a son propre arôme. Dans le Sud, le serpent est un symbole de connaissance, de sexualité et de guérison. Peut-être l'archétype le plus universel, le serpent a toujours représenté le pouvoir guérisseur de la nature. Le caducée, l'emblème des professions médicales, est formé de deux serpents enroulés autour d'un bâton. Moïse portait un caducée lorsqu'il a guidé les Israélites dans le désert. Dans la mythologie occidentale, le serpent nous a apporté le fruit de l'arbre de la connaissance. En Orient, l'énergie du Kundalini est illustrée par un serpent lové.

Le serpent évoque le lien primitif au féminin et est donc un symbole de fertilité et de sexualité. Il n'est pas une représentation de la relation sexuelle comme telle – une fausse idée largement répandue – mais symbolise plutôt la force vitale essentielle recherchant l'union et la création. N'oubliez pas que chaque cellule de notre corps cherche à se diviser et à procréer. Dans la nature, la fécondité est le principe créateur du cosmos. Nous pouvons convoquer le principe créateur du Sud en appelant l'archétype du serpent. Quand je travaille avec des clients qui ont perdu leur passion de la vie, qui ont épuisé leur énergie et leur enthousiasme, je les mets en relation avec les énergies du Sud et ils retournent chez eux accompagnés par l'esprit du serpent. Je sais qu'ainsi leur désir de vivre renaîtra.

Le jaguar

Le jaguar est l'animal de l'Ouest. Il renouvelle et transforme la vie de la forêt dense tropicale. Tandis que le serpent est associé au pouvoir de guérison, qui est graduel et progressif, le jaguar, lui, exprime une transformation soudaine, la vie et la mort. Il peut nous paraître étrange que la force de transformation de l'Univers soit également associée à la mort, et pourtant, pour les ancêtres des Amériques, ces deux énergies étaient taillées dans le même tissu. Ce qui perdure change et se renouvelle constamment ; ce qui est statique périt. Ils savaient que les états stables, statiques, étaient en fait temporaires puisque tout dans l'Univers est en changement. En Amérique du Nord, les chamans faisaient brûler des sous-bois, relâchant de manière contrôlée les forces associées au jaguar. Ainsi, ils empêchaient la foudre d'incendier la forêt entière. Ils savaient que le chaos et l'ordre, l'expansion et la contraction, constituaient le cycle naturel de la vie.

Quand nous tombons malades, nous avons l'occasion non seulement de recouvrer notre santé, mais aussi de progresser vers un état de bien-être supérieur. La guérison est une méthode qui sert non seulement à éliminer les symptômes, mais aussi à atteindre des états de santé toujours meilleurs. J'ai travaillé avec des clients sexagénaires et septuagénaires qui m'ont confié que jamais auparavant ils ne s'étaient sentis aussi bien que présentement. C'est l'énergie du jaguar. Un système stable est difficile à modifier. Généralement, les gens ne changent pas quand tout va bien, mais plutôt quand ça va mal. Ainsi, la crise devient une chance de changer. Nous pouvons transformer notre corps afin qu'il guérisse plus vite et vieillisse plus élégamment en incorporant les forces du jaguar. J'en suis venu à croire à la métaphore selon laquelle nous disposerions de neuf vies, comme les chats. Lorsque nous parvenons à la fin d'une de ces vies (que certaines personnes qualifient d'étapes ou de phases), il est important d'enterrer décemment l'ancien soi, avant de bondir tel un jaguar vers la personne que nous sommes en train de devenir. Autrement, nous risquons de passer des années à tenter de réparer un soi ancien qui ne nous convient plus.

Le chat sauvage est le responsable de la forêt humide tropicale et le gardien de la frontière de la mort. Le jaguar aide à démembrer ce qui doit mourir pour que le nouveau puisse naître. Un ouragan exprime le pouvoir chaotique du jaguar. Une ruche ou une fourmilière, par leur beauté et leur complexité, illustrent le pouvoir d'organisation de cet animal. L'énergie du jaguar fonctionne au niveau d'un village, d'une organisation, ou d'un individu. Parfois, un mariage doit être rompu pour assurer la survie et la santé des deux parties. Parfois, un village doit être abandonné pour que ses membres prospèrent en un autre lieu. Partout en Amérique, des preuves archéologiques montrent que des villages ont été désertés sans raison apparente à nos yeux. Cela s'est produit en réaction à la nature cyclique de l'ordre et du chaos. Les Anasazis du sud-ouest des États-Unis, les Mayas et les Incas ont périodiquement délaissé leurs habitats pour construire de nouveaux villages ailleurs.

Il y a quelques années, un feu de friches faisait rage dans la jungle des hautes terres avoisinant le Machu Picchu, et les pompiers combattaient les flammes depuis des jours. Les flammes bondissaient d'une crête à l'autre, consumant des dizaines de milliers de kilomètres de forêt. C'était la saison sèche, une période où il ne pleut jamais dans cette région des Andes. Quand le feu est arrivé à quelques mètres du Machu Picchu, une femme-médecine est venue présider une cérémonie devant les ruines. Tout le monde a participé au rituel, même les archéologues. Tandis que le feu pénétrait dans la ville inca de la lumière, le ciel s'est soudainement couvert ; la pluie s'est mise à tomber et a éteint le feu. La chaman a déclaré que c'était l'esprit de la forêt tropicale, sous forme d'un jaguar, qui avait répondu à son appel et apporté la pluie. Je pense que sa cérémonie a permis de rééquilibrer la terre, et qu'ainsi la pluie est venue.

Il existe une légende du Bali à propos d'un village où il n'avait pas plu depuis 6 ans. Aucun chaman ne réussissait à ramener la pluie – ils étaient trop imprégnés par les archétypes locaux et ne pouvaient donc pas influer sur elle. Les champs étaient desséchés et les villageois en avaient assez de vivre de la générosité de leurs voisins. Ils ont fait appel à une chaman d'un village situé à deux montagnes de là. À son arrivée, elle a remarqué la misère qui régnait. Elle a demandé aux villageois de la conduire à une hutte où elle pourrait jeûner et méditer. Le troisième jour, quand elle est sortie de la hutte, le ciel s'est ennuagé et le tonnerre a retenti dans la vallée. Rapidement, la pluie s'est mise à tomber. Tout le village était en fête. Tout le monde dansait sous la pluie. Lorsque les aînés ont voulu savoir ce qu'elle avait fait, elle leur a répondu : « Quand je suis arrivée, votre village était tellement déséquilibré que j'ai perdu mon propre équilibre. C'est pourquoi j'ai dû me retirer dans une hutte pour jeûner et prier. Quand j'ai retrouvé mon équilibre, votre village a regagné le sien et la pluie est tombée. »

Quand je travaille avec un client en pleine crise, qui a peut-être l'impression que sa vie est irrécupérable, je le renvoie chez lui avec le jaguar. Souvent, mon client croit qu'il s'agit juste d'une métaphore. Je sais que le principe de vie et de mort représenté par le jaguar l'aidera à abandonner les parties de sa personne qui doivent mourir, à reprendre espoir, et fera naître du chaos un équilibre nouveau. L'énergie du jaguar peut être sollicitée pour empêcher un cancer ou un feu de forêt de se propager. Elle peut aussi aider une personne mourante à trouver la paix dans le chaos qui accompagne le processus de la mort et la guider durant son retour au monde de l'Esprit.

Les peuples de la jungle vénèrent également le jaguar pour sa capacité de transformer l'énergie lourde dans le champ d'énergie lumineux. Les légendes racontent que lorsqu'un jaguar participe à une cérémonie, il dévore les émotions négatives de colère, de peur et de souffrance. Le jaguar agit comme un agent spirituel de nettoyage, allégeant les énergies denses. En tant que protecteur de toute vie, le jaguar sauvegarde l'espace cérémoniel des énergies négatives susceptibles de pénétrer dans votre cercle de guérison. Lorsque mes clients ont besoin d'une protection spirituelle ou psychologique, je les relie à l'énergie du jaguar.

Souvent, par la suite, ils me racontent avoir vu un gros félin guérisseur dans leurs rêves. Avant d'être en mesure de profiter de cette énergie dans un but de guérison ou d'équilibre, nous devons personnellement faire connaissance avec l'esprit du jaguar.

Le colibri

Dans la direction Nord, le colibri évoque le courage nécessaire pour entreprendre un voyage épique. Les colibris survolent l'Atlantique, migrant chaque année du Brésil au Canada. À première vue, les colibris ne semblent pas faits pour ce vol transatlantique. Leurs ailes n'ont pas l'envergure majestueuse des aigles et leur petit corps ne peut emmagasiner beaucoup de nourriture. Et pourtant, ils répondent annuellement à un appel ancestral et entreprennent ce vol épique, de la même façon que les saumons remontent la rivière pour aller frayer. Lorsqu'un client amorce une quête épique, je l'aide à se relier à l'énergie du colibri. Ce n'est pas simplement une métaphore inspirante pour un voyage, mais également un lien énergique à ce principe de la nature. Lorsque nous sommes habités par les énergies de cet archétype, nous sommes propulsés dans notre propre voyage épique, qui nous ramène à notre source, où notre Esprit a pris naissance. Dans ce champ fleuri ancestral, nous nous désaltérons du nectar de notre vie.

L'énergie du Nord nous motive à entreprendre de grands périples, quelles que soient les conditions. Quand le temps, l'argent ou le savoir-faire font défaut, le colibri vous fournit le courage et les conseils nécessaires à votre succès.

Les archéologues savent que les premiers Américains ont traversé le pont continental au-dessus du détroit de Béring, il y a des milliers d'années. Ils ont franchi l'Alaska, puis sont descendus vers les territoires appelés aujourd'hui Canada et États-Unis. Qu'est-ce qui a poussé ces premiers Américains à traverser une plate-forme de glace pour venir dans le Nouveau Monde ? Pourquoi, après cette grande traversée, ne sont-ils pas restés en Amérique du Nord, riche en forêts touffues parcourues de gibier abondant, mais ont plutôt choisi d'entreprendre un voyage difficile à travers les déserts stériles du nord du Mexique pour venir peupler les autres continents américains ? Les êtres vivants veulent explorer et découvrir. Cet instinct opère en chacun de nous. Lorsque nous ne répondons pas à l'appel du colibri, nous commençons à mourir. Lorsque nous optons pour le confort au lieu de la découverte, ou compromettons le désir de notre âme de grandir, nous commençons à dépérir. Lorsque nous éveillons le formidable instinct d'apprentissage et d'exploration, notre vie devient moins banale et prend des allures d'épopée.

L'aigle

L'aigle et le condor, qui apportent vision, clarté et clairvoyance, représentent la direction Est. L'aigle perçoit le panorama entier de la vie, sans se laisser distraire par les détails. Les énergies de l'aigle nous aident à trouver la vision qui oriente notre vie. Les yeux du condor voient dans le passé et le futur, nous révélant d'où nous venons et ce que nous devenons. J'aide mes clients qui sont aux prises avec des traumatismes du passé à prendre contact avec l'esprit de l'aigle ou du condor. À mesure que cette énergie imprègne l'espace de guérison, souvent mes clients réussissent à voir plus clair dans leur vie. Il ne s'agit pas ici d'un concept intellectuel, mais plutôt d'un appel, faible au début, et à peine entendu consciemment. Puis les possibilités de cette énergie se révèlent à eux, les expulsent de leur souffrance et les propulsent vers leur destinée.

Je crois que même si tout le monde a un futur, seules certaines personnes ont une destinée. Avoir une destinée signifie vivre selon son potentiel humain maximal. Pas besoin de devenir un personnage politique ou un poète célèbre, mais votre destinée doit être investie d'un sens et d'un but. Un simple balayeur de rues peut vivre une destinée. Un président d'une grosse entreprise peut mener une vie dépourvue de sens. Il faut beaucoup de courage pour se rendre disponible à une destinée. Autrement, elle passe à côté de nous, nous privant d'un bonheur que connaissent ceux qui optent pour le chemin le moins fréquenté. L'aigle nous permet de nous élever au-dessus des batailles triviales qui encombrent notre vie et consomment notre énergie et notre attention. L'aigle nous donne des ailes pour nous envoler au-dessus des vulgaires luttes quotidiennes et atteindre les hauts sommets proches du Ciel. L'aigle et le condor sont associés au principe de la transcendance du soi.

Les biologistes ont établi que la transcendance du soi était l'un des premiers principes de l'évolution. Les molécules vivantes cherchent à transcender leur identité pour devenir des cellules, puis des organismes simples qui forment ensuite des tissus, puis des organes qui évoluent en des êtres complexes, par exemple des humains ou des baleines. Chaque étape de la transcendance inclut toutes les précédentes. Les cellules incluent les molécules, puis les transcendent ; les organes incluent les cellules et les surpassent ; les baleines comprennent tous les organes, mais ne peuvent se résumer à eux : le tout transcende la somme des parties.

Selon le principe de transcendance illustré par l'aigle, les problèmes à un certain niveau se résolvent mieux à partir du niveau supérieur. Les problèmes des cellules se règlent mieux à partir des organes, tandis que les besoins des organes sont mieux comblés par un organisme comme un papillon ou un être humain. Le même principe s'applique à notre vie. Pensez à des poupées russes. La plus petite poupée correspond aux besoins matériels. Ces derniers sont contenus dans la poupée des émotions, un peu plus grande. Puis les deux sont comprises dans la grande poupée spirituelle, à l'extérieur. C'est pourquoi il nous est impossible de satisfaire des besoins émotionnels avec des biens matériels, mais nous pouvons les combler spirituellement. Quand nous passons au niveau plus élevé, nos besoins émotionnels sont pris en compte dans la solution. Nous nous élevons au-dessus de nos tracas quotidiens avec les ailes de l'aigle et voyons notre vie en perspective.

Le Ciel et la Terre

Les deux dernières directions, au-dessus et en dessous, correspondent au masculin et au féminin. Le Soleil est la force de vie créatrice. Les peuples anciens ont observé que même si le ciel semblait se transformer au cours de la nuit et des saisons, les étoiles elles-mêmes ne changeaient pas. Les constellations conservaient la même relation les unes avec les autres. Le Soleil se levait à l'est, au même endroit, à chaque solstice d'été. Dans les traditions incas, toutes les prières sont d'abord adressées au sud puisque la Croix du Sud est le seul point céleste qui demeure inchangé, tandis que toutes les autres étoiles effectuent une rotation durant la nuit. (L'étoile du Nord n'étant pas visible de l'hémisphère sud, tout est donc orienté vers le sud.) Le pouvoir du Ciel est l'immuable. Les chamans l'invoquent pour préserver et perpétuer ; ils comprennent que la vie est un équilibre délicat entre ce qui change et ce qui ne change pas. Les Incas croient que l'âme comporte trois parties. Quand les gens meurent, l'une d'elles (ce qui change) retourne à la Terre afin d'être réintégrée dans la nature et de s'unir à toute vie. Une autre partie (le pouvoir et la sagesse) retourne aux montagnes sacrées, tandis que la troisième (ce qui ne change pas) retourne au Soleil. Beaucoup des rites de passage évolués des chamans sont conçus pour favoriser la reconnaissance de cette partie qui retourne au Soleil, qui est éternelle et immuable.

La Terre est le principe récepteur et nourricier. Son pouvoir est celui de décomposer et de renouveler. Les feuilles d'été se décomposent pour devenir de la terre riche. Les corps des ancêtres sont réabsorbés dans l'écosphère et s'unissent aux arbres, aux prés, aux montagnes. Les graines germent dans les sombres replis fertiles de la Terre Mère. Toute vie émerge du sein humide et se nourrit de son abondance. Les saisons représentent la qualité muable de la Terre. Dans le récit de la Genèse, au commencement, la Terre et le Ciel ne faisaient qu'un. Ainsi, le muable contient en lui l'immuable. Le sein obscur de l'espace contient le Soleil. Si les feuilles du printemps retournent à la Terre à l'automne, c'est pour créer une vie nouvelle après l'hiver. En appelant les énergies du Ciel et de la Terre, nous nous relions aux cycles naturels de notre vie. Mais ce qui importe davantage, c'est qu'elles nous permettent d'accueillir la mère qui toujours nous nourrira et le père qui jamais ne nous quittera. En revenant vers notre mère et notre père primitifs, nous remédions puissamment à nos blessures d'enfance. Un grand nombre de mes clients qui ont des problèmes liés à l'abandon changent énormément tout simplement en acceptant la Terre nourricière et le Père céleste comme parents naturels. J'aide toujours mes clients à se connecter aux énergies du Ciel et de la Terre, quelle que ce soit la raison de leur consultation. En saluant la Terre, nous reconnaissons notre relation avec toutes les autres formes de vie – les arbres, les poissons, les oiseaux, les pierres. En saluant le Ciel, nous reconnaissons nos frères et nos sœurs, les étoiles, et nous dédions nos efforts de guérison à l'Esprit Tout-Puissant, Créateur de tout.

Ouvrir l'espace sacré

Servez-vous de l'invocation au début de ce chapitre. Vous pouvez faire brûler un bâtonnet de sauge ou utiliser de l'eau parfumée, si vous le désirez. Partout en Amérique, les chamans prient en diffusant de la fumée de sauge ou de l'encens avec une plume ou en dispersant quelques gouttes d'eau parfumée dans la direction appropriée, celle à laquelle ils s'adressent, ou en joignant les mains vers le ciel pour saluer chaque point cardinal. Il vous faudra donc repérer les points cardinaux, idéalement avec une boussole, mais une approximation basée sur votre connaissance du territoire peut faire l'affaire.

Commencez en vous plaçant face au sud. Propagez la fumée ou aspergez l'eau dans cette direction, puis levez les mains, paumes vers l'extérieur. Récitez la première strophe qui invoque le serpent. Répétez le processus dans chacune des directions. Touchez la Terre et regardez le Ciel quand vos prières s'adressent à eux. Pour fermer l'espace sacré, remerciez le serpent, le jaguar, le colibri et l'aigle. Relâchez leurs énergies et laissez-les réintégrer les quatre coins de la Terre. Pour vous rattacher à une énergie précise, laissez ouverte cette direction. Appelez cet archétype en vous, pour qu'il vous accompagne sur votre chemin. (Je procède en me tournant vers l'est, par exemple, et au lieu de fermer cette direction, je souffle l'esprit de cet archétype dans le chakra coronal de mon client. J'imagine l'esprit de l'aigle qui entre en lui et le renseigne sur sa vie.) À la fin, remerciez la Terre nourricière et le Père céleste.

Donner de l'expansion à votre champ d'énergie lumineux

En plus de faire appel aux points cardinaux, il existe un autre moyen puissant pour ouvrir l'espace sacré qui consiste à utiliser la lumière du huitième chakra, situé au-dessus de la tête. Le pouvoir de l'espace sacré est décuplé lorsque nous prolongeons cet orbe radieux pour y pénétrer. Le huitième chakra réside à l'intérieur du champ d'énergie lumineux, à l'extérieur du corps physique. C'est cette partie de nous qui est toujours unie à Dieu. Lorsque nous l'agrandissons tel un dôme de cristal, nous pouvons nous y installer, à l'abri de la statique du monde.

Visualisez votre huitième chakra comme un petit soleil radieux au-dessus de votre tête. Certaines personnes éprouvent une sensation soit de chaleur ou de fraîcheur quand elles sentent sa membrane. Prenez conscience de son pouls et de sa fréquence. Semble-t-il vibrer ? Décelez-vous un rythme ? Faites appel à votre imagination pour percevoir un orbe de la couleur du soleil levant. Imaginez sa luminosité miroitant sur toute surface, ondulant comme des vagues, vous baignant des prismes orangés et jaunes.

Joignez les mains sur votre poitrine. Élevez-les lentement, toujours en position de prière, jusqu'au-dessus de votre tête. Sentez le bout de vos doigts pénétrant le globe du huitième chakra. Sentez ce soleil tournoyant qui vous accueille. Très lentement, comme un paon qui fait la roue, prolongez la circonférence de cet orbe brillant pour qu'il vous enveloppe, en déployant les bras, paumes vers l'extérieur. Baissez vos bras jusqu'à ce que vos mains touchent la chaise et laissez-vous imprégner de la lumière de votre huitième chakra.

Ressentez votre être dans cette sphère lumineuse. Remarquez la tranquillité et l'immobilité qui y règnent. Prêtez attention à votre respiration. Suivez votre inspiration, puis expirez doucement. Explorez l'intérieur de cet orbe radieux avec votre conscience. Quelle impression vous donne cette membrane intérieure ? Je l'imagine comme une grosse bulle, parcourue de courants de couleurs, mais possédant sa propre luminosité, comme un soleil. C'est le vaisseau qui habite votre âme entre les incarnations. Quand vous avez exploré cet espace à votre gré, déployez les bras et ramenez lentement les mains vers le haut, comme un paon qui ferme sa roue, jusqu'à ce que le chakra ait repris sa position originelle, au-dessus de votre tête. Sentez-le briller. Joignez à nouveau les mains sur votre poitrine pour terminer l'exercice.

Il est important de toujours fermer l'espace sacré après avoir effectué votre travail. Rassemblez l'orbe lumineux de votre huitième chakra à sa position initiale, au-dessus de votre tête. Libérez l'esprit du serpent, du jaguar, du colibri et de l'aigle. Remerciez le Ciel et la Terre. En omettant de fermer l'espace sacré, vous le contaminez, comme si vous polluiez une source d'eau pure. Les animaux archétypaux ne viendront plus à vous et les forces de la nature ne répondront plus à votre appel.

Invoquez l'espace sacré avec le plus grand respect. Maintenir l'espace sacré s'apparente à maintenir la tonalité d'une seule note. Pour être pur, votre chant doit être vrai et cristallin.

En présence d'un chaman accompli ou d'un grand maître spirituel, la qualité de l'espace est différente. L'énergie est pure ; il y a du magnétisme dans l'air. En plus d'une pratique régulière, notre intention et notre amour entiers sont requis pour maintenir l'espace sacré pendant un temps acceptable. À force de persévérance, toutefois, cela devient naturel. L'espace se maintient par lui-même.

Partie III

LE TRAVAIL DU CHAMAN

Avant d'expérimenter les techniques suivantes avec des clients, il est essentiel d'avoir reçu une formation adéquate centrée sur les pratiques de guérison faisant appel au champ d'énergie lumineux. Les processus d'illumination et d'extraction exigent un degré de maîtrise qu'il n'est possible d'atteindre que par une pratique supervisée. Le processus d'illumination métabolise les énergies lourdes qui congestionnent les chakras. Il consiste à brûler les résidus toxiques et à dégager les empreintes de la maladie du champ d'énergie lumineux. J'insiste pour que mes élèves maîtrisent l'art de maintenir l'espace sacré avant de pratiquer une illumination. C'est l'équivalent du champ stérile où sont exécutées les chirurgies. Les techniques chirurgicales ne donnent rien si le champ est contaminé. L'infection s'installe et le client peut tomber gravement malade. De façon similaire, l'espace sacré crée un environnement sain, inaccessible aux énergies nocives. J'informe mes élèves que quand leur espace sacré est rompu, ils se mettent eux-mêmes en danger ainsi que leurs clients. L'espace sacré est maintenu en restant concentré sur l'intention. Voilà pourquoi il est très utile de pratiquer la méditation ou le yoga. Les gens qui méditent savent calmer leur esprit et demeurer dans la pleine conscience. Dans le cadre d'une étude menée il y a quelques années, des adeptes de la méditation zen ont été capables de maintenir l'état alpha (dans lequel les ondes du cerveau effectuent environ huit cycles à la seconde) de manière ininterrompue. Lorsqu'un bruit fort rompait le calme, leur état méditatif était brisé, mais ils revenaient en quelques secondes à l'état alpha. Par contre, quand les gens qui ne pratiquaient pas la méditation étaient distraits par le bruit, seulement certains d'entre eux arrivaient à retrouver leur calme, et ce, quelques minutes plus tard.

Le processus d'extraction vous permet d'éliminer des énergies qui se sont cristallisées et incrustées dans le corps d'une personne. Cette technique nécessite un très grand sens kinesthésique. Elle sera aussi plus facile pour les guérisseurs ayant acquis la seconde conscience, la manière de voir du chaman. Ce processus extrait les énergies ou les entités importunes qui envahissent une personne. J'ai découvert que bien des gens n'aiment pas cette idée d'énergies ou d'entités importunes. Nous préférons imaginer le monde invisible uniquement peuplé d'êtres lumineux bienveillants. J'encourage mes élèves à ne pas laisser leurs idées préconçues interférer avec leur expérience. Il peut être choquant de s'apercevoir qu'il existe des énergies et des entités dérangeantes qui peuvent nous tourmenter. Cependant, il est encourageant de savoir qu'il y a des moyens de favoriser la guérison de ceux qui les subissent. Le processus d'extraction peut accomplir en une seule séance ce qui prend des années en psychothérapie.

Nul besoin d'être un chaman pour effectuer les rites funèbres décrits dans ce livre. Sincèrement, je voudrais que vous n'ayez jamais besoin de les accomplir. Toutefois, la vérité c'est que la plupart d'entre nous devront assister un être cher à entreprendre son voyage vers le monde de l'Esprit. Étudiez ces rites pour vous familiariser avec eux. Aider un parent lors de son ultime traversée est le plus beau cadeau que vous puissiez offrir à la personne qui vous a amené en ce monde.

CHAPITRE 7
LE PROCESSUS D'ILLUMINATION

Trois jours de jeûne. J'ai trouvé la grotte presque par hasard, après avoir fouillé le sous-bois durant des heures. La pluie s'était mise à tomber lorsque j'ai aperçu le surplomb d'un rocher qui pourrait me servir d'abri. Antonio m'avait envoyé à la recherche du temple de la lune, sur l'autre versant du Machu Picchu. « Prends garde aux vipères », m'a-t-il dit en agitant la main en signe d'adieu, le sourire aux lèvres. Parfois je ne comprends pas son humour. Je n'ai pas vu le moindre serpent, mais me suis éraflé et blessé à force de jouer des pieds et des mains pour traverser le sous-bois. Il n'y a pas de sentiers ici ; seuls quelques vestiges disséminés : une marche de granite ici, une terrasse effondrée là-bas.

La grotte a la taille d'un bus d'écoliers et présente d'étonnants ouvrages de maçonnerie incas. Des dizaines de niches sculptées dans la paroi. Au fond, là où deux parois se croisent en angle, les maçons ont taillé des pierres triangulaires de plus en plus petites qui s'ajustent parfaitement les unes aux autres sans mortier. La plus petite, sur le dessus, n'est pas plus grosse qu'une boîte d'allumettes. La mousse envahit cet endroit, sec malgré tout.

Antonio avait déjà mentionné que j'étais un sarcleur, et lui, un jardinier. Il m'a chargé de toujours travailler à réparer mes fautes, extirpant mes blessures telles des mauvaises herbes. Il disait que rien de beau ne poussait dans le jardin de mon âme. Je ne savais pas comment arroser les semences de mon esprit, de la personne que je pouvais devenir. C'est pourquoi il m'a envoyé en quête de la vision, jeûner pendant cinq jours dans cette grotte. J'ai passé les deux derniers jours à désherber la grotte. Je me suis rendu compte que j'étais plutôt bon à cette tâche. Le sol est maintenant dégagé ; la terre riche et noire se compacte facilement.

Ce matin, j'ai jeté la barre chocolat qui traînait au fond de mon sac. Je l'ai déballée, j'ai mis le papier alu dans ma poche et j'ai lancé le chocolat dans la jungle. Depuis deux jours, je pensais continuellement à ce morceau de chocolat.

Antonio a raison, je suis un sarcleur et ma vie est une jungle couverte d'herbes enchevêtrées. Toutes sortes de plants y poussent naturellement. Parfois des plantes exotiques, la plupart du temps des végétaux rampants et grimpants dans lesquels je m'embrouille. Il me faut toutes mes énergies pour garder dégagé le sol sous mes pieds. Comment dois-je planter les arbres fruitiers et les fleurs avec lesquels je veux vieillir ?

Extrait du *Carnet de voyage*

*

* *

Selon la mythologie occidentale, nous vivons dans un univers prédateur où nous sommes constamment traqués par des « microbes » et des jaguars affamés. Les guérisseurs et guérisseuses, eux, croient que nous habitons un monde bénin qui ne devient prédateur que lorsque nous perdons notre équilibre. Le monde d'aujourd'hui est déséquilibré. Les peuples et les cultures sont assiégés par des microbes et des virus. Notre arsenal d'antibiotiques se révèle rapidement inefficace. Le processus d'illumination nous fait retrouver notre équilibre, un état que les chamans incas appellent *ayni*, ou relation appropriée avec les jaguars, les microbes et tout ce qui est vivant, afin que l'Univers puisse à nouveau travailler en notre faveur.

Le processus d'illumination accomplit la guérison de trois façons. Premièrement, il brûle les résidus qui adhèrent aux parois des chakras. Cela favorise la longévité et renforce la réaction immunitaire. Deuxièmement, il consume l'énergie toxique qui circule autour des empreintes physiques et émotionnelles malignes. Cette énergie toxique est le combustible qu'utilise une empreinte pour s'exprimer. Troisièmement, il dégage les empreintes du champ d'énergie lumineux. Le processus d'illumination produit la guérison à la source, au niveau de la matrice de notre être. Lorsque les empreintes sont effacées, nous pouvons facilement modifier les émotions et les comportements négatifs. Le pouvoir du système immunitaire est activé, et ainsi s'accélère la guérison physique.

Chaque empreinte du champ d'énergie lumineux est reliée à un chakra par lequel elle émet des données toxiques dans le système nerveux central. L'empreinte constitue la source, le chakra, le canal, et le système nerveux est le réseau de distribution. Chaque chakra contient une carte du paysage émotionnel et physique de notre vie. Tout comme une chaîne de montagnes peut être décrite de différentes façons – une carte aérienne, une carte en courbes montrant les diverses strates, ou une carte démographique –, les chakras renferment des cartes de notre expérience de vie, interprétées selon des perspectives variées. Dans le premier chakra se trouvent les cartes de survie ; dans le deuxième, les cartes émotionnelles, et ainsi de suite. Afin de mieux saisir un problème, je procède à une évaluation des chakras en vue de déterminer quel centre d'énergie est affaibli. Ainsi, je sais par quel chakra une empreinte du champ d'énergie lumineux informe le bien-être physique et émotionnel de la personne.

Brûler les énergies

Buckminster Fuller disait que puisque la Terre tourne autour du Soleil, des bandes de lumière solaire enveloppent les branches et le tronc des arbres. Il a expliqué que lorsque nous allumions une bûche dans un foyer, nous libérions cette lumière. Tout ce qui vit est lié à la matière par la lumière. Les baleines mangent le plancton qui se nourrit de lumière. Nous mangeons des végétaux qui se nourrissent de lumière. Les animaux que nous consommons mangent des plantes qui se nourrissent de lumière. Tout est fait de lumière, même les énergies sombres qui entravent les chakras et alimentent les empreintes. À l'instar d'une bûche qui doit être allumée pour que soit libérée sa lumière, ces énergies doivent être brûlées (ou extraites, comme nous le verrons dans le prochain chapitre). Les chamans des Andes appellent ce processus *mihuy*, ce qui veut dire « digérer » ou « consumer ».

Dans les traditions des chamans incas, il n'y a pas de « mauvaises » énergies. Il n'existe que des énergies « légères », qui soutiennent la vie, et des énergies « lourdes », qui ne peuvent être digérées. Votre champ d'énergie lumineux brûlera les énergies naturellement et automatiquement quand vous y envelopperez un client. Les résidus qui ne peuvent être consumés sont retournés à la Terre, comme les cendres d'un feu. Le processus d'illumination libère la lumière emprisonnée dans la matière. Vous ne courez aucun risque d'absorber la négativité d'un client quand vous travaillez à l'intérieur de l'espace sacré. Les légendes racontent que l'esprit du jaguar vous aide à décomposer ces énergies qui redeviennent alors lumière. La lumière dégagée par la combustion, par le *mihuy*, est réabsorbée par la personne et refait le plein de combustible dans son champ d'énergie lumineux.

Le processus d'illumination transforme les énergies lourdes en lumière. Cette métaphore signifie aussi qu'il convertit les blessures émotionnelles en une source de pouvoir et de connaissance. Dans la mythologie, c'est la voie du guérisseur blessé. Par un processus alchimique *(mihuy)*, le héros transforme ses blessures en une source de courage et de puissance. Je sais que chaque blessure émotionnelle avec laquelle un client se présente à moi contient des leçons précieuses. Une fois assimilées, le client n'a plus à revivre l'expérience douloureuse. Les blessures cessent de déterminer la réalité et s'avèrent des dons d'amour et de puissance. Ce qui autrefois était une histoire paralysante devient source de paix et de compassion. Le guérisseur peut ressentir de l'empathie envers la souffrance d'autrui, car il sait ce que c'est souffrir. N'étant plus paralysé par son passé, il s'en inspire, même si c'est difficile et douloureux. Ces expériences, une fois intégrées, adoucissent l'âme.

J'ai fait la connaissance de Gail, une psychologue de Houston, lorsqu'elle s'est inscrite à notre programme de formation de guérisseurs. Sa générosité et sa compassion m'ont immédiatement impressionné. Elle prenait toujours le temps d'aider les autres et avait un bon mot et un sourire pour tout le monde. J'ignorais qu'elle avait perdu sa fille de 24 ans, morte d'une maladie subite quelques années plus tôt. Après cette perte tragique, Gail ne quittait pratiquement plus sa maison. Elle n'avait plus le goût de vivre et mangeait très peu, seule dans sa chambre. Son mari avait tout tenté pour la sortir de son désespoir. Gail passait de nombreuses heures chaque jour dans un état contemplatif. Puis, un an après la mort de sa fille, Gail a émergé de sa torpeur. Sa dépression avait disparu. Durant cette année passée dans la solitude, elle avait pris conscience que sa destinée était d'aider le plus de gens possible. Dès lors, elle était devenue l'une des principales porte-parole du dalaï-lama aux États-Unis et avait contribué personnellement à y reloger de nombreux Tibétains.

Durant son année de deuil, Gail avait découvert le courage d'apporter sa contribution au monde. Elle avait eu une influence sur la vie d'innombrables personnes dans le monde. Elle est l'exemple d'une femme qui a affronté le deuil et en est ressortie plus forte. Non seulement elle a intégré les leçons que la vie a mises sur son chemin, mais elle a réussi à changer une tragédie personnelle en une source de force et de compassion.

Les leçons s'assimilent sur le plan énergétique. Quand les énergies toxiques d'un chakra sont consumées, les graines naturelles qu'il contient peuvent éclore. Quand la peur n'habite plus notre ventre, la compassion éclot. Quand la crainte du manque ne réside plus dans notre premier chakra, nous faisons l'expérience de l'amour abondant de l'Univers. Quand la tristesse ne loge plus dans notre troisième chakra, nous sommes en mesure de changer le monde. Notre architecture lumineuse se modifie. Quelques semaines plus tard, la compréhension intellectuelle s'ensuit. Dans notre travail, la compréhension succède toujours à la guérison. Le changement survient d'abord sur un plan essentiellement énergétique, avant d'être intégré par l'intellect. À l'opposé, en Occident, nous insistons pour que la compréhension précède la guérison. Nous commençons par ressasser et rationaliser le fait que notre mère ou notre père n'ont pas été présents sur le plan émotionnel avant d'amorcer un changement. Dans la guérison lumineuse, l'Esprit comprend, une fois que le champ d'énergie et le corps ont changé. La compréhension intellectuelle ne peut précéder une transformation véritable.

Le processus d'illumination convertit les émotions lourdes associées au traumatisme et à la maladie en une énergie vitale qui nous nourrit. Par exemple, la combustion du bois donne comme produits dérivés la chaleur et la lumière. Les énergies lourdes forment des paquets très compacts qui ne peuvent nous servir de combustible ou de force vitale. Tout comme il nous est impossible de nous réchauffer auprès d'une bûche tant qu'elle n'est pas allumée, nous ne pouvons dégager ces énergies denses tant que le processus d'illumination n'a pas libéré la lumière qu'elles contiennent.

La première étape consiste à brûler les déchets et les résidus énergétiques incrustés dans les chakras. Nous devons nettoyer chaque chakra de ces énergies de la même façon que nous nettoyons une coupure. Quand nous nous coupons, nous désinfectons cette partie de notre corps. Si nous laissons les impuretés s'accumuler, elle s'infectera et ne guérira pas. Le même phénomène se produit dans le champ d'énergie lumineux, à la différence que nous nettoyons une coupure avec de l'eau et du savon, tandis que c'est avec du feu que nous nous débarrassons des énergies obscures. Le processus d'illumination consume les énergies accumulées autour d'une empreinte – les saletés ou impuretés – et les change en lumière. Nettoyé, le chakra devient un miroir qui nous permet d'examiner le champ d'énergie lumineux afin d'y interpréter ses cartes en détail. En recourant à la seconde conscience, je peux discerner l'événement qui a causé la blessure originelle.

La guérison psychologique aide à libérer l'énergie émotionnelle coincée dans une empreinte, nous permettant ainsi de comprendre l'incident difficile qui l'a causée. Toutefois, la compréhension intellectuelle n'élimine pas l'empreinte comme telle.

Comme si vous nettoyiez la coupure sans la panser. En quelques semaines ou mois, l'énergie émotionnelle s'accumule alors à nouveau autour de l'empreinte et la réactive. Les problèmes psychologiques que nous croyons avoir réglés il y a longtemps se pointent à nouveau et les comportements destructeurs resurgissent. (Cela explique peut-être pourquoi certaines personnes sentent le besoin de poursuivre pendant des années leur thérapie basée sur la parole. Elles doivent continuellement nettoyer la blessure. D'ailleurs, récemment chez les psychologues, un intérêt s'est manifesté pour le processus de guérison chamaniste.) Une fois que le processus d'illumination a consumé les énergies entourant l'empreinte, les empreintes sous-jacentes sont effacées. Plus aucun modèle dans la matrice ne réorganise une réalité ancienne.

La transformation d'énergies émotionnelles toxiques en lumière est un bénéfice essentiel du processus d'illumination, mais la guérison ne s'arrête pas là. Après la combustion des saletés contenues dans les chakras et incrustées autour des empreintes, nous utilisons une lumière claire pour remettre à zéro l'information qui s'y trouve. Voilà pourquoi c'est un processus d'*illumination*. Quand nous illuminons les chakras, nous imprégnons l'empreinte d'une lumière pure, de l'énergie issue du soleil radieux du huitième chakra. Vous déversez dans les chakras ouverts de votre client un courant de lumière dorée. Au cours de cette phase, la personne fait souvent mention d'une sensation de paix et d'une communion profonde avec l'Esprit. C'est qu'elle a goûté à l'infini.

Le processus d'illumination peut faire surgir des souvenirs pénibles. N'oubliez pas qu'il ne s'agit pas d'un processus psychologique amenant un client à se rappeler ses traumatismes passés et à en discuter avec un thérapeute. L'illumination se passe sur le plan énergétique. Plutôt que de raconter des événements, le client ressent sa souffrance ou sa peine comme une vague d'énergie déferlant en lui. À la fin de la séance thérapeutique, il se trouve dans un état paisible, souvent euphorique. J'invite mes clients à se rappeler l'intensité émotionnelle du traumatisme qu'ils souhaitent guérir. Ils ressentent l'intensité de l'énergie, sans toutefois revivre la douleur émotionnelle de l'expérience, et parfois ne me livrent même pas tous les détails avant la fin de la séance. Lorsque je travaille avec une personne qui s'est sentie négligée durant son enfance, je lui demande d'évoquer les sentiments d'abandon ou la peine qu'elle a éprouvés à ce moment-là. Cela me permet de suivre les pistes lumineuses laissées par cet événement, de repérer le chakra affecté et de trouver la source de l'empreinte dans le champ d'énergie lumineux.

J'informe mes clients qu'ils sont toujours maîtres du processus. De temps à autre, ils peuvent éprouver de fortes émotions, avoir des crampes dans les mains ou les jambes, ou être parcourus de spasmes involontaires. Quand il leur arrive de se sentir mal à l'aise, ils n'ont qu'à ralentir le processus en croisant les bras sur leur poitrine, le droit par-dessus le gauche. (Cette technique pour interrompre le courant d'énergie se retrouve dans toutes les cultures. Les pharaons d'Égypte étaient enterrés dans cette position en guise de protection lors de leur voyage vers l'Au-delà, et même de nos jours les adeptes des arts martiaux s'en servent pour contrer un coup.) Ainsi, mes clients savent qu'ils peuvent ajuster l'intensité de l'expérience et aller aussi loin qu'ils le souhaitent, ou encore ralentir ou cesser complètement le processus.

LE PROCESSUS D'ILLUMINATION ÉTAPE PAR ÉTAPE

Le processus complet nécessite environ une heure. Nous ne pouvons travailler que sur une seule blessure et un seul chakra à la fois au cours d'une séance d'illumination. En voici les étapes :

1. Évaluation du client
2. Repérage des empreintes
3. Ouverture de l'espace sacré et invocation des directions
4. Enveloppement du client dans votre champ d'énergie lumineux
5. Pression des points d'approfondissement pendant 10 minutes
6. Ouverture du chakra affaibli
7. Pression des points de relâchement pendant 5 minutes
8. Extraction des énergies cristallisées du chakra, renvoi à la Terre
9. Invocation du jaguar qui vous aide à métaboliser les énergies lourdes
10. Illumination pour dégager l'empreinte
11. Équilibre du chakra et fermeture du champ d'énergie lumineux
12. Conclusion avec le client
13. Fermeture des directions

L'évaluation du client

J'amorce la séance en me renseignant sur la raison de la visite de mon client. En écoutant d'abord son histoire, j'ai plus de facilité à déterminer l'enjeu énergétique. Je prête une oreille attentive et nous prenons le temps nécessaire pour qu'il sente qu'il a été entendu. Souvent, je consacre toute la première heure à cette étape, en prenant garde toutefois que la séance ne dérive pas vers la psychothérapie. L'histoire m'intéresse, mais pas son analyse. J'observe avec soin le langage corporel de mon client et je remarque où ses mains s'orientent lorsqu'il décrit sa douleur ou son problème, à la recherche d'indices inconscients sur l'endroit où s'est logée cette empreinte, de même que le chakra qui y est associé.

Le repérage des empreintes

À l'école *Healing the Light Body*, nous formons nos élèves au repérage des empreintes dans le champ d'énergie lumineux par l'intermédiaire de la kinésiologie appliquée, aussi appelée épreuve musculaire. Cette technique a été élaborée par le Dr John Diamond, mais les chamans en utilisent aussi d'autres versions. Elle est couramment employée par les chiropraticiens et d'autres thérapeutes du corps pour évaluer l'alignement du squelette et des muscles. Je l'ai adaptée en fonction du repérage des empreintes dans le champ d'énergie lumineux. Jusqu'à ce que vous acquériez l'habileté de voir les champs sombres associés aux empreintes de la maladie, cette technique sera la plus pratique et la plus fiable. Effectuée convenablement, elle révèle précisément l'état des systèmes énergétiques d'une personne. Puisque c'est le corps du client qui réagit, et non son esprit rationnel, l'information obtenue est assurément précise.

Le guérisseur et le client doivent retirer les objets métalliques – bijoux, montres, etc. Le client ferme les yeux et allonge un bras, droit devant lui, parallèlement au sol. Avec deux doigts, pressez son poignet en lui indiquant d'offrir une résistance. La plupart des gens sont capables de résister à la pression en gardant le bras parallèle au sol. Ensuite, invitez votre client à penser à une personne aimée et testez à nouveau sa force. Le bras doit rester fort, puisque les êtres que nous aimons provoquent une réaction dynamique et fortifiante de la part de notre champ d'énergie. Puis demandez-lui d'évoquer quelqu'un lui inspirant de la haine ou de la crainte. Le bras devrait s'abaisser vers le sol sous la pression – donc être plus faible – puisque la peur et le jugement ont sur nous un effet débilitant. Afin de vérifier l'exactitude de la réaction musculaire, faites visualiser à votre client le dalaï-lama, le Bouddha, le Christ, la Déesse, ou ce qui représente le mieux l'amour et la compassion pour lui. À nouveau, les muscles devraient se révéler forts. La visualisation d'un *swastika*, que nous avons fini par associer aux camps nazis, devrait provoquer un affaiblissement musculaire. Finalement, demandez à votre client de répéter le mot oui. Le bras devrait bien résister, tandis qu'avec le mot non, il faiblira. Cette dernière étape est très importante pour établir un rapport entre les systèmes de représentation du client et ses processus inconscients.

À l'occasion, chez certains clients, il se produira des réactions contraires. Leur bras sera fort quand il est censé être faible et vice-versa. Dans ma pratique, cela se produit 1 fois sur 10. Les fils du système neuro-électrique de ces personnes ont été inversés. En fait, une telle inversion peut survenir chez n'importe qui, n'importe quand. Nous faisons alors de mauvaises interprétations de nombreux signaux que nous envoie le monde. Cet état est facile à inverser. Une personne peut retrouver une réaction normale en donnant de petits coups sur son thymus (situé au-dessus du sternum) du bout des doigts, en comptant jusqu'à 3, tout en visualisant l'image d'un être aimé. Cette méthode remet à zéro le système énergétique et le ramène dans la bonne polarité.

Pour repérer une empreinte, vous devez d'abord la stimuler en rappelant l'événement douloureux qui y est relié. Une empreinte qui ne se manifeste pas est très difficile à situer. Elle s'apparente à un programme informatique inactif. Une fois qu'elle est stimulée, le guérisseur est en mesure de la détecter immédiatement dans le corps lumineux, ainsi que les chakras qui y sont associés. Stimuler une empreinte, c'est comme démarrer un programme informatique. Son code est activé et il apparaît à l'écran, avec l'ensemble de ses opérations et de ses instructions. Pour activer une empreinte, le client se remémore comment il s'est senti au moment où il a été blessé. Il se replonge dans la souffrance, la tristesse, la peine ou la honte qu'il a connues. Toutefois, le souvenir strictement intellectuel ne suffit pas. Le client doit s'imprégner de l'intensité des sentiments et les expérimenter viscéralement pendant quelque temps.

Le test suivant permet au guérisseur de déterminer la présence d'une empreinte toxique. Premièrement, évaluez la force du client en lui demandant de lever un bras devant lui et de le maintenir à l'horizontale, tout en pensant à un endroit qu'il aime dans la nature. Quand vous poussez contre son poignet avec deux doigts, son bras ne devrait pas bouger. Amenez-le ensuite à se rappeler les circonstances pénibles que vous êtes en train d'évaluer. J'invite mes clients à fermer les yeux et à être très précis. Par exemple : « Dans quelle partie de votre corps ressentez-vous la honte (ou la peine) ? Où avez-vous senti le mal quand cela s'est produit ? Décrivez ce mal. » Je demande aussi parfois : « Montrez-moi par un mouvement ou une posture ce que vous avez senti. » Si la personne n'arrive pas à se souvenir de l'événement, je l'amène à se concentrer sur les sentiments qu'elle a éprouvés à l'époque. Si une empreinte est liée à ces circonstances, son bras faiblira de façon très marquée, comme si sa force physique était drainée.

John étudie à notre école *Healing the Light Body*. Un matin que je faisais la démonstration de cette technique, je l'ai invité à servir de sujet. Pendant qu'il venait devant la classe, j'ai remarqué qu'il était très musclé et marchait d'un pas assuré. Il n'allait pas laisser son bras faiblir, aussi fort que je pousserais. Quand je lui ai demandé de songer à un lieu qu'il aimait dans la nature, son bras s'est transformé en une poutre d'acier. Puis, après avoir évoqué le souvenir douloureux de son récent divorce et de sa séparation forcée d'avec son fils, son bras est devenu comme du mastic. Il m'a regardé d'un air étonné, car il n'avait pas du tout senti sa force décliner. « Vos deux doigts m'ont paru comme un poids de 100 kilos », a-t-il déclaré.

Le corps ne ment pas. Lorsqu'une empreinte est détectée par ce test, je tente de repérer le chakra qui est touché quand elle est activée. Un chakra est toujours associé à une empreinte active, puisqu'il n'existe aucun autre moyen pour elle de transmettre son information dans notre système nerveux. Par exemple, supposons que l'empreinte d'un client a été créée par un manque d'attention durant sa tendre enfance. Si je découvre que le deuxième chakra est affecté, je sais que cette empreinte pourra causer des problèmes d'estime de soi. Si la partie atteinte est située dans le front (le sixième chakra), je sais alors que l'expérience a compromis l'habileté de mon client à discerner le sens de sa vie, ou qu'il tente de résoudre un problème émotionnel par son intellect.

Le guérisseur doit immédiatement évaluer le chakra lié à l'empreinte, pendant que le champ d'énergie lumineux subit encore les ondes de choc de la douleur revécue. J'enseigne à mes élèves à placer une main au-dessus du premier chakra, à 5 centimètres de la peau, pendant que le client étend le bras horizontalement. Il s'agit ensuite de pousser contre son poignet avec l'index et le majeur de votre autre main. Cette procédure est reprise pour chacun des chakras, de la racine à la couronne. Arrêtez-vous pour respirer profondément entre chaque chakra, mais procédez promptement puisque les ondes que provoque le souvenir du traumatisme s'estompent rapidement.

Plusieurs chakras peuvent s'avérer faibles, ce qui indique que de multiples centres d'énergie sont associés à l'empreinte. L'objectif est de repérer le chakra affaibli le plus bas, car c'est là que réside la racine du problème. C'est avec ce chakra compromis que nous travaillerons plus tard durant le processus d'illumination. Une fois ce chakra purifié et l'empreinte effacée du champ d'énergie lumineux, les chakras supérieurs retrouvent eux-mêmes leur équilibre.

Nous avons tous vécu des expériences douloureuses qui n'ont laissé aucune trace dans notre champ d'énergie lumineux. Lorsque nous traitons les sentiments et les émotions dès qu'un événement traumatisant survient, aucune empreinte n'est gravée dans le corps lumineux. Lorsque nous testons de tels événements, le client se montre toujours fort. Je me rappelle avoir vu un travailleur de la construction qui avait perdu ses parents dans un accident automobile l'année précédente. Son deuil durait depuis plusieurs mois et il pleurait encore la perte de sa mère et de son père lorsque nous avons tenté de déceler la présence d'une empreinte. À notre surprise, le résultat a montré qu'il était fort, ce qui indiquait qu'aucune empreinte dans le champ d'énergie lumineux n'était associée à cette perte. Quelques semaines auparavant, il avait vu un compagnon de travail se trancher un doigt avec une scie mécanique. Il se souvenait de cet homme qui était tombé par terre et avait retrouvé son doigt dans la sciure de bois en hurlant de douleur. Cet accident avait tellement ébranlé mon client que, depuis, il était incapable de travailler avec des outils électriques. Quand je lui ai demandé de se rappeler comment il s'était senti en voyant son camarade en train de chercher son doigt par terre, sa force l'a abandonné. Cet accident s'était inscrit d'une certaine façon dans sa psyché. Après deux séances d'illumination, il a pu recommencer à se servir d'outils électriques sans devenir angoissé.

Épreuve musculaire

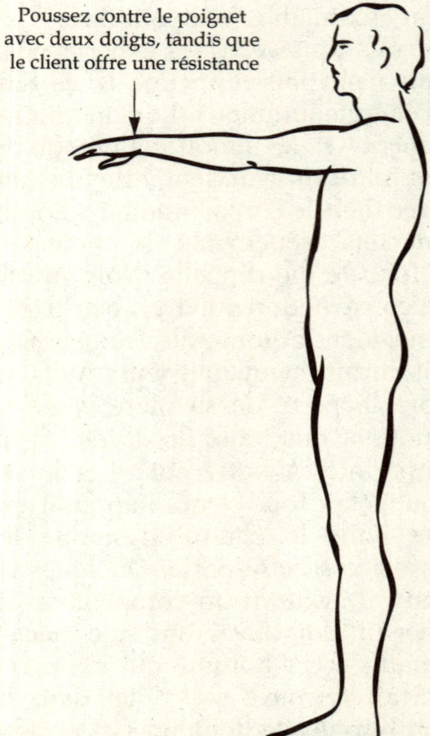

Les empreintes du champ d'énergie lumineux ne peuvent être effacées que par l'intermédiaire du chakra compromis. Elles contiennent la souffrance, la peine ou la honte que le client peut porter en lui depuis de nombreuses années. Lorsque j'accède à une empreinte par le bon chakra, son paysage émotionnel commence à se révéler et je peux repérer la blessure originelle qui l'a créée.

L'ouverture de l'espace sacré

Il est essentiel d'ouvrir l'espace sacré avant d'entreprendre le travail énergétique qui suit. Le guérisseur peut l'ouvrir au début de la journée et le fermer au départ de son dernier client. Il peut aussi ouvrir et fermer cet espace à chaque client. D'une manière ou d'une autre, le guérisseur et le client seront tous deux enveloppés en toute sécurité dans un espace protégé. Utilisez la prière suggérée au chapitre 6 jusqu'à ce que vous trouviez votre propre invocation.

L'espace physique dans lequel vous accomplissez votre travail est aussi important que l'espace énergique que vous instaurez. Dans mon bureau, j'ai des éléments spirituels calmants comme de l'encens, des pièces murales et des tapis dans des tons terreux. Deux chaises et un canapé permettent à mes clients de s'asseoir et, à une extrémité, j'ai installé une table de massage recouverte d'un drap blanc où je procède aux illuminations. Sur une table basse, j'ai créé mon propre autel : une collection de pierres et d'objets rituels offerts par mes maîtres. Cet autel est placé à un endroit discret, car une grande partie de ma clientèle est constituée de gens d'affaires qui se sentiraient mal à l'aise dans cet environnement trop « mystique ». Quoi qu'il en soit, mon lieu de travail est ma « caverne de chaman » et le décor est conçu pour que mes clients se sentent à l'aise et en sécurité. Je veux qu'ils aient l'impression de se retrouver dans un environnement apaisant, à l'extérieur de leur monde ordinaire.

Enveloppez votre client dans votre champ d'énergie lumineux

Après avoir mis en place un espace sacré qui favorise les puissances naturelles des directions et des animaux de pouvoir, créez un espace sacré intérieur en agrandissant votre champ d'énergie lumineux afin d'y inclure votre client. Lorsque vous invoquez les directions, vous instaurez un espace sacré naturel dans lequel vous avez accès aux principes organisateurs de la nature. Quand vous enveloppez votre client dans votre champ d'énergie lumineux, vous créez une sphère distinctement humaine, à l'intérieur de laquelle il vous est possible d'accéder à des sources humaines où puiser conseils et connaissances. Le premier espace nous enveloppe des énergies qui informent l'écosphère – les forces naturelles saines pour notre corps. Le huitième chakra nous enveloppe des énergies qui informent la noosphère – les êtres de lumière et les maîtres illuminés avec lesquels nous travaillons.

Quand je procède à une illumination, j'ouvre toujours les deux espaces sacrés : humain et naturel. Nous voulons être informés aussi bien par les forces qui façonnent les galaxies et les herbes que par la sagesse spirituelle qui guide notre expérience humaine. Ainsi, nous nous retrouvons dans un espace doublement sacré et mes clients ont l'impression de se reposer dans une sphère semblable à l'utérus.

Commencez en récitant l'invocation fournie au chapitre 6, puis prolongez votre huitième chakra de façon à y inclure votre client et à l'envelopper d'une couverture de lumière pour la durée de la séance. Votre client se couche sur le dos, soit par terre, soit sur une table de massage. Le guérisseur s'assoit directement derrière la tête du client. Ma table de massage s'élève à environ 45 centimètres du sol seulement, ce qui me permet de m'asseoir confortablement sur une chaise installée derrière la tête de mes clients. J'invite ceux-ci à inspirer par le nez et à expirer par la bouche, tout en laissant leur souffle trouver son propre rythme. À un moment donné, la respiration s'accélère ou ralentit d'elle-même. C'est elle qui régule la vitesse de combustion des énergies du chakra. Cela s'apparente à alimenter un feu. En ralentissant ou en accélérant sa respiration, le client peut régler l'intensité de son propre processus. Vous pouvez parfois lui demander de suivre votre respiration pour amener son souffle à trouver son rythme. Tournez alors la tête un peu d'un côté pour éviter de respirer directement sur lui.

La pression des points d'approfondissement

Logez ensuite la tête du client dans vos deux mains tout en appuyant sur les points de pression situés derrière sa tête. Ces points, appelés portail céleste en acupuncture, favorisent un état de transe légère. Ils se trouvent à la base du crâne, sous l'os occipital. Lorsque vous soutenez la tête d'un client, vos mains se placent tout naturellement à cet endroit. Posez doucement vos mains sous le crâne de votre client. Quand vous presserez ces deux points, il entrera sous peu dans un profond état de relaxation. Appliquez une pression douce et constante avec vos deux majeurs, situés à environ 2,5 centimètres de part et d'autre de la médiane du crâne. Assurez-vous que la tête du client est complètement détendue et qu'elle repose sur un oreiller ferme. Maintenez la pression pendant au moins 10 minutes. Durant cet intervalle, j'interroge mon client d'une voix douce, à peine audible, pour savoir ce qu'il éprouve. Vous devez entretenir un lien de communication afin d'obtenir de l'information sur le processus en cours. Il est possible que vous voyiez les pupilles de la personne bouger sous ses paupières. Ces mouvements oculaires rapides dénotent habituellement un état onirique. Cependant, dans le cadre du processus d'illumination, ils indiquent une légère transe où l'esprit critique de censure n'a plus d'emprise sur la conscience. Certaines personnes racontent qu'elles ont eu l'impression d'être dans un profond sommeil, où elles ont pu parler librement avec le guérisseur. Elles deviennent les témoins du processus énergétique qu'elles observent de manière détachée.

Points d'approfondissement et de relâchement

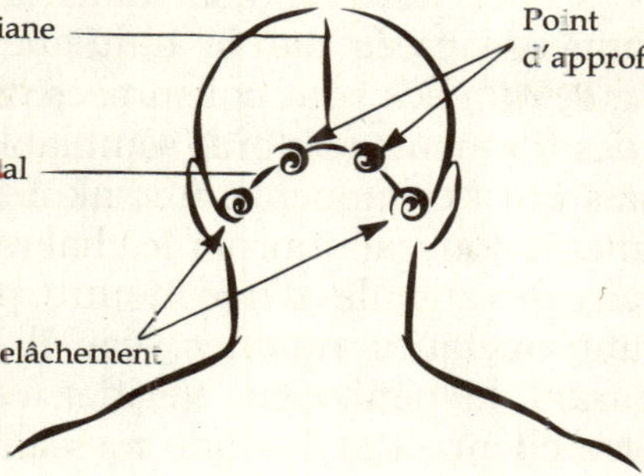

L'ouverture du chakra

Harmonisez votre respiration à celle de votre client. Après avoir exercé pendant quelques minutes une pression sur les points d'approfondissement, amenez vos mains vers le chakra compromis pour l'ouvrir. Placez une main à quelques centimètres au-dessus du chakra et sentez son énergie tourbillonnante. Tournez ensuite votre main dans le sens contraire des aiguilles d'une montre trois ou quatre fois. (J'utilise parfois une plume d'aigle pour ce faire. Cela me permet d'atteindre les chakras inférieurs sans quitter ma place, près de la tête du client.) S'il est à la portée de vos doigts, vous pouvez vous servir de ceux-ci pour ouvrir un chakra inférieur ; sinon, lâchez la tête du client et placez-vous d'un côté de son corps pour cette étape, puis retournez immédiatement à votre place, au bout de la table. Prenez soin de garder votre concentration quelle que soit la méthode.

Dès que le chakra est ouvert, le nettoyage s'amorce, éliminant les résidus et les énergies toxiques. Ces énergies s'écoulent dans la grande sphère lumineuse créée par le huitième chakra du guérisseur, où elles sont consumées. Souvent, je perçois des filaments sombres semblables à des rubans épais qui s'échappent du chakra en tournoyant. Faites à nouveau tourner le chakra dans le sens contraire des aiguilles d'une montre, plusieurs fois pendant quelques minutes, car il peut se bloquer durant le nettoyage. Vérifiez comment se sent votre client. Il arrive que mes clients me signalent un changement de température corporelle, des spasmes musculaires, des secousses spontanées, parfois semblables à des chocs électriques. C'est le signe que les énergies entourant l'empreinte sont en train de se consumer, donc de s'évacuer. Les mouvements corporels involontaires surviennent lorsque la mémoire musculaire et cellulaire est libérée. L'énergie d'une empreinte qui a été somatisée, c'est-à-dire assimilée dans le tissu du corps, ne peut être évacuée que par ces mouvements spontanés, parfois incontrôlables. Cela se produit souvent lorsque la blessure originelle a causé un traumatisme physique, par exemple dans les cas de mauvais traitements corporels, puisque les tissus du corps retiennent ce genre d'événements. Parfois, certains clients se mettent à se tortiller comme un poisson hors de l'eau et se blessent. Il est important de contrôler le rythme du processus de manière que la libération se déroule calmement, en accélérant ou en ralentissant la respiration.

Je rappelle à mes clients qu'ils peuvent ralentir ou cesser le processus à tout moment, en croisant leurs bras contre leur poitrine.

La pression des points de relâchement

Cette étape, qui doit durer 5 minutes, ne peut être omise. La pression des points de relâchement complète l'évacuation des énergies lourdes de l'empreinte et des résidus accumulés dans le chakra. Dégager l'énergie d'un chakra bloqué s'apparente au nettoyage de tuyaux. Dégager l'énergie qui entoure une empreinte s'apparente au nettoyage de la source qui fournit l'eau potable. C'est ce que vous faites quand vous exercez une pression sur les points de relâchement. Ces points se trouvent à l'arrière du crâne, à mi-chemin entre l'arrière des oreilles et la médiane de la tête. Tentez de les repérer derrière votre tête, en posant vos doigts à environ 8 centimètres de vos oreilles. Ils forment de petites bosses sur l'os occipital. En exerçant une légère pression sur ces points, un nettoyage profond se produit ; les énergies qui enveloppent l'empreinte sont délogées et consumées.

L'extraction des énergies denses

Il arrive parfois qu'une empreinte dégage des résidus tellement denses qu'ils ne peuvent se consumer aisément. Ces énergies me font l'impression de taches d'huile à l'intérieur d'un chakra. Vous pouvez réunir ces énergies lourdes avec votre main lorsque vous faites tourner le chakra dans le sens contraire des aiguilles d'une montre. Envoyez-les dans la Terre d'un mouvement vif du poignet. La Terre décompose ces énergies et leur redonne vie, tout comme elle décompose les feuilles qui deviennent du compost.

Invoquer le jaguar

J'invite l'esprit du jaguar à m'aider à métaboliser les énergies lourdes. Quand je fais appel au jaguar, je sens un gros fauve de la jungle, noir comme la nuit, qui entre dans l'espace et y consume les énergies toxiques qui sont libérées. Le jaguar est un grand dévoreur qui transforme la mort en vie. À ce stade, le client éprouve les sensations physiques les plus intenses parce que l'énergie se déplace rapidement dans tout le corps. Certains clients parlent de sensations semblables à des éclairs parcourant leur colonne vertébrale. Peu à peu, la respiration se calme, indiquant que le processus est terminé.

L'élimination de l'empreinte par l'illumination

Le guérisseur procède maintenant à l'illumination. Je sais que nous arrivons à cette étape du processus quand mon client atteint un état spontané de résolution. Vous remarquerez peut-être un changement palpable dans l'énergie. L'intensité diminue et une sensation de paix s'installe. Placez votre main au-dessus du chakra ouvert afin de vérifier s'il tourne régulièrement, sans à-coups. Puis élevez votre main droite au-dessus de votre tête, rassemblez l'énergie de votre huitième chakra et amenez-la dans le chakra ouvert de votre client. Je visualise un soleil radieux au-dessus de ma tête et je vois ma main qui puise sa lumière dorée et la déverse dans le chakra. Je répète cette étape trois fois. L'illumination efface l'empreinte et il ne reste qu'une lumière pure

L'équilibre du chakra et la fermeture du champ d'énergie lumineux

À la suite de l'illumination, ramenez vos mains à la base de l'os occipital du client et appuyez sur les points d'approfondissement pendant quelques minutes. Vous aidez ainsi le client à se relaxer pendant que le corps lumineux établit une nouvelle architecture régénérée. Durant cette phase, il peut se produire des secousses musculaires, ainsi qu'une légère baisse d'énergie. Pour équilibrer le chakra, faites-le tourner trois ou quatre fois dans le sens des aiguilles d'une montre. Fermez maintenant votre champ d'énergie lumineux en le resserrant jusqu'à ce qu'il forme un orbe lumineux surplombant votre tête.

En expansion, le champ d'énergie lumineux est la chambre de combustion où sont brûlées les énergies lourdes. Quand vous le refermez, vous réduisez l'intensité de ces feux et les contenez à l'intérieur du huitième chakra, où ils deviennent lumière pure. J'ai déjà vu des guérisseurs qui négligeaient de fermer leur champ après une illumination et qui absorbaient alors les énergies toxiques de leur client et tombaient malades.

La conclusion avec le client

Lorsqu'il est prêt, invitez votre client à partager son expérience s'il le désire. Le processus d'illumination est une expérience personnelle à chacun. Certaines personnes font mention de sensations exclusivement physiques, par exemple des spasmes musculaires, une énergie circulant dans leurs jambes, ou encore un chatouillement aux extrémités. D'autres sont plus sensibles à l'imagerie qui apparaît spontanément en cours de processus. D'autres encore rapportent un état de relaxation profonde ou de sommeil.

Le processus d'illumination guérit aussi bien les états physiques que psychologiques. Lorsque les énergies toxiques sont dégagées de l'empreinte, la réaction immunitaire du corps est débloquée et la guérison physique est accélérée. Les états psychologiques sont vidés de leur énergie lorsque leurs empreintes ne sont plus actives. Bien souvent, la guérison est presque spontanée.

La fermeture des directions

Lorsque nous ouvrons l'espace sacré, nous créons un microcosme incluant les mondes visible et invisible. C'est ainsi que les forces qui assurent la subsistance des jonquilles et des bras spiraux des galaxies y sont présentes. Quand nous fermons l'espace sacré, nous libérons ces forces naturelles et les animaux de pouvoir archétypaux afin qu'ils reprennent leur état indifférencié. Pour fermer l'espace sacré, vous faites face à chacune des directions, en commençant par le sud et en suivant le sens des aiguilles d'une montre, et remerciez chacun des animaux archétypaux de vous avoir accompagné. Remerciez aussi le Ciel et la Terre. Si vous le voulez, répandez de l'eau parfumée ou de la fumée de sauge. Lorsqu'un chaman croit qu'un animal de pouvoir doit accompagner un client jusque chez lui, il laisse cette direction ouverte et demande à cet archétype de soigner et de guérir cette personne.

CHAPITRE 8
LE PROCESSUS D'EXTRACTION

Il s'est plié en deux et est tombé juste devant ses objets de rituel. J'assistais d'autres personnes dans notre groupe. Elles entreprenaient leur quête de vision à Amaru Machay, une caverne d'initiation décorée de gravures de serpents et de jaguars. Il était 23 heures lorsque j'ai entendu Eduardo appeler faiblement. Quand je suis arrivé à lui, sa bouche écumait. J'ai cru qu'il faisait une crise d'épilepsie.

« Ils m'ont eu, compadre *», a-t-il murmuré avec peine. Il suait abondamment, malgré la nuit fraîche. Il m'a appris qu'il avait été frappé par la magie noire en pleine cérémonie. J'ai senti des frissons dans mon dos. Eduardo est un chaman réputé de la côte nord du Pérou. Je le connais depuis des années et je connais aussi son pouvoir. Comment pouvait-on réussir à attaquer cet homme ? Je sais que bien des gens envient l'attention que lui accordent les médias péruviens. Même le président du pays l'a consulté.*

« J'ai été poignardé », a-t-il dit. Il me montrait qu'une épée avait transpercé son épaule, atteignant

presque son cœur. Je ne voyais rien. J'ai saisi sur son autel la bouteille d'essences florales et m'en suis empli la bouche. J'ai ensuite posé mes lèvres sur son épaule. Un goût métallique dominait dans ma bouche. Je me suis mis à aspirer cet objet, une nausée m'envahissant. Soudain l'objet similaire à un poignard s'est détaché et a pénétré dans ma bouche. Je l'ai senti descendre le long de ma trachée et dans mon estomac. J'ai été pris de haut-le-cœur incontrôlables et j'ai vomi jusqu'à m'en vider les entrailles.

Eduardo s'est assis, reprenant ses esprits. « Merci, compadre, *a-t-il dit. Tu m'as sauvé la vie. »*

Voilà deux jours que cet incident s'est produit et j'ai encore mal à l'estomac. C'est bien la dernière fois que je procède à une extraction par aspiration.

Extrait du *Carnet de voyage*

*

* *

Cela n'aurait pu arriver qu'au Brésil. Quel mélange éclectique d'Indiens, d'Européens et d'Africains – toutes les teintes de peau imaginables. Une réunion d'affaires internationale avait lieu à l'hôtel voisin du nôtre. À la plage ce soir-là, il m'est apparu qu'un changement s'était opéré quelque part. À une extrémité se tenaient les Brésiliens, aux corps gracieux et bien formés, qui semblaient flotter au-dessus de la plage d'Ipanema. À l'autre bout, les pâles congressistes bedonnants étaient étendus tels des morses échoués, avec à la main des boissons exotiques ornées de petits parasols.

Au Brésil, vous pouvez être tout ce que vous voulez – même un médecin initié aux traditions afro-brésiliennes. Hier soir, j'ai amené mon groupe chez ce médecin qui gère une équipe de médiums très compétents, des experts en repérage capables d'incorporer une vie antérieure d'une personne en vue de la guérir. Quelques minutes après qu'Esther, une femme de mon groupe, se fut allongée, l'un des médiums a commencé à sangloter et à geindre, disant d'une voix enfantine : « Ne me touche pas. S'il te plaît, ne me touche plus. »

La sœur d'Esther m'a regardé d'un air hébété. Elle ne comprenait pas ce qui se passait. Puis un autre médium est entré en transe et a déclaré qu'il était le frère défunt d'Esther. Il s'est tourné vers elle et lui a dit qu'il ne pouvait trouver la paix tant qu'elle ne lui aurait pas pardonné. Il lui a présenté ses excuses pour l'avoir blessée et agressée quand elle était une petite fille. J'ai interrogé la sœur d'Esther pour en savoir davantage. Stupéfaite, elle m'a expliqué que leur frère, décédé l'an dernier, avait à maintes reprises agressé Esther sexuellement quand elle était jeune.

Esther s'est assise et s'est mise à réconforter le médium qui pleurait comme un enfant, tout en conversant avec son frère défunt. Le frère a déclaré qu'il souffrait et qu'il était désolé de l'avoir blessée. La conversation a duré près de 20 minutes. À la fin, Esther a déclaré : « Je te pardonne. Va en paix. Je t'aime. » À cet instant précis, les deux médiums ont émergé de leur transe et se sont assis comme si rien ne s'était passé. Ils ne se souvenaient plus de rien. L'un d'eux avait incorporé l'esprit d'Esther enfant, tandis que l'autre avait incorporé l'esprit du frère disparu qui survolait tout autour d'Esther depuis sa mort, recherchant le pardon. Tout bonnement au Brésil.

Extrait du *Carnet de voyage*

*

* *

Le dicton qui affirme que l'humain n'est pas une île est vrai. En tant que membre du grand ensemble qu'est le monde, nous sommes tous reliés les uns aux autres. Nous savons que l'élément électromagnétique du champ d'énergie lumineux se prolonge à partir du corps à la vitesse de la lumière. Le champ d'énergie d'une personne chevauche celui de tous les autres êtres. Imaginez que vous jetez un caillou dans une mare calme et que vous voyez les ondes qui se propagent vers l'extérieur à partir du centre. Imaginez maintenant que vous jetez un autre caillou dans cette mare. Les ondes créées par les deux cailloux se chevauchent avant de s'entrecroiser, en formant les mêmes modèles d'interférence dans l'eau que notre champ d'énergie dans l'espace. Nous interagissons les uns avec les autres sur le plan énergétique en tout temps.

L'extraction des énergies cristallisées

Même si le processus d'illumination brûle la plupart des énergies du champ lumineux, certains résidus toxiques peuvent se cristalliser et devenir pratiquement des objets matériels, impossibles à métaboliser. Ils deviennent comme du bois agatisé, ininflammable. Ces énergies cristallisées s'incorporent elles-mêmes dans le corps physique, adoptant des formes comme un poignard, une flèche, une lance et une épée. Les chamans d'Amazonie croient que les énergies cristallisées résultent de la magie noire ou de la sorcellerie. J'ai découvert qu'elles pouvaient être causées par la colère, l'envie ou la haine dirigées contre nous. Ce sont aussi parfois des restes énergétiques – des souvenirs de la façon dont nous sommes morts, avons été blessés ou tués dans une vie antérieure.

Évidemment, notre famille, nos amis et nos associés – les gens les plus près de nous – sont les plus à même d'apporter de la joie ou de la souffrance dans notre vie. Ils possèdent un accès direct à nos personnalités les plus intimes qui nous rend vulnérables à leur trahison, à leur colère ou à leur jalousie. Une pensée négative émise par un ancien conjoint, une ancienne conjointe, peut pénétrer dans notre corps lumineux tel un poignard. Dès qu'elles sont en nous, ces énergies se propagent dans le champ d'énergie lumineux. Notre système les reconnaît comme intruses et généralement les éradique de la même façon que notre système immunitaire élimine les bactéries étrangères. Toutefois, lorsque nous sommes continuellement assaillis par la négativité, les systèmes de défense du corps lumineux peuvent devenir surchargés. L'énergie négative dirigée contre nous peut alors se cristalliser et s'incruster dans le corps physique. Ce phénomène se produit en quelques semaines ou mois. Ces énergies ne nous appartiennent pas et puisqu'elles sont devenues pratiquement matérielles, elles doivent être extraites manuellement.

L'extraction ne doit avoir lieu qu'à la suite de la purification du champ d'énergie lumineux par une illumination.

J'ai été témoin d'une version du processus d'extraction dans une région en amont de l'Amazone, où j'étudiais avec une chaman de la jungle. Ce soir-là, elle avait comme client un commerçant qui était un personnage influent d'une ville voisine. Il avait voyagé pendant trois jours dans la forêt tropicale pour venir consulter cette guérisseuse. Il s'est plaint d'une léthargie, présente depuis trois mois, de problèmes digestifs récurrents et d'une perte d'appétit. De plus, sa relation avec sa famille s'était détériorée et son épouse menaçait de le quitter.

La chaman l'a invité à s'étendre. Elle a invoqué les quatre directions et a bourré sa pipe rituelle d'un tabac appelé *huaman sayre*, couramment employé dans cette région pour les quêtes visionnaires. Elle a gratté une allumette, l'a amenée au fourneau de sa pipe, a inhalé profondément, puis a offert une prière à la Terre Mère, suivie d'une autre destinée au Père céleste. Elle a soufflé de la fumée sur toute la forme étendue, en scrutant son champ d'énergie lumineux à travers le nuage bleuté. De temps à autre, elle passait une main au-dessus du corps. Finalement, elle lui a dit de s'asseoir. La guérisseuse a diagnostiqué un cas de *daño*, ou magie noire causée par l'envie.

Ensuite, elle a pris la tête de l'homme entre ses mains. Elle a chanté doucement et a purifié son champ d'énergie lumineux en y portant de petits coups avec un éventail fait avec des feuilles de palmier. Durant tout ce temps, l'homme se plaignait d'une douleur au-dessus de son abdomen. La chaman a fait remarquer de manière terre-à-terre qu'une lance était enfoncée dans son flanc. Un homme qu'il avait aidé était en train de le trahir, lui a-t-elle révélé. Il abusait de sa bonté et fréquentait son épouse durant ses voyages. Elle s'est ensuite baissée au niveau de son ventre, a saisi entre ses mains un manche invisible sur lequel elle s'est mise à tirer. L'une de ses mains était fermement posée contre le ventre de l'homme et de l'autre, elle retirait la lance invisible en la tournant dans tous les sens afin de la déloger délicatement. L'homme geignait et disait qu'il avait l'impression qu'on lui retirait un pic de l'abdomen. À la fin du traitement, couché sur l'herbe, il était épuisé. La chaman a continué de lui offrir ses conseils, lui signalant qu'il était important de rester généreux sans toutefois se montrer insensé. La lance qu'elle avait extirpée de son abdomen venait du fait que l'autre homme était jaloux de son succès.

Quand j'ai demandé à la chaman pourquoi elle avait procédé à une purification de l'énergie avant l'extraction, elle m'a expliqué que les énergies lourdes accumulées autour de la lance devaient être consumées avant que celle-ci puisse être retirée. Même si ces énergies n'étaient pas aussi solides que le manche, elles le maintenaient quand même fermement en place, comme de la terre compactée autour d'un pieu planté dans le sol. La femme-médecine aurait pu effectuer une extraction par aspiration, fréquemment pratiquée dans la région amazonienne, mais cela aurait été dangereux car elle aurait pu avaler accidentellement cette énergie et tomber malade. Il est plus prudent d'effectuer le processus en deux étapes : illumination et extraction.

Au début, je pensais que les chamans de l'Amazonie percevaient des poignards, des lances et des flèches chez leurs clients parce qu'il s'agissait d'objets de leur vie quotidienne. Revenu chez moi, je m'attendais à trouver dans le champ d'énergie lumineux de mes clients des objets qui s'apparentaient plus ou moins à des symboles de la vie moderne, par exemple, des fusils et des balles. J'ai été surpris de découvrir exactement les mêmes symboles décrits par les guérisseurs de la jungle. Pour moi, cela n'avait pas de sens, jusqu'à ce que je comprenne que le système limbique du cerveau avait évolué des milliers d'années auparavant, à une époque où nos ancêtres chassaient le gibier et s'entretuaient avec des couteaux et des lances. Ce répertoire d'images émanant de l'ancienne structure du cerveau n'avait pas changé.

Le cerveau limbique ne distingue pas le sens symbolique du sens littéral. Quand nous sommes victimes d'une trahison, nous disons avoir été « poignardés dans le dos » puisque symboliquement c'est ce qui nous est arrivé. De tels actes et les émotions intenses qui les accompagnent font émerger des mares d'énergie stagnante dans le champ d'énergie lumineux. Plus une personne tarde à se remettre d'une trahison, plus l'énergie dispose de temps pour se cristalliser. Finalement, elle finit par prendre la forme d'un poignard planté dans le dos, puisque notre cerveau limbique la perçoit ainsi. Quand nous souffrons d'un chagrin poignant, ces énergies peuvent se transformer en une barre de métal qui nous serre le cœur ou en une cage d'acier où nos sentiments sont emprisonnés. Similairement, une agression sexuelle vécue durant l'enfance peut apparaître sous forme d'une flèche ou d'une tige transperçant le bas du ventre, perforant le chakra où résident la sexualité et l'estime de soi. J'ai déjà découvert un nœud d'énergie autour du cou d'une cliente qui s'était sentie étouffée à cause de son mariage violent.

Il est essentiel de garder l'esprit ouvert lors de ce travail. Lorsque je détecte un objet cylindrique dense dans le corps d'un client, je ne pense pas immédiatement : *Voilà une lance !* Je prête plutôt attention à mes sensations et je note : *Chaud, cylindrique, long, rigide,* etc. J'en conclus que l'objet doit être un couteau, seulement une fois que je l'ai extrait et vu qu'en effet il comportait un manche et une lame tranchante. J'encourage mes élèves à éviter de nommer ce qu'ils sentent, puisqu'il s'agit d'un acte rationnel qui nous sépare de l'expérience. Je les mets en garde de ne pas extraire les énergies cristallisées tant qu'ils n'ont pas maîtrisé le processus d'illumination. À l'école *Healing the Light Body,* les élèves apprennent comment acquérir un bon sens kinesthésique afin de bien repérer les énergies cristallisées. Au début, il est facile de confondre les énergies denses accumulées autour d'une empreinte avec une énergie incrustée.

Les énergies cristallisées des vies antérieures

Dans le cadre de mon travail avec les guérisseurs, j'ai appris que les énergies cristallisées dans le corps proviennent souvent de vies antérieures. Elles sont en nous depuis si longtemps qu'elles se sont incrustées dans notre tissu organique. Lors d'une extraction, les clients décrivent spontanément des images de différentes époques : le champ de bataille où ils sont morts, abandonnés, leur maison incendiée ou encore des parents assassinés.

Patricia était une brillante avocate à Chicago à l'époque où elle est venue me consulter. Elle approchait la cinquantaine et ses relations amoureuses n'avaient jamais duré plus de quatre mois. Elle avait suivi pendant quelque temps un programme de traitement concernant l'obsession sexuelle. « J'utilise les hommes comme des papiers-mouchoirs », m'a-t-elle dit lors de notre première rencontre. Elle m'a révélé que son intérêt pour la personne tombait après une relation sexuelle. Elle n'arrivait pas à passer une nuit entière avec un amant et le mettait donc à la porte une fois les ébats terminés. Au cours des mois précédents, elle avait connu plus d'une dizaine d'hommes, mais leur avait tous trouvé un défaut quelconque et les avait laissés tomber. Sa thérapeute, qui n'avait constaté aucune amélioration chez Patricia, lui avait recommandé de venir me voir.

Durant le processus d'illumination, je me suis demandé s'il ne s'agissait pas d'un cas d'énergie cristallisé. Lorsque j'ai examiné son champ d'énergie lumineux, j'ai senti un certain nombre d'objets étroits semblables à des tiges émergeant de son cœur, comme des piquants de porc-épic. En scrutant attentivement, j'ai senti que son cœur était comme une pelote d'épingles. Je suis retourné aux points de relâchement, à la base de son crâne, et j'ai exercé une légère pression. Quand ces points sont activés, ils révèlent le paysage entier d'un chakra, incluant toutes ses histoires et les acteurs en cause.

Quand j'ai ramené mes mains à sa poitrine, j'ai de nouveau perçu de nombreux piquants froids et métalliques, jaillissant de son cœur. Quand je touche ces énergies cristallisées, leurs souvenirs sont activés. J'ai saisi l'une des épines et Patricia a mentionné l'image d'un jeune homme à la fin de l'adolescence, qui habitait la forêt humide. Il faisait partie d'un groupe d'Autochtones pacifiques vivant de la pêche et de la cueillette des fruits abondants. Elle a aperçu des hommes rassemblés dans une clairière, où sa famille avait installé son campement. Toutes les huttes avaient été incendiées et il se dégageait une odeur infecte de chair calcinée. Patricia a alors adopté la perspective du jeune homme. En s'approchant, il a constaté que les hommes agressaient sa sœur plus jeune. Il a tiré une flèche de son arc. La flèche a atteint le violeur au cou. Immédiatement, les autres hommes l'ont pourchassé et attrapé. Patricia décrivait cette scène avec maints détails, comme un film se déroulant sous ses yeux. Elle a vu la bande de brutes qui avait tué la famille du garçon, maintenant en train de le violer. Il a ensuite été attaché à un arbre, condamné à mourir de faim. Patricia éprouvait la rage et le dégoût qu'avait ressentis le jeune homme. Elle entretenait cette même rage contre les hommes qu'elle utilisait sexuellement. Les piquants de porc-épic que j'avais détectés constituaient son système de défense qui l'empêchait de se lier intimement avec qui que ce soit.

Pendant que je retirais ces « épines », Patricia pleurait et frappait furieusement le sol avec son poing. J'ai alors procédé à une illumination afin de modifier les affinités qui attiraient de telles énergies. Lorsque nous avons discuté des images qu'elle avait vues durant le processus de guérison, Patricia m'a dit qu'elle avait eu l'impression d'avoir été ce jeune homme et que cette expérience l'avait dégoûtée des hommes en général. Il est difficile d'affirmer avec certitude que ces images d'un jeune homme violé par une bande de brutes proviennent vraiment d'une des vies antérieures de Patricia. Qu'il s'agisse d'une incarnation précédente ou d'une métaphore de sa vie actuelle importe peu. Cette histoire vivait en elle et influençait sa vie. Des dizaines d'interprétations psychologiques peuvent s'appliquer à ces images. Cependant, ces explications n'altèrent aucunement les bénéfices réels que Patricia a obtenus de cette guérison. Peu de temps après, elle s'est mise à fréquenter un homme régulièrement. Sa période de promiscuité était terminée. Quelques mois plus tard, sa thérapeute m'a téléphoné pour m'annoncer que Patricia comprenait de mieux en mieux sa dynamique complexe avec l'intimité.

L'un de mes exemples favoris montrant l'efficacité du processus d'extraction est justement le mien. Je jouais sur la plage avec mon fils âgé de 9 ans. Je venais tout juste de le soulever pour le poser sur mes épaules lorsqu'une vague nous a renversés. Il a atterri sur mon bras à l'envers et je me suis déchiré la coiffe des rotateurs de l'épaule droite. Le mal m'empêchait de lever mon bras droit au-dessus de ma tête. Six mois de physiothérapie n'ont rien donné et mon médecin m'a suggéré une chirurgie.

En enseignant le processus d'extraction dans le cadre de notre programme à l'école *Healing the Light Body*, il m'est venu à l'esprit qu'il pourrait être profitable à mon épaule. J'ai demandé à un membre chevronné du corps enseignant, le Dr Richard Jones, d'examiner mon épaule pour y déceler de l'énergie cristallisée. Richard a scruté mon champ d'énergie lumineux et m'a informé qu'il sentait un objet saillant de mon aisselle, une pièce métallique qui se prolongeait sur environ 10 centimètres. Il m'a enveloppé dans son champ d'énergie lumineux et a effectué une illumination au cours de laquelle il m'a demandé de m'asseoir pour qu'il puisse extraire la pièce de métal. Pendant qu'il tournait l'objet, j'ai senti une douleur qui irradiait jusqu'au bout de mes doigts et d'un côté de mon cou. J'avais l'impression qu'une lame de couteau remuait dans mon omoplate. J'ai suivi la douleur qui se répandait à l'intérieur de mon épaule. Richard a mis près de 5 minutes pour extraire l'objet incrusté en forme de poignard, muni d'un manche triangulaire.

Ma coiffe de rotateurs a guéri en un mois et mon épaule a récupéré sa mobilité d'avant. Durant le processus, aucun indice ni aucune image ne m'est venu quant à l'origine de cette énergie. Richard croyait qu'il s'agissait d'une ancienne blessure associée à une perte, mais il ne pouvait me fournir d'autres détails. J'étais persuadé que c'était un résidu énergétique provenant d'une extraction par aspiration que j'avais effectuée sur don Eduardo quelques années auparavant. Richard m'a encouragé à demeurer ouvert à d'autres interprétations qui pourraient surgir plus tard. J'avais identifié le thème de la perte dans ma vie, mais je n'arrivais pas à le relier à un traumatisme actuel ou passé. Souvent une personne ne perçoit aucune image ni aucun souvenir durant le processus d'extraction, mais ceux-ci se manifestent quelques jours ou semaines plus tard dans des rêves ou lors de contemplations. J'ai continué à jongler avec l'idée de perte. Même si Richard est psychologue clinicien, il ne m'a pas pressé de donner un sens à mon expérience ni à y rattacher une histoire de traumatisme passé. Au bout d'un certain temps, l'histoire s'est révélée par elle-même sous forme d'un rêve. Je montais à cheval dans une forêt sombre. Plus je m'éloignais, plus la forêt s'assombrissait. Et la piste se rétrécissait, jusqu'à ce que les branches bloquent le passage complètement. L'espace était insuffisant pour que je puisse faire tourner le cheval et je ne pouvais plus avancer. C'est alors qu'une grande dame vêtue d'une tunique bleue est apparue. Elle a pris les rênes et m'a dit que je devais rentrer chez moi à pied. Quand j'ai tenté de sauter par terre, je me suis rendu compte que j'avais perdu l'usage de mon bras droit, qui pendait mollement le long de mon corps. Il a fallu que la dame m'aide à descendre du cheval, et elle m'a reconduit hors de la forêt tandis que je m'appuyais contre elle. À mon réveil, j'ai compris que le rêve m'indiquait que je devais intégrer un élément féminin manquant dans ma vie. Je ne pouvais compter sur mon bras droit, le côté masculin, pour revenir à la maison en toute sécurité. Lorsque j'ai raconté ce rêve à Richard, il a jugé que mon interprétation paraissait sensée. Il ne m'a pas imposé son analyse. Dans notre travail, c'est le client qui découvre les histoires qui amènent sa guérison.

L'extraction des énergies cristallisées dans le corps physique

La technique suivante sert à extraire les énergies qui se sont cristallisées dans le corps physique. Le processus d'extraction comprend plusieurs étapes qui incluent l'examen du champ d'énergie lumineux, le repérage et l'extraction de l'énergie cristallisée. Effectuez toujours l'extraction pendant une illumination. À moins qu'elle ne se trouve sur la couche la plus à l'extérieur du champ d'énergie lumineux, l'énergie cristallisée peut être difficile à percevoir. Lors d'une illumination, le paysage énergétique d'un chakra se révèle et les énergies cristallisées, à tous les niveaux du champ lumineux, se repèrent facilement. De plus, le processus d'illumination consume les énergies qui s'accumulent autour de la cristallisation et l'ancrent dans le corps. L'illumination équivaut à enlever la saleté dans une blessure avant de retirer les éclats de verre coincés dans la peau.

Initialement, les énergies négatives sont attirées vers nous parce qu'elles ont une affinité avec nous. Nous possédons des sites récepteurs pour elles, tout comme il y a dans le cerveau des sites récepteurs pour certains agents chimiques. Nous attirons ces énergies vers nous tout comme nous attirons certains types de personnes. Toute forme d'énergie a une fréquence et une vibration. La colère peut pénétrer notre champ d'énergie lumineux seulement lorsque la vibration de la colère nous habite, de même que la haine ne nous touche que quand la haine de soi est présente. Une situation courante où de l'énergie négative est dirigée vers vous – un divorce, une querelle amère ou une grande déception – peut donner lieu à une affinité. En conséquence, il n'est pas suffisant d'extraire les énergies cristallisées qui affligent votre client. Ces affinités doivent être modifiées, c'est-à-dire que la haine de soi ou la colère doivent être guéries, afin d'éviter que des énergies similaires ne soient à nouveau attirées vers lui. Le processus d'illumination guérit les affinités d'une personne avec ces énergies en nettoyant le chakra et en accélérant la fréquence à laquelle il tourne. À mesure qu'augmente le rythme de vibration d'un chakra, nous commençons à attirer une énergie pure, saine et bénéfique.

Après avoir procédé à une illumination, mais avant de fermer le chakra, le guérisseur effectue l'extraction. Ce processus en cinq étapes prend environ 20 minutes à réaliser.

1. Examen du champ d'énergie lumineux
2. Démêlage de l'énergie lourde
3. Pression des points de relâchement
4. Extraction de l'objet
5. Illumination du chakra

L'examen du champ d'énergie lumineux

Passez votre main à quelques centimètres au-dessus du corps du client, comme si vous caressiez son champ d'énergie ; procédez lentement en cherchant à détecter les sensations de chaud ou de froid. Les variations de températures indiquent souvent la présence d'une énergie cristallisée. Quand vous décelez une forme, enveloppez-la avec votre main et efforcez-vous d'obtenir une impression. Cela ressemble-t-il à du métal, du bois ou de la pierre ? Évitez de nommer ce que vous sentez ; restez plutôt au niveau des sensations.

Le démêlage de l'énergie lourde

Démêlez ensuite l'énergie lourde à la base de l'objet en la ramassant avec le bout de vos doigts et en la rejetant ensuite dans la Terre. L'objet coincé commence ainsi à se desserrer.

La pression des points de relâchement

Appliquez une pression sur les points de relâchement à l'arrière du crâne afin d'enclencher le rejet de toutes les énergies toxiques encore présentes dans le chakra. Il est possible que le lien ne soit pas linéaire entre le site de l'énergie cristallisée et le chakra compromis. Vous pouvez très bien trouver une énergie enfoncée dans les pieds, reliée au chakra du cœur.

L'extraction de l'objet

Maniez l'objet délicatement de gauche à droite et tournez-le afin de le dégager. Invitez le client à porter son attention sur le site en question et à sentir vos actions. Demandez-lui : « Est-ce que je vais trop vite ? Trop lentement ? Est-ce douloureux ? » Vous pouvez aussi lui demander de décrire les images perçues.

L'illumination du chakra

Illuminez le chakra en l'imprégnant de lumière pure afin d'accroître son rythme de vibration et de modifier l'affinité. Finalement, fermez le chakra et concluez le processus avec votre client.

Il est important de sentir avec vos mains durant le processus d'extraction. Même si je suis surtout une personne visuelle et que je vois ces énergies cristallisées, j'examine soigneusement le champ d'énergie lumineux de mes clients avec mes mains. Imaginez que votre sens tactile devient si aigu que vous percevez les courants d'énergie qui circulent dans le corps lumineux. N'oubliez pas que la peau est notre plus grand organe sensoriel. À mesure que mes élèves acquièrent leurs habiletés, leur sens tactile se raffine. Je leur enseigne à faire confiance à leur sens peu usité. Bon nombre d'entre eux disent être incapables de voir les énergies mais possèdent une grande aptitude tactile. Le toucher n'est pas censuré. Ce que nous sentons est privé, intime et intrinsèque à chacun de nous. C'est ce qui nous permet de repérer précisément les énergies cristallisées.

Les énergies et les entités importunes

Une énergie cristallisée s'incruste dans le corps. Une entité importune s'incruste dans le système nerveux central. Les énergies et les entités importunes ne peuvent être extraites à l'aide de la méthode décrite ci-dessus appliquée à l'énergie cristallisée, puisqu'elles sont fluides et se déplacent à l'intérieur du corps. C'est comme essayer de saisir de l'eau. Il n'existe tout simplement aucun moyen de l'attraper. De nombreux problèmes physiques et psychologiques sont causés ou exacerbés par les entités importunes. Souvent elles donnent lieu à l'anxiété, à la dépression, à des dépendances, à des changements d'humeur et deviennent un foyer pour d'autres symptômes. La présence d'une entité importune est évidente chez un client qui présente un ensemble de symptômes psychologiques changeants défiant tout diagnostic. Dès que cette entité importune est libérée, le client est plus à même de changer son comportement et expérimente parfois une guérison spontanée.

Les entités importunes sont des esprits désincarnés coincés entre ce monde et le prochain. Parfois, il s'agit de l'une de nos vies antérieures qui a été éveillée de notre inconscient et qui veut vivre à nouveau, luttant ainsi avec notre identité actuelle afin d'avoir accès à notre système nerveux central. Les entités importunes s'attachent à un chakra et c'est par lui qu'elles se relient au système nerveux central, où elles entretiennent une relation parasite avec leur hôte. Ce sont les « voyous » suceurs d'énergie du monde de l'Esprit.

Les énergies importunes sont liquides. Elles coulent dans le champ d'énergie lumineux comme un courant ondulatoire sombre. Elles circulent d'un chakra à l'autre, parcourant notre système nerveux. Les entités importunes se fixent au chakra spécifique par lequel elles se nourrissent. Souvent une énergie importune est tellement puissante qu'elle semble avoir sa propre personnalité ; ainsi, nous croyons qu'il s'agit d'une entité. Parfois, une entité paraît si faible que vous avez l'impression d'avoir seulement affaire à une énergie importune. Quand une personne ouverte sur le plan spirituel perd son équilibre émotionnel, elle devient une cible facile pour les entités importunes parasites. Ces êtres désincarnés sont attirés par les gens inconscients sur le plan spirituel, tels des papillons de nuit attirés par une flamme. Aucune thérapie basée sur la parole n'est efficace pour résoudre une telle situation. Toutefois, le processus de guérison s'accélère lorsque ces énergies sont extraites.

Toute énergie, même la plus élémentaire et la plus primitive, est dotée d'une conscience. Voilà pourquoi une énergie importune peut sembler avoir une personnalité humaine. Un guérisseur qui se met à son écoute peut sentir la colère, la haine ou l'envie appartenant à la personne qui a dirigé ses pensées contre son client. Parfois, je ne perçois la différence que lorsque je libère cette énergie par le feu, moyen par lequel nous purifions nos cristaux d'extraction. Une énergie importune se dissout et retourne à la nature puisqu'elle n'a pas de champ d'énergie lumineux qui puisse la contenir. Elle est assimilée dans les arbres, les pierres et la Terre, où elle est décomposée. Une entité importune est amenée au monde de l'Esprit par des guérisseurs lumineux. Ces êtres aident les âmes confuses à réintégrer leur conscience et à retourner vers la lumière.

Les entités importunes sont plus courantes que nous ne voudrions le croire. Elles peuvent se présenter en deux types : l'une de nos identités antérieures (une vie antérieure qui surgit du subconscient), ou un être désincarné ayant pénétré notre champ d'énergie lumineux. L'entité peut être un membre de notre famille ou un ami défunt qui vient demander notre aide. Quand une personne meurt subitement, lors d'un accident ou sous l'effet de narcotiques dans un hôpital, souvent elle se perd entre ce monde et le suivant. Elle est prisonnière d'un cauchemar duquel elle ne peut s'éveiller. Elle ne sait pas qu'elle est morte et vient trouver du réconfort auprès de nous. Nous lui offrons la sécurité de notre corps lumineux, de la même façon que nous l'accueillerions dans notre foyer si elle était blessée ou souffrante. Son énergie s'entremêle à la nôtre et se met à faire des ravages dans notre champ d'énergie lumineux. Cette personne défunte n'a peut-être aucune mauvaise intention, mais son lien à une personne vivante peut être nocif. Parfois, nous acquérons les mêmes symptômes physiques ou émotionnels dont cette personne était affligée avant sa mort. Lorsque j'extrais une entité importune du champ d'énergie lumineux, souvent les symptômes physiques et psychologiques de mes clients disparaissent.

Une personne sur quatre qui vient me consulter a déjà été affectée par des énergies ou des entités importunes. Parfois ce sont des esprits qui souhaitent vraiment faire du mal à mon client, possiblement des êtres lésés venant d'un lieu et d'une époque autres. Les entités importunes se nourrissent de l'énergie des chakras et du système nerveux central. C'est la forme d'énergie la plus nourrissante. Elles se rattachent à la moelle épinière par un chakra et sont ainsi en mesure de connaître les pensées et les sentiments de la personne. Il est très difficile pour le champ d'énergie lumineux d'éliminer ces énergies étrangères. Contrairement au corps physique capable d'éliminer les éléments irrécupérables par l'urine, les selles, la sueur ou la respiration, le corps lumineux n'a aucune ouverture. Une fois qu'elles sont entrées dans le système nerveux central, ces énergies doivent être retirées à l'aide d'un cristal.

Les cristaux d'extraction

Dans la nature, le cristal est la structure la plus stable. C'est un transducteur, il peut donc facilement convertir une forme d'énergie en une autre. Voilà pourquoi il est utilisé dans les puces électroniques des ordinateurs. Pour extraire des énergies et des entités importunes, le quartz transparent convient le mieux. Le quartz est un élément tellement stable que l'énergie est naturellement attirée par lui. Un morceau de quartz parfait comportant deux extrémités et mesurant entre 10 et 13 centimètres constitue l'un des meilleurs instruments de la trousse du guérisseur. Ces cristaux sont taillés manuellement à partir d'une pièce de quartz transparent pratiquement sans faille et coûtent donc assez cher.

Je conseille à mes élèves d'investir dans le meilleur cristal possible, selon leurs moyens. Il est essentiel que le cristal d'extraction soit transparent et ne comporte aucune fracture en surface. Quand un cristal a des failles, l'énergie peut s'en échapper et contaminer le guérisseur. Quand il y a des inclusions, des taches ou des plans sécants, l'entité souffre énormément lorsqu'elle se retrouve à l'intérieur. N'oubliez pas que l'entité que vous retirez peut être un parent défunt ou une incarnation antérieure de votre client. Je ne veux pas qu'une énergie ou une entité importune souffre, pas plus que mon client soit dans la souffrance. En tant que guérisseur, vous avez la responsabilité de guérir, quel que soit le côté du monde de l'Esprit où se situe votre client. L'habitat de cristal temporaire doit être un lieu confortable et protégé, sinon les énergies et les entités importunes résisteront à leur extraction.

Après le retrait de l'entité importune, j'aide mes clients à modifier leurs affinités afin que ce genre d'attirance ne se produise plus, tout comme je le fais dans le cas d'énergies cristallisées. Une fois de plus, c'est le processus d'illumination qui est utile ici. Le guérisseur ne doit pas seulement enlever l'entité perturbatrice mais aussi la guérir. Nous pouvons aider cette âme perdue à s'éveiller du cauchemar dont elle est prisonnière et à retourner à la lumière et à l'amour du monde de l'Esprit.

Au Brésil, des médecins de *l'Association médicale spiritualiste* ont découvert que la moitié des maux de leurs patients étaient causés par une énergie ou une entité envahissante. Six mois après le décès de ma grand-mère paternelle, j'ai obtenu une bourse de recherche pour étudier avec ces médecins, qui se réunissaient tous les vendredis soir à Sao Paulo dans le cadre de séances de guérison spirituelle. Ils s'assoyaient en cercle autour d'une médium – une jolie femme à la peau brune au début de la trentaine – qui incarnait les esprits de patients décédés récemment de manière qu'ils regagnent leur conscience assez longtemps pour trouver la guérison auprès des êtres vivants. Ma grand-mère et moi avions été très proches. Durant mon enfance, j'avais passé plus de temps avec elle qu'avec ma propre mère. Depuis son décès, j'étais déprimé et je trouvais merveilleux qu'elle puisse profiter d'un tel traitement. Après deux longues heures passées à consoler les esprits des défunts, nous avons récité une prière pour terminer la séance. Soudain, la médium a été prise d'un frisson et est à nouveau entrée en transe. Elle s'est mise à parler en espagnol plutôt que dans sa langue maternelle, le portugais. Le guérisseur responsable a repris la séance ; personne ne voulait que cet esprit continue de souffrir.

« Où suis-je ? Dieu, aidez-moi », a dit la médium d'une voix faible et tremblante.

Elle avait incorporé l'esprit d'une femme plus âgée, désorientée et souffrante, qui disait que ses lèvres étaient sèches et craquelées à force de respirer avec un appareil. Elle voulait qu'on la laisse mourir. L'un des médecins a expliqué à l'esprit qu'il était déjà mort. Il l'a informé qu'il occupait temporairement le corps d'une médium et l'a encouragé à sentir le physique de la femme qui jouait ce rôle.

Tandis que les mains de la médium se déplaçaient sur sa robe, le médecin lui a demandé : « Est-ce que ce sont vos mains, est-ce votre poitrine ? »

« Non, ceux-là sont jeunes… »

L'esprit ne s'était pas aperçu qu'il était mort. Il était encore dans une chambre d'hôpital, relié à des appareils respiratoires et à des tubes d'alimentation. Il avait été amené ici afin d'être libéré d'un lieu où il ne pouvait profiter ni des joies de la vie ni de la paix des morts. En l'écoutant, j'ai vraiment eu l'impression que cet esprit souffrait.

Puis la médium m'a regardé en haletant : « Alber, est-ce toi, mon petit ? Aide-moi, aide-moi, s'il te plaît. »

J'ai reçu ces paroles comme sous l'effet d'un choc. Seule ma grand-mère m'appelait par ce surnom. La médium a ensuite demandé à la femme de nommer les autres esprits qui étaient là pour l'aider. Elle s'est mise à appeler sa mère, son père, son mari – qui était mon grand-père. J'étais bouche bée. L'un des médecins lui a expliqué qu'elle quittait maintenant le règne cauchemardesque entre les deux mondes pour s'acheminer vers le monde de l'Esprit, dans la lumière, où elle serait accueillie par ceux qu'elle aimait. Dans le monde de l'Esprit, on peut avoir tous les âges, puisque l'âme n'a pas d'âge. L'esprit de la femme a déclaré que sa souffrance et son malaise étaient en train de la quitter, qu'elle se sentait plus jeune et plus forte.

Avant de nous laisser, elle a dit : « Merci de m'avoir amenée ici. » Puis la médium s'est tournée vers moi et a déclaré : « Je serai toujours avec toi, Alber. »

Personne de ce cercle ne connaissait ma grand-mère, Maria Luisa, ni les circonstances de sa mort. Il me plaît de penser qu'elle était vraiment avec moi et qu'elle a reçu de l'aide lors de sa transition de ce monde-ci au suivant. En une semaine, ma dépression a disparu. Plus tard, l'un des guérisseurs m'a expliqué que, confus, l'esprit de ma grand-mère s'était attaché à moi, cherchant un refuge chez la personne avec qui elle avait le plus d'affinités dans la famille. Puisque j'étais ouvert sur le plan spirituel, il était plus facile pour elle de trouver du réconfort auprès de moi. Je sentais sa souffrance, que j'ai expérimentée sous la forme d'une dépression et d'une perte d'intérêt face à la vie.

Les entités importunes sont rarement des esprits sombres ou mauvais. Le plus souvent, ce sont des âmes perdues en quête de guérison par quelque moyen que ce soit. Cependant, il y a des exceptions. À l'occasion, vous rencontrerez ce que j'appelle des « méchants ». Nous verrons plus tard comment les traiter. Comme dans le cas de ma grand-mère, ce sont souvent des membres de notre famille qui viennent chercher de l'aide auprès de nous. De façon générale, nous pouvons affirmer que plus les gens sollicitent votre aide en ce monde, plus il y aura d'esprits dans l'autre monde qui rechercheront votre assistance. La plupart d'entre eux ne traversent pas notre champ d'énergie lumineux, car nous n'avons pas d'affinités ni de liens émotionnels avec eux. Toutefois, quand ils pénètrent nos défenses lumineuses, nous sommes en état de détresse. Nous ne possédons pas les techniques spirituelles des cultures traditionnelles du Brésil, de l'Amazonie ou du Tibet pour leur venir en aide.

Un chaman m'a déjà confié qu'il croyait que les Occidentaux n'enterraient pas leurs morts. Je lui ai demandé pourquoi il entretenait une idée aussi saugrenue, et il m'a répondu que derrière chacun de nous il y avait des traces de ce qu'il appelait les « non-morts », des ancêtres dont le deuil n'avait pas été convenablement porté. Ce phénomène survient non pas parce que nous ne nous soucions pas d'eux, mais simplement parce que nous ne détenons pas la connaissance de ce qui arrive à l'âme après la mort. Nous aborderons ce sujet en détail dans le prochain chapitre. L'ironie, quand nous omettons d'honorer et de pleurer nos ancêtres, c'est qu'ils continuent de vivre en nous. En mourant, ils laissent une foule d'affaires non résolues en ce monde.

L'extraction des entités et des énergies importunes

Dans le processus d'illumination, et pratiquement dans tout autre traitement énergétique, le guérisseur travaille avec un client. Par contre, pour extraire les entités et les énergies importunes, il est préférable que deux assistants accompagnent le guérisseur. La plupart d'entre nous n'ont pas ce luxe et doivent apprendre à effectuer toutes les fonctions simultanément. Il nous faut à la fois faire circuler l'énergie, procéder au repérage et à l'extraction. Avec de la pratique, le guérisseur finit par maîtriser cet art. Assurez-vous que votre client a préalablement reçu une illumination. Voici les sept étapes du processus, qui prend environ 30 minutes à réaliser.

1. Vérification de la présence d'une énergie ou d'une entité importune
2. Circulation de l'énergie dans le corps du client pour déloger l'énergie ou l'entité
3. Repérage de l'énergie ou de l'entité dans le corps du client
4. Extraction de l'énergie ou de l'entité
5. Conclusion avec le client
6. Processus d'illumination pour modifier les affinités et compléter la guérison
7. Purification du cristal pour libérer l'énergie ou l'entité.

La vérification de la présence d'une énergie ou d'une entité importune

Nous recourons à la technique de l'épreuve musculaire, décrite au chapitre 7, pour vérifier la présence d'une énergie ou d'une entité importune. J'invite mon client à se tenir debout, à joindre les mains et à lever les bras devant lui, parallèlement au sol. Il doit opposer une force de résistance tandis que j'exerce une pression contre son poignet de ma main droite afin de lui faire baisser les bras. Le degré de force révélé durant l'épreuve musculaire constitue un point de repère quant à l'état du champ d'énergie lumineux de la personne.

La circulation de l'énergie dans le corps du client pour déloger l'énergie ou l'entité

Tenez-vous derrière la personne en plaçant votre main dominante à la base de sa colonne, au-dessus du coccyx. Votre autre main repose à la base de son cou. Puisque je suis droitier, je mets ma main droite à la base de la colonne et la gauche, à la base du cou. Les personnes gauchères peuvent faire l'inverse. Faites circuler l'énergie entre vos mains, de bas en haut. Je visualise une énergie incandescente qui se répand dans la colonne de mes clients. Continuez de faire circuler l'énergie pendant quelques minutes, jusqu'à ce que vous la sentiez passer dans la colonne, dans vos mains, puis dans le cou de votre client. Cette énergie brûlante déloge temporairement toute énergie ou entité importune fixée à la moelle épinière.

Lorsque vous sentez que l'énergie circule vivement, vérifiez à nouveau la force musculaire de votre client. Si sa force est égale ou supérieure au point de repère, aucune énergie ou entité n'est présente et l'extraction n'est pas nécessaire. Si le degré de force a diminué substantiellement par rapport au point de repère, procédez à une extraction. Lorsqu'une énergie ou une entité est délogée du système nerveux central, le champ d'énergie lumineux perd momentanément de sa force. La force physique disparaît aussi un moment. En l'absence d'une énergie ou d'une entité importune, le champ d'énergie lumineux est renforcé par l'énergie que le guérisseur a fait circuler dans le système nerveux central.

Le repérage de l'énergie ou de l'entité

Si le guérisseur bénéficie de deux assistants, il procède à l'extraction, tandis que l'un d'eux fait le repérage et que l'autre fait circuler l'énergie. Cette dernière personne propage l'énergie le long de la colonne du client durant l'épreuve musculaire et l'extraction comme telle. L'autre assistant repère l'énergie ou l'entité et surveille sa position pendant le processus. Puisque cette énergie ou entité est fluide, elle peut passer d'un chakra à un autre et se déplacer le long de la colonne. La personne qui procède à l'extraction aura besoin d'un cristal d'extraction à deux extrémités, aussi transparent que possible, mesurant idéalement entre 10 et 13 centimètres.

Le responsable du repérage se tient à côté du client, une main sur son épaule et l'autre sur sa taille. La personne chargée de faire circuler l'énergie commence à diriger celle-ci le long de la colonne du client. Le guérisseur, pour procéder à l'extraction, fait face au client. Le client laisse ses mains tomber de part et d'autre de son corps. Muni du cristal logé dans l'une de ses paumes, le guérisseur commence alors à secouer doucement les mains du client, les déplaçant de haut en bas tout en se mettant à l'écoute de l'énergie ou de l'entité. Il ne doit pas précipiter les étapes et se sert de sa respiration pour demeurer calme et concentré. Il invite le client à décrire les sentiments ou les images perçus.

L'extraction de l'énergie ou de l'entité

L'extraction comme telle doit avoir lieu en moins de 5 minutes, une fois que la colonne a été stimulée par l'énergie, afin d'éviter que l'énergie ou l'entité n'y adhère à nouveau. Le guérisseur continue de secouer les bras du client et amène ensuite l'énergie ou l'entité entre ses propres mains. Il attend un signal de son assistant en charge de la circulation de l'énergie, lui indiquant que celle-ci va et vient avec intensité dans la colonne. Puis l'autre assistant lui signale où il perçoit l'intrusion. Il surveille l'énergie ou l'entité pendant qu'elle est délogée de la colonne et tente de se déplacer vers un autre chakra ou de se dissimuler dans le corps du client. Souvent, l'élément importun se rend compte qu'il est délogé et s'efforce de se raccrocher à son hôte. L'assistant suit sa progression et renseigne le guérisseur sur sa situation et son intensité.

En tant que guérisseur, ma tâche dans le cadre du processus d'extraction consiste à persuader l'énergie ou l'entité de sortir. Je suis conscient qu'elle a peur et qu'elle est confuse. Je lui parle, silencieusement ou fort, l'assurant qu'elle sera en sécurité, qu'on s'occupera d'elle, qu'elle ne souffrira plus et que tout ira bien. Je lui dis que je suis là pour l'aider à guérir et que la guérison s'effectuera sans douleur. Souvent je m'adresse à elle comme à un petit enfant. Je comprends qu'elle souffre et je voudrais contribuer à alléger sa souffrance. Tout en lui parlant doucement, je sens l'énergie qui pénètre dans mes avant-bras ; je ne la laisse pas se propager au-delà de mes coudes. (Même si le guérisseur ne possède aucune affinité avec cette énergie, elle peut perturber son champ d'énergie lumineux.) Dès que je la sens s'échapper de mon client, je l'attire dans le cristal.

L'énergie ou l'entité refuse parfois de quitter son hôte. Il arrive aussi que celui-ci soit réticent à laisser partir l'élément importun. Le client le reconnaît peut-être inconsciemment comme un membre de sa famille, ou l'une de ses vies antérieures qu'il ne veut pas quitter. Dans de tels cas, je recours au réflexe de sursaut. Je demande à mon client de compter de 20 à 1 ou de réciter l'alphabet à l'envers – ou n'importe quoi d'autre pouvant distraire son esprit rationnel. Quand je sens que l'énergie ou l'entité commence à pénétrer dans mon avant-bras, je crie : « Ah ! » et je ramène vivement mes mains ensemble pour la capturer dans le cristal. Je demande ensuite de l'information à mon assistant chargé du repérage. L'extraction est-elle complète ? Est-il nécessaire de recommencer ? Y a-t-il plus d'une entité ou énergie ? Le guérisseur peut également reprendre l'épreuve musculaire pour s'assurer que l'extraction a réussi.

Une infirmière canadienne nommée Claire s'est inscrite à l'école *Healing the Light Body*. Un jour, elle m'a demandé de faire une démonstration du processus d'extraction avec elle. J'hésitais puisque je ne percevais aucun problème chez elle. Claire était une femme équilibrée, heureuse en mariage et mère de deux enfants. Elle était satisfaite de sa vie à tout point de vue. Je préférais faire ma démonstration avec une personne qui, selon moi, était habitée par une énergie importune. Mais elle insistait et j'ai fini par céder. À ma grande surprise, l'épreuve a révélé la présence d'une telle énergie. Lorsque j'ai entrepris l'extraction, Claire s'est mise à trembler et ses genoux sont devenus tout mous. La personne qui faisait circuler l'énergie derrière elle a dû la soutenir, car elle était comme une poupée de chiffon. Tandis que je retirais l'énergie, Claire s'est soudainement redressée et a crié : « Non ! Je sais que c'est un mauvais tour ! » Puis elle s'est pliée en deux et a commencé à sangloter sans pouvoir s'arrêter. J'ai senti une énergie sombre et répugnante qui entrait dans mes bras. Je l'ai capturée dans le cristal en poussant un grand cri. Claire s'est effondrée par terre.

Après cela, sa physionomie avait complètement changé. Elle a raconté à la classe que son père était mort quatre ans auparavant et qu'elle avait l'impression de le porter en elle depuis tout ce temps. Après l'extraction, elle s'est sentie vidée et a dû s'étendre jusqu'au soir, au moment où nous avons libéré l'énergie importune dans le feu. J'ai invité Claire à faire ses adieux à son père. Je n'avais aucun indice me permettant d'être certain qu'il s'agissait bel et bien de son père. Je me fiais à ses impressions, et si elle avait raison, je savais qu'il était important qu'elle parvienne à une conclusion avec son père défunt. Claire a parlé tendrement à l'entité en tenant le cristal qu'elle faisait tourner entre ses mains. Elle confiait à son père à quel point il lui manquait, qu'elle regrettait de ne pas l'avoir bien connu et qu'elle lui était reconnaissante pour tous ses beaux souvenirs d'enfance. Puis nous avons libéré l'entité. J'ai remarqué que l'espace autour du feu est devenu chatoyant et qu'une brise chaude est venue réchauffer l'air frais du soir. Je sentais la présence d'êtres lumineux, d'hommes et de femmes bienveillants du monde de l'Esprit, venus assister une âme en détresse. L'entité importune a été accueillie avec beaucoup d'amour et ramenée chez elle.

Claire a mis près d'une semaine à recouvrer ses forces. Durant ce temps, elle a senti une joie qui revenait l'habiter, ce qu'elle n'avait pas connu depuis la mort de son père.

Si le guérisseur doit effectuer l'extraction sans assistant, il s'occupe lui-même de toutes les tâches. Lorsque l'énergie circule dans la colonne, le guérisseur se place devant le client pour procéder à l'extraction. C'est ici qu'il faut prêter une grande attention, puisque le repérage et l'extraction se déroulent simultanément. Je fais appel à mon sens kinesthésique (le toucher) pour sentir l'énergie qui descend dans mes bras, puis dans le cristal. Je dialogue avec mon client ainsi qu'avec l'énergie ou l'entité, et je suis cette dernière au fur et à mesure qu'elle se déplace dans le corps. Un guérisseur peut apprendre à accomplir ces tâches simultanément, mais cela requiert de la pratique et peut être épuisant. Je conseille à mes élèves de maîtriser d'abord chaque tâche séparément, en équipes de trois. Ils peuvent ensuite combiner leurs habiletés lorsqu'ils doivent effectuer seuls une extraction. Si, toutefois, je découvre que l'énergie ou l'entité importune est un « méchant » qui résiste à l'expulsion, je peux toujours appeler deux autres guérisseurs comme assistants, un pour faire circuler l'énergie et l'autre pour faire le repérage et le suivi.

La conclusion avec le client

Je décris toujours à mes clients ce que j'ai perçu en repérant l'énergie ou l'entité et toute l'information que celle-ci m'a offerte. Voici les questions que je lui pose généralement. D'où vient-elle ? Depuis combien de temps accompagne-t-elle mon client ? Qu'est-ce qui l'a attirée chez lui ? Que souhaite-t-elle obtenir de lui ? Les élèves m'interrogent souvent pour savoir comment s'adresser à une énergie. L'énergie est-elle dotée d'une voix ? Pour le chaman, tout dans la nature possède une voix – les rivières, les arbres et l'énergie. Je veux aussi connaître ce qu'a expérimenté mon client. Comment se sent-il à présent ? Quelle affinité ressent-il avec cet élément envahisseur ? Pourquoi, selon lui, est-il venu vers lui ? Que faudrait-il faire pour prévenir une telle intrusion à l'avenir ?

L'illumination pour modifier les affinités et compléter la guérison

Une seconde illumination devrait toujours succéder à une extraction. Elle a pour but de modifier l'affinité avec l'énergie ou l'entité et complète la guérison. Quand l'affinité n'est pas modifiée, une autre énergie ou entité importune cherchera à atteindre la personne. Une extraction s'apparente en quelque sorte à un divorce. Vous pouvez toujours vous séparer d'un piètre personnage, mais si vous ne changez pas vos affinités, vous finirez par en épouser un autre. Aucune négociation n'est possible avec une énergie ou une entité importune, ni aucun moyen d'apprendre à vivre ensemble. Il n'y a qu'un seul lieu salutaire où elle puisse aller – dans la nature, ou le monde de l'Esprit. Lorsqu'une entité importune est un être aimé qui a besoin d'aide, je demande à mes clients quels problèmes irrésolus doivent être guéris avec cette relation. Je veux les aider à trouver quel est leur rôle dans la pièce qui se joue et pourquoi ils l'ont accepté au départ. Voici le moment de dire « Je t'aime » et « Je te pardonne ». Lorsque l'affinité est modifiée, la personne vit désormais en paix.

La purification du cristal pour libérer l'énergie ou l'entité

Le client doit accompagner le guérisseur lorsqu'il purifie le cristal dans le feu. Je demande d'abord à mes clients s'ils sont prêts à laisser partir l'énergie ou l'entité. Puis je les invite à lui faire leurs adieux à leur façon, à la remercier pour les leçons transmises même si elles ont été pénibles. Je prépare un feu à l'intérieur même de mon bureau, dans un récipient en laiton, avec du sel d'Epsom et de l'alcool à friction[1]. Je précise à mes élèves de s'assurer que les récipients en métal qu'ils utilisent ne comportent pas de lignes de soudure, car la chaleur risquerait de les rompre. Un récipient en aluminium épais sans

1. Au cas où vous utiliseriez quelques informations contenues dans ce livre, ce qui est votre droit le plus strict, l'auteur et l'éditeur se déchargent de toute responsabilité quant aux conséquences de vos actions.

soudure fait aussi l'affaire. Je mets dans le bol une épaisseur d'environ 2 centimètres et demi de sel d'Epsom, puis je verse 30 millilitres d'alcool à friction et j'allume le feu avec grand soin. Ce feu, très chaud, brûlera pendant 3 minutes environ. Une fois le feu allumé, évitez de rajouter de l'alcool. Attendez qu'il s'éteigne et que le récipient refroidisse complètement avant d'allumer un autre feu. Les flammes d'un feu alimenté à l'alcool sont très chaudes et difficilement visibles en plein jour. Je tamise les lumières de ma salle de guérison afin de mieux voir les flammes quand j'y passe le cristal. Faites preuve de beaucoup de prudence durant cette étape, car vous pouvez facilement vous brûler. Les guérisseurs traditionnels font des feux de camp, le soir, dans un milieu naturel. Ils ouvrent l'espace sacré, appellent les esprits en quête de guérison à venir réchauffer leurs mains auprès du feu et y recevoir toute forme de soin dont ils ont besoin. Ils ordonnent à leur client de préparer une flèche mortelle, un petit bâtonnet sur lequel il a gravé ou dessiné de manière symbolique les parties de lui-même qui doivent mourir – les traits de caractère, les symptômes et les comportements qui ne sont plus utiles. Le client adresse ensuite une prière à sa flèche avant de la placer dans le feu. Vous pouvez aussi allumer un feu de camp dans votre cour ou dans un foyer pour purifier un cristal. Il est essentiel que le cristal traverse vraiment les flammes. Je passe le mien dans le feu trois fois, puis je me tourne vers le sud, mon client à côté de moi. Je souffle sur le cristal en direction du sud, puis vers l'ouest, le nord et l'est. Par la suite, je rince mon cristal à l'eau froide. L'énergie ou l'entité importune sent la chaleur vive lorsque vous passez le quartz à travers les flammes et le feu l'expulse du cristal. C'est à ce moment que je vois s'il s'agit d'une énergie ou d'une entité. L'entité est accueillie par les guérisseurs lumineux venus du monde de l'Esprit, dans la sécurité de notre espace sacré. L'énergie importune est consumée par le feu, sa lumière et sa chaleur relâchées dans la nature.

J'ai déjà vu un sorcier de la jungle extraire une entité d'un client, après quoi il a tenu le cristal tout près des flammes afin qu'elle souffre dans la chaleur du brasier. Il croyait que cette entité avait été envoyée par un sorcier rival pour causer du tort à son client et il voulait lui donner une leçon cuisante. Nous n'agissons pas de la sorte. Les flammes libèrent l'entité qui retourne au monde de l'Esprit, là où elle peut enfin trouver la paix.

Il vous arrivera parfois de découvrir une entité importune cachée derrière une énergie perturbatrice. Une fois l'extraction terminée, l'épreuve musculaire doit confirmer que le client a recouvré sa force. Dans le cas contraire, je recommence le repérage. C'est ce qui est arrivé avec ma cliente Thérèse.

Thérèse était agente de pastorale dans une église catholique à Cincinnati quand elle s'est inscrite à l'école *Healing the Light Body*. Nous avons décidé de tenir notre dernière séance de formation au Parc national de Canyon de Chelley, dans la réserve du peuple navajo. Depuis longtemps Thérèse sentait que son Église lui témoignait peu de considération. Tout le monde reconnaissait qu'elle était la force unificatrice de sa paroisse, mais puisqu'elle était une femme, elle n'avait pas le droit, comme un prêtre, de célébrer des cérémonies religieuses, malgré sa formation exhaustive en théologie. La doctrine catholique lui permettait uniquement de s'adresser aux paroissiens en tant que prélude au prêtre. Elle avait l'impression que dans l'Église les femmes étaient des citoyennes de seconde classe.

Des parois de roc rougeâtre de centaines de mètres de haut nous entouraient. À mi-hauteur de la falaise se trouvaient les ruines d'une ancienne habitation anasazi. J'ai demandé à un élève de faire circuler l'énergie le long de la colonne de Thérèse, tandis que deux autres s'affairaient à repérer l'emplacement et les mouvements de l'énergie importune. Après quelques instants, ces deux assistants ont mentionné la présence d'une masse obscure bondissant à l'intérieur de son champ d'énergie lumineux. Cela leur semblait comme une comète sombre planant dans son corps. Je tenais les mains de Thérèse et j'ai fermé les yeux afin de me représenter cette énergie. J'ai commencé à retirer lentement l'énergie par le bout de ses doigts et à l'enfermer dans le cristal d'extraction. Elle n'offrait pas une grande résistance. La masse obscure s'écoulait dans le cristal duquel elle ne pouvait plus s'échapper. Les responsables du repérage m'ont alors indiqué que la masse avait disparu. Nous avons ensuite soumis Thérèse à l'épreuve musculaire. Pendant l'extraction, elle n'avait fait part d'aucun sentiment ni sensation inhabituelle et voilà qu'elle avait la nausée.

J'ai été étonné de constater qu'elle était faible. Elle pouvait à peine maintenir son bras parallèle au sol. J'ai demandé à mon assistant de faire à nouveau circuler l'énergie. Lorsque j'ai scruté le champ d'énergie lumineux de Thérèse, j'ai perçu un homme dans des vêtements noirs comme ceux que portent les prêtres catholiques. Une conversation se déroulait dans mon esprit, comme s'il riait et me disait : « Elle est à moi. Si tu crois que tu peux la prendre, il va falloir te battre. » J'avais l'impression d'entendre ces mots dans ma tête et je percevais son ton haineux et amer.

Une entité importune s'était dissimulée sous l'énergie que nous venions d'extraire. J'ai décrit à Thérèse ce que j'avais vu. Elle a eu l'impression que cet homme avait rendu sa vie malheureuse, quelque part dans un passé lointain. Elle s'est vue punie d'avoir été une sage, perçue comme une menace par l'Église. Cet homme l'avait torturée physiquement, lui avait fait subir ses propres problèmes et il continuait de la tourmenter. S'il avait été dans un corps, il aurait été attiré tel un aimant vers Thérèse et aurait eu un effet aussi destructeur dans sa vie. En fait, elle avait vécu ce même dilemme avec l'Église au cours de cette vie. Elle était encore perçue comme une menace. Évidemment, de nos jours les instruments de torture sont plus subtils : la honte, le bannissement et la mise à l'écart du pouvoir.

J'étais en présence d'un véritable « méchant ». Il croyait posséder Thérèse et suçait son énergie vitale au niveau de son troisième chakra. Il est assez courant qu'une entité parasite croie que son hôte lui appartient. Il était entrelacé le long de sa colonne, ses vrilles d'énergie sombre enroulées autour des nerfs issus de la moelle épinière. Son identité s'était peu à peu mêlée à celle de Thérèse.

Toute entité importune souffre et a besoin d'être guérie. Quand j'ai appris le processus d'extraction, au début, je souhaitais traiter les entités « mauvaises », plutôt rares. Je considérais que je pouvais ainsi tester ma compétence. À présent, j'ai fini par comprendre que nous devons aimer ces entités, même si elles nous semblent très sombres. Elles aussi sont venues à nous pour trouver la guérison. Lorsque nous les dirigeons vers les guérisseurs lumineux du monde de l'Esprit, elles nous témoignent amour et gratitude, et reviennent même parfois nous prêter assistance lors d'une extraction difficile.

Tenant les mains de Thérèse, j'ai commencé à amadouer l'entité pour qu'elle sorte. Je lui parlais doucement, lui disant que j'étais là pour mettre fin à sa souffrance. L'entité refusait de m'écouter. Elle riait et se moquait de moi. Entre-temps, les genoux de Thérèse ont faibli et l'assistant derrière elle a dû la soutenir. Elle n'avait plus de force physique et sentait qu'elle allait être malade. J'ai demandé à l'entité ce qu'elle voulait de Thérèse. Elle a déclaré la détester, ainsi que tout ce qu'elle représentait – la féminité, le courage, la spiritualité. Je lui ai expliqué qu'elle pouvait elle-même acquérir ces qualités en étant ouverte à la guérison. Elle a ri de nouveau. Puis j'ai commencé à sentir la nausée. Je percevais un goût métallique dans ma bouche et j'étais étourdi. J'ai demandé à Thérèse de compter à rebours à partir de 20 et pendant qu'elle s'exécutait, j'ai crié pour expulser l'entité.

Thérèse s'est effondrée par terre. Ma nausée a aussitôt disparu. Le cristal, devenu chaud, palpitait dans ma main.

J'ai fait circuler le cristal pour que les autres sentent aussi l'énergie qu'il contenait. Tout le monde a perçu la chaleur et l'intensité qui émanaient du quartz. Après une extraction, le cristal doit être tenu à la verticale. Prenez soin de ne pas diriger l'une de ses extrémités vers vous puisque l'énergie ou l'entité peut parfois s'échapper et entrer en vous par l'un de vos chakras, si vous avez une affinité avec elle. Il vous faudra alors être soumis vous aussi au processus d'extraction. Lors de l'acquisition de cette technique, je préviens mes élèves qu'ils auront peut-être inconsciemment envie de travailler avec une personne qui a des problèmes psychologiques semblables, et qu'ainsi l'énergie ou l'entité ne fera que changer d'hôte, délaissant le client pour aller se loger chez le guérisseur.

J'ai remis le cristal à Thérèse, qui était étendue par terre et pleurait doucement.

« C'est la bataille que j'ai menée toute ma vie, a-t-elle déclaré. J'ai toujours cru que j'étais née avec le mauvais sexe. »

Je lui ai demandé ce qu'elle voulait faire de cette entité.

« J'ai envie de la tenir au-dessus du feu et de la faire griller un peu, afin de lui faire subir une part de la souffrance qu'elle m'a infligée pendant toutes ces années. »

J'ai invité Thérèse à garder le cristal sur elle durant les prochains jours et à méditer sur ce qu'elle recevait de l'entité. Une entité importune offre toujours des bénéfices secondaires. Parfois, il s'agit du sentiment d'avoir un but bien précis ou une cause à défendre, ou encore elle fournit un miroir déformant dans lequel la personne peut voir son propre reflet. Le surlendemain, Thérèse est venue me raconter qu'elle comprenait comment cette entité la servait. C'était la source de sa colère envers l'Église et, sur plusieurs plans, contre le masculin. Cette colère lui avait donné la force d'élever toute seule deux filles et d'apporter un soutien affectif aux femmes de sa paroisse. Elle était prête à pardonner à l'entité et à la remercier pour les précieuses leçons qu'elle lui avait permis d'intégrer. Si Thérèse avait tenté de se guérir en recourant à la psychothérapie traditionnelle, elle serait arrivée à plusieurs conclusions similaires. Toutefois, ces conclusions n'auraient pas été synonymes de transformation. L'entité importune serait restée confortablement logée dans son champ d'énergie lumineux.

Ce soir-là, nous avons préparé un grand feu. Nous avons invité les anciens habitants du Canyon à venir assister à notre cérémonie. Puis j'ai entraîné Thérèse avec moi près du feu pour dire adieu à cet être qui l'avait accompagnée si longtemps. Elle voulait lui accorder son pardon et le libérer. J'ai passé le cristal trois fois entre les flammes. Lorsque j'ai soufflé l'énergie du cristal vers le sud, nous avons perçu une boule de lumière bondissant du quartz. Tout le monde a senti la présence d'esprits célestes qui accueillaient cette âme blessée. Ils l'ont embrassée tendrement, telle une mère avec son enfant, et l'ont conduite vers la lumière. Depuis, Thérèse est devenue elle-même une excellente guérisseuse.

Elle est maintenant reconnue comme une célébrante remarquable dans sa communauté chrétienne. Elle a quitté l'Église officielle et est très sollicitée pour célébrer des mariages et d'autres rites de passage.

CHAPITRE 9

LE DÉCLIN, LA MORT ET L'AU-DELÀ

L'autobus nous avait laissés à un endroit où un chemin de terre traversait un lit de rivière à sec. À partir d'ici, nous allions marcher pendant deux jours pour nous rendre jusqu'à la maison d'El Viejo, le maître d'Antonio, maintenant âgé de plus de 90 ans. Mon mentor avait entendu dire que le vieil homme était sur le point de mourir et que tous ses élèves se réunissaient afin d'honorer son départ. Antonio m'avait invité à l'accompagner. Je n'avais apporté que le nécessaire : une tente, un sac de couchage, un filtre à eau, des aliments séchés et un réchaud de camping, tous entassés dans mon sac à dos. Antonio a souri lorsqu'il a vu ce que je considérais comme le « strict nécessaire » pour le voyage. Il n'avait que son poncho et un petit sac contenant du quinoa, une plante domestiquée par les Incas, il y a plusieurs siècles. Pas de sac à dos ni de sac de couchage. Rien sur ses épaules.

Nous sommes arrivés les derniers. El Viejo était étendu sur une civière recouverte de fourrure au milieu de l'unique pièce de la hutte faite de terre et de pierres. Il y avait des chandelles partout et l'air était imprégné d'une forte odeur de cire. Les derniers rayons du soleil filtraient à travers la fenêtre, et dans la lueur je voyais les visages sombres attristés des hommes et des femmes réunis. Tous étaient vêtus de ponchos ; certains portaient des chemises et des chandails et d'autres, des vêtements tissés à la main aux motifs de leur village. Tous étaient dans la cinquantaine et la soixantaine. Un homme, le plus jeune du groupe, jouait d'une flûte de bambou dans un coin. Tout le monde avait apporté des cadeaux pour El Viejo – des fleurs, des pierres curatives, des keros *en bois, les gobelets rituels.*

Le vieil homme allait mourir ce soir même.

Je me suis assis dans le coin à côté du joueur de flûte, souhaitant me rendre invisible, mais Antonio a capté mon regard et m'a ordonné silencieusement de venir avec lui près du vieil homme. Il tenait la main d'El Viejo. Du visage du vieil homme émanaient une bonté et un calme que je n'avais jamais vus auparavant. Il m'a fait un signe de la tête et Antonio m'a indiqué que je pouvais reprendre ma place dans le coin.

Un à un, les élèves d'El Viejo l'ont embrassé. À chacun il a donné une pierre de son autel, ainsi qu'une bénédiction. Il a offert à Antonio un objet luisant. J'ai vu plus tard que c'était un hibou doré. Ancien. Précolombien. Probablement passé de maître à élève depuis plusieurs générations. Puis il a respiré avec effort une dernière fois et ses traits sont devenus paisibles. Pendant qu'il expirait, mon mentor a pressé ses lèvres sur les siennes pour recevoir son dernier souffle, puis il les a appuyées sur celles de la femme assise à côté de lui. C'est ainsi que le souffle d'El Viejo a été échangé d'une bouche à l'autre, tout autour de la pièce. Puis quelqu'un a ouvert la fenêtre et la dernière personne qui avait reçu le souffle du vieil homme l'a libéré vers le soleil couchant.

El Viejo était maintenant libre.

Extrait du *Carnet de voyage*

*

* *

La vie se termine par le dernier souffle, comme elle commence par le premier. Bon nombre d'entre nous ont grandi avec l'idée que nous irions au ciel si nous avions été bons, et en enfer si nous avions été méchants. Les concepts de ciel et d'enfer sont strictement européens. Pour les chamans, il n'existe pas de ciel surnaturel. Il n'y a que le monde naturel, comportant les règnes visible et invisible, parmi lequel se trouve le monde de l'Esprit. Il n'existe pas non plus de principe du mal indépendant dans l'Univers. Nous vivons plutôt dans un univers favorable à notre bien-être. Le mal ne subsiste que dans le cœur des hommes et des femmes. Ce n'est pas une force prédatrice extérieure de laquelle il faut nous protéger. Lorsque les missionnaires se sont mis à parler de l'enfer, les Indiens ont demandé où il était situé. Les prêtres ont répondu qu'il n'était pas dans le monde visible et ont désigné le dessous de la terre. C'était la meilleure analogie qu'ils avaient imaginée pour décrire son emplacement. Les Autochtones américains étaient confus car, selon eux, toute vie émergeait de la Terre.

Tandis que le corps physique retourne à la Terre, l'âme se prépare à retourner là d'où elle vient.

Quand le cerveau s'arrête, le champ électromagnétique créé par le système nerveux central se dissout et le champ d'énergie lumineux se détache de son ancien habitat. Il se transforme alors en un tore ovale translucide qui contient les sept autres chakras, qui continuent de briller, tels des points de lumière pendant quelques heures après la mort. Si tout se passe en douceur, cet orbe luminescent, l'essence ou l'âme de la personne, traverse l'axe du corps lumineux pour aller à nouveau s'unir à l'Esprit. Dès que le champ d'énergie lumineux est libéré du corps, cela se produit très rapidement. Le tore du champ d'énergie lumineux s'insère par l'entrée créée par son axe central, comme un beignet qui s'introduirait dans son propre trou.

Une personne qui conserve sa conscience après la mort entre facilement dans la lumière. Mon mentor comparait cette lumière à l'aube d'un matin sans nuages, un état de pureté primordial – vaste et immense, indescriptible. La noirceur de la mort, résultat de l'anéantissement des sens, est peu à peu remplacée par la lumière de l'Esprit.

Les Huachipayres, établis en amont de l'Amazone, croient qu'il est possible de voyager dans les sphères au-delà de la mort en ingérant de l'*ayahuasca*, une plante hallucinogène sacrée. Lors de ce rituel, ils font souvent l'expérience de visions terrifiantes décrivant leur mort. Parfois, ils rapportent avoir été démembrés par un jaguar ou avalés par un énorme anaconda. Lorsque j'ai travaillé avec eux, une fois j'ai senti qu'un aigle immense me donnait des coups de bec. Chaque fois que son bec perçait ma peau, je ressentais une vive douleur. De nombreux rites initiatiques des temps anciens, dont ceux des Égyptiens, des

Grecs et des Syriens, avaient pour but de faire subir à l'initié le processus d'une mort symbolique, afin qu'il cesse de s'identifier à l'ego mortel.

Au cours de mon apprentissage auprès des guérisseurs de l'Amazonie, j'ai été soumis à des rites funèbres compliqués qui m'ont dépouillé de mon ego. Lors de rituels avec l'*ayahuasca*, j'ai été terrifié comme jamais je n'aurais cru pouvoir l'être. Tous les démons inimaginables me sont apparus. Mon corps a été démembré d'une centaine de façons. Puis j'ai été englouti dans une lumière blanche dont je ne pouvais plus me séparer. Au fil des ans, je suis retourné plusieurs fois travailler avec les chamans qui utilisent l'*ayahuasca*. Puis, un jour, je me suis rendu compte que je n'avais plus besoin de passer par la peur pour connaître la lumière infinie. Ce soir-là, don Antonio s'est tourné vers moi et m'a dit : « La mort ne vit plus en toi. Tu l'as exorcisée. Elle ne pourra jamais te réclamer. »

Toute sa vie, mon mentor s'est préparé en vue de ce voyage. Peu de temps avant de mourir, il m'a expliqué que les étapes du voyage étaient différentes pour lui en tant que chaman par rapport à celles d'une personne non préparée à sa mort. Il s'attendait vraiment à connaître la liberté réalisable au moment de la mort, dès les premières lueurs de la lumière de l'Esprit. À cet instant, m'a-t-il révélé, nous percevons l'aube comme si nous étions au sommet du monde. Nous sommes plus grands que les plus hautes montagnes. Les premières lueurs apparaissent, non seulement à l'extérieur de nous, mais simultanément nous sentons le soleil qui se lève dans notre corps même et toute la Création palpitant en nous. Nous comprenons alors que nous sommes unis à cette lumière naissante. Nous intégrons cette luminosité qui nous enveloppe et nous unissons à elle. C'est à ce stade que nous rencontrons des êtres lumineux, des guérisseurs qui nous aident à intégrer la lumière. Les légendes incas racontent que nous sommes tous des voyageurs stellaires, et qu'à cette étape du processus de la mort, nous avons la possibilité de reprendre notre grand voyage dans la Voie lactée.

Si la personne ne reconnaît pas l'aube comme l'éveil de sa propre conscience, le soleil continue tout de même de se lever en une multitude de couleurs éblouissantes. Toute la nature s'éveille dans un paysage étonnant de sons et de lumières ; comme au premier jour de la Création. À cet instant, les forces de la nature se manifestent dans leur essence pure. Déjà, l'unique s'est scindé en multiple. L'eau apparaît comme une lumière fluide ; la Terre apparaît comme une lumière ; tous les éléments apparaissent dans leur luminosité et se fondent pour former des boules d'énergie. À ce stade, nous avons une deuxième chance de reconnaître notre nature lumineuse, de constater que nous ne sommes pas distincts de la lumière éblouissante et des énergies qui nous entourent. Les chamans, qui toute leur vie se sont préparés à ce moment, peuvent connaître la libération par l'affranchissement total de la conscience durant les deux premières étapes de la mort. Par contre, d'autres peuvent connaître un instant d'éveil complet avant de retomber dans l'inconscience. Pour eux, le processus se passe en un éclair aveuglant. Peut-être ne se rendent-ils même pas compte qu'il a eu lieu.

Le tumulte de la mort est si grand que nombreux sont ceux qui perdent leur conscience, ne s'éveillant qu'à la troisième étape du voyage. Nous observons que nous possédons encore une forme, que nous sommes homme ou femme, que peut-être nous sommes jeunes et non touchés par la maladie. Toutefois, l'aube de la conscience a expiré et nous sommes maintenant au crépuscule du jour. Les couleurs ne sont plus aussi nettes même si notre conscience est grandement accrue. Nos sens ordinaires ne sont pas séparés les uns des autres. Notre perception sensorielle est simultanée dans tout notre être et tout est vivant autour de nous. C'est à ce stade que nous voyons le panorama de notre vie, où toutes nos actions, nos paroles, nous reviennent pour que nous les assumions.

Après avoir réexaminé notre vie, nous rencontrons les personnes qui sont mortes avant nous : nos parents, nos amis et ceux que nous avons peut-être blessés ou trompés. Mon mentor m'a appris que ce domaine comportait plusieurs niveaux, dont la fréquence de vibration déclinait du supérieur à l'inférieur. Les niveaux inférieurs sont très denses et associés à l'âge de pierre et au domaine végétatif. Les personnes prises à l'intérieur de ces domaines inférieurs sont soumises à une purification dans un monde de noirceur où elles n'ont pas d'yeux pour voir ni de mains pour palper. Elles ne perçoivent que vaguement la présence d'autres individus. Ce sont des domaines rattachés à la Terre pour les humains (quoique convenables pour des gens de l'âge de pierre). Nous y revivons nos souffrances. Les niveaux supérieurs sont remplis de joie et de paix. Nous y rejoignons les êtres qui nous sont chers et baignons dans la lumière de l'Esprit jusqu'à notre prochaine incarnation. Nous gravitons naturellement vers un niveau ou un autre, selon la manière dont nous avons vécu notre vie. Nous voyons les personnes des niveaux inférieurs, mais elles ne peuvent nous voir. De plus, nous pouvons parler et entrer en lien uniquement avec les personnes de notre niveau. Le quatrième niveau constitue notre maison spirituelle ; c'est ici que nous rencontrons nos ancêtres et nos familles.

Le cinquième monde est celui des êtres lumineux qui se consacrent à aider l'humanité entière. Les chamans qui ont réussi le voyage au-delà de la mort reviennent à ce niveau. Il y a longtemps, à l'époque où ont été élaborés les rites funèbres des chamans, ce niveau était très difficile à atteindre. Il est maintenant beaucoup plus accessible. Des chemins ont été jalonnés par des femmes et des hommes courageux qui nous ont précédés. Les prophéties des Hopis et des Incas évoquent notre planète entière émergeant dans le cinquième monde. Elles font allusion à notre entrée dans le royaume des anges. Mon mentor me disait souvent : « Nous ne sommes pas ici uniquement pour faire croître le maïs, mais aussi pour faire croître les dieux. » Je suis persuadé que c'est ce qu'il voulait dire.

Quand nous mourons

Un phénomène extraordinaire se produit au moment de la mort. Quand cesse l'activité neurale et que le cerveau s'arrête, un portail s'ouvre entre les dimensions. Les voiles tombent entre les mondes, permettant à la personne mourante d'entrer dans celui de l'Esprit. Une personne qui laisse des affaires non résolues en ce monde ne pourra franchir aisément ce portail. L'image biblique du chameau passant plus facilement à travers le chas d'une aiguille qu'un homme riche peut entrer au paradis montre la difficulté des individus ayant négligé la dimension spirituelle au profit des gratifications matérielles. On ne peut transporter avec nous notre identité temporelle dans l'Au-delà.

Une personne alourdie par un lourd bagage émotionnel reste confinée à la Terre. Cette âme doit subir un examen de vie très intensif dès son arrivée de l'autre côté. Certaines personnes ayant connu une expérience de mort imminente se rappellent avoir revu leur vie tel un panorama, comme une sorte de Jugement dernier très détaillé et exhaustif, même si ce processus ne dure que quelques minutes en termes de vie terrestre. Quand la personne ne retourne pas dans son corps physique, cet examen peut sembler durer des années, puisque les énergies toxiques du champ d'énergie lumineux doivent alors être consumées dans une atmosphère où l'air se fait rare, rendant la combustion plus difficile.

Après la mort, le champ d'énergie lumineux se détache du corps physique. Deux forces lient le champ d'énergie lumineux au corps. La première est le champ électromagnétique généré par le système nerveux. Lorsque l'intensité de ce champ tombe à zéro, quand cesse l'activité électrique du cerveau, la force électromagnétique primaire qui lie le corps lumineux au corps physique se dissout. Le second lien est constitué par les chakras, qui rattachent le champ d'énergie lumineux à la colonne vertébrale. Durant les rites ultimes, nous libérons chacun des sept chakras corporels, séparons le corps lumineux du corps physique et scellons les chakras de manière que l'âme ne puisse se rattacher au corps. Lorsque nous détachons les chakras du corps physique, nous sommes en mesure de retourner à la Terre qui a toujours appartenu à la nature, et au Ciel qui a toujours appartenu à l'Esprit.

Plusieurs fois durant mon apprentissage avec mon mentor, j'ai eu la chance de visiter un funérarium pour observer le champ d'énergie lumineux d'une personne qui venait de mourir. Chaque fois, j'ai remarqué que le corps lumineux demeurait lié au corps au niveau du ventre. Les jours suivants, au cimetière, je voyais le corps lumineux survolant encore la tombe, rattaché à un corps physique qui se décomposait, où il ne logeait plus. Peu avant la mort, le portail entre les mondes s'ouvre. Le chaman qui m'a initié croyait que 40 heures après le dernier souffle ce portail se fermait. L'âme doit alors traverser tous les plans, où ceux qui ne sont pas encore morts vont consciemment pour se purifier.

Se préparer à la paix

À mon avis, les gens devraient pouvoir mourir chez eux, dans ce milieu familier où ils sont le plus à l'aise. De nos jours, cela n'est plus si courant. La plupart du temps, la mort survient à l'hôpital. De nombreux médecins et infirmières sont aussi déroutés que nous tous devant la mort, mais peuvent paraître indifférents à force de la côtoyer jour après jour. Assurez-vous que le personnel hospitalier connaît et respecte les volontés de la personne mourante et de sa famille. Quand le personnel ne détient aucune directive explicite de la part de la personne mourante ou d'un membre de sa famille, il doit prendre toutes les mesures nécessaires pour prolonger la vie. Ce mandat statutaire sert de protection pour l'hôpital contre les risques de poursuites, mais ne tient pas compte de la qualité de vie de la personne mourante ou de sa famille.

Quand une personne qui vous est chère est à l'hôpital, dès que vous apprenez que plus rien n'est possible médicalement, demandez une chambre privée et faites débrancher tous les moniteurs. Assurez-vous que le dossier contient des directives précises concernant sa volonté de ne pas être réanimée d'aucune façon que ce soit. Grâce à vos indications sur papier et à votre détermination tranquille, le personnel médical saura qu'il n'est pas nécessaire de recourir à des mesures exceptionnelles.

Lorsque la personne est en phase terminale, voyez à ce que soient interrompues toutes injections ou procédures invasives, sauf celles qui ont pour but de soulager la douleur. Ce genre de procédé peut causer chez la personne mourante de la douleur, de la colère et de la confusion. Si vous êtes un membre de la famille, vous avez le droit d'exiger que les médecins administrent des doses suffisantes pour soulager la douleur, sans pour autant provoquer l'inconscience.

Les gens devraient avoir le droit de mourir dans la tranquillité. Une mort paisible est le plus précieux des cadeaux que nous puissions offrir à une personne aimée. Les sens de la personne mourante sont amplifiés, particulièrement celui de l'ouïe. Le moindre petit bruit peut donc lui être très désagréable et provoquer de l'anxiété et de la confusion. Faites en sorte que cette transition difficile se fasse le plus doucement possible. Sa chambre doit être un temple de paix au moment de la mort. Parlez-lui souvent, tendrement. Si elle est dans le coma, et même lorsque sa respiration a cessé, son âme peut entendre le son de votre voix. Votre amour peut la rejoindre dans des dimensions que vous ne soupçonnez pas.

Après la mort, le plus longtemps possible, évitez de déranger le corps. Cela est très difficile à respecter dans un hôpital, mais avec un peu de créativité et d'ingénuité vous parviendrez certainement à assurer quelques heures de calme. Le champ d'énergie lumineux de la personne défunte subit un changement intense lorsqu'il se détache des chakras. Le corps lumineux se dilate dans un tourbillon d'énergie, puis se contracte violemment dans le corps physique, sans toutefois pouvoir le réanimer. Au Tibet, le corps est surveillé pendant trois jours. Selon les règlements des hôpitaux, un corps doit être embaumé rapidement. Voilà une autre raison pour laquelle les procédures qui suivent sont si importantes.

Quand mon père est mort, j'ai senti son corps lumineux qui flottait dans l'atmosphère deux jours durant, jusqu'au service funèbre, même s'il était libéré de son corps physique. Ma mère avait organisé un service simple dans une église locale, et à la fin de la cérémonie, j'ai perçu le souffle d'une brise devant l'autel ; j'ai senti mon père partir dans un jet de lumière. Une heure plus tard, au cimetière, le cercueil paraissait vide de toute énergie.

Les rites funèbres

J'ai appris cette technique de doña Laura, dans les Andes. Non seulement c'était une chaman et une sage-femme douée, mais elle détenait aussi une grande expertise dans l'art de faire naître les gens dans le monde de l'Esprit. Un autre de ses élèves et moi-même lui servions d'assistants dès que nous en avions la possibilité. Une fois, il y a plus de 20 ans, j'ai découvert à quel point ces rites étaient importants.

La bonne avait entendu dire que quelqu'un était mort et doña Laura nous a envoyés, Juan et moi, en ville pour pratiquer une visualisation. C'était la deuxième fois que je faisais un tel voyage, et je n'avais pas trop envie de refaire ce long trajet jusqu'à Cuzco dans un bus tapecul, sur une route poussiéreuse perchée dans les Andes. Le préposé à la funeraria, *un garçon à la fin de la vingtaine, balayait la boue que d'autres avaient laissée derrière eux plus tôt dans la journée. Il était près de minuit et il ne restait plus que deux personnes venues assister au service. La plus âgée des deux femmes a ramené son châle noir sur ses épaules et a donné une pièce de monnaie au garçon en sortant.*

J'ai laissé Juan faire la conversation. Au bout d'un moment, le garçon nous a conduits dans la pièce où reposait la défunte dans un simple coffre en bois marqué d'une prière. Il nous a salués d'un signe de tête, puis il a fermé la porte. Mon compagnon a retiré de son sac trois bougies en cire d'abeille, qu'il a disposées autour du coffre en bois. Nous avons reculé de quelques pas, nous nous sommes assis et avons entrepris l'exercice de la seconde conscience. Nous venions tout juste de commencer lorsque Juan a étouffé un cri qui m'a fait bondir de ma chaise. Je n'ai jamais aimé les funérailles et je me sentais mal à l'aise de m'imposer ici sous prétexte d'être un parent éloigné.

« Regarde », m'a-t-il dit. J'ai porté mon regard vers le cercueil, mais je ne voyais que la lueur des bougies. « Regarde le chatoiement au-dessus du coffre ! » Juan s'excitait facilement et je commençais à me sentir irrité car je ne discernais rien. Je me suis levé, j'ai avancé vers le cercueil ouvert et j'ai regardé à l'intérieur, m'attendant à y voir une vieille personne comme celle que nous avions vue lors d'une visite précédente. À la place, j'ai vu une jeune Indienne qui n'avait pas plus de 12 ans. Ses joues étaient fardées et elle portait une robe neuve. Les larmes se sont mises à couler sur mon visage. Je me suis agenouillé devant le cercueil et j'ai prié pour elle avec toute ma ferveur.

« Allons-nous-en », ai-je dit en revenant vers Juan. Puis, en me retournant, j'ai vu le champ d'énergie lumineux, une sphère dorée survolant le coffre ouvert. La base était encore reliée au corps physique, quelque part entre le cœur et le ventre. « Tu vois ce que je vois ? » « Clairement », a-t-il dit. « Qu'allons-nous faire ? » ai-je demandé. « Rien », a répondu Juan. Il m'a rappelé que don Antonio avait clairement expliqué que nous ne devions qu'observer le corps lumineux lorsqu'il quittait le corps physique et simplement réciter une prière si nous le voulions.

Lors d'une expérience antérieure, Juan et moi avions suivi une personne récemment décédée jusqu'au cimetière et avions vu son corps lumineux qui ressortait littéralement de la terre, toujours attaché au corps physique. Laura nous avait expliqué que quand une personne mourait inconsciemment, elle pouvait rester coincée entre deux mondes, ignorant qu'elle était morte, son corps lumineux se raccrochant à une forme corporelle sans vie. Elle avait précisé qu'un chaman aurait pu l'aider à se détacher de son corps physique.

J'ai dû argumenter, mais Juan a finalement accepté que nous tentions de la libérer. Juan s'est activé au-dessus du petit corps, débranchant chacun des chakras. Je suis resté au pied du cercueil. Au bout d'un moment, nous avons reculé afin de mieux observer. Le champ d'énergie lumineux était maintenant une sphère brillante, vibrant au-dessus du corps physique comme animé par son propre rythme. Juan et moi nous sommes regardés d'un air entendu, satisfaits. Son âme était libre.

À notre retour chez notre mentor, nous l'avons trouvé assis à la table de la cuisine en train de parler doucement avec doña Laura à la lueur d'une chandelle. Dès que nous sommes entrés dans la pièce, ils se sont tournés vers nous pour s'enquérir de ce que nous avions fait. « Rien », avons-nous répondu à l'unisson. « En fait, nous avons pris une cerveza, *une bière, en sortant du salon funéraire », ai-je dit, même si je savais que don Antonio était très strict en ce qui concernait la consommation d'alcool. « Ce n'est pas grave », a-t-il rétorqué. Puis Laura a demandé : « Qui avez-vous ramené avec vous ? »*

L'âme de la jeune fille nous avait suivis. Antonio et Laura la voyaient, volant au-dessus de nous. Juan et moi avions appris comment détacher le champ d'énergie lumineux du corps physique, mais nous n'avions pas encore assimilé les rites ultimes. Antonio nous a regardés d'un air sévère. Nous avons passé le reste de la nuit avec doña Laura, à l'observer pendant qu'elle assistait la jeune fille dans son voyage vers l'infini.

Extrait du *Carnet de voyage*

Les rites funèbres aident la personne mourante à rejoindre l'infini. Ils comportent trois étapes :

1. La récapitulation et le pardon
2. Accorder la permission de mourir
3. Les rites ultimes

La récapitulation et le pardon

Qui ne souhaite pas aider une personne aimée à apporter une conclusion à sa vie avant de mourir ? Il est aussi difficile de dire : « Je te pardonne », à partir du monde de l'Esprit en étant entendu par une personne vivante, que ce l'est de le dire dans un rêve et d'être entendu par la personne réelle. Quand une personne prend la peine d'apporter une conclusion à son existence temporelle, elle effectue sans difficulté la transition au-delà de la mort. La récapitulation et le pardon constituent cette conclusion. Ainsi, il n'est plus besoin de pardonner les événements du passé lors du réexamen de la vie qui a lieu de l'autre côté. La majorité des témoignages issus des ouvrages portant sur les expériences de vie après la mort sont positifs. Pourtant, le cardiologue Maurice Rawlings, qui a interrogé des individus sur la table d'opération immédiatement après la réanimation, a découvert que près de la moitié affirmait avoir fait des rencontres infernales. Selon lui, bien des gens avaient des visions diaboliques qu'ils réprimaient à la suite de la réanimation. D'autres chercheurs, eux, pensent que les personnes s'infligent elles-mêmes ces visions horribles. Raymond Moody, l'un des plus grands experts des expériences de vie après la mort, dit ceci : « Dans les cas que j'ai étudiés, le jugement ne venait pas de l'être lumineux, qui semblait aimer et accepter d'emblée ces personnes, mais plutôt de l'individu en train d'être jugé. » Nous sommes à la fois l'accusé, le défendeur, le juge et le jury. Sommes-nous vraiment prêts à nous pardonner ? La récapitulation a pour but principal d'apporter le pardon et la conclusion pendant que nous sommes encore en vie.

Il est important que la famille formule de vive voix le pardon et l'amour qui n'ont pas été exprimés au cours de la vie. Il est essentiel qu'une réconciliation ait lieu avec la famille pour que le passage s'effectue dans la paix. Un simple « Je t'aime » de la part d'un parent mourant à son enfant, ou vice-versa, possède un pouvoir de guérison extraordinaire. Évidemment, ce n'est pas toujours facile. Et pourtant, une existence remplie d'erreurs peut être réparée par le pardon, même à la fin de la vie.

Grâce à la récapitulation, un être cher a la chance de vous raconter son histoire. Et par cette narration, il peut profiter du pouvoir de catharsis et de guérison. C'est l'équivalent d'un examen de vie avant de mourir. Et ce n'est pas le moment des récriminations à propos d'événements passés. C'est le temps d'écouter l'histoire de la personne aimée. Plus tôt vous amorcez la récapitulation et plus l'examen de vie est élaboré, plus la transition sera facile. Il est parfois ardu d'entreprendre cette conversation, surtout si depuis longtemps il n'existe plus de dialogue intime entre vous. Trouvez une amorce. Par exemple, invitez votre mère à vous raconter le jour où elle a rencontré votre père, comment ils se sont courtisés, ou comment s'est déroulée leur première sortie ensemble. Faites appel à ses sentiments en posant des questions précises. Comment était vêtu son futur époux ce jour-là ? A-t-elle su dès le début qu'elle allait l'épouser ? Ayez une bonne écoute et questionnez. Une personne est toujours prête à confier son histoire à quelqu'un qui montre de l'intérêt. Informez-vous à propos de ses parents et de son enfance. À quel endroit a-t-elle fréquenté l'école ? Comment était-elle habillée ? Qui était son flirt à l'école secondaire ? Comment se passait sa vie à la maison ? Faites dévier petit à petit la conversation sur des sujets plus personnels. À qui doit-elle accorder le pardon ? Rappelez-lui qu'elle peut offrir son pardon à quiconque en récitant une prière ou en donnant sa bénédiction. En bout de ligne, la personne mourante doit se pardonner à elle-même et savoir que la vie lui pardonne tout. En dernier lieu, demandez-lui quel souvenir elle voudrait que l'on garde d'elle. Quels récits aimerait-elle que ses petits-enfants retiennent à son sujet ? Le point final de la récapitulation est le pardon. Aidez la personne que vous aimez à délaisser tout sentiment de blessure causée ou subie.

Durant les semaines qui ont précédé le décès de mon père, chaque jour nous avons passé du temps ensemble pendant lequel il me racontait l'histoire de sa vie. Au début, il a hésité, mais il a bientôt été inondé d'images de son passé. Comme si un barrage venait de se rompre et que les réflexions et les sentiments pouvaient maintenant couler librement. Tout a été déclenché par un exercice d'imagerie guidée durant lequel nous nous imaginions assis au bord d'un gros rocher en bordure d'une rivière. Il m'a décrit les images qu'il voyait flotter sur la rivière. Au début, l'eau était grise et glauque. Puis après quelques jours, des scènes de son enfance sont apparues en surface. Il me les décrivait comme s'il les voyait dans un rêve. Parfois, il pleurait doucement. Plus tard, il m'a parlé d'un homme qu'il avait trompé lorsqu'il était adolescent et à qui il n'avait plus repensé pendant longtemps. Je l'ai encouragé à se sentir pardonné et à accorder son pardon en retour. Finalement, des images de ma mère et de leurs enfants ont surgi. Il m'a tout raconté en détail avant de sombrer doucement dans le sommeil. Nous avons vécu ce processus intimement tous les deux et, à la fin, il a pu rassembler toute la famille pour témoigner à chacun son amour. C'était la première fois que nous l'entendions dire « Je t'aime ». Toute sa vie, il avait voulu l'exprimer sans jamais en être capable.

Lors de la récapitulation, le pardon peut être très réparateur. Toutefois, ne vous attendez pas à pouvoir accomplir miraculeusement en quelques heures la guérison qui n'a pu se réaliser en une vie. En général, les gens meurent comme ils ont vécu. Il est normal que la personne éprouve de la colère face à la mort et vous pouvez facilement en devenir la cible. Prenez garde de ne pas y réagir et de croire qu'elle s'adresse à vous personnellement. De puissantes prises de conscience surviennent souvent inopinément à l'approche de la mort. Entre autres, il arrive que la personne comprenne qu'elle aurait pu vivre différemment, aimer plus intensément et pardonner plus facilement. Cette colère n'est pas directement dirigée contre vous. Acceptez que cet être que vous aimez révèle ses sentiments et réagissez à sa colère en lui offrant du soutien et un réconfort physique. Tenez-lui la main pendant qu'il pleure et manifeste son irritation. Demeurez une source inaltérable d'amour et de soutien constant même durant une explosion de rage. Plus l'être cher se pardonnera à lui-même facilement, plus vite la rage se transformera en compassion.

Si l'état de la personne aimée est grave et qu'elle n'en sait rien, prenez les mesures nécessaires pour la mettre au courant. De toute manière, la plupart des gens savent ce qui les attend. Ils captent les changements d'attitude de la part des membres de leur famille – la tranquillité dans la pièce, le murmure des voix, les sourires forcés. Il est préférable d'y aller sans détour, mais avec douceur et compassion. Grâce à votre honnêteté, l'être cher se sentira à l'aise pour être ouvert et franc avec vous. Il saura qu'il peut compter sur vous pour lui dire la vérité.

Accorder la permission de mourir

L'étape la plus importante des rites funèbres est peut-être celle où nous donnons à l'être aimé la permission de mourir. Informez-le qu'il n'a aucune raison de s'inquiéter de ceux qui resteront. Une de mes élèves nommée Diane est restée auprès de sa mère mourante durant des semaines. La vieille dame n'était pas capable de lâcher prise, même si elle souffrait énormément et ne pouvait plus s'alimenter. Diane avait procédé à de nombreuses illuminations avec sa mère. De plus, elle et sa sœur avaient amorcé ensemble le processus du pardon et commencé à guérir les lésions du passé. Puis il lui est venu à l'esprit qu'elle et sa sœur avaient oublié de faire savoir à leur mère qu'elle pouvait partir. Elle a fini par dire : « Maman, nous sommes ici avec toi et t'aimons beaucoup. Nous voulons que tu saches que nous allons nous débrouiller. Nous prendrons soin l'une de l'autre et maintiendrons les liens familiaux. Tu nous manqueras certainement, mais il est parfaitement naturel que tu t'en ailles. Nous garderons un beau souvenir des moments passés ensemble, mais nous ne voulons plus que tu souffres ou que tu continues de te raccrocher à la vie. Nous t'accordons la permission de mourir. Tu sais que nous t'aimerons toujours. » Quelques heures plus tard, sa mère exhalait son dernier souffle et mourait dans la paix.

S'il n'a pas votre permission de mourir, l'être aimé peut se raccrocher à la vie pendant des mois, endurant des souffrances inutiles et causant de l'angoisse à sa famille. Cette permission doit venir de la famille immédiate et, idéalement, il doit y avoir consensus. Si un membre de la famille n'est pas d'accord, encouragez-le à exprimer tout de même son amour et son pardon. Je me suis aperçu que les membres d'une famille ayant le plus de difficultés à laisser partir une personne mourante étaient ceux qui n'avaient pas réglé certaines affaires avec elle ou qui craignaient le plus leur propre mort. Chaque personne dans la pièce doit être entendue. Si vous travaillez avec un client, assurez-vous que tous les proches parents ont la chance d'exprimer leurs sentiments à la personne mourante. En tant que guérisseur, vous pouvez aussi apporter votre consentement, mais n'oubliez pas que la permission venant de la famille proche a plus de poids, même s'il s'agit d'un de vos amis intimes ou de vos confidents.

Les rites ultimes

Il n'est pas nécessaire d'être chaman ou prêtre pour accomplir les rites ultimes. Vous pouvez instaurer l'espace dans lequel un être cher pourra être touché par la main de l'Esprit. Les rites ultimes comportent deux parties : le processus d'illumination et la libération du champ d'énergie lumineux. De nombreux clients m'ont confié avoir senti près d'eux la présence de membres défunts de leur famille et d'êtres lumineux durant le processus d'illumination. Comme si des sages-femmes du monde spirituel s'apprêtaient à accueillir la personne mourante.

Lors du processus d'illumination, vous pouvez créer l'espace où l'être aimé connaîtra la grâce et la libération. Il est facile de se sentir impuissant à l'idée de devoir réaliser la guérison de toute une vie en quelques jours. Ce sentiment est exacerbé lorsque la mort est imminente. N'oubliez pas toutefois qu'il n'est jamais trop tard pour guérir. L'approche de la mort nous amène à réaliser qu'il n'y a pas de temps à perdre. Il n'y a plus de lendemain pour nous occuper de la guérison que toute notre vie nous avons remise à plus tard. Un de mes amis, un prêtre catholique, m'a déjà révélé que la confession d'une personne mourante est la plus importante parce que c'est la plus sincère. Vous découvrirez que cette guérison est la plus puissante des expériences de vie.

Il est préférable d'entreprendre le processus d'illumination quelque temps avant la mort de l'être aimé, puisque souvent quelques séances sont nécessaires pour dissiper l'énergie toxique d'une vie entière d'empreintes. Ne craignez pas de recueillir les résidus toxiques qui adhèrent aux chakras de la personne puisqu'ils sont consumés et transformés en lumière. Vous ne risquez aucun danger. Le processus se passe sur le plan énergétique plutôt que psychologique et c'est pourquoi les énergies ne ressortent pas sous forme de colère ou de ressentiment.

Si jamais vous découvrez qu'en raison de ses croyances religieuses une personne qui vous est chère ne peut recevoir une illumination, ne l'y obligez pas. Votre rôle n'est pas de convertir la personne à vos croyances, mais bien de l'aider à trouver le courage, l'inspiration et la force spirituelle d'entreprendre le plus grand voyage de sa vie. Je me rappelle avoir assisté le père d'un ami, un octogénaire très religieux. Lorsque mon ami lui a expliqué le travail de guérison que j'avais accompli, son père l'a regardé d'un air dubitatif. Le vieil homme a remercié son fils en ajoutant que son prêtre venait tous les matins dans sa chambre d'hôpital pour prier avec lui et que cela lui suffisait. Il avait beaucoup voyagé et nous avons commencé à parler avec lui de la forêt humide péruvienne où il s'était rendu dans sa jeunesse. Nous échangions des histoires à propos des ports de l'Amazone et il s'endormait après quelques minutes de conversation. Lors de ma troisième visite, je lui ai demandé s'il acceptait que je prie avec lui. Il m'a donné son accord. J'ai donc pris sa main et j'ai fermé les yeux afin de me recueillir. J'avais remarqué que son épouse était la seule personne qui le touchait ; tous ses enfants gardaient leurs distances même durant les conversations animées. On aurait dit qu'ils avaient peur que la mort soit contagieuse et qu'ils ne voulaient pas risquer d'être contaminés par un contact physique. Chaque fois que nous fermions les yeux pour prier, il saisissait ma main, puis s'endormait presque aussitôt.

Il est impératif d'obtenir la permission de la personne aimée avant d'amorcer une illumination ou n'importe lequel des rites funèbres. Le père de mon ami m'avait permis de prier avec lui. Voilà tout ce dont j'avais besoin pour procéder à une illumination. C'était compliqué de lui tenir la tête et de palper ses points d'approfondissement et de relâchement puisque le lit était appuyé contre un mur. Je me suis donc installé à côté de lui. Je lui tenais simplement la main en demandant silencieusement à son corps-esprit de stimuler les points d'approfondissement chaque fois que j'appuyais sur un point dans sa main, puis d'activer les points de relâchement chaque fois que je pressais un point différent. Mon client acceptait de participer à la guérison et son corps-esprit se soumettait facilement, établissant le lien lumineux nécessaire entre les points de la main et ceux situés à l'arrière de la tête.

Les points du poignet avec lesquels je travaille sont situés sur les mêmes méridiens d'acupuncture que les points d'approfondissement et de relâchement. Les points d'approfondissement de la main se trouvent à l'extérieur du poignet, dans l'articulation. Les points de relâchement sont à environ 2,5 centimètres au-dessus du poignet, sur le dessus et le dessous de l'avant-bras. J'ouvrais le chakra sur lequel nous travaillions et le fermais quand nous avions terminé. En trois séances, nous avons procédé à l'illumination des sept chakras. Le père de mon ami se réveillait après chaque illumination en me disant qu'il avait dormi d'un sommeil paisible ou qu'il avait rêvé. J'ai enseigné à mon ami à accomplir les rites ultimes pour son père parce que je devais m'absenter. À mon retour, j'ai appris qu'il était mort dans son sommeil.

Le processus d'illumination consume l'énergie des chakras et efface les empreintes du champ d'énergie lumineux. Cela facilite l'étape de l'examen de la vie dans le monde de l'Esprit, puisque presque toute la matière y est purgée des souvenirs émotionnels. Puisque vous illuminerez les sept chakras, il n'est pas nécessaire de repérer les chakras compromis. Une fois le premier chakra purifié, équilibrez-le en le faisant tourner à nouveau dans le sens des aiguilles d'une montre avant de passer au deuxième chakra, en respectant les étapes du processus d'illumination. Vous ne pourrez peut-être pas illuminer les sept chakras en une seule séance car le processus peut prendre beaucoup de temps.

La spirale des chakras pour les rites ultimes

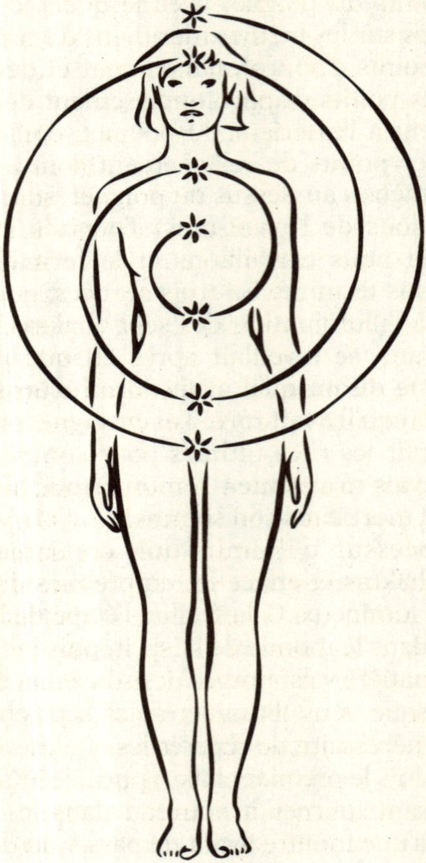

Le corps sait comment mourir, tout comme il sait comment naître. Neuf fois sur dix, le champ d'énergie lumineux retourne aisément au monde de l'Esprit, tout comme neuf naissances sur dix se déroulent sans complications. En ce qui concerne l'accouchement, un sur dix ne constitue pas un niveau de risque notable, et même les accouchements naturels ont généralement lieu à l'hôpital, là où des médecins sont facilement accessibles. Il est nécessaire de détacher les chakras uniquement si ce phénomène ne se produit pas de manière naturelle. Ces rites s'accomplissent après le décès. Vous libérez le champ d'énergie lumineux et scellez chacun des chakras immédiatement après la mort, afin que le corps lumineux ne réintègre pas l'enveloppe corporelle ou ne soit contaminé par les résidus énergétiques du corps physique.

1. Ouvrez l'espace sacré en invoquant les quatre directions, le Ciel et la Terre (voir chapitre 6).

2. Prolongez votre corps lumineux pour vous y envelopper ainsi que la personne aimée. Il est important de travailler à l'intérieur de ce double espace sacré. L'espace sacré protège l'être qui vous est cher des énergies extérieures importunes. Selon les légendes des peuples de la forêt humide tropicale, au moment de la mort, les revenants avides de tous ceux que nous avons blessés ou offensés se rassemblent autour de notre lit afin de réclamer leur dû. Ils poursuivent le défunt jusqu'à ce qu'ils aient obtenu justice. Je préfère interpréter ces revenants avides comme des démons psychologiques qui représentent toutes nos affaires non résolues du passé. Voilà pourquoi il est si important d'apporter une conclusion à notre vie. Dès lors, les revenants avides se dispersent ; le pardon les dissout dans l'air léger.

Lorsque vous enveloppez l'être aimé dans votre champ d'énergie lumineux, vous créez un îlot de tranquillité au milieu d'une tempête. Sur cette île, des parents défunts et des guérisseurs du monde de l'Esprit assistent la personne mourante. Les chamans des régions en amont de l'Amazone affirment que le but de tout leur entraînement consiste à apprendre à quitter vivants ce monde. Cela ne signifie pas qu'ils ont l'intention d'emmener leur corps physique avec eux, mais qu'ils cherchent à conserver leur conscience intacte pendant le voyage.

3. Quand l'être aimé a cessé de respirer, détachez les chakras. Idéalement cette étape devrait être effectuée dès que la personne meurt et, dans tous les cas, pas plus tard que 40 heures après le dernier souffle. Immédiatement après la mort, les chakras libèrent les fils lumineux qui auparavant les reliaient aux événements du passé. Leur rythme se modifie. Leur fréquence et leur vibration augmentent. Ils se détachent du corps, mais sont ralentis par les résidus qu'ils contiennent.

Puisque l'énergie des chakras change très rapidement, nous les détachons en suivant l'arc d'une spirale, le cœur se trouvant au centre. Chacun d'eux doit être déroulé dans le sens contraire des aiguilles d'une montre. Placez votre main au-dessus du chakra du cœur de la personne, puis faites tourner vos doigts trois ou quatre fois dans le sens contraire des aiguilles d'une montre afin de le dérouler. En suivant les étapes décrites ci-après, poursuivez au niveau du plexus solaire, puis de la gorge, au deuxième chakra, au sixième, au chakra racine et, en dernier, à la couronne. En déroulant les chakras, imaginez que vous formez une immense spirale dont le cœur est le centre. Respectez attentivement les étapes suivantes.

4. Tracez un arc de spirale avec votre main en la déplaçant vers le troisième chakra, le plexus solaire, et reprenez la procédure décrite ci-dessus. Quand vous avez fini de dérouler ce chakra, retournez au cœur. Sentez ce chakra, puis tracez à nouveau un arc de spirale vers le troisième chakra et ensuite vers la gorge.

5. Reprenez la procédure avec chacun des chakras, en revenant vers le cœur après avoir détaché chaque centre d'énergie. Vous terminerez avec le chakra de la couronne. À ce stade, vous aurez tracé à maintes reprises une grande spirale au-dessus du corps de la personne. Son corps lumineux pourra s'échapper par l'un ou l'autre des sept chakras.

6. Poussez l'énergie par les pieds de la personne afin « d'aider » le corps lumineux à se libérer. Placez les paumes de vos mains sur la plante des pieds de l'être cher. Votre paume droite doit reposer sur le pied gauche et vice-versa. Visualisez l'énergie qui jaillit de vos mains et pénètre dans le corps. Le champ d'énergie lumineux adhère parfois aux chakras, même une fois qu'ils ont été déroulés. Cette étape entraîne le champ d'énergie lumineux afin qu'il se dégage du corps. Le plus souvent, le corps lumineux est expulsé dès que les chakras sont détachés, et il n'est alors pas nécessaire de procéder à cette étape ni à la suivante.

7. Retirez le corps lumineux. Allez vous placer à la tête de la personne. Prenez sa tête entre vos mains et tenez-la délicatement quelques instants. Rappelez-lui de se détendre, de lâcher prise, de ne pas s'inquiéter pour vous et que vous l'aimez. N'oubliez pas qu'elle vous entend. Prononcez vos paroles doucement, mais avec conviction. Ramenez vos mains vers l'arrière de la tête, puis exercez une légère pression pour faire sortir le corps lumineux par le chakra de la couronne. Vous sentirez une grosse poussée d'énergie lorsque le champ d'énergie lumineux sera libéré du corps. Un élève m'a raconté que lui et ses frères et sœurs sont passés du désespoir aux larmes de joie quand le champ d'énergie lumineux de leur mère a été libéré. Toute la pièce s'est emplie d'une paix inexplicable. Il est possible que le corps lumineux ne soit pas expulsé par la couronne. Il sortira par le chakra duquel il est le plus prêt à se séparer. J'ai été témoin de cas où le corps lumineux est sorti par le deuxième chakra ou celui du cœur.

8. Scellez les chakras en traçant une croix avec votre pouce au-dessus de chaque centre. En scellant les chakras, vous empêchez le corps lumineux de retourner à une forme physique sans vie. Vous pouvez utiliser de l'eau bénite ou de l'huile essentielle. N'oubliez pas que le symbole de la croix est plus ancien que le christianisme. Il représente la fermeture d'une entrée dans un corps physique qui plus jamais ne servira.

Dans les traditions chrétiennes, nous retrouvons une pratique similaire aux rites ultimes. Cependant, presque plus personne ne se souvient du sens de ces rites. Le prêtre oint le front et le cœur d'eau bénite en faisant le signe de la croix. Il ignore probablement qu'il emprisonne peut-être le champ d'énergie lumineux de la personne dans son corps physique, liant l'esprit à la matière à l'intérieur d'une coquille sans vie. C'est alors que la personne peut continuer à s'identifier à un corps physique en décomposition. Si elle fait partie des personnes (une sur dix) qui ne retournent pas naturellement au monde de l'Esprit, elle ne pourra peut-être pas être libre tant que le corps ne sera pas complètement décomposé et qu'il ne restera plus de matière à laquelle le corps lumineux pourra adhérer.

La première fois que j'ai administré les rites funèbres, à l'exception des fois où j'ai assisté mon mentor, c'était au moment de la mort de mon père. J'étais présent quand il est tombé dans le coma. Ma sœur, ma mère et moi étions à son chevet. Depuis plusieurs jours, nous lui tenions la main, lui affirmions notre amour, le rassurions en lui disant de ne pas s'inquiéter à notre sujet. À la fin d'une journée, ma sœur et moi sommes sortis pour aller chercher des sandwichs. À notre retour, nous avons constaté qu'il ne respirait plus. Un jeune prêtre catholique se tenait au-dessus du lit et lui administrait les derniers sacrements. Je l'ai doucement sorti de la chambre, que j'ai ensuite verrouillée. À mesure que je détachais les chakras de mon père, j'observais son corps lumineux qui sortait par son cœur. Dès que ses chakras ont été libérés, son corps lumineux s'est échappé de son corps physique. Il n'a fallu qu'une poussée d'amour sortant par la plante de ses pieds. La qualité de l'atmosphère a changé. Nous avons ressenti une sérénité que j'associe davantage aux cathédrales qu'aux hôpitaux. Ma mère a cessé de pleurer et nous nous sommes enlacés tous les trois. Nous percevions la présence de mon père dans la pièce et sentions qu'il était libéré de la douleur paralysante qu'il endurait depuis un an. J'ai fermé ses chakras, ouvert la porte et invité le jeune prêtre à terminer sa cérémonie.

L'aide spirituelle

Le guérisseur doit offrir son assistance aux mourants de la manière la moins dérangeante possible. Gardez à l'esprit que tout le monde qui vous entoure a besoin d'être guéri, pas seulement la personne en train de mourir. La famille voudra parfois que vous assumiez le rôle de chef simplement pour éviter d'affronter la mort. Prenez garde de ne pas tomber dans ce piège. Votre tâche principale consiste à maintenir l'espace sacré. Durant le processus de la mort, tout sentiment est amplifié. Les événements pénibles du passé, la confusion suscitée par la mort et la peine des membres de la famille contribuent tous au chaos. Lorsque vous enveloppez une personne aimée dans votre champ d'énergie lumineux, vous créez une oasis de paix. Ce calme permet à la personne mourante de rassembler et de reconnaître les êtres qui lui sont chers et de découvrir les guérisseurs lumineux qui l'attendent dans l'autre monde.

La mort symbolique

Les chamans se familiarisent avec le voyage dans l'Au-delà par l'envol de l'Esprit. Pour eux, il est important de connaître dès maintenant le chemin vers l'infini, pendant que nous possédons un corps auquel nous pouvons revenir. Ils prennent part à des rituels au cours desquels ils meurent de manière symbolique et se rendent dans le monde de l'Au-delà, où ils reçoivent des dons puissants de guérisseurs. En s'exerçant à l'envol de l'Esprit (parfois appelé expérience extracorporelle en Occident) et à la méditation, les chamans assimilent les cartes menant à l'Au-delà. De l'autre côté de la vie, ils ne trouvent que la vie. Le voyage dans l'Au-delà est devenu un symbole archétypal de transformation et se retrouve dans toutes les cultures. Le Christ, qui a passé trois jours parmi les morts avant de réapparaître sur Terre, illustre ce voyage dans une réalité divine.

Les traditions orales des peuples autochtones incluent une foule de récits décrivant les défis qu'une personne peut rencontrer lors d'un voyage vers la lumière. Ces épreuves comprennent la rencontre de figures démoniaques, de monstres à plusieurs têtes, de vampires, de fantômes et de spectres, en fait, tous les personnages d'un cauchemar affreux. La mythologie nous fournit non seulement des descriptions détaillées de ces rencontres, mais également les stratégies utilisées pour les affronter. À l'étude de ces récits, nous découvrons que le héros réussit, non par le combat, mais plutôt par une modification de sa conscience. Quand Hercule a lutté contre l'Hydre, le serpent à plusieurs têtes, il s'apercevait que chaque fois qu'il tranchait une tête, deux autres émergeaient. Un chaman de l'Amazonie m'a raconté sa rencontre avec un anaconda géant lors d'un envol de l'Esprit. Il avait beau courir très vite, le serpent le rattrapait toujours. Finalement, le serpent est arrivé derrière lui et a ouvert sa gueule caverneuse. Apercevant son palais strié, il était certain d'être bientôt dévoré. À ce stade, tremblant de peur, il a sauté dans la gorge de l'anaconda et le gros animal l'a avalé. Son corps était coincé et tous ses os ont été broyés. Puis il s'est rendu compte qu'il pouvait voir par les yeux du serpent et qu'il sentait la texture du sol sous son ventre. Il a terminé son voyage sous forme de ce puissant serpent, et dorénavant cet animal le guide chaque fois qu'il entreprend l'envol de l'Esprit.

Chaque religion possède des œuvres décrivant le voyage dans l'Au-delà, comprenant également des directives sur la façon de parvenir à la libération et des détails sur ce que nous découvrirons là-bas. Le plus connu de ces documents est *Le livre tibétain de la vie et de la mort* qui, comme son équivalent égyptien, est estimé non seulement pour sa cartographie du monde de l'Esprit, mais aussi pour sa révélation du secret de la vie. Les cartes sont utiles dans la mort, mais elles nous servent davantage à comprendre le mystère de la vie. Lorsque nous comprenons l'aspect continu de la vie dans l'éternité, nous avons atteint la liberté. La mort cesse de nous traquer et nous découvrons notre soi qui vit dans l'infini.

ÉPILOGUE

Le Machu Picchu a été construit par le neuvième empereur inca, Pachacutek, qui a gouverné un empire de la taille des États-Unis. Son nom signifie « réformateur du monde » et incorpore l'essence des prophéties incas, qui annoncent la période de renouveau à la fin des temps, *pachacuti*. Le mot *pacha* en langue inca veut dire « Terre » ou « temps ». *Cuti* signifie « tourner à l'envers ». Ainsi, *pachacuti* fait référence à une époque de grands bouleversements sur Terre. Le dernier *pachacuti* est survenu à l'arrivée des conquistadors espagnols. À ce moment, le monde indien a été bouleversé et le chaos a remplacé l'ordre. Les rois et les chefs ont été mis à mort, les guérisseurs ont été réduits en esclavage et les Indiens ont été asservis sans merci dans les plantations et les mines. Selon les chamans incas, le prochain *pachacuti* a déjà commencé et notre époque connaîtra la perturbation et le chaos jusqu'en 2012. Durant ce temps, notre monde sera à nouveau remis à l'endroit. Le paradigme du pillage de la Terre, amorcé par la civilisation européenne, prendra fin et la façon d'être des peuples de la Terre s'imposera à nouveau. Les conquistadors périront par leurs propres armes, et la Terre retrouvera son équilibre.

Pour les Incas, ce *pachacuti* signifie la fin du monde tel que nous le connaissons. Même si les prophéties font mention d'une possibilité d'annihilation, elles promettent également l'émergence d'un millénaire de paix, à la fin de cette époque chaotique. Ce qui importe encore davantage pour les chamans, c'est que les prophéties évoquent une déchirure dans le tissu du temps, une fenêtre s'ouvrant sur l'avenir et par laquelle émergera une nouvelle espèce humaine. Don Antonio disait souvent que l'*homo sapiens* avait péri et qu'un humain nouveau, l'*homo luminus*, était en train de naître à cet instant même sur la planète. De façon intéressante, mon mentor croyait que l'évolution se produisait à l'intérieur même des générations, plutôt qu'entre elles comme le pensent les biologistes. *Nous* sommes donc cette nouvelle race humaine. Nous sommes ceux que nous attendions. La question n'est plus de savoir si nous pouvons faire un progrès considérable vers ce que nous sommes en train de devenir, mais plutôt si nous oserons le faire.

Don Manuel Quispe était parvenu à une perspective vraiment globale. Il avait compris que les destinées des peuples de la Terre étaient toutes entrecroisées. Il croyait que les prophéties des Incas, comme celles des Hopis et des Mayas, concernaient les peuples de toutes les races et nations. Elles étaient fondées sur le *munay*, le pouvoir absolu de l'amour.

Au fil des ans, don Manuel m'a accueilli à ses cérémonies les plus privées. Je me souviens d'avoir rencontré le plus vieux guérisseur inca, l'équivalent du dalaï-lama, lors d'une cérémonie à l'extérieur de Cuzco. Nous étions assis dans une ruine inca, entourés de pics montagneux qui s'élevaient à près de deux kilomètres au-dessus de nous, qui nous trouvions déjà à une altitude de 3 400 mètres. Le chaman tenait trois feuilles de coca entre ses doigts et s'est mis à prier. Il soufflait ses prières dans les feuilles et appelait l'esprit des montagnes et de la Terre-Mère. J'avais l'impression que les sommets enneigés assistaient à notre cérémonie. Soudain ils ne m'entouraient plus, ne me dominaient plus, mais étaient à côté de moi ou moi à côté d'eux dans les vallées verdoyantes. Don Manuel croyait que les cérémonies des guérisseurs et les connaissances des Indios appartenaient à toute la planète. Cela m'est apparu clairement lors d'une expédition à la montagne sacrée appelée Ausangate.

Nous étions à Pachanta Pampa et nous apprêtions à entreprendre la dernière étape du voyage jusqu'à notre camp, à une altitude de 4 300 mètres. Durant les six prochains jours, j'allais vivre, manger et participer à des cérémonies avec les vieux sages incas. Le mont Ausangate se trouve à environ 6 700 mètres au-dessus du niveau de la mer et est surnommé « tonnerre sous la montagne ». C'était en juillet, le milieu de l'hiver en Amérique du Sud. Selon les légendes, les nuages qui enveloppent continuellement la montagne se dispersent quand les chamans viennent y célébrer des cérémonies à la *huaca*, un lieu de pouvoir au cœur de la montagne.

« Tu dois couvrir les yeux du cheval avant de le monter », m'a expliqué l'Indien dans un mélange d'espagnol et de quechua. « Il est facilement effrayé. » J'ai regardé mon cheval, à peine plus gros qu'un poney, puis le bandana sur ses yeux, en jurant à voix basse. Remarquant mon hésitation, l'Indien a continué : « C'est un bon cheval. Petit mais bon. Les gros chevaux, leur cœur lâche à cette altitude. » Levant les yeux, j'ai constaté que le ciel était tout gris. En fait, la neige semblait sur le point de tomber. Ce n'était pas ma journée. Je me suis tourné vers l'homme qui tenait mon cheval aux yeux bandés, puis j'ai dit : « Je crois que je vais marcher. *Muchas gracias*. »

Les *huacas* sont sacrées, mais ce sont aussi des lieux dangereux où le voile entre les mondes s'amincit, où les perceptions normales du temps et de l'espace s'embrouillent. Ce sont des endroits où le *causay*, l'énergie originelle de la Création, s'infiltre dans notre monde, où les chamans peuvent avoir une influence sur des événements survenus dans le passé et aussi entrevoir notre destinée. La plus puissante de toutes les *huacas* incas est située sur le mont Ausangate. Chaque année, 70000 pèlerins, dont de nombreux guérisseurs et guérisseuses, se rassemblent à la montagne pour la plus grande célébration indienne des Amériques : *Collor R'iti*, la fête de l'étoile des neiges. Les festivités se déroulent dans la partie « publique » de la montagne. Nous devions nous rendre au cœur de la montagne, au pied d'un glacier que seuls don Manuel et les vieux sages connaissent, pour assister à l'interprétation des prophéties incas concernant l'avenir.

À 4300 mètres, chaque pas est une méditation. Après trois heures de route, j'ai regretté de ne pas avoir pris de cheval, yeux bandés ou non.

Cependant, j'ai ainsi eu la chance de marcher avec un groupe de plus de 50 chamans. Don Manuel était à côté de moi. Il m'a expliqué que les Incas ne montaient pas à cheval. « Ils sont espagnols », a-t-il dit. Les autres membres de notre groupe avaient pris un chemin plus long qui convenait mieux aux chevaux. Dans notre sentier étroit, nous devions marcher péniblement dans l'eau glacée des ruisseaux, qui nous arrivait aux genoux. Mes bottes en Gore-Tex étaient complètement trempées. À chaque pas, j'émettais un chuintement qui faisait rire les femmes, qui prenaient plaisir à me faire remarquer que leurs sandales fabriquées à partir de vieux pneus étaient plus appropriées. Elles séchaient rapidement dans l'air de faible densité.

« Nous vivons dans la montagne depuis le début des temps, m'a expliqué don Manuel, avant même la fondation de Cuzco. Après que les Ñaupa Runa, les êtres d'avant notre monde, ont été bannis par les Enfants du Soleil, nos ancêtres se sont établis au sommet des montagnes. Nous avons toujours vécu avec les *apus*, les montagnes sacrées. » À l'époque de la conquête espagnole, un groupe de chamans incas est retourné à ces sommets pour échapper à l'Église et aux conquistadors. Pendant des siècles, on a cru qu'ils étaient des personnages légendaires, un mythe d'une ère lointaine. Puis, il y a environ 50 ans, ils sont descendus pour assister à la fête du *Collor R'iti* et ont été identifiés par les guérisseurs comme les derniers descendants des Enfants du Soleil. Les légendes racontent que lorsqu'ils sont apparus vêtus de leurs ponchos affichant l'emblème royal du Soleil, une allée s'est créée au milieu des milliers de gens réunis, et les aînés les ont accueillis en disant : « Nous vous attendons depuis 500 ans. »

Quand j'ai demandé à don Manuel pourquoi ils étaient descendus de leurs sommets élevés, il m'a répondu que c'était une prédiction de leurs prophéties. Pendant 500 ans, ils avaient observé l'œuvre des conquistadors – la pollution des rivières, la construction des villes, le changement des conditions atmosphériques, ainsi que d'autres signes. Ils avaient été investis d'une prophétie qui annonçait la fin des temps. « N'importe qui peut être voyant, m'a révélé don Manuel. Nous avons été les gardiens d'un ensemble de procédés, de rites, s'introduisant dans ce que nous sommes en train de devenir comme peuple, comme planète. Ces procédés n'appartiennent pas uniquement aux Indiens, mais au monde entier. Ce sont les *mosok karpay*, les rites des temps futurs. »

J'ai voulu en savoir davantage. « Nos prophéties sont gravées dans la pierre, m'a-t-il dit. Nous n'avons pas de langue écrite comme vous. Nous ne possédons que nos tissages et nos pierres. Si tu comprends le Machu Picchu et les pierres de cette ville ancienne, a-t-il poursuivi, tu comprends Cuzco. Le Machu Picchu est un microcosme de Cuzco. Si tu comprends Cuzco, tu comprends tout l'empire inca. » Il a fait une pause et j'en ai profité pour m'appuyer contre un rocher pour reprendre mon souffle. Nous étions à moins de deux kilomètres d'Azulcocha, notre camp de base au lagon Bleu, au cœur de la montagne. Nous étions entourés d'*apachetas*, des amoncellements de pierres à prières édifiés par les pèlerins qui avaient entrepris le même voyage que nous faisions présentement. Les pierres avaient été disposées avec soin les unes sur les autres pour créer des tours d'environ deux mètres. Le rocher sur lequel j'étais appuyé était gravé d'un de ces *apachetas* et don Manuel m'a fait remarquer qu'il marquait l'entrée de l'espace intérieur, le cœur de la montagne. Don Manuel s'est accroupi à côté de moi et a ouvert sa *mesa*, la collection de pierres et d'objets de pouvoir que transporte tout chaman. « Si tu comprends la *mesa* », a-t-il dit en dépliant soigneusement son ballot de guérisseur pour me montrer les pierres, « tu comprends le Machu Picchu et les prophéties. »

Le chaman acquiert sa *mesa* durant le processus de sa propre guérison. Chaque pierre représente une blessure transformée en une source de sagesse et de courage. Durant le processus, il nettoie son champ d'énergie lumineux des empreintes karmiques et des résidus toxiques qui affaiblissent ses chakras. Libéré de l'emprise des empreintes du passé, il peut maintenant être informé par la personne qu'il est en train de devenir. De ses chakras partent des filaments lumineux qui rejoignent le tissu du temps et s'enracinent dans l'infini. La sagesse et les enseignements des époques passées et futures circulent par ces fibres de lumière. Le chaman se souvient des histoires anciennes et de celles qui n'ont pas encore été racontées. Il peut développer un corps qui vieillit, grandit et meurt différemment. Il peut devenir un Inca, un enfant du Soleil, un *homo luminus*.

La fin de la tyrannie du temps... Toutes les religions de notre monde en font mention. Dans le judaïsme, le Messie doit venir à la fin des temps. Dans le christianisme, le temps a pris fin une fois avec la venue du Christ, puis encore à la fin des temps lorsque « les vivants et les morts seront ressuscités et jugés ». Il est intéressant de constater que toutes tiennent pour acquis que le temps va dans une seule direction, que la fin des temps se produira quand il n'y aura plus de minutes ni de secondes.

Je me suis rendu compte que pour Antonio, Laura, Manuel et leurs élèves, sortir du temps est un procédé et non un phénomène qui arrivera dans un avenir lointain. L'élément-clé est le processus d'illumination. Plutôt que de maintenir l'espace sacré ouvert pendant un certain temps et d'y amener l'énergie curative du causay, *ils entrent dans cet espace et retournent à la source qu'ils appellent* texemuyo. *Mon ami qui est prêtre jésuite m'a souvent harcelé pour que je l'amène à cette cérémonie, mais je refuse toujours. Lors de la cérémonie, le chaman recouvre la partie de lui-même qui jamais n'a quitté l'Éden, qui converse avec Dieu, qui ne meurt pas. Un sujet plutôt intense. Tout le monde attend l'éternité tandis que les chamans, eux, disent : « Pourquoi pas ce soir ? »*

Le problème du temps tel que nous le connaissons, c'est qu'il est lié à la causalité. Le phénomène de cause et effet. Ce que je suis aujourd'hui est le résultat de ce qui s'est passé hier ou il y a 10 ans. Les psychologues sont l'une des calamités de la causalité. Ils s'acharnent sur les graines qui ont été semées durant l'enfance, balayant leurs feuilles et coupant leurs tiges, n'arrachant jamais les racines. Ils continuent de récolter la pathologie sans penser à semer les graines des possibilités. La causalité vous condamne à l'ordinaire et aux lieux communs.

Je m'intéresse à l'idée de relations non causales. Antonio dit que c'est lui qui a orchestré notre rencontre. Il m'aurait été impossible de le trouver en le cherchant, a-t-il déclaré. Si pendant 500 ans les conquistadors et les missionnaires ne les avaient pas trouvés, lui et son peuple, qui étais-je pour croire que, moi, j'aurais réussi ?

Ce soir est un bon soir pour sortir du temps. L'infinité est patiente.

Extrait du *Carnet de voyage*

11830

Composition
PCA

Achevé d'imprimer en Slovaquie
par NOVOPRINT SLK
le 15 janvier 2019

Dépôt légal mai 2017
EAN 9782290133262
L21EPEN000307A002

ÉDITIONS J'AI LU
87, quai Panhard-et-Levassor, 75013 Paris
Diffusion France et étranger : Flammarion

HARALD KORALL

Ich habe sie alle im Schlaf getötet

Harald Korall

Ich habe sie alle im Schlaf getötet

Authentische Kriminalfälle

MILITZKE

Bibliographische Information der Deutschen Bibliothek
Die Deutsche Bibliothek verzeichnet diese Publikation in der Deutschen Nationalbibliographie; detaillierte bibliographische Angaben sind im Internet über http://dnb.ddb.de abrufbar.

Lektorat: Monika Werner
Umschlaggestaltung: Claudia Hofmann
Satz und Layout: Nicole Körtge
Gesetzt aus der New Baskerville
Druck und buchbinderische Verarbeitung: Steidl, Göttingen

Printed in Germany
ISBN 3-86189-615-X

Besuchen Sie den Militzke Verlag im Internet unter:
http://www.militzke.de

Inhalt

Die in diesem Buch beschriebenen Fälle haben sich tatsächlich zugetragen. Die Darstellung folgt im wesentlichen den Abläufen der Ereignisse. Täter, Opfer und Zeugen sind dennoch nicht mit den realen Personen identisch und tragen nicht ihren wirklichen Namen. Ihre Biographien wurden vom Autor literarisch gestaltet.

Die Fälle 1–4, erschienen 1997, wurden für diesen Band neu bearbeitet.

Der Würger vom Mansfelder Land

1

Er saß vorn, nahe am Podest der Richter und Schöffen, klein, zäh, aufrecht, nur selten geduckt oder leicht in sich zusammengesunken. Das schwarze Haar, der schwarze kräftige Schnauzer – er hatte kein unebenes Gesicht. Damit hatte er bei manchen jungen Frauen und Mädchen Eindruck hinterlassen, man konnte es sich vorstellen. Ihnen gegenüber war er nicht mundfaul, hieß es, vielmehr mitunter geradezu redselig gewesen. Hier vor Gericht freilich war er wortkarg.

»Ich will den zahllosen Schlagworten der Presse meine Sicht entgegenstellen«, hatte sein Verteidiger erklärt. »Für mich war mein Mandant immer ein Casanova, ein Liebhaber der Frauen, nicht ihr Feind. Freilich: Als ihm die flotten Erfolge, die ihm so leichthin zufielen, nicht mehr genügten, entschloß er sich zur Gewalt. So sehe ich ihn.«

Die Presse, die Medien. Sie hatten brutalere Bilder für den kleinen drahtigen schwarzhaarigen Mann da vorn. Als den »Würger von E.« hatten sie ihn bezeichnet, ihn auch den »Mädchenschänder« genannt, den »Teufel im roten Auto«. Aber meist und immer wieder hieß er der »Würger von E.« Der Würger von Eisleben im Mansfelder Land.

Und die Leute im Saal? Bis auf den letzten Platz war der hohe Raum an jedem Prozeßtag gefüllt. Die Luft stand heiß und dumpf zwischen den Wänden, so daß die Richter sich veranlaßt sahen, Pausen zu machen, nur um die Fenster und Türen aufreißen zu lassen, daß mit dem Sog ein bißchen weniger verbrauchte Luft von der Straße hereintrieb. Trotzdem kamen die Leute jeden Tag, die meisten mit dem Bus, sie nahmen die Fahrten aus den Dörfern auf sich und das Sitzen, sechs, acht Stunden im stickig prallvollen Saal. Am fünften Tag, nach dem anderthalbstündigen Plädoyer des Staatsanwalts, als er für den schwarzhaarigen Mann da vorn die lebenslange Freiheitsstrafe beantragte, jagten sie den Beifall aus ihren sonst so stillen Händen, gemeinsam, alle, ohne Abstimmung. »Noch eine solche unangebrachte Bekundung, und ich schließe die Öffentlichkeit komplett von der weiteren Verhandlung aus«, sagte da der Vorsitzende, sonst so geduldige Richter. Sie nahmen's mit Gleichmut hin. Wie konnte es sie treffen? Sie hatte längst anderes getroffen.

Und am sechsten Tag, als das erwartete Urteil zu ihrer Genugtuung verkündet war, standen sie in nahezu einer Front, spieen ihn an, hoben die Fäuste: »Du Mörder, du Schinder, du Schwein! Selber solltest du zugrunde gehen, wie du die Mädchen hast zugrunde gehen lassen.« Da war er wohl heilfroh, daß die ihn begleitenden Vollzugsbeamten die Handschellen rasch schnappen ließen und ihn das letzte Mal aus dieser Öffentlichkeit wegführten, über Flure und Treppen hinab in den vergitterten Wagen und schließlich in die stille Leere seiner Zelle.

Dabei: Fast hätte dieser Prozeß alles andere als termingemäß stattfinden können. Am Wochenende vorm monatelang geplanten Beginn, an einem Freitagabend kurz nach achtzehn Uhr, gelang es dem drahtigen, wendigen Schwarzen, aus der mitten in der Stadt gelegenen Untersuchungshaftanstalt zu fliehen, im späten Dämmerlicht. Die regionalen Zeitungen zeigten am Morgen darauf die Front des Haupthauses mit dem vergitterten Fenster im dritten Stock, das simple geknotete Laken und das Garagenvordach darunter: »Der Würger entkommen!«

Es hatte in einer der drei Haftanstalten der Stadt in den letzten Monaten mehrfach Gefangenenentweichungen gegeben. Aber aus dieser Anstalt doch nicht! Die U-Haft galt doch als absolut sicher! Wie hatte es geschehen können? Der kleine Schwarze war nicht mehr in Einzelhaft gehalten worden, damit sich seine Aggressionen nicht kurz vor dem Prozeß zusätzlich stauten, und er hatte offensichtlich Freunde gefunden. Auch dicke, stämmige Freunde, die sich schützend um ihn stellten, vielleicht noch die Arbeit des Gittersägens mit ihm teilten? Aber woher stammte die Säge? Etwa von der Mutter, die den Schwarzen in Abständen besuchen durfte?

Als die Polizeikommandos noch ausschwärmten, den Entwichenen wieder einzufangen, auch die nun schwer gefährdeten Zeugen der Anklage vor möglicher blindwütiger Rache zu schützen, als die Leser am Morgen die regionalen Blätter zur

Hand nahmen, ja, noch als die Seiten mit der Sensationsmeldung gedruckt wurden, war im Grunde längst alles vorbei, simpel und unspektakulär. Gegen elf Uhr in der Nacht, keinen Kilometer von der Ausbruchsstelle entfernt, war der kleine Schwarze gefaßt worden: ausgerechnet von einem seiner Wärter. Der fuhr, seine Dienstschicht war längst zu Ende, über einen der verkehrsreichsten Plätze der Stadt, das Rondell unter der Hochstraße, die die Stadt quert, da sah er zu seinem Entsetzen den Schwarzen auf dem langgestreckten Parkplatz nebenan, kniend, wie er sich an einem der Autos zu schaffen machte. Der Justizbeamte ließ seinen Wagen fast auf der Kreuzung stehen, versicherte sich der Hilfe eines zufälligen Passanten. So wurde der Schwarze nach kurzer japsender Flucht wieder aufgegriffen: ohne Widerstand.

»Es muß im Mansfeldischen, in der Gegend der Halden, 1991 mehrere Sexualtäter gegeben haben«, erklärte der Staatsanwalt später. »Es existiert dort ein Rückkehrerheim, eine Art Asylantenauffangstelle, abgelegen. In ihrer Nähe geht eines Tages eine Russin spazieren, um die hellichte Mittagszeit. Da überholt sie ein Pkw, fährt langsam an ihrer Seite, der Fahrer spricht sie an. Schließlich hält er, zerrt die Frau ins Auto, wobei er mit ihr in einen heftigen Kampf gerät. Ausgerechnet im selben Augenblick beginnt ein Hubschrauber über dem Tatort zu kreisen, er wartet, wendet mehrfach, so daß die Russin fliehen kann. Aber der Pkw-Fahrer verfolgt sie erneut, kriegt sie wieder zu fassen. Diesmal wehrt sie sich so heftig, daß sie die gesamte Frontscheibe des Autos hinausdrückt. Es war ein rotes Auto, sagt sie später. Der Täter fuhr ein rotes Auto. Aber es war nicht der Schwarze, sagt sie. Als wir ihn hatten und ihn ihr gegenüberstellten, schüttelte sie energisch den Kopf. Der Schwarze war es nicht, mit Bestimmtheit nicht.

Wirklich, es hat in der Gegend mehrere Sexualtäter gegeben. Da war ja auch die Schwesternschülerin Sandra. Man hatte sie tot aus einem See gezogen, mit etlichen Zeichen einer Vergewaltigung und ihrer Gegenwehr. Aber sie war am Ende mit einem Stich in den Hals zu Tode gebracht worden. Das war nicht die Handschrift des Schwarzen.«

In dem Landstrich, in dem dies alles geschah, hatten sich die Bergleute jahrhundertelang in den Boden gewühlt, mühsam die hauchdünnen Schichten des begehrten Kupfererzes abzubauen. Nebenan in Eisleben war Martin Luther geboren und gestorben, selbst Sohn eines kleinen Bergunternehmers. Nun lief die Erzgewinnung aus. Wende und kalt hereinbrechende Weltmarktpreise setzten dem schon immer kostenaufwendig betriebenen Abbau das endgültige Ende. Nur die riesigen öden Halden blieben, die Pyramiden und Kegel, hundertfünfzig Meter hoch und einige noch höher, vielleicht für die Ewigkeit in das mäßig wellige Land gesetzt. Nebenan erst begannen die eigentlichen Hügel, fing der Harz allmählich an, sich zu türmen.

Flaches Land also, karge Landwirtschaft, aufgegebener Bergbau, so war die Gegend, wenig gegliedert. Und die Leute waren verunsichert, im Umbruch, auf der Suche. Was würde von ihrem alten Leben noch bleiben, wie sich das neue gestalten?

Auch Knut Born, zum Beispiel, lebte mit vielen Unsicherheiten. Seine Landgenossenschaft, noch mühevoll existent, stand vor roten Zahlen. War's da nicht gleich besser, er setzte sich ab? Auch in Schwaben oder Franken wurden geschickte junge Traktoristenhände gebraucht. Aber er war 89 nicht gegangen; da wußte er, er ging auch jetzt nicht. Er hatte das Haus hier, die weitverzweigte Familie, das waren zähe Bindungen.

An einem Tag Ende März 1991 fuhr Knut Born den Güllewagen, schlimme Arbeit, aber notwendig. Die bäuerliche Genossenschaft hatte vor Jahren oben auf den Halden mehrere Abwasserteiche angelegt. Die riesigen hohen Berge von totem Abraumgestein konnten auf diese Weise noch zu etwas nütze sein. Die Gülle, dorthin gebracht, störte niemanden, verdarb nicht die Felder und nicht die Luft.

Als Knut Born an diesem Märzmorgen seinen Güllewagen rückwärts an eines der Modderbecken lenkte, schließlich das Abflußventil öffnete, stutzte er. In dem aufwallenden Brei war auf einmal, ein Stück hin vom Uferrand, etwas Fremdes, ein Sack, ein Körper. Ein angewinkelter Arm? Oder nur ein fremder, eigentümlicher Fleck?

»Wir müssen diesem jungen Traktoristen und seiner Aufmerksamkeit unendlich dankbar sein«, sagte der Staatsanwalt später in seinem Plädoyer. »Ohne ihn und seine Entdeckung säßen wir heute gewiß nicht hier, wären wir auf den Mörder von Annett Stephan möglicherweise nie gestoßen.«

Als die Helfer der Genossenschaft und die benachrichtigten Mitarbeiter der Kriminalpolizei an jenem Märzmittag den unbekannten Körper aus der Gülle schließlich auf die steinige Uferumrandung zogen, war es der Leichnam einer jungen Frau, an den Füßen gefesselt, vor Mund und Nase eine Kompresse, ein geknotetes Tuch. Das die Hände zusammenschließende Tuch, merkwürdig, war wieder durchgetrennt.

Es war der Leichnam der seit etwa drei Wochen verschwundenen Annett.

2

Annett Stephan, achtzehn Jahre alt, Oberschülerin am Gymnasium im nahen Eisleben, ansässig in Buchwitz. Am 8. März 1991 hatte sie in ihrem Heimatort eine Disko besucht, sich gegen dreiundzwanzig Uhr von ihrem Freund verabschiedet, der in einem Nachbarort wohnte und mit dem letzten Nachtbus nach Hause wollte. Annett hatte nicht bis zum Eintreffen des sich etwas verspätenden Busses gewartet (Warum nicht? Jedes Verhalten löst ein Dutzend Fragen aus), sondern war schon vorher gegangen. Jens Hilpert war ihr erster ernsthafter Freund, ein ordentlicher, sympathischer Junge. Er schluchzte unentwegt, als man ihn später mit den Gegebenheiten konfrontierte.

Annett Stephan kam in jener Nacht nicht heim. Sie verschwand auf dem rund dreihundert Meter langen Wegstück zwischen Bushaltestelle und Elternhaus. Der erregte Vater besuchte Jens Hilpert am Sonntagmittag in Dermbach in der Hoffnung, seine Tochter dort anzutreffen. Aber er kam vergeblich. Da erstattete er Vermißtenanzeige.

Es gab in jenen Monaten im Manfeldischen und seiner Umgebung zahllose Ängste, Vermutungen und Gerüchte. Nicht nur die Staatsanwälte und Polizisten, auch die Öffentlichkeit wußte ja längst: Es waren einige sehr junge Frauen zunächst spurlos verschwunden und dann tot aufgefunden worden. Merkwürdig: Man hatte sie immer in Gewässern entdeckt, diese Schwesternschülerin

Sandra zum Beispiel in einer ehemaligen Kiesgrube bei Roßla, die auch erst achtzehnjährige Beatrix kaum zwanzig Kilometer weit weg in einem versumpften Badeteich. Würde Annett Stephan auf ähnliche Weise gefunden werden, oder war sie ein unbedachter, leichtsinniger Mensch, dem es nichts ausmachte, ohne jemandem Bescheid zu geben, eines Nachts zu einer wochenlangen fröhlichen Wanderschaft aufzubrechen?

»Wir überzeugten uns schnell: Die Abiturientin Annett Stephan war ein ernsthaftes junges Mädchen und hatte alles andere im Sinn als unüberlegte Eskapaden. So hatten wir schnell unsere nächste Befürchtung: Es war wieder so ein Verbrechen geschehen.«

Sie gingen bei der Kriminalpolizei zunächst die erprobten Wege. Sie versuchten zum Beispiel, alle Personenbewegungen in jener Nacht genau aufzulisten, eine aufwendige Ermittlungsarbeit: Wer war wann wo gewesen, wer hatte sich in der Disko aufgehalten, wer war wann gegangen, wer wohin? War irgendwer sonst noch im Dorf aufgefallen? Mit wem hatte Annett Stephan in letzter Zeit Kontakt?

»Plötzlich stießen wir auf ein junges Mädchen, eine Diskobesucherin wie viele. Sie hatte die Diskoveranstaltung erst nach Mitternacht verlassen. Sie lief durch Buchwitz, da merkte sie plötzlich, daß wer neben ihr herfuhr, geradezu neben ihr herkrauchte, ein roter Pkw. ›Ja‹, sagte sie, ›ich habe mit Sicherheit erkannt, daß es ein roter Wagen war. Und es war ein Opel Kadett, ein roter Kadett mit Fließheck. Meine Eltern fahren genau so einen. Ein kleiner Mann stierte heraus, sein Haar war schwarz und glatt gekämmt, auch sein voller Bart. Ich habe nicht gehört, ob er mich ansprach. Plötzlich holte mich meine Freundin ein, da waren wir zu zweit, und er gab Gas und verschwand.‹ Diese Freundin konnte uns bei ihrer eindringlichen Befragung übrigens ein bemerkenswertes Detail mitteilen, das für unsere Ermittlungen unerhört wichtig wurde: Der fremde rote Wagen, auch nach ihrer Überzeugung ein Opel Kadett, trug ein rotes Überführungs-, also noch kein endgültiges Kennzeichen. Von da an suchten wir wie die Kaputten nach diesem roten Wagen.

Am Ende war's nicht recht begreiflich. Der Wagen des Täters war tatsächlich rot, und er trug auch ein rotes Überführungskennzeichen.

Doch es handelte sich nie und nimmer um einen Kadett, es war vielmehr ein knallroter Japaner, ein Suzuki. Und ob er tatsächlich noch einmal nachts gegen ein Uhr durch Buchwitz gefahren war, erschien uns später höchst zweifelhaft.

Und dennoch: Daß wir einen roten Wagen mit rotem Überführungskennzeichen suchten, führte uns auf die Täterspur.«

Die Bevölkerung, aufgebracht, verunsichert, voll Zorn, half. Schon wieder wurde so ein junges Ding gesucht. Hörte das nie auf? Es gab Pressemitteilungen, ein Phantombild: ein Mann mit üppigem dunklem Haar und ähnlich vollem Bart. Wer kannte den, an wen erinnerte dieses gezeichnete Porträt?

Sie ermittelten mit erheblichem Aufwand, sie legten ein Netz von Routine über das Land: Wer im Mansfeldischen besaß ein rotes Auto, ein im März 91 nur vorläufig angemeldetes, eins mit nur zeitweilig gültigem rotem Kennzeichen, einen Opel Kadett etwa? Und wer trug so volles Haar bis zum Kinn, Alter irgendwo um die Dreißig?

Sie waren voller Ungewißheiten. Sie trugen noch die alten Uniformen, hatten noch die alten Ausweise. Würden sie Kriminalisten bleiben können, in die neue Polizei übernommen werden, oder würde man sie – jeder einzeln geprüft und gewogen – davonschicken, als belastet befinden? Doch in diesen Tagen standen bei vielen die persönlichen Zukunftsängste zurück: Ein Mörder wurde gesucht.

Eines Tages erfuhren sie: Da gab es einen bärtigen jungen Mann, geboren 1964, der hatte am 9. März eine Aushilfstätigkeit in der Landwirtschaft aufnehmen wollen, war aber nicht zum vereinbarten Zeitpunkt erschienen, sondern erst Tage später. Als er auftauchte, hatte er erhebliche Kratzer auf Stirn und Wangen, ein mit Pflastern verklebtes Gesicht. Kampfspuren? Wovon? Und der Name des jungen Mannes? Reiko Sahm, wohnhaft in Arnsbach. Gab es sonst noch etwas Auffälliges an ihm? Ja, er fuhr ein rotes Auto, aber keinen Kadett, sondern so einen neuen Japaner, einen roten Suzuki. Und zur fraglichen Zeit war der Wagen hier im Osten noch nicht angemeldet. Im bayrischen Deggendorf am 5. März 1991 geleast, trug er bis in die Mitte des Monats hinein dieses zeitweilige rote Kennzeichen.

3

Reiko Sahm, gelernter Traktorist. So tauchte er zum ersten Male in ihrem Blickfeld auf und war doch nur einer unter vielen. Nicht wenige junge Männer um die Dreißig fuhren rote Autos und trugen einen Bart. Außerdem gab es noch genügend andere Richtungen, in die sich ihr Verdacht bewegte. Was war zum Beispiel mit den männlichen Diskobesuchern? Und noch hatte nichts, kein Indiz, kein Zeuge, die Sicherheit vermittelt, daß der unbekannte bärtige Fahrer eines roten Pkw unbedingt mit der toten Annett in Verbindung zu bringen war. Also wollten sie auch Reiko Sahm ganz normal befragen, eins der vielen üblichen Protokolle aufnehmen. Vielleicht konnte Sahm in dieser Sache eine Auskunft geben, die ihnen weiterhalf? Möglich auch, er hatte sich in jener Nacht nachweislich weit vom Tatort entfernt aufgehalten und konnte schnell aus der Liste der möglicherweise Verdächtigen gestrichen werden?

Freilich, Reiko Sahm war erst einmal nicht zu erreichen. Er hatte, geschieden, eine eigene kleine Wohnung, er hielt sich mitunter auch bei seiner Mutter auf. An beiden Orten aber war er nicht anzutreffen, auch nicht bei der Genossenschaft. Die Aushilfsarbeit dort hatte er längst wieder aufgegeben oder unterbrochen, jedenfalls war er erneut unterwegs, »auf Tour«, wie seine Mutter sagte. Nicht ausgeschlossen, daß er sich zu einer Freundin nach Mecklenburg abgesetzt hatte. Auf der kleinen Poststelle im Dorf warteten mittlerweile einige Versandhauspakete auf ihre Abholung durch Sahm, alles Nachnahme. Die Mutter hütete sich, einen Finger für ihren Sohn zu krümmen, gar für ihn Geld auszulegen. Bekam sie‘s wieder? Auf Reiko war kein Verlaß.

Else Sahm, schien’s, war ein schwieriger Mensch. Selber mehrfach geschieden, offensichtlich mehr derb als feinfühlig und geistig nicht gerade sonderlich rege, gefiel’s ihr überhaupt nicht, daß sich Reiko nach seiner Scheidung wieder bei ihr herumtrieb. Sie zeigte sich auch der Polizei gegenüber herzlich wenig kooperativ, trieb die Frager geradezu respektlos von dannen. Man konnte verstehen, daß Else Sahms neun Kinder sich, sobald sie das nötige Alter erreicht hatten, sowieso aus unterschiedlichen Beziehungen stammend, rasch eigene Wege gesucht hatten.

Mitte April tauchte Reiko Sahm unvermittelt wieder im Mansfeldischen auf. Tage später schon vernahmen sie ihn. Wie es Anfang März zu diesen Kratzern im Gesicht gekommen wäre? fragten sie ihn etwa. Ein Betrunkener hätte Streit mit ihm angefangen, erwiderte Sahm, sich mit ihm herumgebalgt, da hätte ihm der scharfe Reißverschluß von der Jacke des anderen die Haut mehrfach aufgeschlitzt. Und könnten sie einmal sein rotes Auto sehen? Bitte. Es stand vor der Tür.

Sie interessierten sich, als sie es untersuchten, merkwürdigerweise auch für den Inhalt des Verbandskastens. Warum? Darin fehlte doch nichts, kein Mullpäckchen, kein schwarzes Dreieckstuch. Da machten sie ihr Protokoll, ließen ihn die knappe Seite unterschreiben und schickten ihn samt seinem roten Suzuki wieder davon.

Ermittlungserfolge sind das Resultat von ausdauerndem Fleiß, von Geduld, Erfahrung, Routine. Nicht selten tragen auch Zufall und Glück ihr Teil zum Ergebnis bei.

Ende April wurde ein junger Mann vernommen, einschlägig vorbestraft und somit der Polizei hinlänglich bekannt. Er näherte sich Frauen aufdringlich, begrapschte sie. Nein, zu Vergewaltigungen war es nie gekommen. Nun erklärte Heinz Wagner, dreiundzwanzig Jahre alt, Hilfsschulabgänger und seit längerem arbeitslos, bei einer Routinekontrolle nachts in Eisleben aufgegriffen: Er wollte ihnen endlich verraten, wie das mit dieser Annett Stephan abgelaufen war, er hatte es nämlich selber getan, zusammen mit Reiko Sahm. Erst hatte er sie vergewaltigt, dann Reiko. Sie hatten sie sich nach der Disko geschnappt, ins Auto vom Reiko gezogen. Sie hatten sie gefesselt, ja, an den Füßen gefesselt, und schließlich gewürgt. Dann war sie auf einen Stein aufgeschlagen und plötzlich tot. So hatten sie das Mädchen in die Gülledeponie gebracht.

Die Vernehmer erschraken und staunten zugleich: So vieles klang unwahrscheinlich, und doch fanden sich da nicht nur die Fakten im Geständnis, die in der Öffentlichkeit längst bekannt waren. Sie holten einen Staatsanwalt herbei, und der entschied im Verein mit der Haftrichterin: Wir setzen sie beide erst einmal fest. Heinz Wagner wird die Tat wohl nicht begangen haben, das ist nicht seine Handschrift, er gibt möglicherweise nur an mit seiner beeindruckenden Selbstbezichtigung. Aber Reiko Sahm kann durchaus der Täter gewesen sein. Es gab ja mittlerweile einige neue Hinweise auf ihn, zum Beispiel den: Reiko Sahm kannte mit Sicherheit den abgelegenen Ort, an den die Leiche von Annett Stephan gebracht worden war. Als seine landwirtschaftliche Genossenschaft vor Jahren auf dem einsamen, kaum zugänglichen Haldengrundstück des Glück-Hilf-Schachtes die Güllebecken anlegte, war der Traktorist Reiko Sahm einer der Mitarbeiter am ersten Güllebecken dort. Nun erlaubte seine Festsetzung auf jeden Fall eine Hausdurchsuchung bei ihm.

Die erfolgte auch umgehend.

Die achtzehnjährige Annett war, als man sie auffand, mehrfach gefesselt gewesen, an Händen und Füßen. Außerdem war ihr eine große Kompresse vor Mund und Nase gebunden worden. Anzunehmen, daß der Mull mit einem Mittel getränkt gewesen war, das sein Opfer hatte ohnmächtig werden lassen. Aber woher stammte der Mull, woher die zur Fesselung benutzten Tücher? Aus handelsüblichen Verbandskästen? Man hatte schon in Dutzenden Autos die Erste-Hilfe-Päckchen auf ihre mögliche Unvollständigkeit hin kontrolliert, so seinerzeit eben auch in Reiko Sahms rotem Suzuki. Immer vergeblich. Nun entdeckte man in Reiko Sahms Keller die entsprechenden Tücher und Kompressen sogar jeweils im halben Dutzend. Da blieb kein Zweifel mehr: Man hatte den Mörder von Annett.

Die schwarzen Dreieckstücher und die Kompressen stammten übrigens nicht aus alten NVA-Beständen, wie man zunächst angenommen hatte. Es war viel einfacher: Die Genossenschaft hatte sie seinerzeit in größerer Zahl für ihre Traktoristen und Werkstätten angeschafft.

Und der arbeitslose Heinz Wagner? Er hatte sich einer Tat bezichtigt, zu der er in Wirklichkeit nie fähig war. Er verstummte auch kläglich, als er nach Einzelheiten befragt wurde. Er wußte nichts von einem Gesichtsverband, er kannte den Leichenfundort nur vom Hörensagen. Angeblich hatten sie die Leiche von Annett Stephan vor der Halde aus dem Auto gezogen und über das spitze, scharfe Abraumgestein nach oben geschleift, ein Unding. Reiko Sahm war vielmehr mit dem Suzuki bis an den Rand der Güllegrube gefahren, das Abraumgestein hatte seinem Wagen dabei die Ölwanne aufgeschlitzt und einen Reifen zerstochen. Deshalb hatte er den nagelneuen Wagen in die Werkstatt bringen müssen – sie erfuhren es etwa zum gleichen Zeitpunkt –, er hatte vorsichtshalber die ramponierten Reifen gleich sämtlich wechseln lassen. Kein Betrunkener hatte sie ihm zerstochen, es hatte dabei keine Balgerei gegeben, kein Reißverschluß eines Betrunkenen hatte Reiko Sahm die Haut geritzt.

Der Haftbefehl in dieser Sache gegen Heinz Wagner wurde nie vollstreckt, Heinz Wagner war wohl eher ein Fall für den Psychiater. Aber paradox blieben auch diese Zusammenhänge: Weil man Heinz Wagner auf der Wache festgesetzt hatte, stieß man auf den tatsächlichen Täter.

4

Reiko Sahm wehrte sich zähe. Dieser Heinz Wagner phantasiert dummes Zeug, sagte er, er erdächte sich Unfug. Er, Reiko Sahm, kenne ihn nicht oder kaum. Nie wäre er mit dem zusammengewesen, erst recht nicht in jener Nacht. In jener Nacht hätte er sich bei seiner Freundin Sabrina aufgehalten.

Doch nach einer Woche verließ ihn seine Energie. Die aufgefundenen Tücher und Kompressen, die Schäden an seinem Auto, seine frühere Anwesenheit auf den Halden, vor allem aber die Tatsache, daß ihm seine Freundin und angebliche Verlobte Sabrina jegliches Alibi für den Tatzeitraum verweigerte, brachen seine Widerstandskraft. Er wolle, erklärte er, mit seiner Haftrichterin sprechen.

Die, eine junge Frau, kein Jahr älter als Sahm, noch vier Wochen zuvor hatte sie in einem Zivilsenat gearbeitet, sich mit Miet- und Unterhaltsschuldnern herumgeplagt, sah sich nun unerwartet mit Abgründen konfrontiert. So jedenfalls formulierte sie es später im Prozeß, als eine der ersten Zeuginnen angehört. Nein, sie würde diese Vernehmung von Reiko Sahm ihr Leben lang nicht vergessen. Er wolle, hatte er ihr gesagt, als er ihr damals gegenübersaß, sein Gewissen erleichtern, mit sich ins Reine kommen. Ja, er hätte Annett Stephan getötet, er wollte nun die Zusammenhänge und Abläufe gestehen. Und dann hatte er zu erzählen begonnen ...

An jenem 8. März war er mit seinem gerade mal eine Woche alten roten Suzuki in der Nacht unterwegs, allein, ein bißchen enttäuscht. Möglich, daß er noch eine junge Frau fand – »auftrieb«, sagte er später einmal –, die bereit war, sich mit ihm einzulassen. In Buchwitz sieht er ein blondes Mädchen mit ihrem jungen Freund offenbar an einer Bushaltestelle stehen, sich von ihm verabschieden. Da fährt er vorüber, biegt in eine Gasse ein, stellt den Wagen dort ab, wartet. Er hat dem Wagen eine schwarze Stoffmaske entnommen und zwei Stricke. Er hat die Kofferklappe geöffnet und mit einem Stein beschwert: Die Kofferrauminnenbeleuchtung soll sein Opfer nicht warnen.

Noch weiß er ja nicht, ob das Mädchen kommt. Aber Annett Stephan nähert sich tatsächlich. In der Überraschung seines Angriffs stürzt sie zu Boden, wo er sie überwältigen kann und am Hals würgt. Sie wehrt sich, schreit, zerkratzt ihm das Gesicht unter der Stoffmaske, aber er stößt die Wagenklappe auf und schafft es, das Mädchen im Kofferraum unterzubringen. Niemand hört ihr Schreien, als er davonfährt, kilometerweit weg. Er bringt sie zunächst auf einen abgelegenen Feldweg, wo er sie gründlicher fesselt (auch ihr Gesicht verdeckt), danach in seine Wohnung, auf sein Bett. Dort bindet er ihr Arme und Füße an die Bettpfosten und vergewaltigt sie mehrmals, immer noch diese Maske über dem Kopf.

Früh am Morgen fordert er sie auf, sich anzuziehen. Wer er ist, fragt sie ihn unter anderem. Einer weit weg aus dem Westen, erwidert er darauf. Er will sie fortbringen, irgendwo wieder aussetzen, da sind plötzlich Stimmen, normale Geräusche im Haus, Wasser fließt ab durch eine Leitung. Nein, sie hält sich in keinem Bungalow, in keiner simplen Laube auf, wie sie vielleicht angenommen hat (das Fenster ist mit einer billigen Leinwand abgedeckt), sie befindet sich in einem ganz normalen Wohnhaus. Als er merkt, daß sie schreien, auf sich aufmerksam machen will, muß er fürchten, entdeckt zu werden. Da schleppt er sie ins Bad, läßt Wasser in die Wanne (oder war's noch drin?) und drückt sie unter die Oberfläche, bis sie aufhört zu strampeln.

»Wie lange haben Sie das Mädel unter Wasser gehalten?«

»Vielleicht vier, fünf Minuten.«

Das ist exakt die Zeit, die der Gerichtsmediziner später im

Prozeß angibt, in der ein normal gesunder Mensch sich maximal gegen das Ertrinken zu wehren vermag.

Sahm durchsucht die Leblose, er findet in ihrer Tasche zwanzig Mark, die er an sich nimmt. Dann paßt er einen Augenblick ab, wo er den Körper unbemerkt über die Hausstiege hinab erneut in den Kofferraum seines Suzuki schleppen kann. Er fährt vor einen abgelegenen Schuppen, aber der ist schwer aufzubekommen, sowieso ist ihm mittlerweile das weitaus bessere Versteck eingefallen, diese Gülledeponie. Wer dort zu tun hat, hält sich nie lange auf. Als das Mädchen nicht gleich untergeht, wirft er noch Steine auf ihren abtreibenden Körper.

Danach fährt er nach Hause, säubert sich. Er entdeckt diese Reifenpanne. Er läuft zum Bäcker, sich frische Brötchen für den Tag einzukaufen.

Reiko Sahm legte dieses Geständnis ohne Zögern ab, gewissermaßen in einem Zuge. Und die Richterin ließ ihn gewähren, hütete sich, oft dazwischenzufragen. Aber auch auf ihre späteren Nachfragen antwortete Sahm ohne Hemmungen. Freilich, sein starrer Blick war immer zur Seite gewandt. Alles in allem beschrieb er die tatsächlichen Geschehensabläufe, wenn auch nicht mit allen später ermittelten Einzelheiten. Danach wurde er in seine Zelle zurückgebracht. Dort schlief er weit über die vorgesehene Zeit hinaus, lehnte Abendessen und Morgenkaffee ab.

Als er Tage danach weiter befragt werden soll, zum Beispiel vom verantwortlichen Staatsanwalt, hat sich sein Verhalten freilich von Grund auf verändert. Sahm wirkt unruhig, hektisch, mißtrauisch. Er redet unwirsch, bloß halbe Sätze. Dann poltert es aus ihm heraus: Alles sei eigentlich völlig anders abgelaufen, er sei in seiner Zelle einfach bloß durchgedreht. Die Angst hätte ihn übermannt, daß ihm keiner glaubte, was wirklich passiert war, da hätte er erzählt, was er sich in schlimmen Nächten ausgedacht hätte. Aber in Wirklichkeit verlief alles so: Er kannte Annett Stephan schon länger, und sie wäre freiwillig mit ihm gefahren. Sie hätten sich geliebt, bis es zum Streit gekommen war, zur tätlichen Auseinandersetzung. Ein Sturz gegen den Wannenrand hätte Annett das Bewußtsein genommen, da hätte er sie ins Wasser gehalten, daß sie erst mal wieder zu sich kam;

vergeblich. Er hätte doch nicht gewußt, daß sie so schnell ertrinken würde. In seiner Panik hätte er sie schließlich ins Auto geschleppt und hinauf auf die Deponie.

Also hatte er Annett Stephan nicht heimtückisch aufgelauert, war er nicht gründlich vorbereitet – vielleicht zum wiederholten Male – *auf Mädchenfang* gegangen? Woher kamen dann die Kratzer auf der Kofferklappe, woher die Fesselungen, wozu dienten die Mullkompressen vorm Gesicht der Toten? Und war es nicht eine bodenlose Unterstellung, das wehrlose Opfer als leichtfertiges Mädchen erscheinen zu lassen, das sich von dem einen Freund verabschiedet, um Minuten später dem nächsten in die offenen Arme, ins geöffnete Auto zu rennen? Wann hatte Reiko Sahm Annett Stephan angeblich kennengelernt, wann hatte er sie wo getroffen?

»Schildern Sie uns die Zusammenkünfte, die dieser einen, letzten vorausgegangen sein sollen.«

Reiko Sahm reagierte auf keinen Einwand, keinen Vernunftsgrund, er blieb bei dieser veränderten Tatversion auch bis zum Prozeß fast ein ganzes Jahr später. Er hatte es längst begriffen: Wessen er sich da in seiner Niedergeschlagenheit und Gewissensnot bezichtigt hatte, war nichts anderes als ein kaltblütiger Mord, und dem folgte für den überführten geständigen Täter die lebenslange Strafe. Wenn er jedoch den Schluß der Tat, den Tod, zwar einräumte, den Weg dahin aber, den nur er kannte, anders darstellte, war's vielleicht bloß Totschlag, gar bloß Körperverletzung mit Todesfolge und gab ihm Hoffnung?

5

Beim Prozeß im März 1992 wird Reiko Sahm freilich nicht nur des Mordes an der achtzehnjährigen Annett Stephan angeklagt.

Annetts Heimatdorf Buchwitz erstreckt sich in etlicher Entfernung parallel der Gülledeponie auf der Glück-Hilf-Halde. Ein Stück hin, auf der anderen Seite, liegt Daßlau, ein Dorf wesentlich kleiner als das fast schon städtische Buchwitz. Auch in Daßlau gab es ein vermißtes Mädchen, sogar schon seit längerem. Am 9. Dezember war dort die neunzehnjährige Simone Winter – ebenfalls nach einem Diskobesuch – nicht in die Wohnung der Eltern zurückgekehrt. Auch ihr war der überstürzte Entschluß zu einem unangekündigten Abenteuertrip in die Ferne nicht zuzutrauen. Simone Winter hing an ihren Eltern, sie wäre nie ohne eine Nachricht für sie auf und davon gezogen. Außerdem lagen in ihrem Zimmer in Daßlau noch sämtliche wichtigen persönlichen Dokumente. Alle Koffer, Taschen, Kleider waren vollständig vorhanden.

Nun, nach dem Fund der toten Annett Stephan, erhob sich der schreckliche Verdacht: Wenn die vermißte Simone nun ebenfalls tot in der Güllelauge einer Deponie auf den Halden liegt? Wenn der Täter, mit den Örtlichkeiten bestens vertraut, einmal von der einen, das andere Mal von der gegenüberliegenden Seite seinen Kalvarienberg befahren hatte? Einige Zeit erwog man ernsthaft, die Deponiebecken auspumpen zu lassen. Man ließ die Kosten überschlagen. Möglich, die Riesensumme hätte der zuständigen Genossenschaft geholfen, noch einige Zeit länger dahinzuvegetieren. Aber woher das Geld nehmen und wohin mit der Gülle?

Mitten in diese Überlegungen hinein platzte die Nachricht: Man hatte nun auch Simone Winter gefunden, tot. Sie lag auf ähnliche Weise zugerichtet wie Annett Stephan in einem Tonloch bei K. Auch ihr Leichnam wies, obgleich über vier Monate im Wasser und in seiner Verwesung deutlicher vorangeschritten, noch sichtbar die Zeichen intensiver Fesselungen auf. Und kein Messer war als Mordwerkzeug verwendet worden.

Zwei auf nahezu identische Weise getötete Mädchen, fast gleichaltrig, im Wasser aufgefunden, gefesselt, die Wohnorte der Opfer keine zwei Dutzend Kilometer voneinander entfernt, die Taten innerhalb eines Vierteljahres geschehen – mußte das nicht auf denselben Täter hinweisen?

Nachdem Simone Winter seinerzeit als vermißt gemeldet worden war, hatte man selbstverständlich ihre Verwandten und Bekannten ausgeforscht, nach dem Freundeskreis des Mädchens und nach seiner Lebensweise befragt. Mit wem war Simone Winter öfter zusammen gesehen worden, wie waren ihre Gewohnheiten? Mehrfach war da von einem ominösen Freund die Rede gewesen. »Nehmt auf mich keine Rücksicht, wartet nicht«, hatte Simone Winter verschiedentlich erklärt, wenn es um den Weg zur Disko gegangen war, »ich habe meinen eigenen Taxifahrer.« Dieser eigene Taxifahrer hatte ein paarmal in der Nähe von Simones

Elternhaus gewartet, gehupt, sie mitgenommen. Ein Mann mit Pkw und Bart. Auch Simones Schwester hatte ihn gesehen: ein Mann mit einem Ford. Jedesmal war dieser Wagen als Ford bezeichnet worden. War Reiko Sahm dieser Mann mit dem Ford? Hatte er auch an jenem 9. Dezember vor Simones Elternhaus gewartet? Sahm hatte zwar nie einen Ford gefahren, doch was besagten schon Firmennamen, wie sehr kannte man sich mittlerweile aus mit den vielen verschiedenen Typen, wie genau konnte man sie gar im Dunkeln unterscheiden, kein halbes Jahr nachdem sie mit der harten D-Mark massiert in den östlichen Ländern Einzug gehalten hatten? ...

Wie schon gesagt: Es hatte im Raum zwischen Harz und Halle, Elbe und Saale noch nie eine solche Vielzahl ähnlicher Gewaltdelikte gegeben. Innerhalb eines einzigen Jahres waren sechs junge Frauen unnatürlich zu Tode gekommen, erst vergewaltigt und danach für immer zum Verstummen gebracht, bei Roßla, im Mansfeldischen, bei Wittenberg, bei Leuna. Da schlußfolgerten viele Verschreckte und mit ihnen eine schnelle Presse: Hinter allem stand ein und derselbe Täter, und sie kannten ihn: Es war der Würger von Halle, der Mädchenschänder vom Mansfeldischen, der Teufel im roten Auto. So sehr sich Richter, Staatsanwälte und Kriminalisten auch dagegen wehrten, nicht wenige Medien nahmen spektakulär das Ergebnis möglicher Ermittlungen unbesehen vorweg und machten Reiko Sahm zum psychopathischen Serientäter, zum Unhold, zum vielfachen Mörder.

Sahm in seiner Haftzelle wußte das, er kannte die Schlagzeilen der Zeitungen, andere Häftlinge sprachen ihn an oder mieden ihn offensichtlich. Reiko Sahm wußte darum auch, was nun weiter auf ihn zukommen würde: Den bohrenden Fragen nach Annett Stephan folgten mindestens die bohrenden Fragen nach Simone Winter, immer wieder, Tag für Tag. Und nach wem noch?

Und weil er dies wußte, igelte er sich ein. Oder bekannte er sich schließlich zur Wahrheit?

Tatsächlich. Nach zwei Wochen Schweigen und Abwehr gestand er plötzlich: Er hatte auch den Tod von Simone Winter auf dem Gewissen, aber gerade bei ihr war es ein Unfall gewesen, ein Mißverständnis.

Am 9. Dezember 1990, so sagte er, traf er Simone Winter zufällig in Daßlau, nicht zum ersten Male. Sie hatten keinerlei Verabredung miteinander, aber Simone setzte sich gern zu ihm ins Auto (einen kleinen Nissan übrigens, auch damals fuhr er schon einen Japaner). Sie sah ihn als ihren Beförderungsgehilfen an, als ihren Taxifahrer, doch er wollte schließlich und endlich mehr, natürlich. Hatte sie ihm nicht schon verschiedentlich Hoffnungen gemacht? Es kam an diesem Abend auch zu ein paar zurückhaltenden Zärtlichkeiten, aber sie traute seinen Treueschwüren nicht: Stand sein kleiner Japaner nicht manchmal auch in anderen Dörfern und wartete?

Plötzlich erschrickt das Mädchen bei seinem Reden: Das ist doch nicht der Weg zur Disko. Wohin fährt er sie? Sahm lacht.

Da greift sie ihm ins Steuer, daß der Wagen schleudert, Sahm ihn schließlich anhalten muß. Sie steigen aus, sie ringen miteinander. Unvermittelt zieht sie eine Flasche mit Reizgas, besprüht ihm das Gesicht, daß er zornig reagiert, blindwütig um sich haut, ihr einen Schlag versetzt, einen einzigen, aber eben einen blindwütigen Schlag. Sie fällt rücklings gegen das Auto (den Spiegel, die offene Tür, das Türkreuz?) und stürzt nieder. Als er einigermaßen zu sich kommt, durch das Gas und die Tränen hindurch um sich blicken kann, begreift er: Sie ist tot. In seiner Not und Angst bringt er sie in dieses Tonloch. Nur fort mit ihr, nur weg.

»Als Simone Winter an diesem Abend zu Reiko Sahm in den Wagen stieg«, wird der Staatsanwalt später im Prozeß plädieren, »war sie kerngesund. Als wir sie fanden, war sie tot. Reiko Sahm war schuld daran, das steht fest, er leugnet es nicht. Aber wie alles geschah? Wir haben keinen Zeugen, wir haben nur seine Aussage. Und die lautet anders als bei Annett Stephan ständig und immer wieder: Es war ein Unfall. Wie ihm anderes beweisen?«

Freilich: Da sind diese Fesseln an Simone Winters Armen und Füßen. Ein Dederonbindfaden an den Beinen, die ausgezogene, vielfach verknotete Strumpfhose am Arm, der hineingeknotete Slip, ein locker geknotetes Tuch. Alles deutet auf ein Sexualvergehen. Und die Wunde am Hinterkopf? Es gibt keine Rißwunde, nicht den angeblichen Schädelbasisbruch. Es gibt keinen Hinweis auf den behaupteten sofortigen Tod. »Selbst eine Einblutung ins Gehirn braucht Zeit«, erklärt der gerichtsmedizinische Gutachter. Denkbar ist höchstens ein Reflextod. Denkbar ist auch ein tödliches Würgen. Aber wie das nachweisen? Nach so vielen Monaten Verwesung im Wasser ist nicht mehr viel an Einzelheiten zu erkennen. »Nur das ist sicher: Simone Winters Tod war unnatürlich«, formuliert der Gerichtsmediziner abschließend. »Die Fesselung beweist es.«

Der Staatsanwalt wird in seinem Plädoyer noch ein Stück darüber hinausgehen. »Ich kann mich des Eindrucks nicht erwehren«, wird er sagen, »daß die junge Simone noch lebend in dieses Wasserloch verbracht worden ist. Sie hat sich gewehrt, sich zu befreien versucht, sie hat schließlich noch einen Arm aus der Schlinge gebracht. So deute ich die vorgefundene Fesselung.«

6

Während seiner alles in allem einjährigen Untersuchungshaft teilt Reiko Sahm seine Zelle mit unterschiedlichen Häftlingen. Einer von ihnen ist über einen längeren Zeitraum Gunter Liebig aus dem Pfälzischen, gerade ein Jahr jünger als Reiko Sahm. Gunter Liebig hatte im Herbst 1990, in den Wochen der Einheit, an den ostdeutschen Sparkassen über sechs Millionen Mark kassiert, zwischen Naumburg und Rügen, Cottbus und Halle, alles in bar, alles in knapp drei Wochen. Er hatte Konten mit ungedeckten falschen Schecks eingerichtet und schon tags darauf höchste Summen von gutgläubigen Angestellten dafür ausgezahlt bekommen. Dabei war er nur ein einzelnes Rad in einer perfekt funktionierenden kriminellen Vereinigung gewesen, die seinerzeit geradezu generalstabsmäßig die neuen Länder überflutet hatte. Vierzig Millionen sollen sie insgesamt erbeutet haben. Nicht alles ließ sich in mehreren langwierigen Prozessen nachweisen. Liebig war nach seiner Flucht über Spanien und Rumänien schließlich in Thailand gefunden worden, wo ein Freund noch immer zwei Bordelle unter seinem Namen führte. Beamte des BKA hatten ihn, als ihn die Thailänder aus anderen Gründen abschoben, zur Verhaftung nach Frankfurt am Main per Flugzeug begleitet.

»Die vierzehn Tage in thailändischer Haft, dieser Gestank in den Zellen, diese unmögliche Enge. Dazu das Wasser schmutzig, nicht zu genießen, das Essen verdorben. Es waren die schlimmsten zwei Wochen meines Lebens. Da lebst du hier in einem Superpalast.«

Solch ganz anderes Leben, noch dazu redegewandt und blumig vorgeführt, interessierte auch Reiko Sahm, und so kamen sich die beiden näher, redeten miteinander bis tief in die Nächte, tauschten offenbar ihre Erfahrungen aus. Da läßt sich Gunter Liebig eines Tages über das Gefängnispersonal bei der Staatsanwaltschaft melden. Er habe, so seine Botschaft, möglicherweise erheblich Mitteilenswertes zu Protokoll zu geben. Er sei zwar selbst ein Krimineller und warte auf eine hoffentlich faire Bestrafung, aber gewalttätig gewesen sei er nie, er hasse vielmehr Gewalt, Brutalität gerade gegenüber Frauen, erst recht Mord. Deshalb fühle er sich nicht als Verräter, vielmehr als normal empfindender Mensch, wenn er sein Schweigen und die weit verbreitete falsche Auffassung von Gefangenenkameradschaft durchbreche.

Da führte man den mit Worten und geschriebenen Sätzen so wendigen und in seinem Auftreten gleichermaßen gefälligen Gunter Liebig schließlich vor und erfuhr: Reiko Sahm, der Zellennachbar, hatte, wie sich aus seinen nächtlichen Erzählungen ergab, die Scheidung von seiner hübschen blonden Frau nie überwunden. Sie betrog ihn, enthielt ihm auch seine drei Kinder vor. Deshalb hatte er sich schließlich entschlossen, sich ihretwegen an allen anderen Frauen zu rächen, besonders an blonden. Annett Stephan zum Beispiel war blond. Sahm nahm die Blonden, genoß sie und warf sie wieder weg, er quälte sie und war auch bereit, sie zu töten. Das, erklärte Gunter Liebig, hatte Sahm in stundenlangen Monologen zu verstehen gegeben und sein Verhalten wortreich und verbissen verteidigt, geradezu eine Strategie daraus gemacht.

Sollte das bedeuten, daß Sahm noch von anderen Opfern gesprochen, noch weitere Namen genannt hatte?

Einige Medien, die offenbar von den Aussagen Gunter Liebigs auf Umwegen erfahren hatten, ergingen sich wenige Tage später aufs neue in unerwarteten Spekulationen, heizten die Phantasien und die Erwartungen an den späteren Prozeß kräftig an. Zwanzig Opfer, schrieb eine Zeitung in ihren bunten knalligen Schlagzeilen, mindestens zwanzig tote junge Mädchen hatte der Würger auf seinem »Mord- und Racheweg« am Ende hinter sich gelassen.

Eine öffentlich kaum bekannte Tatsache war freilich: Reiko Sahm wurde tatsächlich eine Zeitlang nach Ulm und in andere süddeutsche Städte verlegt, um dort verschiedentlich Zeugen und Opfern gegenübergestellt und ausführlich befragt zu werden. Er hatte sich einige Zeit zuvor in diesen Gegenden aufgehalten, es war dort zu vergleichbaren Gewaltverbrechen gekommen. Also erwogen auch Staatsanwaltschaft und Polizei ihrerseits die Möglichkeit, in Reiko Sahm einen Serientäter vor sich zu haben? Aber Sahm kehrte bald in die heimische Untersuchungshaftanstalt Mitteldeutschlands zurück. Sozusagen unverrichteter Dinge.

7

Der Prozeß schließlich in den ersten warmen Märztagen des folgenden Jahres, der beinahe erst einmal ausfällt.

Exakt an dem Tag, als sich der gewaltsame Tod von Annett Stephan zum ersten Male jährt, hat sich Reiko Sahm aus dem dritten Stock des Untersuchungshaftgebäudes abgeseilt. Beinahe auf die Stunde genau nach einem Jahr, als er Annett Stephan in sein Auto zwang, wird er auf dem Parkplatz unter Halles Hochstraße wieder gefaßt. Nun läßt er sich den tiefschwarzen buschigen Vollbart rigoros stutzen, behält nur einen knappen Schnauzer übrig. Will er auf alle Prozeßbeteiligten verändert wirken oder von Zeugen nicht wiedererkannt werden?

So gestutzt saß er nun jedenfalls auf der Seitenbank neben seinen Anwälten, nur selten geduckt, wenngleich er den Blick kaum hob. Er schien immer hellwach beteiligt. Wenn er gefragt wurde, erwiderte er knapp, wenn auch nur leise. Aber er hielt seine Gedanken und Gefühle im Zaum. Er ließ sich keinen Triumph anmerken, wenn Widersprüche zu seinen Gunsten auftraten, Zeugen nur vage antworten konnten. Er fragte auch gelegentlich selber nach.

»Gefühlskalt zeigte der Würger keinerlei Regungen.«

Wer ihn so schilderte, der hatte nur ungenau hingesehen. Es berührte ihn schon, als der Gerichtsmediziner den Zustand der verwesten Leiche von Simone Winter beschrieb, Simones Mutter aufschluchzte und von ihrem Sohn aus dem Saal geführt werden mußte. Es traf ihn schon, als der umtriebige Gunter Liebig von grübelnden Nachtbekenntnissen berichtete, in denen er, Reiko Sahm, sich angeblich selbstquälerisch zu seinen Taten bekannt hatte. Es berührte ihn, als Gunter Liebig seine Aussage sogar auf seinen Eid nahm. Am meisten machte ihn betroffen, als seine geschiedene blonde Frau, die Mutter seiner drei Kinder, von angenehmen Ehejahren mit ihm und von seiner Zuneigung zu den Jungen und seinem Mädchen erzählte.

Und er kämpfte. Natürlich vor allem um die Höhe der gegen ihn zu verhängenden Strafe: Es war kein Mord, wiederholte er immer wieder, bestritt seine erste Aussage. Aber er kämpfte genauso um die Zuneigung seiner Freundin Sabrina Seidler, die, blond, zweiundzwanzig Jahre alt, wie die anderen Mädchen in einem dieser Mansfelddörfer heimisch war. Er wußte: Wenn er auch in ihren Augen als Mörder erschien, hatte er sie und ihre Zuneigung für immer verloren, gab es niemanden mehr, der ihn in der Einsamkeit seiner Haft besuchte, zu dem er eines Tages vielleicht sogar zurückkehren konnte. Oder war es so etwas wie Liebe, was er für sie empfand? Er sah ihr ja nach, daß sie ihm für ein paar wichtige Stunden seines Lebens kein Alibi gab. Sie sollte sich doch, bitte, nur noch einmal richtig erinnern, sie brachte die Tage und Abläufe durcheinander. So schrieb er ihr mit ungelenker Schrift und vielen Fehlern in seinen Briefen. Er konnte nicht begreifen, wie er am Tod zweier junger Mädchen schuldig werden konnte. Es waren Mißverständnisse, beschwor er sie, beide Male bedauerliche Unglücksfälle, in die er hineingeschliddert war, sie mußte es ihm glauben. Dasselbe schrieb er auch in seinem umfangreichen Tagebuch. Teile dieser Aufzeichnungen konnte er tatsächlich an die Adresse des Mädchens schmuggeln, das er seine Verlobte nannte.

Da erfahren sie am dritten Prozeßtag alle, wieso Sabrina Seidler nicht als Zeugin vor Gericht erscheinen kann: Sie ist hochschwanger, sie fühlt sich einer Gerichtsverhandlung in ihrem Zustand nicht gewachsen. Sabrina Seidler hochschwanger? Aber mit Sicherheit doch nicht von Reiko Sahm, der nun fast ein Jahr in Haft sitzt!

Diese Erkenntnis trifft ihn sichtbar wie kaum anderes sonst.

Reiko Sahm, geboren 1964. Seine Mutter hat wechselnde Lebenspartner, seine acht Geschwister und er haben unterschiedliche Väter. Liebe, Zuneigung, Fürsorge – was ist das? Die Mutter, immer mit anderem beschäftigt, kann sich nicht auch noch um ihre Gören kümmern. Da sind die, sowieso nicht gerade angesehen im Dorf, sich selbst überlassen. Sie müssen es allein bewerkstelligen, ihren Hunger zu stillen. Sie müssen lernen, sich zu behaupten.

Reiko, zäh und kräftig, setzt sich bei den Geschwistern durch, später auch im Jugendwerkhof, in den er früh gelangt, weil die Mutter seiner nicht mehr Herr wird und er herumstrolcht. Früh begreift er: Wer die härtesten Fäuste schlägt, am unbedenklichsten lügt, dem wird zwar nicht geglaubt, aber er wird akzeptiert. Er ist nicht dumm, von intellektuellem Durchschnitt. Er hat auch geschickte Hände. Doch er macht nie viel daraus. Was schon früh auffällt, ist diese erstaunliche Rechtschreibschwäche. Dabei hantiert er doch mit Bleistift und Kugelschreiber geradezu lustvoll, wie wild, ein halber Graphomane, nicht erst in der Haft.

Er lernt Agrotechniker, Traktorfahrer. Er heiratet früh. Er will das ja: eine glückliche Familie, die zusammenhält, Kinder, um die sich Eltern kümmern. Die zwei Jungen und das Mädchen werden schnell hintereinander geboren, als ob sie's beide, Reiko und seine Frau, ganz eilig hätten. Und es scheint auch gut zu gehen mit ihnen, das schlimme Beispiel der eigenen Kindheit ist überwunden, Reiko ist liebevoll zu den Kindern, zärtlich zu seiner Frau, kein Rüpel.

Da entdeckt Manuela Sahm, daß ihr Mann noch andere Frauen neben ihr hat, nein, nicht bloß eine feste oder gelegentliche Freundin, er flattert wie ein Schmetterling über die Dörfer, zieht von Blüte zu Blüte, wie sie es vor Gericht nennt.

Oder hat Manuela Sahm selbst begonnen, sich umzutun, und er hat sich nur gerächt? Was soll das? fragt sie da. Sie ist nur konsequent gewesen. Um nicht eine unter vielen zu sein, hat sie sich gegen ihn durchgesetzt, sich von ihm getrennt. Alles andere ist Legende, seine Erfindung, um den Zorn darüber zu verdrängen, daß da ein anderer sich gegen seine Absichten stemmte, sich nicht nach seinem Willen verhielt.

»Nicht nur wir Ärzte haben anfangs eine monströse, ungewöhnliche Veranlagung des Täters vermutet«, formuliert der gutachtende Professor für Psychiatrie noch am selben Prozeßtag. »Aber

Reiko Sahm weist keinerlei krankhafte seelische Störungen auf. Er ist auch körperlich völlig gesund. Seine Verbrechen sind das Resultat seiner aggressiven, fordernden Art, sich und seine Wünsche rigoros durchzusetzen. Von Freund wie Feind wird er gleichzeitig als jähzornig wie hilfsbereit geschildert, und – von seiner permanenten Untreue abgesehen – er war zu seinen Partnerinnen, denen jedenfalls, die noch leben, nicht grob, nicht brutal, sondern verständnisvoll, zärtlich. Das eben macht das Wesen seiner Psychopathie, seines abnormen Charakters aus: Daß da beides widersprüchlich nebeneinandersteht, Wohlverhalten und sadistische Tendenzen, rücksichtslos egozentrisches Handeln und geradezu sentimentaler Familiensinn. Nein, Reiko Sahm mußte nicht aus einem inneren Trieb heraus handeln, seine Perversion hatte keinen Suchtcharakter. Immer gab es Alternativen für sein Verhalten. Aber er hat schuldhaft nicht von ihnen Gebrauch gemacht.«

Viele Zeugen wurden gehört, die junge Haftrichterin, die Kriminalisten, die Reiko Sahm vernommen hatten, die Eltern der beiden Opfer, Freunde, Diskobesucher, auch der Vater von Sabrina Seidler, die sich entschuldigt hat. Reiko Sahm hat so einen fairen Prozeß. Daß er Tage zuvor noch hat fliehen wollen, man rechnet es ihm nicht nachteilig an. Nur: Es paßt zu seinem gesamten Verhalten vor allem während seines letzten Jahres in Freiheit. Er mochte mittlerweile das tolldreiste Risiko. Auch das kommt ja zur Sprache: In den drei Monaten zwischen den Tötungen von Simone Winter und Annett Stephan ist Reiko Sahm wenigstens zweimal in fremde Wohnungen eingebrochen. Einmal hat er einen Schaden von mindestens zwanzigtausend Mark verursacht. Während er sich nachts an der Schrankwand bediente, eine Kassette aufhebelte, schlief nebenan das bestohlene Ehepaar. Und eine Woche nach dem Tod von Annett Stephan brauchte er erneut Geld, Geld für die unerwarteten Ausgaben, die nagelneuen Reifen am nagelneuen Suzuki, die Reparatur der Ölwanne. Da stieg er noch einmal ein.

»Ich sehe sehr wohl«, sagt schließlich der Staatsanwalt in seinem Plädoyer, »daß Reiko Sahm nicht schon von dem Augenblick an, als er Annett Stephan in dieser Schlippe auflauerte, den Vorsatz in sich trug, sie zu töten. Er wollte nur jemanden zur Liebe zwingen. Der Tötungsvorsatz ergab sich erst, als er plötzlich diese Stimmen im Haus hörte und die Angst in ihm aufstieg, entdeckt und zur Verantwortung gezogen zu werden. Dennoch muß man sich das einmal mit Ausdauer und Gründlichkeit vorstellen: Dieses junge Geschöpf, Annett Stephan, nackt, mit Füßen und Händen an die vier Bettpfosten gefesselt, und Reiko Sahm immer über ihr oder in ihrer Nähe, ständig die Maske vorm Gesicht, eine ganze furchtbare Nacht lang. Und wer garantiert, daß sie nicht wie auch Simone Winter noch lebend, lediglich ohnmächtig, an den Fundort ihrer Leiche gebracht wurde? Die Gerichtsmediziner haben Güllespuren in ihrer Luftröhre festgestellt.«

Der Staatsanwalt weiß: Er wird, um das Verfahren absolut revisionssicher zu machen, taktisch besonnen vorgehen müssen. Was die Gesamtstrafe angeht, ist er mit sich völlig im Reinen. »Beide Mädel, über deren Tod hier heute befunden wird, wurden auf schlimmste Weise getötet. Diese Vorstellung bot sich an: Sie wurden beide geradezu hingerichtet. Aber was ich glaube und was ich nachweisen kann, das sind zwei verschiedene Dinge.« So bittet er die Eltern von Simone Winter fast entschuldigend um Verständnis, daß er den Tod ihrer Tochter nur als Körperverletzung mit Todesfolge anklagen kann. »Bei Simone haben wir lediglich die Tatdarstellung, die für den Täter die günstigste schien. Und der einzige Tatzeuge ist tot. Bei Annett Stephan jedoch können wir uns außer auf das, wenn auch widerrufene, Geständnis zugleich auf klare Indizien stützen: auf die Herkunft der Kompressen und Dreieckstücher zum Beispiel, auf den zerkratzten Lack, die zerfahrene Ölwanne, das ganze rote Auto.«

Fünf Jahre für Körperverletzung mit Todesfolge im Falle von Simone Winter, sechs Jahre für die schwere Vergewaltigung von Annett Stephan und lebenslänglich für deren Ermordung – so lautet schließlich das Urteil. Es ist in Halle die erste lebenslange Freiheitsstrafe, die nach der Wende vom Herbst 89 verkündet wird. Reiko Sahms umgehend eingereichter Revisionsantrag wird ein Vierteljahr später vom Bundesgerichtshof verworfen.

Ein so umfangreicher Prozeß – man könnte noch lange von ihm berichten, besonders von seinen Zufällen. Heinz Wagner zum Beispiel, der sich der Tat an Annett Stephan freiwillig bezichtigte.

Woher wußte er von manchen Umständen der Tat? Reiko Sahm muß sie ihm mitgeteilt haben, vielleicht am Biertisch, um Eindruck zu hinterlassen; es ist kaum anders vorstellbar. Ähnlich hat Reiko Sahm, auf Wirkung bedacht, vor Gunter Liebig angegeben. Möglich, er wollte in mehrfacher Hinsicht wer Besonderes sein.

Bedrückend am Schluß: Die Mörder der Mädchen Sandra in Roßla, Beate in Wittenberg, Beatrix bei Leuna und von Diana K. sind nach Jahren noch nicht gefunden. Ebensowenig der Täter, der die Russin unterm Hubschrauber zu vergewaltigen versuchte.

Bruder und Schwester

1

Die Großmutter wohnt draußen vor der Stadt, in einem der alten Siedlungshäuschen im Grünen. Da wächst Heiko ein paar Jahre lang auf, dorthin zieht er sich auch später oft genug zurück, wenn er darf: spielen im Grünen, im Wäldchen und auf der Feldflur dahinter. Die Großmutter hat meist allein gelebt, sie hatte Pech mit den Männern, wie die Leute sagen. Keiner hielt es lange mit ihr aus. Oder sie es mit keinem?

Eines Tages erfährt der Junge: Sein richtiger Opa wohnt weit weg, »drüben«, in Nürnberg. »Der hat beizeiten die Kurve gekratzt«, sich »abgesetzt«, sagt die Mutter. Nun kümmert er sich um alles andere, nur nicht um sie. Einmal im Jahr ein Päckchen, was ist das schon. Und die Geburtstage der Enkel hat er längst vergessen.

Die Enkel: Das sind erst einmal Heiko und die fünf Jahre jüngere Katja. Schließlich kommt noch ein Bruder hinzu, Thomas der Schreier. Seinetwegen kriegen sie die größere, die Vierraum-Wohnung in der Nordstadt. Ein Kinderzimmer für die Schwester, eins für die beiden Jungen. Heiko hat gleich Vorbehalte. Das kann ja was werden, wenn der Plärrer eines Tages aus dem elterlichen Schlafzimmer zu ihm übersiedeln muß. Mitten in der Nacht schreit der los, weckt das ganze Haus, elf Stockwerke, kann stundenlang nicht beruhigt werden.

Manchmal sitzt Heiko, trommelt mit seinen Fäusten auf den Tisch, schlägt sie im Wechsel auf einen Stuhl oder auf den blanken Fußboden. »Sei still, sei endlich still!« schreit er. Aber das Geplärr verstummt nicht, läßt sich durch nichts abstellen.

Heiko hat kräftige Fäuste, und oft kann er nichts dafür, wenn sie sich ballen. In einem Ruck erstarrt sein Körper, dann zittern Kopf und Hals unbändig, die Arme schnellen nach oben in Kampfstellung, das Blut rötet die Haut. »Du bist jähzornig, Junge, wie wild«, sagen die Eltern. »Zähm deine Wut.«

Vom Kindergarten an haben sie sich daran gewöhnen müssen, auf Vorwürfe von Erzieherinnen und Lehrern zu reagieren. »Heiko ist zänkisch, eine richtige Kratzbürste, er schlägt schnell andere Kinder.« Die Leiterin des Kindergartens bestellte Heikos Mutter wiederholt zu einer Aussprache, daß die manchmal zögernd kam, ihren Jungen nachmittags nach ihrer Arbeit abzuholen. Hatte er wieder etwas angestellt? »Heiko ist verhaltensschwierig und häufig an körperlichen Auseinandersetzungen beteiligt, wobei er vor allem jüngere und schwächere Mitschüler angreift.« So heißt es später in der Schule.

Die Eltern sind sehr zeitig Vater und Mutter geworden. Wer kann ihnen raten, ihnen helfen? Drei Jahre hat Heiko bei der Großmutter gelebt, ehe sie ihn zu sich nehmen konnten. Endlich hatten sie ihre erste eigene Wohnung bekommen, freilich Altbau, Hinterhaus. Wenn sie aus den Fenstern blickten, sahen sie auf schmutzige rote Ziegelwände, vor denen Wäsche zum Trocknen hing. Trotzdem. Sie waren endlich zusammen. Hatte die Großmutter dem Kleinen zuviel durchgehen lassen, hätte sie ihn energischer herannehmen müssen? Sie werden's von nun an ändern, konsequenter sein.

Nach acht Jahren Ehe sind sie glücklich, das zweite Mal umziehen zu können. Diese Wohnung in der Nordstadt, ferngeheizt, zwei Zimmer für die Kinder. Und Heiko kann alle Schwierigkeiten hinter sich lassen, noch einmal neu beginnen, an einer ganz anderen Schule.

Spätestens nach einem Jahr wissen sie: Die alten Sorgen haben sie eingeholt. »Heiko fällt nicht durch sein Wissen auf, er kann auch nicht durch seinen Charakter Einfluß in der Klassengemeinschaft nehmen. So spielt er, um sich in den Vordergrund zu drängen, den Kasper, schwatzt, stört, versteckt Kreide oder das Klassenbuch.« Und wenn er zur Rede gestellt und kritisiert wird, meldet sich sein Jähzorn, wird er aggressiv. In der neunten Klasse, längst mehrfach verwarnt, kaum noch Belehrungen zugänglich, kann er seinen Jähzorn sogar einem Lehrer gegenüber nicht mehr zügeln. Er fühlt sich ungerecht behandelt, zu Unrecht angeschuldigt. Er hat nicht zu prügeln begonnen, schreit er. Zugleich ballt er dem Lehrer gegenüber die Fäuste und schlägt zu. Er trifft den Älteren am Kinn, schlägt ihm einen Zahn blutig. Oder sogar aus?

Das Ergebnis: Heiko muß umgehend die Schule verlassen, wird an eine andere strafversetzt.

Die Welt hat sich inzwischen entscheidend verändert. Der ostdeutsche Staat, in dem Heiko aufgewachsen ist, existiert nicht mehr. Die Leute sind auf die Straße gegangen, jeden Montagabend haben sie sich in den Stadtzentren versammelt, auf den Marktplätzen. Heiko ist mit ein paar Kumpels, Gleichaltrigen, Fünfzehn-, Sechzehnjährigen, auch losgelaufen. Keine Straßenbahnen verkehrten mehr, so viele Menschen rannten stadteinwärts, schrien, warum nicht auch sie?

»Jetzt gilt nichts mehr, was war«, sagt der Vater. »Jetzt können die ihre Koffer packen, davonschleichen, diese..., diese...« Er findet manchmal kaum Worte für seinen Zorn und seine Freude. Umso lauter schreit Heiko, macht sich einen Spaß daraus, mitzubrüllen, manchen Mächtigen von gestern lautstark niederzubuhen, wenn er sich verteidigen will.

Es muß genau am Jahresbeginn drauf gewesen sein, als Heiko sich seinem Lehrer mit den Fäusten widersetzte.

»Ich habe Heiko in Mathematik unterrichtet, kein unbegabter Schüler«, erklärt sein einstiger Schuldirektor später vor Gericht, »ich kam mit ihm aus. Umso betroffener machten mich die Störungen, die unvermittelt aus ihm hervorbrechen konnten. Heiko konnte brutal zu seinen Mitschülern sein und distanzlos zu einigen Lehrerkollegen. Es war ihm gegenüber im Elternhaus offensichtlich einiges in Unordnung. Der Junge fühlte sich vielfach zurückgesetzt und nicht verstanden.«

Der Vater, ein Arbeiter. Ein Schlosser wohl in einem der damaligen Kombinate vor der Stadt. Er konnte nie begreifen, daß sich der Junge seinem Einfluß beharrlich widersetzte, alle Ermahnungen an sich abgleiten ließ wie Regen an einer Wand. »Hörst du mir eigentlich zu?« Als der Ärger nicht abnimmt, die Klagen aus der Schule eher anschwellen, sieht der Vater als einzigen Ausweg bedingungslose Strenge. Mit harter Hand züchtigt er den Jungen, daß der immer öfter davonläuft, herumstreunt, bei der Großmutter unterschlüpft, die ihn tröstet und verwöhnt.

Die Mutter holt ihn dann zurück, mit ihr kann er wenigstens über manches sprechen, ihr seine Sorgen bekennen. Aber auch sie hat nicht nur einmal gesagt, als der Kummer mit ihm übermächtig wurde: »Am besten, du kämst überhaupt nicht wieder.

Warum hol ich dich bloß? Am besten, ich schmiß' dich gleich in die Saale.« Solche Worte vergißt man nicht.

Sowieso kann man Erwachsene kaum mehr ernst nehmen. Sie lügen. Was haben die Eltern nicht alles vom Großvater in Nürnberg erzählt, ihn schlechtgemacht. Nun darf Heiko zu ihm kommen, der Großvater steht am Zug, viel flotter gekleidet als die Großmutter, aber genauso freundlich. Er zeigt dem Jungen die Stadt, die Burg, die Brücken. Am liebsten aber durchstöbern sie die Auslagen der Geschäfte und unterschiedlichsten Supermärkte. »Kauf dir, was du willst, Anziehsachen nicht mitgerechnet. Hier hast du hundert Mark. Paß auf, laß dich nicht übers Ohr hauen.«

Er steht, beobachtet, wie Heiko auf einmal geizig mit seinen Scheinen umgeht.

Zurückgekehrt, häuft Heiko die Geschenke sichtbar in der Schrankwand des Kinderzimmers auf: Schokolade, Filzstifte, Musikkassetten, eine riesige Alf-Puppe. Treibt ihn Stolz, treibt ihn Habgier? Oder will er sich immer aufs neue an dem noch gänzlich ungewohnten Anblick erfreuen? Ein paarmal merkt er: Da fehlt doch was, Schogetten aus der scheinbar noch verschlossenen Schachtel, zwei Filzstifte, ausgerechnet die roten. Das kann doch nur die Schwester gewesen sein, wie immer.

Er kommt mit dem jüngeren Bruder mittlerweile gut klar, aber die Fehden mit der Schwester Katja reißen nicht ab. Sie wird von den Eltern vorgezogen, mindestens sieht man ihr vieles nach. Wie oft hat er sich schon beschwert, daß sie seine Sachen durchwühlt, sich nach Lust und Willkür bedient, Stifte und Bilderhefte von ihm sogar verschenkt, an fremde Kinder weggibt, nur um Eindruck zu machen. Soll er sie schlagen, mit Gewalt zwingen? »Macht das unter euch aus«, haben die Eltern gesagt, »löst eure kleinen Probleme allein. Das werdet ihr doch schaffen.«

Kleine Probleme! Plötzlich weiß Heiko, was er tun muß, wie er sich und sein Eigentum schützen kann. Er schraubt zwei Stahlriegel vor seiner Zimmertür an, verbindet sie durch ein Vorhängeschloß. Natürlich gibt es am Abend Riesengeschrei und Familienaufstand: Was er sich herausnimmt, wieder mal, sich in der eigenen Wohnung zu verbarrikadieren, Türstock und Tür so zu beschädigen, den kleinen Bruder aus seinem Zimmer auszusperren.

Später wird man ihm die Löcher im Holz immer wieder zornig und mahnend vorweisen.

Und warum darf die Schwester an ihrem zwölften Geburtstag ein nagelneues Fahrrad vom Nürnberger Großvater geschenkt bekommen, er aber muß denselben Wunsch strikt unterdrücken? »Dein Fahrrad ist intakt, das hält noch Jahre.« Begreifen die Eltern nicht, was heutzutage Fahrräder an selbstverständlichen Extras und neuen Qualitäten aufweisen? Und wieso darf ihm der Großvater nicht den Führerschein fürs Moped finanzieren, obgleich es dem Opa nicht schwerfällt und er es doch will? »Lerne abzuwarten. Uns ist auch nie was in den Schoß gefallen. Erarbeite dir den Führerschein selber, wenn du erst mal was verdienst.«

Bei solchen Worten des Vaters kann sich der Zorn schon stauen. Und die Wut, erst recht der Haß. Tag für Tag ...

Katja, das vorgezogene Musterkind, ein Musterkind auch in der Schule, am 23. März hat sie Geburtstag, wird sie zwölf Jahre alt. Die Eltern, zeitig am Morgen zur Arbeit aus dem Haus, haben ihr in ihrem Zimmer die Geschenke aufgebaut, verschiedene Süßigkeiten für das Süßmaul, einen Blumenstrauß, den Jeansanzug, den sie sich gewünscht hat. Und mittendrin ein Blatt mit großen Schriftzügen: *Gutschein für ein Fahrrad von Opa.*

Die Kinder verlassen gewöhnlich deutlich später als die Eltern die Wohnung, kurz nach sieben, der Unterricht beginnt halb acht, die Schule liegt nahe. Heiko kann sich noch mehr Zeit lassen, fast trödeln, in diesen Tagen geht er zu einem Praktikum, das die Schule vermittelt hat, Berufsvorbereitung in den städtischen Gärtnereibetrieben. Als ob ihn das interessierte.

An diesem Morgen sucht Katja vergebens ihr Schlüsselbund in allen Zimmern der Wohnung. Haben es die Eltern verlegt, aus Versehen mitgenommen? Da muß sie sich eben mit Tommy auf der Straße herumtreiben, bis die Mutter kommt. Oder ist Heiko heute als erster daheim? Um sein Schlüsselbund wagt sie ihn nicht zu bitten.

Heiko hebt die Schultern. Er weiß nicht, wie lange er heute Unkraut und Gestrüpp zupfen muß. Oder müssen sie alle bloß rumgammeln? Auch wenn er das Gesicht nicht bewegt, innerlich ist er voller Genugtuung. Das ist die unverhoffte Strafe für die immer so ordentliche Schwester. Soll sie spüren, was sie von ihrer Schusseligkeit hat.

Kurz darauf entdeckt er: Die vermißten Schlüssel sind hinter einen Abfalleimer im Flur gerutscht. Er ergreift sie, rennt durchs Wohnzimmer auf den Balkon, schwenkt sie ausgiebig vor den Blicken der Schwester sieben Stockwerke drunter. »Wirf sie herunter«, ruft Katja von der Straße her, aber der Bruder denkt nicht daran. Soll sie sich doch heraufbemühen, sich die Schlüssel holen, zu spät zum Unterricht kommen, eine Schulbummelantin ausgerechnet am eigenen Geburtstagsmorgen.

Was danach geschieht, vollzieht sich völlig unerwartet für beide Geschwister in wenigen Minuten. Sekunden eigentlich nur, dann ist alles vorbei, der in Jahren angestaute Haß, der Jähzorn haben sich Bahn gebrochen.

Als die Schwester an der Wohnungstür klingelt, läßt Heiko sie herein, läuft ihr voran in ihr Zimmer, wirft das Schlüsselbund mitten auf den Tisch: »Da, such dein Zeug.« Im selben Augenblick begreift er: Die Schlüssel sind zwischen die ausgebreiteten Geschenke gefallen. Wieder einmal hat die Schwester alles bekommen, was sie sich gewünscht hat. Mittendrin liegt sogar dieser Gutschein: *ein Fahrrad von Opa*. Die gemalten Buchstaben brennen unter Heikos Blicken. Zugleich entdeckt er beim nun schon erregten Umhersehen im Zimmer noch mehr. In einem Regal stehen etliche von seinen Musikkassetten, liegen seine Filzstifte. Er hat ihr Fehlen noch gar nicht bemerkt. Doch es sind eindeutig seine Sachen. Da lodert wieder dieser Haß in ihm auf. Nicht genug, daß der Schwester jeder Wunsch erfüllt, sie mit Geschenken überhäuft wird. Sie bedient sich noch zusätzlich an seinem Eigentum, ungestraft. Die Eltern werden wieder nicht auf seiner Seite stehen, sie nicht zur Ordnung rufen, sie nicht einmal rügen.

Da weiß er: Er muß allem ein Ende machen, diesem ganzen Treiben der Schwester, er muß sie beseitigen. Genau, das ist das Wort: *beseitigen*. Er erinnert sich: In seinem Zimmer liegt ein derber Strick, den wird er holen. Aber er findet ihn nicht auf die Schnelle. Da rennt er zurück ins Nachbarzimmer, entdeckt den Strumpf am Boden, wie hingelegt. Er hebt ihn auf, tritt von hinten auf die Schwester zu, die über den Tisch gebeugt steht, in ihren Sachen kramt. Er wirft ihr den Strumpf über den Kopf hinweg vor den Hals, zieht sie damit nahe zu sich heran, daß sie zu schreien beginnt. Darauf kreuzt er die Strumpfenden und zieht sie mit beiden Händen zusammen, so fest es geht. Katja läuft blau an, schlägt mit den Armen um sich und rutscht schließlich auf dem Teppich zusammen. Sie hat Schaum vorm Mund, sie röchelt, aber sie bewegt sich nicht mehr. Da nimmt er sie auf seine Arme, legt sie in den geöffneten Bettkasten. Er denkt plötzlich an den Vater. Er wird großen Ärger bekommen, wenn der Vater von allem erfährt. Deshalb geht er ins Wohnzimmer, sucht eine Packung Papiertaschentücher, stopft zwei mit etlicher Mühe der Schwester in den Mund, bindet einen Lappen darüber (das Stück eines zerrissenen Kinderschlafanzuges), den er seitlich am Ohr verknotet. Auf diese Weise können die Papiertaschentücher nicht herausfallen. Er hat das alles irgendwann einmal genauso in einem Fernsehfilm gesehen. So hat man damals verhindert, daß eine Frau schreien konnte.

Als er mit seinen Verrichtungen bis dahin gekommen ist, schlägt er den Bettkasten zu und erhebt sich. Er atmet kurz, heftig, von der Anstrengung, nicht von irgendeiner Erregung. Wie er danach zurück auf die Couch blickt, sieht er das Bettlaken heraushängen. Sogleich begreift er: Er hat noch nicht alles Notwendige getan. Die Schwester, erst einmal bloß bewußtlos, kann ihn noch immer verraten. Das beste, sie verbrennt. Mit einem Zündholz setzt er das Laken in Brand, schließt die Zimmertür, damit das Feuer nicht auf den übrigen Teil der Wohnung übergreifen kann. Dann verläßt er das Haus, geht zur Großmutter, um dort auftragsgemäß einen Karton mit Kuchen für die Geburtstagsfeier am Abend abzuholen. Er trifft die Großmutter freilich nicht an. Da läuft er weiter auf seine Arbeitsstelle, säubert überwinterte Blumenrabatten von Moderresten und Gestrüpp, bis zum Nachmittag. Das Schlüsselbund der Schwester, das er mitgenommen hat, zufällig oder absichtlich, wirft er erst dort in einen Abfallkorb.

Zu der Zeit ist das Feuer in der Hochhauswohnung der Nordstadt längst entdeckt, Nachbarn haben die Feuerwehr alarmiert. Als der Brand gelöscht ist, der Brandort nach Spuren und Ursachen untersucht wird, entdecken die inspizierenden Kriminalisten in den Bettkastenresten des einen Zimmers die angekohlte Leiche eines Kindes, eines vielleicht zwölfjährigen Mädchens.

2

»Hast du eingesteckt, was du brauchst? Alles?«

»Ja doch.«

»Ausweis, auch die Benachrichtigung, die Ladung?«

»Ja doch.«

Was die Großmutter nur drängt und quengelt. Seit frühestem Morgen ist sie wach, läuft sie durch das Haus, von der Küche in den Oberstock, in den Keller, klappert mit Bestecken oder Kohleeimern, schlägt die Türen. Sie ist unruhiger als er. Dabei: Er ist überhaupt nicht aufgeregt. Zweimal schon haben sie seinen Prozeß begonnen und nach stundenlanger Beratung aufgegeben, ihn an- und wieder abgesetzt: Gutachten fehlten, waren unvollständig. Vielleicht wird es heute ähnlich sein.

Was damals mit der Schwester geschehen ist, liegt nun schon über zwei Jahre zurück. Woran kann er sich noch erinnern, an wieviel Einzelheiten, wenn sie ihn danach fragen?

Sein Blick fällt auf die Handtasche der Großmutter. Der pralle Inhalt sprengt fast den Reißverschluß. Er könnte hingehen, neugierig ihre Tasche öffnen, aber dann steigt er doch lieber hinauf ins Obergeschoß, schlägt in seinem Zimmer die Schranktüren zurück, sich zu vergewissern. Natürlich, immer kümmern sich andere um seine Klamotten, nun die Großmutter. Ein Pullover fehlt, sein Jeanshemd, die dunkle Hose. Wozu sie das bloß eingepackt hat. Sie werden ihn auch diesmal nicht bei sich behalten, nicht in die Haft stecken. Außerdem: Es ist später April, ein warmer Vormittag. Die nächsten Tage sollen noch wärmer werden. Was soll er da mit einem Winterpullover anfangen?

Draußen vorm Fenster liegt ein erster grüner Flaum über den Ästen, steht das nahe Wäldchen hell: viele Birken. Hier oben unterm Dach, in dieser Gegend ist er groß geworden, hierher nach der ersten Haft zurückgekehrt, als niemand ihn wollte.

»Wir fahren nun doch mit dem Auto. – Wenn du unbedingt mitmußt, komm. Sowieso werden sie dich nicht im Saal zulassen, höchstens morgen, wenn du ausgesagt hast.«

»Ich hab Schnitten und Kaffee für alle dabei, ich werde im Gang warten. Wir müssen in keine teure Kneipe mittags.«

Schnitten für alle? Da wird er also Vater und Mutter doch

gegenüberstehen? Er ist sich auch nach den Worten der Großmutter nicht sicher. Aber er wagt nicht zu fragen.

Eine Viertelstunde später findet er endlich einen Parkplatz im Abrißviertel oberhalb des Gerichts für seinen Trabant. Der gehört ihm seit nunmehr vier Monaten, von den ersten Lehrlingsgeldern für ein Butterbrot erstanden. Er ist nun längst achtzehn. Da hat ihm der Nürnberger Großvater großzügig auch die Fahrstunden und den Führerschein bezahlt. So hatte er's ja mal versprochen.

Er geht nicht auf die Mutter zu, die im kahlen, kalten Gerichtsgang steht, er bringt es nicht fertig, ihr die Arme entgegenzuheben, wie sie zu ihm herstürzt. Er lehnt starr an ihrem Körper, während ihre Hände ihn drücken, greifen. Weint sie? Er blickt ihr nicht ins Gesicht. Dabei hat er sich ganz anders verhalten wollen, nicht ablehnend, fremd. Aber nun geht es einfach nicht, machen die Arme nicht mit. Die Mutter hat ihn nicht aufgenommen, damals nach seiner Haft. Mehr als ein Monat verging, ehe sie ihn wenigstens hier bei der Großmutter besuchte.

Ja, sagt er später im Saal, an der Seitenbank vorm Fenster sitzend, ja, er ist Heiko Thiemig, achtzehn Jahre alt, im Sommer bald neunzehn. Ja, er hat einen festen Wohnsitz, ja, bei der Großmutter. Auch seinen sicheren Beruf hat er bald, Koch, er ist Azubi, Auszubildender, und in seinem Betrieb, der Gaststätte, weiß man, wo er sich heute aufhält, wenigstens der Chef weiß es.

»Mit Ihrem Geld, Ihren Einkünften, was fangen Sie damit an?«

»Ich muß der Großmutter wenig geben, viel ist es ja sowieso noch nicht.«

Von dem übrigen bestreitet er die großen Ausgaben, das Auto, die Steuer und die Versicherung dafür, beteiligt er sich an den Beerdigungskosten, nachträglich, an dem monatlichen Grabschmuck für die Schwester.

»Das ist Ihre freie Entscheidung?«

»So haben wir das bei uns geregelt.«

Er hat seine Hände über Kreuz vor sich auf den Tisch gelegt, starrt nur auf seine Finger, während er spricht, laut und vernehmlich. Er muß deshalb nicht ermahnt werden.

Dann spürt er das Schweigen ringsum, sieht doch auf, blickt die

Richterin an. Hat er Falsches gesagt, wenigstens anderes, als sie erwartet hat? Aber so hatten sie sich doch in der Familie geeinigt. Wenn alles nun schon einmal geschehen ist, wie es geschah, wirst du dich vor einer Beteiligung an den Kosten nicht drücken können. So die Worte vom Vater. Hätte er sich wehren können, wenn wer verlangt hätte, er solle für alle Auslagen allein aufkommen?

Die Richterin kennt er bereits. Sie hat schon zweimal vorn am Tisch gesessen, ihn befragt, sogar im selben Raum. Sie spricht anders, nicht wie die Leute dieser Gegend. Die Richter stammen ja sämtlich nicht mehr von hier, sie kommen von fernher. Die Richterin hat eine milde, Zutrauen erweckende Stimme. Vielleicht liegt gerade darin die Gefahr? »Sei vorsichtig«, hat die Großmutter oft genug gemeint. »Fürchte, die dich herauslocken wollen, dir schmeicheln. Die sind die Schlimmsten.«

Nun soll er also über sein Verhältnis zur Schwester sprechen, darüber, was an jenem Morgen geschehen ist. Er hat nur noch selten daran gedacht. Warum auch? Es war böse genug, unangenehm. Dabei: Im Grunde lebt er nun viel besser. Kein Streit Tag für Tag, keine quälenden Auseinandersetzungen, keine Tür, die er verbarrikadieren muß. Er kann in seinem Zimmer sitzen, locker seine Kassetten hören, so viele besitzt er inzwischen; die Großmutter zeigt Verständnis. Und die Arbeit macht Spaß, seine Lehre. »Du stellst dich geschickt an«, hat der Wirt gesagt, sein Chef. »Bist fleißig. Du wirst deinen Weg schon machen.« Nie hat er ihm vorgeworfen, wovon er natürlich wußte, die Sache mit der Schwester. Und niemandem gegenüber hat er davon geredet, auch vor den Kellnerinnen nicht und nicht vor den Küchenfrauen. Vielleicht nicht einmal vor seinen Freunden am Stammtisch. Selbst der Vater, als er mal die Großmutter besuchte (oder ihn?), kam mit keinem Wort auf das Vergangene zurück. »Du hast Sorgen mit deinem ersten Auto, dem Trabi? Zeig ihn mir mal. Hast du etwa nicht gut gekauft? Fünfzehn Jahre bin ich so was gefahren. Weißt du ja.« Und dann standen sie im Hof, hantierten nebeneinander, redeten nur über Vergaser, Keilriemen, Schwierigkeiten mit der Zündung, alltäglichen Kleinkram.

Mehrfach schweifen seine Gedanken davon, daß er sich in die Wirklichkeit des Gerichtssaals zurückrufen muß.

»Katja sollte Ärger kriegen in ihrer Schule. Deshalb habe ich ihr die Schlüssel nicht runtergeworfen, die Schwester nach oben gewinkt.«

»Und was hast du gedacht, als du in ihrem Zimmer hinter ihr standest?«

»Ich sah meine Filzstifte und die Kassetten. Da bin ich ausgerastet.«

»Du hast auch den Strumpf liegen sehen ...«

»Das kam erst später. Den hab ich dann aus dem Nachbarzimmer geholt, weil ich keinen Bindfaden fand. Da war es schon über mich gekommen, daß ich Katja loswerden wollte. Und auf die Idee mit dem Feuer kam ich, um sicherzugehen. Ein Feuer hat noch keiner überlebt. Doch ich schloß die Tür, damit die Flammen nicht übergriffen, nicht auch die anderen Zimmer zerstörten.«

Er staunt seinen Sätzen nach. Wie gut er sich plötzlich wieder erinnern kann. Wie genau die Geschehnisse vor ihm stehen. Wie in einem Film sieht er sich: Da geht er, hält den Strumpf in den Händen, ein Fremder, ein anderer. Zwei-, dreimal hat er Sorge, daß sie ihn fragen: »Na und, würdest du's wieder tun?« Er hat auf ihre Neugier schon ein paarmal zustimmend genickt und geantwortet, freilich vor langer Zeit, vor diesen anderthalb Jahren. Nun schießt ihm das Blut heiß ins Gesicht. Was soll er heute antworten? Es geht ihm doch jetzt wirklich besser. Aber sie fragen nicht. Gott sei Dank.

In der Mittagspause sitzt er mit der Großmutter zusammen auf einer Bank unter den Alleebäumen am Gerichtsgebäude. Sie essen ihre Schnitten, reden kaum. »Halte durch«, sagt die Großmutter. Wenn überhaupt, darf sie wirklich erst morgen in den Gerichtssaal. Alle Öffentlichkeit ist ausgeschlossen. Auch die Eltern als geladene Zeugen. Die Mutter ist deshalb gleich wieder gegangen.

»Das war kein Unfall, das war ein Tötungsdelikt. Das war uns schon beim ersten Anblick der Leiche klar: Sie trug noch diesen Strumpf um den Hals. Natürlich vermuteten wir den Täter nicht in der Familie. Aber wir hörten alle an. Die Eltern verhielten sich erstaunlich gefaßt. Nur die Großmutter weinte unausgesetzt.«

Der weißgraue Kriminalhauptkommissar wird als einer der ersten Zeugen aufgerufen. Der Junge mustert ihn mit gesenktem Blick. Anderthalb Jahre hat er ihn nicht gesehen, nun erkennt er ihn sofort wieder – ein Mann, so alt wie sein Vater, bloß ganz grau. So einer kriegt sowieso alles raus, hat er gedacht.

»Am Abend erschrak ich. Der sechzehnjährige Bruder der Toten hatte anfangs erklärt, einem fremden jungen Mann im Treppenhaus begegnet zu sein, nachdem die Schwester noch einmal nach oben gegangen war. Nun holten wir ihn ein zweites Mal, um diese Spur genauer zu verfolgen. Da gestand er plötzlich, wie aus heiterem Himmel: Er selber hatte die Schwester getötet. Weil er nicht genug Kraft aufgebracht hätte, sie mit einem Strumpf zu drosseln, hätte er sie gezwungen, sich in den Bettkasten zu legen. Dann hätte er das heraushängende Laken angezündet. Aber warum denn das alles? habe ich ihn gefragt. Da erwiderte er ohne Regung: Weil sie mir auf den Geist ging mit ihrer Klauerei und weil sie dem Vater nichts erzählen sollte.«

»Haben Sie dem Herrn Kriminalhauptkommissar gegenüber diese Darstellung gegeben, die doch deutlich von den wirklichen Vorgängen abwich, Heiko?«

Da bringt er nur ein wortloses Nicken zustande.

»Was versprachen Sie sich davon? Wollten Sie vor der ganzen Wahrheit fliehen?«

»Immer erzählte der Junge so kalt, die ganze Zeit, ganz ohne Gefühl«, fährt schließlich der Kriminalkommissar fort, »als ob er fortwährend neben sich und seiner Tat stand, von einem anderen erzählte, von Vorgängen, die ihn nicht betrafen, die er nur beobachtet hatte. Als wir schließlich über die Knebelung sprachen, zog er aus seiner Jackentasche eine Packung Papiertaschentücher hervor und reichte sie mir: ›Zählen Sie ruhig nach, da müssen genau drei fehlen. Die habe ich meiner Schwester in den Mund gestopft.‹ Nichts hat mich an seinen Aussagen so bewegt wie diese Einzelheit.«

»Komm runter, Junge. Du mußt doch was essen. Antworte mir. Wenigstens das. Sag was.«

Heiko hört die Großmutter mit ihren Fäusten gegen die verschlossene Dachkammertür poltern. Nun ist sie doch die Treppe heraufgestiegen. Ob sie Angst um ihn hat, ob sie fürchtet, daß er sich was angetan hat, sich antun wird, wenn sie will, daß er wenigstens spricht, ihr antwortet?

Heiko liegt auf seinem Bett, schließt die Augen, öffnet sie, starrt wieder auf das Tapetenmuster an der schrägen Decke, bunte kleine Blüten zwischen breiten schwingenden Blättern. Einmal, als er die komisch über ihm schwebenden, auf ihn herabstürzenden gedruckten Pflanzen gründlich satt hatte, hat er das Zimmer neu tapezieren wollen. Der Vater wollte ihm dabei sogar helfen. Aber es ist nichts daraus geworden. Der Vater hatte keine Lust mehr, für ein ganzes Wochenende ins Haus der Großmutter zu kommen. Und der eigene Versuch, allein die Wände mit weißer Farbe einzuschlämmen, mißlang. Die gewässerte Tapete schlug Falten, löste sich. Schlimm.

Er sucht sich gewaltsam an solche Dinge zu erinnern, Belanglosigkeiten, weit weg, längst vergangen. Vergeblich. Außerdem steht die Großmutter noch vor der Tür, hämmert sich in seine Gedanken.

»Mach auf, Heiko. Warum schließt du dich ein? Soll ich dir die Schnitten nach oben bringen?«

Es ist nun der Abend des zweiten Prozeßtages. Es hat keine Unterbrechung gegeben, keinen Abbruch, keine Vertagung, nur Mittags- und Kaffeepausen, ab und zu eine Beratung. Sie wollen seinen Fall diesmal zu Ende bringen, durchziehen, so haben sie gesagt. Sie haben die Kriminalisten gehört, die Gutachter, drei Frauen, immer nur Frauen. Selbst seine Eltern brauchten nicht Zeugen zu sein, nur seine Großmutter. Klein und stumm saß sie danach in der hintersten Bankreihe, sah mit großen Augen immer auf ihn. Am besten hat, ganz unerwartet, sein früherer Direktor von ihm gesprochen. »Heiko zeigte Verständnis für mathematische Zusammenhänge. Nur hielt er nicht durch, war er nicht fleißig. Und dann dieser unbegreifliche, nicht zu beherrschende Jähzorn.«

Am bedrückendsten war's, als er die Bilder seiner toten Schwester ansehen sollte, den verkohlten Bettkasten, die verbrannten Haare. Er hatte die Fotos doch schon einmal ansehen müssen. Er erinnerte sich oft, er würde die Aufnahmen nicht vergessen. Trotzdem ging ihm auch diesmal durch den Kopf: Daß die Schwester nicht stärker verkohlt war ...

»Werde ich wieder eingesperrt werden, muß ich noch einmal einziehn, so wie damals in die U-Haft? Oder schlimmer?«

Gleich nach der Tat hatten sie ihn ein halbes Jahr hinter ihren Gittern behalten.

»Ihre Schwester ist tot. Und Sie sind daran schuld, Heiko.«

Seine Rechtsanwältin. Er hatte zugestimmt, daß sie ihm eine Frau als Verteidigerin gaben. Frauen haben mehr Verständnis, fühlen mehr mit. Und nun?

»Sie werden mich nicht herausholen, nicht alles für mich tun?«

»Ich werde tun, was ich kann, für eine milde Strafe sprechen. Aber herausholen werde ich Sie nicht können. Sie haben immer noch nichts verstanden, Heiko.«

Da erst, plötzlich, mitten im Gespräch mit dieser Frau, hat er geahnt, was auf ihn zukommt und daß er ihm nicht entrinnen kann.

»Laß mich allein, quäl mich nicht«, schreit er nun. »Ich hab keinen Hunger. Hau ab!«

Und er dreht den Regler am Rekorder auf höchste Lautstärke, daß der Lärm durchs offene Fenster in den späten Abend hinausdröhnt und auch die Großmutter es begreifen soll: Er ist noch da, aber er will sie nicht. Keinen braucht er. Er ist allein. Er will allein sein.

Als er nach einer Stunde vorsichtig die Kammertür öffnet, im Dunkel nach unten auf die Toilette zu gehen, erschrickt er: Die Großmutter hat draußen stumm gewartet, auf der obersten Treppenstufe gesessen. Nun drängt sie sich zu ihm ins Zimmer, mustert eilig Tisch, Bett und die Schränke ringsum, entdeckt den gepackten Koffer, hebt ihn prüfend an, sieht die Tasche daneben, der Schlafsack ist darüber geschnallt.

»So viel wirst du nicht brauchen, wenn sie dich bei sich behalten.«

»Rühr meine Klamotten nicht an.«

»Du willst alles nur noch schlimmer machen, Junge. Ich seh es.«

»Was will ich machen?«

»Sie werden dich finden, egal, wohin du auch mit deinem Trabi fährst. Ein paar Tage Freiheit und Angst, und sie haben dich wieder. Bei wem willst du dich verkriechen? Vor dem, was du getan hast, kannst du sowieso nicht ausreißen.«

»Sei still. Kaum hast du noch anders geredet. Halte durch, hast du gesagt und: Laß dich nicht herauslocken. Und nun läßt du mich genauso im Stich.«

»Heute im Prozeß habe ich mir vorgestellt: Ich müßte an deiner Stelle da vorn sitzen, wir alle müßten da sitzen. Wir haben viel mit euch Kindern falsch gemacht, hab ich immer wieder gedacht. Erst recht, nachdem die Sache mit Katja passiert war. Das kleine Biest, haben wir gesagt, hatte doch selber mit schuld. Und ist nicht schon genug Schlimmes passiert, haben wir gedacht, eine Strafe bringt die Kleine auch nicht wieder.«

Er geht nach unten zur Toilette, er läuft auch in die Küche, er läßt sich Zeit. Er hebt die umgestülpte Porzellanschüssel an, unter der die von der Großmutter zubereiteten Schnitten auf ihn warten, sein Abendbrot. Er greift nach einer, legt sie dann wieder zurück. Nur nicht weich werden, nichts von ihnen annehmen, von keinem. Sie sind auf einmal alle gegen ihn.

Wie er die Treppe zu seiner Kammer erneut hinaufsteigt, sitzt die Großmutter wieder auf einer der oberen Stufen oder noch immer. Will sie die ganze Nacht dort hocken? Für Sekunden drängt es ihn, sich neben sie zu setzen, ihr seinen Kopf an die Schulter zu lehnen, daß sie sein Haar krault, ihn tröstet, ihm gut zuredet wie früher, wenn er vor den Eltern geflohen war. Manchmal haben sie da nebeneinander auf den Treppenstufen gehockt. Nun stürmt er, jäh entschlossen, an ihr vorüber. Gewiß hat sie sich an seinen Sachen vergriffen, sie ausgepackt. Er ist enttäuscht, als er Koffer und Tasche unangerührt vorfindet.

Er schließt die Tür, riegelt sich ein. Er legt sich unausgezogen aufs Bett, in Hose und Hemd, nur die Schuhe hat er von den Füßen gestreift. Wieso hat die Großmutter gleich gespürt, daß er fliehen will?

Er kann nicht einschlafen, er wälzt sich, er zieht sich das Federbett über den Körper, wirft es von sich. Die Nacht vergeht nicht. Immer wieder blickt er zur Uhr. Einmal, halb drei, öffnet er vorsichtig die Tür. Da sitzt die Großmutter tatsächlich noch, wendet den Kopf nach ihm, stumm.

Später liegt er wieder, sieht die Bilder, die Schwester im Bettkasten, er hinter ihr. Wenn sie ihm wenigstens nicht immer die Sachen weggenommen hätte, wenn er alles rückgängig machen könnte, denkt er. Schließlich kommen die Tränen, schießen ungehemmt.

Am Morgen muß ihn die Großmutter zweimal wecken. Sie frühstücken zusammen, fahren in die Stadt auf diesen Parkplatz überm Gerichtsrain. Heiko hat nur eine kleine Tasche bei sich, das Nötigste. An diesem Tag wird er zu einer Jugendstrafe von fünf Jahren verurteilt. Die Kammer attestiert ihm eine eingeschränkte Schuldfähigkeit zur Tatzeit, sie berücksichtigt zu seinen Gunsten das offene Geständnis und die lange Verfahrensdauer. Aber sie hat auch erkannt, daß »er sich sein Unrecht noch längst nicht in vollem Umfange bewußt gemacht hat«. Ein lästiges Problem scheint ihm gelöst, der Unfall mit der Schwester, dem kleinen Biest, wird abgehakt, das Leben geht weiter, die Ausbildung, der Beruf. Eine klare, gerade in seinen Augen harte Strafe wird dieses Unrechtsbewußtsein wecken und stärken müssen.

Heiko kehrt an diesem Tag nicht in das Haus der Großmutter zurück. Er muß seine Strafe sofort antreten, er wird noch im Gerichtssaal verhaftet. Es besteht Fluchtgefahr, sagen die Richter.

Der Tod der Ärztin

1

Sie heißt Katja, ist blond, schlank, zweiundzwanzig, ein richtiges Mädchen von der Küste. Noch dazu blauäugig. Jahrelang hat sie Sport getrieben, Leichtathletik, Weitsprung, Kurzstrecken. Einmal hat man sie sogar für den Siebenkampf gewinnen wollen. »So vielseitig, wie du bist, scheint kaum eine. Versuch's doch.« Überraschend hat sie gleich den Jugendrekord an der Küste gebrochen. »Wer weiß, wie weit du vorankommst, wenn du's nur ernsthaft angehst, deine Technik verbesserst, im Speerwurf zum Beispiel.«

Aber das begonnene Studium an der entfernten Universität setzte dem allen ein Ende. Sie spürte rasch: Sie mußte sich ganz entscheiden und sofort. Spiel und Ernst, beides zusammen schaffte sie nicht.

Sie ist die ältere von zwei Schwestern. Conny ist genauso schlank und blond geraten wie sie. Nur: Connys sportliche Ambitionen sind größer. Wenn sie mit ihren siebzehn einen ordentlichen Sponsor fände, könnten sich ihr große Hoffnungen auftun.

Katja ist nicht neidisch auf die Schwester, auch nicht auf Connys Art zu leben. Die Schwester hat längst einen festen Freund, bringt ihn nach Hause mit, sogar zum sonntäglichen Kaffee. Er ist fünf Jahre älter als sie, er holt sie nicht nur abends vom Gartentor ab. Denkt die Schwester sogar schon an Heirat?

Was sie selber angeht, weist sie solche Gedanken weit von sich.

»Pit mag dich, Jens noch mehr. Wenn du willst, rennen dir ein Dutzend andere Jungs nach. Gefällt es dir, als unnahbar zu gelten? Worauf wartest du noch?«

Die Reden der Freundinnen, immer wieder. Konnte ihr wirklich keiner der Zufallsbekannten oder der Mitstudenten auf Dauer gefallen? Natürlich hatte es längst Affären gegeben, die erste mit sechzehn. Aber danach hatte sie anderthalb Jahre bis zur nächsten gebraucht. Na ja, diese Nacht nach der Abiturfeier. War es das bißchen Alkohol gewesen, zu dem sie sich hatte überreden lassen?

Manchmal staunte sie, beglückwünschte sich. So viele Mitstudenten schwadronierten endlos von gebrochenen Kindheiten, unglücklichen Elternehen. Sie hatte keinen Grund, da einzustimmen. Ihre Eltern hatten nie Brüche kleben, überspielen oder verdrängen müssen. Und es war angenehm gewesen, unter ihren Fittichen zu leben. Nein, es hatte nie Streit, nie irgendwelches lautes Hin und Her zwischen ihnen gegeben. Der Vater, Ingenieur im Hafen, fing jetzt erst an, um sein weiteres Berufsleben zu bangen. Wenigstens, so schien es, hatte die Mutter, Lehrerin, ihr festes Auskommen.

Katja Ruhn studierte nun Journalistik in dieser Stadt, Hunderte Kilometer weit weg von der Küste. Irre, sagten manche ihrer Freundinnen, frühere Schulkameraden. Hätte sie sich nicht ein anderes Fach aussuchen können? In diesen Zeiten sollte ein Mädchen Ärztin oder Diplomkauffrau werden, Bankerin. Aber Katja wollte immer noch Einfluß auf die ganze Menschheit nehmen. Aufschreiben, was die Leute erschreckte, bewegte, nachdenklich machte. Was für ein Ziel.

Am dritten September, in der großen Pause zwischen den Semestern, im Sommerurlaub, ist sie mit dem Zug unterwegs von der Messestadt nach Norden, an die Küste, zu den Eltern. Sie braucht noch ein paar Stempel, Unterschriften, nichts Besonderes. Außerdem wird ihr Wohnheim wieder für Messegäste benötigt, da ist es besser, man verzieht sich total und bemüht sich auch nicht um einen zeitweiligen Unterschlupf bei neuen einheimischen Freundinnen.

Zwischen Leipzig und Bitterfeld bezieht sich unerwartet der Himmel. Schließlich bricht ein Gewitter los. Ein Regenguß, wie aus Eimern geschüttet, mischt sich mit Blitzen und Donnern. Das vorüberziehende Land verbirgt sich hinter einem streifigen Grau. Als der Zug in den Bahnhof Bitterfeld einfährt, gischtet das Wasser fontänenartig von den Zug- und Vordächern über die sich öffnenden Türen hinein in die Abteile.

Sobald der Zug wieder anruckt, ist Katja Ruhn nicht mehr allein im Abteil. Ihr gegenüber sitzt ein über und über durchnäßter Mann. Gelbbraune Krawatte und braunes Sakko, gestreiftes Hemd, beigefarbene Hose, alles hängt naß an seinem Körper. Von ihm tropft es ohne Unterbrechung. Bald stehen seine Schuhe in sich zusehends vergrößernden Pfützen.

»Wenn ich nicht unbedingt nach Berlin müßte, ich würde zurückfahren, mich ins Bett legen, vorsorglich schwitzen, mitten im Sommer.«

»Sie sind Bitterfelder?«

»Ich bin oft in Halle. Aber meine Heimat ist mittlerweile Bayern, die Berge, das Allgäu.«

Wann sie Mitleid mit ihm verspürt, ihren Koffer aus dem Gepäcknetz nimmt, ihm ein paar Handtücher aufzwängt, sich trockenzureiben? Und ist nicht eine Hemdbluse zwischen all ihrer Wäsche, ein unauffällig karierter Stoff, der auch zu Männern paßt, dessen er sich nicht zu schämen braucht?

Alles geschieht weit vor Wittenberg. Hinter der Stadt scheint längst wieder die Sonne von einem blauen Himmel, und Jacke und Hemd flattern trocknend im Fahrtwind vorm offenen Abteilfenster. Die paar Zugestiegenen, ohne Ahnung vom vorangegangenen Gewitter, halten sie für ein bißchen verrückt, wohl auch für ein Pärchen, das seit Urzeiten zusammengehört. Er ist deutlich älter als sie, aber das ist ja mittlerweile keine Seltenheit mehr.

In Berlin angekommen, lädt er sie zu einem Kaffee ein, es gibt da mittlerweile ein paar heimelige Lokale in der Nähe, keine gewöhnlichen Kneipen. Als er sie zu ihrem Zug bringt – wenigstens einen hat sie inzwischen versäumt, und sie hält seine Fingerspitzen für ein paar Augenblicke zu auffällig –, wissen sie: Es wird nicht ihr letztes Zusammentreffen sein.

So haben sie sich kennengelernt.

»Du bist anders geworden in den letzten Wochen, Mädchen.«

»Wie denn: frecher oder stiller?«

»Fusseliger in deinen Gedanken. Als ich deinen Vater kennenlernte, ich erinnere mich gut, war ich genauso. Großmutter mußte mich manchmal kräftig an den Armen packen, daß ich mich nicht wegträumte.«

»Du hättest mich gern unter der Haube, noch immer lieber heute als morgen, ich weiß. Du bist altmodisch und noch stolz darauf: Erst muß die Ältere versorgt sein, dann darf die Kleine dran denken, sich ernsthaft zu binden. Warum soll's bei uns nicht umgekehrt sein? Conny sieht in Jan, wie's scheint, ihre dauerhafte Sicherheit. Was, wenn ich die nie finde? Nie finden will? Ein, zwei

Kinder, ja, nur Jungen. Aber einen Mann? Wozu? So viele leben heute als Singles, lieben ihre Unabhängigkeit.«

»Je länger du so redest, umso mehr begreife ich: Da ist was im Busch. Meine Große macht sich konkrete Gedanken. Soll ich dir was vorschlagen: Weihnachten, wenn du ihn uns da vorstellen willst, könnt ihr kommen. Reichlich drei Monate noch, da wirst du dir doch klar darüber werden, was dir ein Mensch bedeutet.«

Sie haben nie viel Geheimnisse voreinander haben können, sind immer ganz direkt miteinander umgegangen; warum soll sich das plötzlich ändern? Sie mögen sich alle vier sehr, aber die Mutter und Katja hängen mit besonderer Zuneigung aneinander. Wenig Entscheidendes geschieht in der Familie, worüber sich die beiden nicht vorher einig geworden sind: Renovierungsarbeiten, wichtige Einkäufe, Urlaubsreisen. Nun drängt es Katja manchmal, von der unerwarteten Veränderung zu sprechen, die plötzlich in ihr Leben getreten ist. Aber soll sie mit Worten festmachen, was auch für sie erst mal bloß eine Ahnung ist, höchstens eine unsichere Hoffnung? Noch ist nichts geschehen. Nach dieser ein bißchen verrückten Bahnfahrt haben sie zwei Stunden lang zusammengesessen, Kaffee getrunken und geredet. Und nun bedauert sie manchmal, dem anderen bloß ihre Studentenanschrift, nicht auch die einheimische Ostseeadresse gegeben zu haben.

Zwei Tage später, als sie aus dem Haus tritt, steht schräg gegenüber auf der Straße ein roter Wagen, und aus ihm steigt ihre Zugbekanntschaft, Siegfried, tatsächlich, er trägt wieder sein braunes Sakko, die gelbe Krawatte.

»Wie hast du mich denn hier gefunden?« fragt sie. Und er antwortet: »Wenn einer ernsthaft sucht, findet er auch.« Irgend etwas in dieser Art wenigstens sagt er, sie versteht nur den Sinn, nicht die Worte. Und da stürzt sie ihm entgegen, mit ihren raschen Schritten alle Gefühle verratend, die sich in ihr angestaut haben.

2

Anna Kachelmann lächelt geduldig und wehmütig, wenn die Kinder sie bedrängen.

»Warum hängst du noch immer an diesem Haus? Du hast gute

Arbeit, Geld, kannst dir etwas Besseres leisten. Etagenheizung, ein ordentliches Bad, alles ist heutzutage erschwinglich. Siehst du nicht, wie das Dach verkommt? Bei jedem Regen rennt ihr, die Eimer und Töpfe unter den zerbrochenen Ziegeln geradezurücken, von eurer Not bei Gewittern ganz zu schweigen.«

Fast ein Vierteljahrhundert wohnt sie nun in diesem Haus. Alles Wichtige verbindet sich für sie mit dem villenähnlichen Gebäude, mit seinen Stuckornamenten über den Fenstern und an den Balkons. Wieviel Kampf und Vorsprechen bei den Behörden hatte es einmal gekostet, hier einzuziehen? In dieser Wohnung ist Silke geboren worden, ihr zweites Kind, ist ihr Mann früh gestorben. Begreifen die Kinder das Haus nicht mehr als ihr Elternhaus?

»Na gut«, sagt Anna Kachelmann, »ich wohne mittlerweile am längsten im Haus, alle Nachbarn sind später eingezogen. Wir hocken uns nicht auf der Pelle, wir kommen nicht schlecht miteinander aus. Ja, einige haben die Geduld verloren, junge Leute, zwei Pärchen sind ausgezogen, aber die Ehrmanns nebenan glauben daran wie ich: Das Haus wird bald von Grund auf renoviert, kriegt als erstes ein neues Dach, danach eine gemeinsame Heizung. Weshalb soll ich aus ihm ohne ernsthafte Not ausziehen, wo es mir so lange Heimat war?«

Der neue alte Eigentümer hat sich nur einmal sehen lassen, zwar wortreich viele Änderungen versprochen, aber die eigentlichen Verhandlungen und Arbeiten seinen Anwälten und Verwaltern überlassen. Und die schrieben bislang lediglich Briefe und schwiegen sich über sämtliche Beschwerden und Bitten aus. Woher nimmt da die Mutter ihr grenzenloses Vertrauen? Sowieso ist die Wohnung viel zu groß für sie allein. Ja, wenn sie sich mit Konrad ernsthaft zusammentun würde. Der Chemiedoktor bemüht sich um sie seit wenigstens fünf Jahren. Doch sie hält sich merkwürdig zurück. Der Kinder wegen, die sie nicht mit einer neuen Bindung belasten will? Meine Güte, denkt die Mutter wirklich so? Zweimal in der Woche treffen sie sich, sie und ihr Doktor, regelmäßig mittwochs und sonnabends, selten auch sonntags. Was geschieht da eigentlich? Wie genau kennen die Kinder ihre Mutter?

Am 10. April gegen Mittag wird Silke Sonntag auf ihrer Station ans Telefon gerufen. »Ihre Mutter ist heute nicht zur Arbeit gekommen, ohne Entschuldigung. Und zu Hause geht sie nicht an den

Apparat. Ist doch komisch. Ist sie krank, ist sie vielleicht bei Ihnen in der Klinik? Wir machen uns richtig Sorgen. Ist doch alles ziemlich ungewöhnlich.«

Silke Sonntag erschrickt. Ja, die Mutter hat feste Gewohnheiten, nicht nur mittwochs und am Wochenende, ihre Tagesabläufe und Abende sind immer genau geplant. Wenn Unerwartetes geschieht, sie etwa für Stunden nicht erreichbar ist, ruft sie sogar bei Nebensächlichkeiten an. Ist das diesmal nicht geschehen? Hat sie niemandem Bescheid gegeben?

Silke Sonntag telefoniert mit dem Bruder, der auch Arzt ist, mit ein paar Bekannten, vor allem mit Konrad, dem Chemiedoktor. Ja, er war gestern abend bei der Mutter, sagt der, sie haben zusammen noch eine Flasche Rotwein getrunken, halb elf ist er dann gegangen. Nein, sie haben nicht ferngesehen, nur wie üblich geschwatzt. Gott, es gibt so viele Themen. Weshalb ruft Silke an?

Silke Sonntag versteht es, Konrad Weyrich zu beruhigen. Aber in ihr selber bleibt die Sorge. Wenn irgendwas mit der Mutter passiert ist, sie krank zu Hause liegt, es nicht mal bis zum Telefon schafft? Die Mutter ist Mitte Fünfzig, in dem Alter ist niemand gegen Überraschungen gefeit. Auch eine Ärztin kann sich nicht in jedem Falle selbst helfen. Manchmal haben die Kinder sich schon ausgemalt, was in so einem Falle geschehen würde: bei einem Sturz, einem Kollaps. Aber die Mutter will ja unbedingt in ihrer Wohnung allein leben. Gut nur, daß sie wenigstens so oft miteinander telefonieren.

Silke Sonntag nimmt sich keine zwanzig Minuten später für ein paar Stunden frei. Sie muß zur Mutter, erfahren, was los ist. Auch jetzt ist sie telefonisch nicht zu erreichen.

Es wird derzeit viel in der Stadt gebaut, es gibt Umleitungen, Staus, selbst die Straßenbahn kommt nicht zügig voran. Die unvermuteten Hindernisse steigern Silke Sonntags innere Erregung: Manchmal geht es um Minuten. Sie hält den Wohnungsschlüssel der Mutter bereits in der Hand, noch ehe sie aussteigen kann. Auch der Bruder besitzt so einen Schlüssel, das haben sie der couragierten Mutter abgerungen.

Hier draußen in der Nebenstraße kennt sie jeden Baum, jeden Stein. Alles scheint unverändert geblieben. Schmale Vorgärten, graue Häuserfronten, von denen ganze Putzfleckenmuster gebrochen sind. In der Villa, wie sie das Haus nennen, sind etliche Fenster dunkel, hinter ihnen hängen nicht mal mehr Gardinen, im Erdgeschoß und auf der linken Seite im zweiten Stock. Da liegen die Wohnungen, aus denen die Pärchen ausgezogen sind.

Silke Sonntag achtet kaum darauf, sie steigt die Stufen zur Wohnung ihrer Mutter hinauf, stutzt: Die Eingangstür ist nicht abgeschlossen, nur eingeklinkt, der Schlüssel läßt sie sofort aufschnappen, dennoch wird es schwierig, sie zu öffnen. Irgend etwas sperrt, ein schwerer Gegenstand. Erst unter Aufbietung aller Kraft gelingt es Silke Sonntag, die Tür ein wenig nach innen zu schieben. Als sie mühsam dahinterblickt, schreit sie auf. »Mutter«, schreit sie, »Mutter!«

3

»Silke Sonntag, als sie ihre Mutter im Flur ihrer Wohnung liegend vorfand, hat anfangs noch an einen Herzanfall oder ähnliches geglaubt. Die Mutter wollte sich zur Tür retten, sie öffnen, um Hilfe rufen. Aber als die junge Frau später die Polizei verständigte, war ihr schon klar, daß Frau Dr. Kachelmann einem Verbrechen zum Opfer gefallen war. Sie hatte das Blut entdeckt, das in den Flurläufer gesickert war.«

»Das Opfer ist erstochen worden? Haben Sie die Tatwaffe gefunden?«

»Frau Dr. Kachelmann ist mit einem vermutlich abgerundeten Gegenstand getötet worden. Mindestens sechs Schläge trafen ihren Kopf, wenigstens vier Tritte ihren Leib.«

»Der Täter hat versucht, sie zu vergewaltigen?«

»Es gibt keinerlei Hinweis auf ein Sexualverbrechen.«

»Also Raubmord?«

»Offensichtlich. Es fehlt Geld in der Wohnung, es fehlen auch Gegenstände.«

»Was für Gegenstände?«

»Sie werden verstehen, daß nicht alle Einzelheiten zum gegenwärtigen Zeitpunkt für die Öffentlichkeit bestimmt sind.«

Der Raum ist eng, überheizt, die Luft stickig. Staatsanwalt und Kriminalisten, Journalisten und Fernsehleute sitzen eng beieinander. Zur Pressekonferenz im Polizeiamt am Markt sind Dutzende

Zeitungsschreiber gekommen, nicht nur der regionalen Presse. Man hat noch Stühle aus den Nachbarzimmern herbeiholen müssen. Der Fall ist weithin von Interesse, der Mord ungewöhnlich. Das Mordopfer ist eine Ärztin, die viele kennen, eine freundliche Frau. Die Tatzeit fällt aus dem Rahmen: am frühen Morgen. Da wallen die Emotionen auf, sprießen die Gerüchte. War da vielleicht ein verschmähter Geliebter im Spiel, ging es gar nicht um Geld, sondern um einen dramatischen Abschied?

»Die Tatzeit steht genau fest?«

»Nicht auf die Minute. Am Morgen zwischen sechs und sieben. Laut Obduktionsprotokoll. Daß Frau Kachelmann um sechs Uhr früh noch gelebt hat, bestätigen auch Nachbarn. Die haben sie um diese Zeit hinterm Küchenfenster am Frühstückstisch sitzen sehen. Bald danach gab es in der Wohnung eine laute Auseinandersetzung, die auch von anderen Mietern im Hause bemerkt wurde.«

»Der Täter drang gewaltsam in die Wohnung?«

»Wir sind noch bei der Auswertung der Spuren ...«

Natürlich geben Staatsanwalt und Polizei an diesem Morgen bei weitem nicht alles preis, was sie wissen. Manches könnte den Täter warnen. Zum Beispiel: Zu den Dingen, die in der Wohnung fehlen, gehört außer einer Lederjacke die EC-Karte des Opfers. Das haben die Kinder von Frau Kachelmann eindeutig festgestellt: Immer hat die Mutter die Karte in ihrer nächsten Nähe aufbewahrt, es gibt höchstens drei, vier Stellen, die dafür in Frage kommen. Wird der Täter die Karte zu verwenden suchen?

Weiter: Sie wissen bald von mancher Gewohnheit der Toten. Die Ärztin Dr. Kachelmann war penibel sauber, möglicherweise hing das mit ihrem Beruf zusammen. Jedenfalls reinigte sie ihre Möbel einmal in der Woche, auch die Türen. Nun gibt es in der Wohnung nicht wenige Fingerspuren. Die meisten können Anna Kachelmann, einige ihrem Bekannten, dem Chemiedoktor, zugeordnet werden. Aber dazu haben sie zwei Fingerspuren eines bisher unbekannten Verursachers ausgerechnet an Türblatt und Türstock der Wohnungstür gefunden, und zwar innen. Hinterließ sie der Täter? Viel spricht dafür.

Sie haben das Haus inspiziert, in dem sich die Tat ereignete. Ja, es ist alt und abgewohnt, um 1900 gebaut. Sie erfahren: Ein paarmal gab es merkwürdige Geräusche vom Dachboden her. Unlängst nächtigte dort ein wildfremdes Pärchen, junge Leute; Frau Dr. Kachelmann hatte sie aufgestöbert und davongescheucht. Kennt man ihre Namen, Adressen? Hatte sich der Täter dort ebenfalls eingenistet, einer der neuen Obdachlosen? Aber zwischen Gerümpel und Schmutz und den bereitgestellten Eimern und Blechwannen fürs Tropfwasser findet sich auch bei intensivster Nachsuche keine frische verdächtige Spur.

Und kein Zeichen eines Einstiegs über den Balkon?

Arztsein ist ein Beruf nicht ohne Risiken. Ein Fehler, etwa das verspätete Erkennen einer Krankheit, kann tödliche Folgen haben. Und wie viele Patienten fühlen sich sowieso falsch behandelt, zu Unrecht als Simulanten verschrieen? Ist das Tatmotiv Rache? Sie werden die vorgefundenen Patientenkarteien gründlich durchsehen, vielleicht Dutzenden Biographien und Schicksalen nachgehen müssen. Wenngleich: Wahrscheinlich ist das ein Irrweg. Anna Kachelmann, in den letzten Jahren als Betriebsärztin tätig, gilt auch in ihrem Beruf allgemein als gütig, verständnisvoll, einfühlsam, tüchtig. So eine Frau hat selten Feinde. Und an ihrem Arbeitsplatz waren sowieso keine Entscheidungen über Leben und Tod zu treffen. Nicht einmal mit verweigerten Krankschreibungen wird viel anzufangen sein: Jedermann, wenn er heutzutage nur Arbeit hat, will sie tagtäglich leisten, sie nicht scheuen. Nur keinen Anlaß für eine Kündigung geben!

Da bleibt neben dem Zufall wohl doch nur das private Umfeld. Wie sah es aus mit den Bekanntschaften, Freundschaften, mit den Gewohnheiten der Ärztin? Wer zum Beispiel ist dieser Lebensgefährte, der seit vielen Jahren mit ihr zusammenlebt? (Oder auch nicht zusammenlebt?) Gab es Trennungswünsche, finanzielle Zuwendungen im Todesfalle, eine Lebensversicherung? Gibt es dergleichen zugunsten eines bevorzugten Familienmitglieds? Was hatte es mit diesem Zerwürfnis auf sich zwischen Anna Kachelmann und ihrem Schwiegersohn?

Die Gerüchte blühen. Aber natürlich, sie müssen auch diesen Personen und ihren Beziehungen nachgehen.

Und die Nachbarn? Der junge Mann, der Familienvater aus dem zweiten Stock der Villa, rastet aus, kaum daß sie sich als

Kriminalisten zu erkennen geben. Er kann Bullen nicht ausstehen, schon einmal haben sie ihn unschuldig in der Mangel gehabt. Körperverletzung, haben sie gesagt, dabei war's eindeutig Notwehr. Gestern aber hielt er sich mit seiner Familie bei den Schwiegereltern auf. Diesmal werden sie ihm nichts anhängen können.

Und die Ehrmanns vom selben Stockwerk, aus der Wohnung neben Anna Kachelmann? Die Ehrmanns sind Rentner. Mit dem Lehrerberuf ging nichts mehr nach der Wende für Karl Ehrmann, und seine Frau hat sowieso das notwendige Alter. Mit Frau Kachelmann haben sie sich immer gut verstanden, eine nette Dame, obgleich ... Obgleich? Nun ja, weit ging die Nachbarschaft nicht, ein paar freundliche Worte vor jedermanns Tür, aber keine Einladung etwa zum Kaffee. »Doch die Schlüssel haben Sie sich wechselseitig gegeben?« Ja, wenn die Kinder von Frau Kachelmann verreist oder irgendwie verhindert waren. »Sie haben selber Kinder, Verwandte, die zu Besuch kommen?« Zwei Söhne, aber die haben sich lange nicht sehen lassen, wohnen auch weit weg, in Bayern, im Allgäu, beide. Siegfried darf sowieso nicht mehr hier erscheinen, der Luftikus, hat ihm sein Vater bedeutet.

Während die Kriminalisten eine lange Liste von Fragen und Aufgabenstellungen abarbeiten, mit Dutzenden Personen Gespräche führen, auf neue Fragen stoßen und dabei das Umfeld der getöteten Ärztin immer genauer kennenlernen, trifft sie eine Nachricht aus dem benachbarten Leipzig wie ein Blitz. Ist da unerwartet Hoffnung auf eine rasche Lösung des Falles? Jedenfalls: Jemand hat in Leipzig fünf Tage nach der Tat mit Hilfe der EC-Karte von Anna Kachelmann Geld von ihrem Konto abzuheben versucht, 400 DM, an einem Automaten am Sachsenplatz, morgens, mitten im Zentrum der Stadt. Wer? War es der Täter oder ein von ihm Beauftragter, möglicherweise ein Komplize? Und? Ist die Karte einbehalten worden, hat die Sperrung des Kontos, die der Sohn längst veranlaßt hat, gewirkt?

Ja. Der Automat hat die Karte nicht wieder herausgegeben.

Die Technik der Banken ist inzwischen weit gediehen. Sie speichert auf die Minute genau, wer wann Geld abgehoben oder weshalb der Automat versagt hat. So steht sogleich fest: Der EC-

Kartenbenutzer hat keine falsche Geheimnummer eingegeben, er hat die richtige gewußt. Er hatte nur deshalb keinen Erfolg, weil es bereits diese zentrale Sperre gab.

Jeweils ein und zwei Minuten nach dem verdächtigen Kunden haben zwei andere an diesem Automaten tatsächlich Geld abgehoben. Man findet sie rasch, zwei Männer, befragt sie: Hat einer von ihnen bemerkt, wer vor ihnen Geld abzufordern versuchte, ein Mann oder eine Frau? Nein, sagen da beide einhellig, sie haben wechselseitig nur sich selber bemerkt, niemanden sonst. Sie haben auch keinen Menschen wegeilen sehen, weder einen Mann noch eine Frau. Da liegt die Schlußfolgerung nahe: Der Kunde vor ihnen hat sich mit dem Einzug der Karte rasch abgefunden, wohl sogar mit ihm gerechnet. Er hat keinerlei Manipulationen versucht, doch noch zu Geld oder wieder an die Karte zu gelangen.

Die heiße Spur ist rasch erkaltet. Sie ist nur ein Fakt, ein Indiz neben vielen andern. Möglich, sie erhält später wieder Bedeutung.

4

Es gibt, heißt es, schwere Studienrichtungen und leichte. Für manche muß man Geduld mitbringen oder die Bereitschaft zum Fleiß, für andere braucht's Phantasie, für wieder andere vor allem Einfühlungsvermögen.

Katja Ruhn hält nichts von solchen Klassifizierungen. Natürlich weiß sie, daß Bekannte und Freunde und die Studenten selber solchen Überlegungen nachhängen. Das journalistische Studium, sagen viele, ist leicht, seine Methoden sind nicht sehr ernsthaft, es gilt kaum als Wissenschaft. Man muß ein bißchen auf die Reden der Dozenten hören, ihnen ihre Definitionen nachplappern, der Rest ist Glück, und schreiben kann sowieso jeder. Ach ja, wenn's so wäre. Entscheidend ist immer, wie ernst man etwas nimmt, wie tief man sich auf eine Sache einläßt.

Vor dem Studium hat sie ein knappes Jahr lang in der Lokalredaktion einer Zeitung gearbeitet. Sie hat über alles geschrieben, schreiben müssen, was anfiel, auch wenn sie erst einmal gar nichts davon verstand: Stadtreinigung und Straßenbahn, Verkehrsförderung und kommunale Parteien. Sie möchte das Jahr nicht missen und ist dankbar, daß man es ihr nicht leicht werden ließ. Nun glaubt sie, ein bißchen genauer zu wissen, worauf es ankommt beim Büffeln und Studieren. Die direkte Verbindung zur Zeitung hat sie nie aufgegeben, auch wenn es nun ein anderes Blatt ist, für das sie ihre Zwei- und Dreispalter verfassen darf: über Mode und interessante Leute, über Theateraufführungen und Buchlesungen.

Daran hat sich auch nichts geändert, seit sie – in der letzten Zeit nicht mehr ganz so häufig – mit Siegfried zusammen ist. Verrückt, wie schnell einem ganz selbstverständlich werden kann, was es gestern oder vorgestern noch nicht gab. Seit Siegfried damals vorm Haus der Eltern stand, am Abend eingeladen wurde und gleich bei ihnen übernachtete, hat sich ihr Leben erheblich verändert, und doch war's ihr, als hätte sie schon immer so gelebt. Der Vater unterhielt sich mit dem Gast über seine Lieblingsthemen, Autobahnen und vernünftiger Straßenbau, dazu Berufe der Zukunft, und sie war beeindruckt von der Leichtigkeit, mit der sich Siegfried zu allen möglichen Dingen äußern konnte. Die Mutter nahm sie zur Seite und drückte sie an sich: »Siehst du, nun muß es gar nicht erst Weihnachten werden.« Der Mutter mißfiel nicht einmal der Altersunterschied. Von da an hätten sie kommen können, sooft sie wollten.

Freilich, das Leben mit Siegfried erwies sich als ziemlich hektisch und war voller Überraschungen. »Ich heirate dich, noch vor dem Sommer heirate ich dich«, bestürmte er sie einmal, fiel vor ihr ernsthaft auf die Knie, »und wenn du nicht ja sagst, mir davonläufst, bring ich mich um.« Sie lachte, nahm es locker und erschrak doch: Was war Siegfried eigentlich für ein Mensch? Wochenlang hörte sie danach nichts von ihm, keine Karte kam, kein Anruf (was allerdings schwierig war in ihrem Internat), dann erschien er plötzlich wieder, gleich für eine halbe Woche, und beanspruchte sie ganz. Und von Heirat war nicht mehr die Rede. Er lief mit ihr ins Theater oder zu einer Lesung, er saß auch geduldig und stumm, während sie ihren Artikel darüber schrieb, aber nachdem der abgeliefert war, mußte sie mit ihm durch die Stadt ziehen, am liebsten von einer Disko zur anderen, und am nächsten Tag ging's mit dem Wagen davon. Dresden, Potsdam, Thüringer Wald, Göttingen

– sie hatten auf diese Weise im vergangenen Herbst und Winter nicht wenige Gegenden gemeinsam erkundet.

Aber die Fahrten hatten Geld gekostet, dazu kam ein Unfall von Siegfried in Leipzig, die Kollision mit einem Lada, außerdem fiel die Miete für den Ersatzwagen an, und obwohl sie dazu gab – wenig genug –, sie fragte sich doch: Woher nahm er es? Sein Beruf, Zahntechniker, bereitete ihm plötzlich Sorgen, sagte er. Er hatte unverhofft Probleme in seinem Labor, eine Weiterbildung wurde gefordert. Wieso das? Hatte er nicht sein Diplom? Am liebsten zöge er ganz nach Leipzig, in ihre Nähe, erklärte er ein andermal, einen neuen Anfang wagen. Aber sie war auf einmal ganz unsicher, ob sie das überhaupt noch wollte. Da war zum Beispiel dieser unverhoffte Besuch bei seinen Eltern in Halle, der sie im nachhinein immer wieder nachdenklich machte, ein einziges unbegreifliches Fiasko. Siegfrieds Vater war stumm aus dem Zimmer gegangen, die Mutter hatte ihr die Hand auf den Arm gelegt: »Ach Mädchen, kennen Sie den Jungen eigentlich richtig? Hat er alles von sich erzählt?« Und Siegfried hatte auf der Rückfahrt nichts weiter gesagt als: »Nun habe ich nur noch dich. Nur dich. Verlaß mich nie.«

Sie lebte das zweite Jahr im Studentenwohnheim. Ein einfacher Plattenbau in der Nähe eines alten Friedhofs. Wenn sie aus dem Fenster blickte, sah sie in Baumkronen, Kastanien und riesige Rotbuchen. Bis zum Institut war's nicht weit: mal gerade eine Viertelstunde zu Fuß. Das Studium machte ihr nach wie vor Spaß. Eigentlich konnte sie zufrieden sein. Trotzdem saß sie nun manchmal lange am Fenster, starrte auf die uralten Friedhofssteine. Das Merkwürdigste: Ihre Mutter wußte von vielem, aber von ihren Zweifeln noch nichts. Katja hatte einfach nicht mit ihr darüber sprechen können.

Eines Tages im April, gegen Ende des Monats, mitten in einer dieser Phasen der Nachdenklichkeit, ist Siegfried Ehrmann unerwartet verschwunden, ohne Abschied. Es hat zwar keinen Streit gegeben, nur ein paar Unstimmigkeiten, aber Siegfried ist ohne ein Wort, ohne eine erklärende Nachricht abgefahren. Vielleicht nach Kempten? Nein. Er hat einige Sachen in ihrem Zimmer zurückgelassen, doch sein Wagen parkt nicht mehr auf dem üblichen Platz.

Siegfried kehrt auch am Abend nicht zurück, tritt nicht reumütig zu ihr ins Zimmer, wie sie es erhofft hat, mit einem großen Blumenstrauß in der Hand. Statt dessen erscheinen zwei ihr gänzlich unbekannte Männer, ein Jüngerer und ein Grauhaariger. Sie zeigen ihre Ausweise vor und wollen sich mit ihr unterhalten: Kriminalpolizei.

»Sie sind mit Herrn Siegfried Ehrmann bekannt, er übernachtet ab und zu bei Ihnen?«

»Muß ich darüber Auskunft geben?«

»Wann hat Herr Ehrmann sich das letzte Mal hier aufgehalten? Hat er Gegenstände zurückgelassen, Kleidung? Können wir die einmal sehen? Bitte, lassen Sie uns herein.«

»Aus welchem Grund sollte ich das tun?«

»Gegen Herrn Ehrmann besteht der Verdacht einer schweren Straftat.«

Eine Straftat – Siegfried? Sie denkt sofort an sein Auto, an den Unfall vom vergangenen Februar. Siegfried rast manchmal unverantwortlich, fühlt sich so sicher hinterm Steuer. Nun ist er vielleicht auf und davon: Fahrerflucht ...

»Es ist ein Unfall, sagen Sie's, ein Unfall. Aber Siegfried lebt doch, er lebt ...?«

»Ja«, erwidert da der Jüngere der Kriminalisten.

5

Es ist schon fast Mai, da schlägt die Nachricht in der Stadt wie eine Bombe ein. Die Boulevardblätter und die Lokalausgaben der Zeitungen sind voll davon, die Staatsanwaltschaft ruft wieder zu einer Pressekonferenz in die bekannten Räume: Ja, man hat jemanden festgenommen, der der Tötung Anna Kachelmanns verdächtig ist, in Leipzig, zweihundert Meter von der Wohnung einer Freundin entfernt, dem einzigen bekannten Wohnsitz, an dem der Festgenommene ab und zu anzutreffen war. Es ist Siegfried E., siebenunddreißig Jahre alt, einschlägig vorbestraft. Vor achtzehn Jahren wegen Mordes zu einer lebenslangen Freiheitsstrafe verurteilt, wurde er nach fünfzehn Jahren Haft entlassen. Er ist der Sohn der Nachbarsleute von Frau Kachelmann aus derselben heruntergekommenen Villa, aus demselben Stockwerk, aus der Wohnung gegenüber. Freilich, Siegfried E. leugnet die Tat, er hat sich, sagt er, zur Tatzeit in Hamburg aufgehalten, er hat sich mit den Eltern, vor allem mit dem Vater, überworfen, das Elternhaus angeblich seit Monaten nicht mehr betreten. Doch in der Wohnung der Ärztin finden sich seine Spuren. An der Wohnungstür innen, erfährt man später, in halber Höhe des Türblatts, sind die Abdrücke seiner Finger gesichert. Zweimal hat er da zugegriffen, jeweils mit der linken Hand. Wann und warum?

»Einmal Täter – immer Täter. Der Spruch ist im Zusammenhang mit diesem Fall öfter vorwurfsvoll gefallen«, wird der Staatsanwalt später in seinem Plädoyer sagen. »Aber wir sind nicht zielgerichtet mit einem Verdacht auf Siegfried Ehrmann zugegangen. Wir haben den Verwandtenbereich der Toten abgeklärt, ihren Bekanntenkreis, ihre Kontakte, wir haben sogar, wie bekannt, einen rachsüchtigen Täter unter den einstigen Patienten von Frau Dr. Kachelmann vermutet. Ziemlich beiläufig erst stießen wir auf Siegfried Ehrmann, den Sohn der Nachbarsleute, die gelegentlich den Wohnungsschlüssel der Ärztin in Verwahrung hatten.«

Siegfried Ehrmann ist polizeilich im Allgäu gemeldet. Hätte die Routinenachfrage ergeben: Siegfried Ehrmann hält sich ständig in Kempten auf, geht dort regelmäßig seiner Arbeit nach, sie hätten sich vermutlich nicht weiter um ihn gekümmert. So aber erfuhren sie: Siegfried Ehrmann hatte sich seit Januar kaum noch in Kempten sehen lassen, er besaß erhebliche Schulden, hatte sich unter anderem bei Nachbarn Geld geliehen. Er nahm auch nicht mehr an einer vereinbarten Umschulungsmaßnahme des Arbeitsamtes von Kaufbeuren teil. Vor allem aber: Er hatte bis in den April hinein mehrere Straftaten in Halle begangen. »Er hat eine frühere Freundin, die sich von ihm trennen wollte, zusammengeschlagen. Er hat einem Rentnerehepaar, das ihm Übernachtung gewährte, Bargeld und EC-Karte weggenommen, noch in derselben Nacht vierhundert Mark abgehoben. Er ist nachts in die Zahnarztpraxis einer Bekannten eingestiegen, mindestens um Medikamente zu stehlen, wenn nicht auch Geld ...«

Tatsächlich? Diese ganze erstaunliche Liste von Gesetzesübertretungen ist dem freundlichen Herrn Ehrmann, dem netten Freund von Katja Ruhn, anzulasten?

6

Er sitzt da, er notiert. Er hält schriftlich fest, was zwei Dutzend Zeugen an mehr als zwei Dutzend Tagen auf die Fragen der verschiedenen Anwälte und Richter erwidern. Er ist sein eigener gründlicher Protokollant. Er darf auch selbst höflich und ausdauernd fragen, wenn die Fragen nach Auffassung des Vorsitzenden Richters nicht bereits in anderen Zusammenhängen beantwortet sind. Er nickt dann zweifelnd, sagt manchmal auch kommentierend »Aha« oder »So«, was der Vorsitzende Richter meist ohne rügenden Hinweis durchgehen läßt, nur mit einem mißfallenden Blick über seine Brillengläser beantwortet. Er ist noch mit seinen Notaten beschäftigt, während sich der Prozeß längst neuen Gegenständen zugewandt hat. Da versucht er dann, die Hände gefaltet, den Kopf vorgestreckt, sich in die neuen Zusammenhänge konzentriert hineinzudenken.

Er blickt auch manchmal ins Publikum, das an jedem Prozeßtag den Saal bis zur letzten Bank füllt. Er mag die Leute vielleicht sogar, sie könnten sein Rückhalt sein. Wenn seine Unschuld klar zutage liegt, wenn deutlich wird, daß der alte dumme Spruch nicht gelten darf: »Einmal Täter – immer Täter«, werden ihre Sympathien ihm zufliegen, wird nicht wenig Genugtuung ringsum sein. Denkt er so?

Mindestens so viel wird deutlich: Er will einen guten Eindruck hinterlassen, nicht nur bei seinen Richtern. Er ist sachlich, korrekt, zurückhaltend, bemüht bescheiden. »Es geht für mich hier um sehr vieles«, sagt er zum Beispiel, »darf ich Sie bitten, sich genau an die Ereignisse in ihrer präzisen Abfolge zu erinnern. Das ist für mich sehr wichtig.« Nur die Presse mag er nicht. Auch wenn die Meute im Saal scheinheilig tut: Sie hat ihn vorverurteilt, sie ermöglicht ihm kein faires Verfahren. Jeden Tag liest er es in ihren Artikeln, ist er aufs höchste erregt. Er läßt es die anwesenden Journalisten mit seinen Blicken spüren.

Sonst hat er sich immer in der Gewalt. Er trägt das dunkle Haar nackenlang, ständig gewellt, einen billigen pinkfarbenen Anzug von der Stange, ferner einen braunen Schlips und ein helles Hemd. Nicht wenige Zeugen loben ihn. Im beruflichen Umfeld ist er freundlich, zugänglich gewesen, hilfsbereit: ein erfahrener

Zahntechniker. Er hat eine Weiterbildung zunächst nicht abgelehnt, er ist eingesprungen, wenn Hilfe gefordert war. Ein netter Kollege.

Auch ein netter Kerl, ein Mann in den besten Jahren, der Eindruck hinterläßt gerade beim weiblichen Geschlecht? Er hat sich in den letzten Jahren immer sehr viel jüngere Frauen, halbe Mädchen als Gefährtinnen gesucht. Nicht ohne Erfolg. Er ist trotz seiner mittlerweile siebenunddreißig Jahre ein Mann, der junge Frauen zu beeindrucken weiß, mit seiner Beredsamkeit, mit seinem Charme. Ist da doch etwas an den Gerüchten, die von neuem in der Stadt kursieren: Nicht einem Raubmord ist die Ärztin zum Opfer gefallen, vielmehr war ihr Tod der tragische Schlußpunkt einer engen Beziehung, die da eines so ungewöhnlich frühen Morgens zu Ende ging?

Aber an keinem der vierundzwanzig Prozeßtage ist im Gerichtssaal auch nur andeutungsweise von solch tragischem Schlußpunkt die Rede. Nicht dutzendweise – wie bei einer engen Beziehung naheliegend – fanden die Kriminalisten Siegfried Ehrmanns Fingerspuren in der Wohnung von Anna Kachelmann, sondern eben nur zweimal: nur vorn an der Eingangstür. Was sollen da diese Gerüchte, die die Tote noch nachträglich diffamieren?

Siegfried Ehrmann ein netter Mann, ein netter Kollege?

»Sie kennen Herrn Ehrmann seit 1988, Fräulein Schneider?«

»Er wohnte in der Nachbarschaft, ich bei meinem Opa. Er wollte mich heiraten, sagte er bald. Ich gab ihm keine klare Antwort. 1989, im Spätsommer, ging er nach Kempten. Er müßte nach drüben, unbedingt, sagte er. Ich sollte nachkommen. Wir blieben in fester Verbindung, ich schrieb ihm täglich, er rief täglich an. Im Dezember holte er mich nach. Anderthalb Jahre wohnte ich von da an bei ihm.«

»Sie kannten die Vergangenheit von Herrn Ehrmann?«

»Er erzählte mir nie etwas von sich. Ich habe vieles erst jetzt erfahren, vor allem von seiner schweren Vorstrafe. Er sagte immer, er sei viel rumgekommen, er kenne jede Menge Professoren und Doktoren, er hat mir auch sein Diplom gezeigt, das nicht echt ist, wie ich nun weiß. Er war überheblich, ich fühlte mich von ihm als kleines Dummchen behandelt: Du hast keine Ahnung, lern erst mal was, sieh dich um in der Welt, meinte er oft. Das war auch der Grund, daß ich mich schließlich von ihm trennen wollte. Das wird nie was mit uns, sagte ich, wir passen nicht zusammen.«

»Wie hat Herr Ehrmann darauf reagiert?«

»Er hat gelacht. Aber er war auch, glaube ich, beleidigt, weil ich etwas gegen seinen Willen durchsetzen wollte. Als er einen Brief von meinen Freunden aus Halle fand, von dem ich ihm nichts erzählt hatte, hat er mich geohrfeigt. Immer hat er mich finanziell kurzgehalten. Aber meine Kreditkarte hat er benutzt. Ich zog schließlich zu einer Bekannten, danach zurück nach Halle. Ich kam mit dem Leben drüben sowieso nicht klar. Herr Ehrmann hat mich zurückgefahren. Damit du siehst, daß ich dein Gutes will, hat er gesagt. Im Auto hat er mir plötzlich wieder einen Heiratsantrag gemacht. Wir gingen noch einmal aus. Er wollte danach auch in der Wohnung meines Bruder schlafen, wo ich übernachtete. Ich dachte: Mach keinen Ärger, und ließ es zu. In dieser Nacht verdrosch er mich in seinem Jähzorn, richtig reif fürs Krankenhaus. Ich kriegte erst Ohrfeigen, dann Schläge mit der Faust und danach mit einem Schlüssel. Er schleuderte mich durch den Flur, trampelte und trat auf mir herum, als ich vorm Bett lag. Dann wusch er mir reumütig das Blut ab. Am nächsten Morgen kam er mit zur Polizei, als ich meine Anzeige machte. Er wollte sofort alles richtigstellen. Die Leute dort auf dem Revier staunten, daß ich ihn gleich mitbrachte.«

»Sollen wir eine Pause machen, die Verhandlung unterbrechen?«

»Ich brauche keine Pause. Schon bei der Gegenüberstellung habe ich gezittert. Nun habe ich immer noch Angst. Ich werde erst froh sein, wenn ich alles hier hinter mir habe.«

Siegfried Ehrmann ein netter Mann, ein netter Kollege?

»Sie hatten, Frau Knorrscheidt, Herrn Ehrmann in Ihrer Wohnung übernachten lassen?«

»Wir hatten ihn am Rosenmontag bei Bekannten kennengelernt. Ich hatte vor, am nächsten Tag nach Stuttgart zu fahren, er wollte nach Kempten. Da konnte er mich doch mit dem Auto mitnehmen, mindestens bis Nürnberg, und ich sparte Fahrgeld. Nachts, auf dem Weg in unsere Wohnung, wollte ich noch Geld mit meiner EC-Karte abheben, aber der Automat funktionierte nicht. Das war wohl die

Gelegenheit: Herr Ehrmann sah, daß ich die Geheimnummer von einem Zettel ablas. Herr Ehrmann schien so sympathisch. Er hatte Zahntechnik studiert, sagte er, sich in Kempten selbständig gemacht. Am Tag vorher war er aus Hamburg gekommen. Wir glaubten alles, was er sagte. Als wir uns schon schlafen gelegt hatten, merkte er angeblich, daß er sein Rasierzeug im Auto vergessen hatte. Das war wohl sein Trick, um an unsere Wohnungsschlüssel heranzukommen. Ich gab sie ihm auch. – Am nächsten Morgen war alles verschwunden, mein Geld und die EC-Karte, erst recht Herr Ehrmann. Ich hab die Karte sofort sperren lassen, aber es war schon zu spät. Vierhundert Mark waren noch in der Nacht abgehoben worden.«

»Kamen Sie sich da nicht ein bißchen schofel vor, Herr Ehrmann?« fragt der Vorsitzende Richter.

»Das schon. Aber es war halt so verlockend.«

»Die EC-Karte von Frau Knorrscheidt, was haben Sie später mit ihr gemacht?«

»Die muß mir wohl in Hamburg eingezogen worden sein.«

Und der dritte Anklagepunkt, der mitternächtliche Einstieg in die Zahnarztpraxis in der Allee gleich gegenüber dem Gerichtsgebäude?

»Ich habe mit Sicherheit kein Geld genommen. Ich wollte nur die Tabletten. Zehn Ampullen, ein Schlafmittel, das ich mir selber spritzen konnte, dazu etliche Päckchen Faustan, noch DDR-Produktion. Ich bin durch das offenstehende Fenster in die Praxis. Ich hatte zwei Stunden auf der Treppe gewartet, ob noch jemand kam, der mir aufschließen konnte, es war natürlich ein unsinniger Gedanke. Dann bin ich eben hinein. Ich war am Nachmittag schon bei einem anderen Arzt in der Praxis gewesen, aber dort war ich zu feige, mir die Tabletten verschreiben zu lassen. Dr. Krist hätte sich mit Sicherheit erkundigt, wozu ich sie brauche, und gleich so eine große Menge.«

»Sie haben kein Geld genommen, sagen Sie, aber das Schlüsselbund haben Sie mitgehen lassen. Die Polizei hat in Ihrem Wagen mehrere Schlüsselbunde gefunden. Eines gehört zu Garage und Auto Ihres Vaters, ein anderes zur Zahnarztpraxis. Sie haben offenbar eine Schwäche für Schlüssel. Sammeln sie die wie andere Leute Briefmarken?«

7

Er antwortet ruhig, er lächelt gelegentlich, er neigt den Kopf seitlich bei einer ironischen Bemerkung von Staatsanwalt oder Richter. Er gibt jetzt alles zu, nennt Einzelheiten seines Vorgehens, auch solche, die ihm niemand nachweisen kann, die nur er selbst kennt. Lediglich Evelyn Schneider widerspricht er energisch. Nie wäre er zu einer solchen Eskapade von Gewalt einem Mädchen gegenüber fähig gewesen. Wirklich, er sagt: Eskapade. Ein paar Ohrfeigen, ja, die hat er ihr versetzt. Die Kopfwunde hat sie sich zugezogen, als sie stolperte, und mit dem Schlüssel hat sie sich selber verletzt bei ihrem überstürzten hysterischen Fluchtversuch.

Es ist schon der vierte Prozeßtag. Dabei, alle wissen es, dies ist erst der Auftakt, ein taktisches Auftaktgeplänkel. Siegfried Ehrmann findet, er verhält sich nicht ungeschickt. Er geht auf die Taktik der Richter ein (erst die Nebenfälle behandeln), und er gibt zu, was zuzugeben ist. Ein ehrlicher Mensch, der aus Eifersucht strauchelte und aus materieller Not Fehler machte und der das auch alles zugibt – der muß doch, so hofft er, genauso ehrlich erscheinen, wenn er den Vorwurf abstreitet, Anna Kachelmann getötet zu haben.

Darum aber geht es nun, plötzlich und sehr direkt.

»Sie kannten Frau Dr. Kachelmann?«

»Als ich im April 1988 nach Halle zurückkam, wohnte ich drei, vier Wochen bei meinen Eltern. Da begegnete ich auch Frau Kachelmann. Ab und zu. Wir sahen uns und sagten Guten Tag. Es gab keine längeren Gespräche, ich war auch nie in ihrer Wohnung.«

»Nach Ihrem Wegzug von den Eltern, haben Sie Frau Kachelmann da wiedergesehen?«

»Gelegentlich, bei Besuchen. Aber auch da nur im Treppenhaus. Sie wußte, ich wohne in Bayern. Da hat sie mir von einem Urlaub im Allgäu erzählt. Einmal habe ich von Kempten angerufen, darauf hat sie Mutter ans Telefon geholt. Meine Eltern besitzen keinen Anschluß.«

»Der Grundriß der Nachbarwohnung, er hat Sie interessiert?«

»Wozu? Ich wußte, die Eltern und Frau Kachelmann hatten

eigentlich einen gemeinsamen Flur, der im nachhinein bei einer Wohnungstrennung nur durch eine dünne Wand getrennt worden war. Wenn Gäste kamen, verstand man jedes Wort von nebenan. Ein paarmal erlebte ich solchen Besuch.«

»Wann waren Sie zum letzten Male in der Wohnung Ihrer Eltern?«

»Anfang April, ich erinnere mich, ich war maximal zwei Minuten dort. Fräulein Ruhn, mit der ich ja befreundet bin, hatte gesagt: ›Regele deine Sachen allein‹ und war nicht mitgekommen. Doch es gab nichts zu regeln.«

»Ihre Mutter hat Sie aus der Wohnung geworfen.«

»Ich möchte darüber nicht sprechen.«

»Sie hatten bei Ihrem Vater nicht nur die Garagenschlüssel, sondern auch Geld mitgehen lassen, eine erhebliche Summe. Und das hatte man wohl gerade entdeckt. – Am 9. und 10. April, zum Zeitpunkt der Tat, wo hielten Sie sich da auf?«

»Ich war in Hamburg, schon seit dem 7. April.«

»Sie haben die Stadt mehrfach besucht ...«

»Ich habe mir Hamburg immer gern angesehen, eine schöne Stadt. Diesmal war ich ein paar Tage dort. Ich habe einen Strafzettel wegen Falschparkens bekommen, ich habe im Auto geschlafen, dann habe ich mich nach einem preisgünstigen Zimmer erkundigt, vergeblich. Da bin ich abends zurück in dieses ›Blonde Loch‹ und dort bis zum frühen Morgen geblieben. Um vier Uhr bin ich gegangen, da konnte ich nicht schon zwei Stunden später in Halle sein.«

Er redet locker, er stockt selten. Er ist schon mehrfach nach den Zusammenhängen und Vorgängen jener Apriltage befragt worden, da ist er geübt in ihrer Darstellung. Er hat sich auch auf diese neue Befragung vorbereitet. Jeden Tag bereitet er sich neu vor, studiert und ordnet er seine Notizzettel, stellt er sich die Fragen, die sie ihm stellen könnten. Lückenlos und logisch muß sein Erzählen sein. Ist es das nicht? Wo werden sie noch nachhaken, wo ihm eine Falle stellen wollen? Daß er in seiner Not Geld bei den Eltern mitgehen ließ? Natürlich war klar, daß sie das vorbringen, auch wenn das nicht zusätzlich angeklagt ist.

»Ich kann mich an einige Leute erinnern, die sich im ›Loch‹ aufgehalten haben, ein Penner, ein Kraftfahrer, später kamen sechs holländische Matrosen. Wir saßen vorn an der Theke. Gib dem Penner ein Bier, ich zahle es, habe ich zur Kellnerin gesagt. Als dann für sie nichts mehr zu tun war, habe ich mit ihr Halma gespielt und über alles mögliche palavert. Ingrid heißt sie, sie muß sich an mich erinnern. – Gegen Morgen habe ich dann auf einem Parkplatz ein paar Stunden im Auto geschlafen und danach Fräulein Ruhn bei ihren Eltern angerufen, wo ich sie vermutete. Vergeblich. Ziemlich müde bin ich zurück. Am Nachmittag kam ich in Leipzig an.«

Bald soll er sie wiedersehen, er weiß es, Ingrid aus Hamburg und Katja aus Leipzig. Hoffnung ist in ihm. Sie werden für ihn sprechen.

Doch dann packt ihn wieder Verzweiflung. Wozu das alles? Was hat er noch für Chancen im Leben? Er hätte gleich Schluß machen sollen, damals, als er sich die Tabletten in der Zahnarztpraxis besorgt hatte. Er hatte es erfahren: Sein Name war nach dem Tod dieser Ärztin wieder im Gespräch, Leute wurden befragt, ob sie wüßten, wo er sich aufhielt. Einmal Täter – immer Täter. So hat er es auch dem Psychologieprofessor erklärt: Er hatte keine echten Chancen mehr. Er hatte Katja gegenüber nicht den Mut aufgebracht, von seiner Vergangenheit zu erzählen. Was sollte sie nun noch für ihn empfinden? Liebe? Höchstens Mitleid, wenn überhaupt. Und sie hat für ihn doch einmal ein neuer Anfang sein sollen.

Ja, so wird er es machen: Er wird das alles hier noch durchstehen, den ganzen Prozeß, ohne Heulen und Klagen, gleich, wie er ausgeht, gut oder böse, und dann wird er seinen großen Schlußstrich ziehen: Das war's. Irgendwie wird er es schon schaffen, sich neue Tabletten zu besorgen oder ein Seil. So hat er's auch dem Professor angedeutet.

Und dann ist doch wieder zitternde Hoffnung in ihm: Katja wird für ihn sprechen.

8

»Sie sind Ingrid Rettig-Reißner, Kellnerin in Hamburg-Altona, einundvierzig Jahre alt?«

»Ja, Inge heiß ich. Ich bin Kellnerin im ›Blonden Loch‹, und

Ihren Ehrmann kenn ich, wenn auch nicht seinen Namen. Freilich, der Schnauzbart vom vorigen Jahr fehlt, aber die Haare kommen hin. Es gibt Gesichter, die vergißt man nicht.«

Ingrid, genannt Buschi, die Kellnerin vom »Blonden Loch« auf Hamburgs Reeperbahn. Die Zuschauer sind voller Spannung: Wird sie dem Angeklagten ein Alibi geben? Nun ist sie zusätzlich eine Attraktion, für die hiesige Gegend reichlich exotisch aufgemacht: rot das knapp sitzende Lackkostüm, kirschrot die Schuhe und die vollen Lippen, blau die ungleich langen Fingernägel, strohblond das toupierte Haar. Genauso stellt man sich die Damen von der gewissen Hamburger Meile vor. Und die sollen die Wahrheit lieben?

»Herr Ehrmann war Stammgast bei Ihnen?«

»Da würde ich jein sagen. Vier-, fünfmal war er da, immer nett, freundlich und ruhig. Und er hat immer bezahlt, fünfzig, sechzig Mark pro Zeche, dicke hatte der's nie. Aber wenn da ein armer Penner saß, hat er dem schon mal ein Bier spendiert.«

»Sie haben sich mit ihm unterhalten? Hat er erzählt, woher er kommt und was er beruflich macht?«

»Natürlich werd ich ihn gefragt haben, was er so treibt, und natürlich wird er mir geantwortet haben. Aber was brauchte ich da für'n Kopp, wenn ich mir merken wollte, womit die mich alle in einer Schicht vollquasseln. Aber grade an ihn, Siegfried, kann ich mich gut erinnern: Mit ihm hab ich Halma gespielt. Und immer verloren.«

»Halma? Sie? Am Tresen?«

»Was meinen Sie, wie froh ich bin, wenn wer mit mir Halma spielt, wenn sonst nichts weiter in der Kneipe läuft.«

»Sie erinnern sich noch, in welcher Nacht im April Sie mit Herrn Ehrmann dagesessen und Halma gespielt haben?«

»Das war der 9. April, ich weiß es genau. Ich hatte in der Woche Nachtschicht, danach erst wieder im Mai. Und der 9.? Das war ein Donnerstag. In der Nacht war ich nicht duhn. Jede Nacht vorher hab ich mitgetrunken, aber am Mittwoch war mir kotzübel, da hab ich nur noch Bouillon runtergekriegt. So war bei mir am Donnerstag Sense. Außerdem ist in der Nacht Getränkebereitstellung, da muß ich hart ran.«

Während sich die Zuschauer amüsieren, während Buschi von

der Reeperbahn die Beine mit den gemusterten Strümpfen übereinanderschlägt und von ihren verkaterten Tagen berichtet, ist sich der Staatsanwalt völlig sicher: Die Aussage der Kellnerin stimmt nicht, der Angeklagte kann in jener Nacht nicht im »Blonden Loch« gewesen sein. Ehrmann war am 7. April in Hamburg, ja, da gibt es auch dieses Knöllchen fürs Falschparken. Aber was er in dieser Nacht vielleicht im »Loch« erlebt hat, datiert er um, soll ihm erst zwei Tage später begegnet sein. Und die blonde Ingrid will für ihn absichtlich falsch aussagen. Da muß es doch Absprachen geben!

Im Februar hat Siegfried Ehrmann nach seinem Unfall in Leipzig einen Mietwagen benutzt. Die Abrechnungen darüber liegen vor, sie besagen: Ehrmann hat in knapp vier Wochen über dreizehntausend Kilometer zurückgelegt, Kosten alles in allem sechzehntausend Mark. Nur um seine Freundin zu besuchen? Oder war er mit Aufträgen unterwegs, etwa als Kurier für eine Drogengang? Es gibt da so gewisse Hinweise.

»Ich bin dreimal verhört worden, zweimal haben sie mich sogar aufs Amt zitiert. Immer hab ich von meinem Halmaspiel erzählt, jedem erzähl ich davon. Was kann ich dafür, wenn die Kameraden das nicht reingeschrieben haben in ihre Protokolle. Das können Sie mir nun nicht anhängen, ich hätt's nachträglich erfunden. Das ist nicht fair!«

»Was hier fair ist, wird sich noch herausstellen«, kontert bissig der Staatsanwalt.

»Die haben mir auf der Wache auch so ein Bild gezeigt, so ein klitzekleines. Was sollte ich da erkennen. Bei meinem Tresenjob, da ziehn Hunderte Leute an einem vorüber, die zu so einem Bild passen. Aber nun, wo ich ihn in natura gesehen habe, da bin ich mir sicher, da hab ich Herrn Ehrmann erkannt. Der war in der Nacht vom 9. im ›Loch‹.«

Erkennt sie noch jemanden, der im Gerichtssaal anwesend ist?

Da weist sie auf einen der beiden Verteidiger. Der war in Hamburg bei ihr. Weshalb? »Und noch wer hat mich ausquetschen wollen: Die Verlobte von diesem Ehrmann.«

Katja Ruhn?

Am Ende verlangen die Verteidiger, die Kellnerin zu vereidigen, gegen den Einwand des Staatsanwalts: »Sie wissen, was

Ihnen bei wissentlichem Falscheid droht?« Aber Buschi, die blonde Ingrid aus Hamburg, läßt sich nicht beirren. Selbstverständlich wird sie die Wahrheit beschwören. Ihretwegen auch mit Gott in der Eidesformel.

9

»Sie haben noch Kontakte zu Herrn Ehrmann, Fräulein Ruhn?«

»Ich war mehrfach bei ihm in der Untersuchungshaft, gestern das letzte Mal.«

»Auch Ihre Eltern kennen Herrn Ehrmann?«

»Wir haben sie mehrfach besucht. Im vergangenen Jahr, im Februar, war Herr Ehrmann auch einmal allein ihr Gast.«

»Sie haben über Heirat gesprochen?«

»Im Beisein meiner Schwester. Es ging um mögliche Namensänderungen.«

»Und das Ergebnis?«

»Herr Ehrmann sagte, er würde auch meinen Namen annehmen. Ich fand das alles sehr theoretisch. Ich bin noch sehr jung, ich könne, sagte ich, auch allein bleiben.«

»Wie nahm Herr Ehrmann das auf?«

»›Alles im Leben mißlingt mir‹, sagte er. Und er nannte mein Verhalten Hinhaltetaktik. Die stünde er nicht durch. Er würde, sagte er, seine Konsequenzen ziehen.«

»Bei einer Trennung sich das Leben nehmen?«

»Ich mußte befürchten, daß er es so meinte.«

Der Saal ist wieder gefüllt bis zum letzten Platz. Den Auftritt der Studentin will sich keiner entgehen lassen. Einige Zeitungen haben die Sensationslust geschürt. Nun wollen alle das Mädchen erleben, das mit einem Mörder zusammengelebt hat. Hält sie tatsächlich noch zu ihm? Hat sie über seine Vergangenheit wirklich nicht Bescheid gewußt?

Sie hat Ehrmann mit einem Kopfnicken begrüßt. Nun sitzt der anders als sonst, stellt keine Fragen, notiert sich nichts, blickt meist auf die Tischplatte vor sich.

»Herr Ehrmann war finanziell immer klamm, er verfügte nie über größere Geldbeträge. Wenn wir zu den Eltern an die Ostsee fuhren, habe meist ich das Benzin bezahlt.«

»Sie wissen, wo sich Herr Ehrmann Anfang April aufhielt?«

»Er rief am zehnten April bei meinen Eltern an, er vermutete mich bei meiner Schwester in Ludwigslust. Vergeblich. Er kam dann nach acht Stunden Fahrt abends in Leipzig an. Ich dachte erst, er käme aus Kempten.«

»Ostern. Da war Herr Ehrmann erneut in Geldsorgen. Da hat er Ihnen von seiner EC-Karte erzählt, die einbehalten wurde.«

»Nein, das war früher, schon im März.«

Sie antwortet klar, sie scheint nicht aufgeregt. Sie ist unauffällig gekleidet, kein Modepüppchen. So eine möchte man als Tochter haben, denken manche im Saal. Unbegreiflich, wie sie noch vom Angeklagten redet. Sie hat ihn doch schon viel kritischer gesehen. Will sie ihm ein letzter Halt sein? Niemand besucht ihn sonst in der Haft, kein Vater, keine Mutter. Hält sie ihn für unschuldig, liebt sie ihn etwa noch, ein Mörderliebchen?

Die Leute im Saal verfolgen das Geschehen mit unterschiedlicher Aufmerksamkeit. Diese langwierigen Versuche festzustellen, wer sich wann wo aufgehalten hat, diese detaillierten Nachfragen nach Schulden und Geld. Und diese Gründlichkeit, mit der nach der einbehaltenen EC-Karte gefragt wird. Aber dann begreifen es allmählich alle: Natürlich, wenn der Angeklagte am 15. April, fünf Tage nach der Tat, davon gesprochen hat, seine EC-Karte sei einbehalten worden, dann kann er wohl nur die gestohlene Karte von Anna Kachelmann gemeint haben. Seine eigene Karte hat ein Automat an der Küste viele Wochen zuvor schon nicht mehr herausgegeben. Und wenn es die Karte von Anna Kachelmann war, dann hat Ehrmann sie in Halle mitgenommen, dann ist er der Täter.

Und da nimmt das Mädchen diesen Ehrmann trotzdem noch immer in Schutz, setzt sich für ihn ein?

»Fräulein Ruhn, Sie haben das Protokoll Ihrer ersten Polizeivernehmung deutlich unterschrieben, beide Seiten. Und da steht: Herr Ehrmann erzählte mir aufgeregt, das muß am 15. April gewesen sein, seine EC-Karte sei einbehalten worden.«

»Ja, ich habe das unterschrieben. Es ging alles so schnell und formal, ich habe die Seiten nicht noch einmal durchgelesen. Deshalb habe ich ja später auch die Korrektur des Protokolls verlangt: Ich habe, die EC-Karte betreffend, nie ein Datum genannt. Das sollte darinstehen.«

»Ein solcher Vermerk findet sich aber nirgendwo in den Akten.«

»Die Mitarbeiterin der K versprach mir, ihn anzufertigen.«

»Warum wollten Sie ihn nicht gleich unterschreiben? Es wäre eine Sache von Minuten gewesen.«

»Ich habe bei der dritten Vernehmung einen Vorgesetzten auf diesen Vermerk hin angesprochen. Er fand ihn auch nicht. Ich war deshalb erregt. Ich habe mich damals über die schlampige Arbeit der Polizei bei vielen beschwert, auch bei Freundinnen, bei meiner Familie.«

»Da, fürchte ich, werden wir in dieser Angelegenheit noch weitere Zeugen anhören müssen, Polizisten, Familienangehörige.«

»Wer schwor Meineid – Polizei oder Zeugin?« »Wenigstens einer log eiskalt.« So steht es eine Woche drauf in großen Schlagzeilen in den Zeitungen. Die ermittelnden Kriminalisten sind angehört worden, auch Katja Ruhn noch einmal. Alle bleiben bei ihren Aussagen. Bei der zweiten Vernehmung Katja Ruhns ist von keiner Korrektur die Rede gewesen, nur von einem Stofftier aus dem beschlagnahmten Auto, das Katja Ruhn zur Erinnerung behalten wollte.

Die Polizisten sind eingestimmt worden, ein ständiger Beobachter der Staatsanwaltschaft hat sie über die Vorgänge im Gerichtssaal informiert, rügen die Verteidiger. Alles hat er mitgeschrieben! Absprachen! rufen sie.

Da werden am Ende alle drei Zeugen vereidigt.

In der Bedenkpause vor ihrer Vereidigung wartet Katja Ruhn auf einer Bank im Gerichtsflur, neben ihr sitzt ihre Mutter. Sie halten einander an den Händen. So bleibt Katja Ruhn für viele in der Erinnerung.

10

Sie hören in diesem Prozeß Dutzende Zeugen an, Familienangehörige, Nachbarn, Gutachter, Vernehmungsbeamte aus Hamburg, Kempten und Halle, selbst eine Imbißbudenbesitzerin aus

Hamburg. Aber die Ereignisse um die Vereidigung von Katja Ruhn bilden den unerwarteten Höhepunkt des Prozesses.

Und die Fingerspuren an Anna Kachelmanns Wohnungstür?

Schon lange erwartet, wird endlich der Kriminaltechniker vom Tatort gehört (»Die Spuren fanden sich am Türblatt der Türinnenseite, 98 bzw. 67 Zentimeter vom Fußboden entfernt.«), danach die daktyloskopische Gutachterin. Mindestens zwölf anatomische Merkmale einer Fingerspur, erklärt sie, müssen zwischen Vergleichsmustern übereinstimmen, dann kann man mit Sicherheit sagen: Sie sind identisch. In einem der vorliegenden Fälle treffen sogar fünfzehn Merkmale zu, Liniengabelungen, Abzweigungen, Inselbildungen. Bei der zweiten Spur fällt ein deutliches Schlingenmuster auf.

»Fängt sich der Täter in seiner eigenen Schlinge?« fragt am Tag darauf die Presse.

Aber die Fakten stehen noch völlig unbewertet im Raum. Doch bevor Staatsanwalt oder Verteidiger sich zu ihnen äußern, kommen gänzlich unerwartet, noch am Abend nach der Vereidigung der beiden Kriminalisten und von Katja Ruhn, schon weit nach neunzehn Uhr, noch die Vorstrafen des Angeklagten zur Sprache: ein Strafmandat wegen einer Schlägerei mit einem Taxifahrer, vor allem aber das weit zurückliegende Verbrechen, von dem alle längst Ungefähres wissen, nur nicht die Einzelheiten. Ohne große Vorankündigung verliest der Vorsitzende Richter Urteil und Urteilsbegründung aus dem Jahre 1974 ...

Siegfried Ehrmann ist fünfzehn Jahre alt, ein ganz ansehnlicher Kerl, begabt, doch träge und faul. Da braucht er Nachhilfeunterricht und erhält ihn von einer Lehrerin. Die, zwölf Jahre älter, unterstützt ihn aber nicht nur beim Erwerb fehlender Kenntnisse in Mathematik und Physik. Sie hilft dem wenig Erfahrenen auch, seine Schüchternheit abzulegen. Über vier Jahre hinweg ist sie – mit Unterbrechungen – seine Geliebte. Nur seine? Jedenfalls: Auch wenn er gleichaltrige Freundinnen hat, er kommt von der Älteren nicht los, genausowenig wie sie von ihm. Als Siegfried Ehrmann neunzehn ist – eine Chemiefacharbeiterlehre hat er abgebrochen, er jobbt jetzt in der Gastronomie und auf dem Bau –, wachsen seine Eifersucht und sein Zorn ins Maßlose. Er fühlt sich als Spielball der Älteren, hingehalten und immer wieder betrogen.

Eines Abends, während seines Besuchs bei ihr, nimmt er ihre Wohnungsschlüssel an sich (oder macht sich heimlich Abdrücke) und verschafft sich so ein paar Nächte drauf, leicht angetrunken, Einlaß in ihre Wohnung. Er betritt ihr Schlafzimmer, er beobachtet die ruhig Schlafende. Wenigstens eine Viertelstunde lang steht er reglos vor ihrem Bett, sieht ihr Gesicht im Schein der Straßenlaternen, dann hat er sich entschlossen. Er verläßt die Wohnung, blickt sich auf der Straße nach einem passenden Tatwerkzeug um. Er findet ein Stück Asbestbetonrohr, fünfeinhalb Kilogramm schwer. Mit dem läuft er erneut ins Haus, ins Schlafzimmer und erschlägt die in seinen Augen Ungetreue mit drei brutalen Schlägen auf den Kopf. Weil er danach den Anblick seines Opfers nicht ertragen kann, deckt er den blutigen Schädel mit Bettdecke und Kissen ab. Als er geht, hat er sich außerdem mit ein paar Wertgegenständen bedient, mit einem Portemonnaie, mit einer silbernen Halskette.

Wer die Tote am nächsten Morgen findet? Ihre Söhne, sechs und acht Jahre alt, die nebenan im Kinderzimmer ruhig geschlafen haben? Oder wenigstens ihr Mann, der, ein Armeeoffizier, von einer seiner Dienstreisen zurückkehrt?

Es war Mord, kaltblütiger Mord. Dem mehrfachen bewußten Tatentschluß war die ebenso kaltblütige brutale Ausführung gefolgt. So das Gericht, und es verhängte über den Neunzehnjährigen die lebenslange Freiheitsstrafe. Die wird später auf fünfzehn Jahre Freiheitsentzug reduziert.

1987 wird Siegfried Ehrmann nach Halle entlassen. Er arbeitet in einem Krankenhaus, setzt eine früher begonnene Ausbildung als Zahntechniker fort. Daß er nicht sogleich zu einem Lehrgang geschickt wird, empfindet er als Schikane. 1989 gehört er zu den ersten, die über die nun offene ungarische Grenze in die Bundesrepublik gelangen. Sein Bruder, seit langem in die Nähe von Kempten übergesiedelt, verhilft ihm zu einem Neubeginn. Aber bald haben sich die beiden zerstritten. Vor Gericht reden sie kein Wort miteinander ...

11

»Es ist die Eigenheit eines solchen Indizienprozesses, daß er nicht alle Fragen klären kann. Wir kennen zum Beispiel die Tatwaffe nicht, wir wissen nicht, wie der Täter gekommen und wie er gegangen ist. Dennoch genügen die vorhandenen Beweise aus meiner Sicht, um den Angeklagten eindeutig zu überführen.«

Anfang April 1993, wenige Tage, bevor die Tat an Anna Kachelmann sich jährt, plädiert der Staatsanwalt, geht der Prozeß nach drei Monaten allmählich zu Ende.

»Ja, ich bin überzeugt, Siegfried Ehrmann war der Täter, der am 10. April vor einem Jahr die Ärztin Anna Kachelmann in ihrer Wohnung in Halle brutal erschlug, mit einer erheblichen Anzahl Schläge gegen Kopf, Hals und Brust – um nicht mehr als einer Beute von hundert Mark, einer Lederjacke und einer EC-Karte willen. Der Angeklagte hatte erhebliche Schulden.«

Zweieinhalb Stunden lang beschäftigt sich der Staatsanwalt mit den Fakten und Zeugen. Die Kellnerin von der Boxerkneipe auf Hamburgs Reeperbahn, für den Staatsanwalt ist sie nicht glaubwürdig. »Nicht auszuschließen, daß sie auf ihre plötzlich eindeutige Aussage vorbereitet worden ist.« Unwiderlegbar dagegen die Beweiskraft der zwei Fingerabdrücke des Angeklagten an der Innenseite der Wohnungstür seines Opfers. »Kniend muß er sie verursacht haben: mit der linken Hand. Mehrfach hatte er schon solche Spuren mit der linken Hand hinterlassen: bei dem gleichzeitig angeklagten Einbruchsdiebstahl, aber auch beim Mord an seiner Geliebten 1973. Damals wie im vergangenen Jahr hatte er den Kopf seines Opfers abgedeckt, weil er ihn nicht ansehen konnte.«

Und die EC-Karte des Opfers? Niemand anders als der Angeklagte hat sie in Leipzig vergeblich einzulösen versucht. Die ersten Aussagen seiner Freundin legten diesen Schluß schon nahe, auch wenn sie später von ihnen abrückte.

»Sie stehen, Hohes Gericht, nun vor einer nicht leichten Entscheidung. Für mich ist Siegfried Ehrmann ein ungewöhnlich gefährlicher Täter. Ich fordere für ihn die höchstmögliche Sanktion im deutschen Strafrecht: die lebenslange Freiheitsstrafe. Wer zwei Menschen umbringt, isoliert sich selbst. Ich sehe auch keinerlei Gründe für strafmindernde Einschränkungen.«

Die beiden Verteidiger, in der Woche darauf, glauben der Kellnerin aus Hamburg-Altona. Was für einen erkennbaren Grund hätte sie gehabt, einem Unbekannten aus Gefälligkeit in einem Mordfall ein Alibi zu geben? »Das aber bedeutet: Der Angeklagte ist von der Mordanklage freizusprechen. Er hielt sich in der

Tatnacht in Hamburg auf. Er kann nicht zwei Stunden später in Halle getötet und geraubt haben.«

Handelte es sich überhaupt um Raubmord? Oder sollte eine andere Tat verdeckt, der Raub nur vorgetäuscht werden? Wurde der Täter überrascht? Waren es vielleicht sogar zwei Täter? Natürlich, die ungenaue Kenntnis der eigentlichen Tatvorgänge in der Wohnung des Opfers verführt zu Spekulationen bis zuletzt. Und sind Polizei und Staatsanwaltschaft allen Spuren nachgegangen, »seit man einen möglichen Täter hatte«?

Freilich, für das Entstehen der Fingerspuren des Angeklagten wissen auch die Verteidiger keine überzeugende Version anzubieten. Der Angeklagte hat sie wohl von außen hinterlassen, zufällig, ohne sich daran zu erinnern. »Doch angesichts der entscheidenden Frage des Prozesses, der Wertung der Aussage der Kellnerin, ist das sowieso zweitrangig.« Freispruch also hinsichtlich der Anklage auf Mord. Für die mitangeklagten Vergehen, den Medikamentendiebstahl, die Körperverletzung, hingegen sei eine Strafe von einem Jahr ausreichend. »Nun müssen die Richter entscheiden.«

Die tun es. Zehn Tage später geben sie ihr Urteil bekannt: lebenslänglich für Siegfried Ehrmann.

Wie der Hals einer Taube

1

»Ich habe die Fahndung ausgelöst wegen Mordes«, sagte der Staatsanwalt. »Da wußte ich freilich noch nichts Genaues. Aber nach den Umständen konnte es nur darum gehen. Zwei Stunden später hatten sie Schulte schon, im Sächsischen, in Rochlitz. Lassen Sie jemanden mal wegen sonst etwas suchen, da reagiert doch keine Polizei ernsthaft. Da muß es schon Mord sein. So habe ich es auch gemacht mit dem Pullmann im Bayerischen Wald. Da hatte ich zunächst genausowenig Handfestes. Das ist eben die Erfahrung. Da ist man sich bald sicher, worauf etwas rausläuft.

Dabei weiß ich nicht einmal, ob ich alle Straftaten angeklagt habe. Ob ich überhaupt alle kenne. Die Täter konnten doch längst mehrfach losgezogen sein, Geld besorgen. Scheine ziehen, wie sie das nannten. Ganz gezielt. Ja, ich glaube, sie sind ganz gezielt losgegangen, und nicht zum ersten Male. Aber da existiert eben eine Grauzone. Da stößt man nur immer in Nebel, Schweigen. Ich werde froh sein, wenn ich mit meiner entscheidenden Anklage durchkomme, Erfolg habe.«

2

»Is da noch was?«

»Glaub nich. Alles leer.«

»Du guckst bloß nich richtig. Fühl mal.«

»Sechs Pullen war'n in dem Beutel. Nun sinn alle weg.«

»Fünfe sinn weg.«

Sie lagen auf dem Fußboden, wenigstens auf den Matratzen, die sie unterm Fenster über Kreuz hingebreitet hatten, damit sie sich anblicken konnten, wenn sie miteinander sprachen. Aber nun vermochten sie sich kaum mehr zu sehen, das bißchen Straßenlampenlicht bewirkte gerade mal, daß die Scheiben über ihnen matt schimmerten und das Kreuz dazwischen erkennbar war.

»Glaubst du, daß das ernsthaft noch was wird mit unserer Tour?

Das Schwarze Meer und die Palmen das ganze Jahr über?«

»Ja, und keine Scheißkälte wie hier. Das Schwarze Meer und die weiße Ukraine. Was Schulle sich in den Kopf gesetzt hat, das zieht der auch durch. Heul nich rum.«

»Warum liegen wir dann noch hier im Dreck?«

»Meine Stütze brauch ich. Die ist das Startkapital. Wenn ich die Scheine beim Amt geholt habe, geht's los. Noch in derselben Nacht. Dreimal hab ich's dir schon gesagt.«

»Ob dein Alter noch was zu schlucken hat? Der bunkert doch sicherlich sonstwo, vielleicht im Schuppen?«

Sie horchten in die Nacht. Wie spät war es? Acht, neun Uhr abends? Irgendwann dazwischen? Was spielte das schon für eine Rolle. Es war kalt, und sie hatten kein Geld. Wie sollten sie das nur schaffen, die Tage überstehen, bis Schulle seine Unterstützung bekam? Hatte das sein müssen, aus dem geheizten Neubau im Süden hierher in den Abriß zu ziehen?

»Sei still. Das ist unsere erste Etappe. Hier hält mein Alter seine Hand über uns.«

So hatte Schulle ihn zurechtgewiesen, und nun hausten sie hier, kein Strom, kein Wasser, höchstens das aus dem Eimer. Und fünf Schritte hin über den Flur kampierte Schulles Vater mit dieser merkwürdigen klein geratenen Frau in genauso einer Bude, ohne Strom, ohne Schrank und ordentlichen Tisch, und hielt seine Hände über sie. Wie denn? Manchmal gab ein Propangaskocher ein bißchen Wärme ab.

Komisch, daß Schulle seinen Vater erst wieder im Knast getroffen haben wollte, vor gerade einem Jahr. Da machen die beiden heimliche Geschäfte, in der Hofpause, Zigaretten und Stoff, sie streiten sich, keilen sich fast darüber, da sagt der Ältere: »Drisch mir nicht noch einen Zahn aus, ich hab nich mehr viele. Ich bin dein Alter, ja, dein Vater. Guck nicht so ungläubig.« Und tatsächlich, als sie die Vergangenheit durchkämmen, Einzelheiten auflisten, ist der Mann mit den Zahnlücken wirklich sein Vater. Er hat Schulles Mutter und den Jungen verlassen, eh der ein Jahr alt war. Seitdem lag er im Clinch mit der Frau, die auf ihren Alimenten bestand. Der Junge konnte sich noch erinnern.

»Los, hau'n wir ab. Ich hab Durst. Sehn wir zu, daß wir noch ein paar Pullen ranschaffen.«

3

Der Abriß war ein riesiges Haus, Backstein, drei Stockwerke hoch, noch ziemlich gut erhalten an der Vorderfront, doch innen heruntergekommen und vollkommen verrottet. Niemand außer ihnen hatte hier in der letzten Zeit zwischen Müll und Balkenresten Unterschlupf gesucht. Dabei: Nicht weit weg fuhren Straßenbahnen durch die Nacht, und wenn sie sich anstrengten, zwischen Bäumen und Häuserlücken scharf hindurchspähten, sahen sie die Scheinwerferkegel der Autos auf der Hochstraße, die die Stadt von Ost nach West überspannte.

Schulle kannte hier einige Stellen, wo sich einsame Leute trafen, tranken, kampierten. Der Weg zu denen am vergangenen Abend war nicht ergebnislos gewesen, ein paar Büchsen Bier, ein paar Mark waren herausgesprungen. Freilich, einmal hatte Schulle die Fäuste gebraucht und einmal sein Messer gezogen, ein scharfes Klappmesser, es dem andern an den Hals gedrückt, noch im Spaß, schon im Ernst?

Doch das war gestern. Nun, an diesem Abend, lagen die Stellen, die Schulle kannte, die Hauseingänge und Hinterhöfe leer.

Sie waren mittlerweile in die Nähe von Fluß und Stadtpark geraten, da sahen sie das Mädchen. Der Kleine nahm es erst gar nicht wahr. Zwei Männer waren ihnen begegnet, beide in etlicher Entfernung, nun kam jemand fast genau auf sie zu, eine Radfahrerin, ein Mädchen mit Brille, schlank, offensichtlich ein bißchen älter und größer als der Kleine. Sie stieg vor einem Telefonhäuschen ab, lehnte das Rad seitlich an die Glasfront und zog, noch bevor sie die Kabine öffnete, etwas Dunkles aus der Jeanshose, natürlich ein Geldtäschchen, ihr Portemonnaie.

»Die ist's«, sagte da Schulle. »Die hat Moos. Für ein paar Pullen wird's reichen. Und wenn wir Glück haben, fällt sogar noch ein bißchen was ab für die Reise zum Schwarzen Meer. Los, lauf, zieh ihr die Scheine.«

»Ich?«

»Wie lange, glaubst du, sorg ich alleine für uns? Los, lauf!«

Der Ältere hockte sich ins Dunkel vor einen dürren Holunderbusch, sah dem anderen nach. Sie kannten sich nun mal gerade drei, vier Tage. Vor der Kneipe in der Südstadt hatte der

Kleine geklagt: Er war zu Hause kaum geduldet, der Stiefvater schlug ihn, die eigene Mutter warf ihm jeden Bissen vor, ohne Beschäftigung, wie er war, sie quengelte, schickte ihn ständig zum Arbeitsamt. Daß der Kleine da auf sein Angebot einging, ihn in seiner Einraumwohnung im selben Hochhaus heimsuchte, sich gleich bei ihm einquartierte: Wie hatte er's ernsthaft annehmen können? Nun waren sie jedenfalls zusammen und aufeinander angewiesen. Schlimm nur, daß am gleichen Abend diese Sache in der Nähe passiert war, der Überfall, die Schlägerei, deretwegen sie sich absetzen mußten. Lieber die bekannte Wohnung nicht nutzen, dem Alten in seinem Abriß auf den Wecker fallen, als wegen der Bewährungszeit wieder in den Knast einziehen. Über allem: Er mochte den Kleinen, ein straffer, fester Kerl, gehorsam. Sechzehn war er, nicht einmal halb so alt wie er selber. In den zahlreichen Jahren im Knast hatte er gerade seinen Spaß mit Jüngeren gefunden. Wieso sollte aus ihnen nicht auch etwas werden?

Er blickte hinüber zum Telefonhäuschen, er stutzte. Er hatte gedacht, der Kleine würde ohne Umschweife zurückkommen, mit einem Schein wedeln, so den Erfolg von ferne zu melden, da stand der und wartete erst mal, ließ das Mädchen endlos telefonieren, und als die Telefonierererei schließlich vorbei war, entwickelte sich das da drüben in der engen Kabine sogar zu einem regelrechten Kampf. Das Mädchen wehrte sich mit Knien und Fäusten, bis es auf einmal schlaff und wehrlos stand, die Hand des Kleinen am Hals, und danach trabten sie beide einträchtig zu ihm herüber, brachten sogar das Damenrad mit.

»Was soll das denn? Willst du 'ne Radpartie mit ihr machen?« Schulle, wie ihn auch der Kleine nach seinem Nachnamen nennen durfte, grinste über seinen Spaß, da sah er das Messer am Hals des Mädchens. Guck dir das an, dachte er, is doch gar nich so ohne, der Kleine, hat sich vorhin das Klappmesser geschnappt, und ich hab's nich mal gemerkt.

»Sie hat Scheine, wenigstens einen blauen und einen grünen. Aber sie hat auch 'ne Karte, 'ne Chipkarte. Sie will bloß die Nummer nicht sagen.«

»Laßt mich, laßt mich laufen!« Das Mädchen sprach mit gepreßter Stimme, das Kinn über die Messerklinge gehoben. Es zitterte.

»Nehmt das Geld, aber laßt mich laufen. Ich verrat nichts. Als ob nichts geschehen wäre, soll's sein.«

»Sabbel nich. Wenn kein lautes Wort fällt, passiert nichts. Schnauze, sag ich jedenfalls. Ich muß überlegen.«

Schulle setzte sich auf eine Bank, der Straße gegenüber am Parkeingang. Nur ein paar Lampen brannten hier in Abständen. Die Gegend lag leer, niemand außer diesen Männern weit weg war ihnen bisher aufgefallen.

Die beiden mußten schließlich zu ihm kommen, und Schulle musterte das Mädchen. Das war ein spillriges, junges Ding, braunes Haar, Mittelscheitel. Was darunter steckte? Solche Mädchen hatten ihn bisher noch nie interessiert.

Er ließ sich das Portemonnaie geben, fand achtzig Mark, dazu etliche Stücke, er fingerte die Chipkarte heraus, starrte sie an. Sah er das mögliche Geld dahinter, ganze Päckchen mit Scheinen, oder den Zug, der den Kleinen und ihn in den Osten Richtung Ukraine brachte, noch ehe der große Schnee kam?

Vielleicht hätte er sich vorhin davonstehlen, sich gleich auf und davon machen sollen, abrücken, nicht mal in den Abriß, wo ihn der Kleine als erstes suchte, er hätte den Kleinen mit der Sache allein lassen müssen, spätestens, als er das offene Messer sah. Aber nun war alles zu spät. Er war aus dem Gebüsch hervorgekommen, diese verfluchte Neugier, er hatte sich eingelassen, nun lief die Sache, wie sie lief, da kam alles Überlegen zu spät. Wohin lief sie?

»Los«, sagte er plötzlich, stand auf. »Wir gehen. Und daß du nicht rumkreischst, ich warn dich.«

4

»Nadine Konrad war neunzehn. Sie lebte erst seit wenigen Monaten in der Stadt, sie war Studentin, seit Semesterbeginn in einem der Hochhausinternate in der Weststadt untergebracht. Überall hieß es: Sie ist freundlich, aber resolut. Sie stammte aus einer Stadt fünfzig Kilometer weit weg und war das Älteste von drei Geschwistern. Die Eltern waren schon lange geschieden, Nadine Konrad hatte sich um Schwester und Bruder reichlich kümmern müssen. Da war's kein Wunder, daß sie selbstbewußt und entschieden auftrat, selbstsicher war.«

Der Staatsanwalt blätterte nachdenklich in dem Stapel von Zeitungsmeldungen auf seinem Schreibtisch. Aberdutzende Artikel, Berichte, Kommentare, Vermutungen hatte es in dieser Sache gegeben. Viele Zeitungsbilder zeigten Nadine Konrads Gesicht, hohe Stirn, dunkle, offen blickende Augen, Brille. Der Staatsanwalt hatte bald andere Aufnahmen gesehen.

»Wir erfuhren rasch einiges von Nadine Konrads Lebensumständen: Sie hatte einen Freund in München, mit dem sie öfter telefonierte, zweimal in der Woche, sonnabends und montags, zu verabredeten Zeiten, immer abends, aber nicht von einem Apparat in ihrem Internat aus. Sie hatte vielmehr einen Platz entdeckt, wo es sie billiger kam und niemand ihr zuhörte: Sie fuhr mit dem Rad von der Weststadt über die Wiesen der Peißnitzinsel hinüber in die Nähe der Altstadt. Von einem Telefonhäuschen am Stadtpark rief sie, wenn der Tarif günstig war, eben dieser Mondscheintarif nach neun Uhr abends, in München an, und der Freund rief auf seine Kosten zurück, der Apparat war anwählbar. Eine halbe Stunde oder länger haben sie so manchmal locker miteinander geredet.

An dem Abend, von dem an sie vermißt wurde, hatten sie wieder miteinander telefoniert, ganz normal, bis kurz vor zehn, so die Auskunft aus München. Aber am nächsten Abend hatte der Freund vergeblich gewartet, und sie war auch nicht ins Internat zurückgekehrt.

Dieses Telefonat war erst einmal die letzte Spur von ihr. Da ahnten wir noch nicht, daß wir es bald darauf mit einem der scheußlichsten Tötungsverbrechen in unserer Stadt zu tun haben würden ...«

5

»Was hast du mitgebracht?«

»Bräu, wie du gesagt hast. Und Knackwurst, Brot. Und Linsensuppe, zwei Büchsen.«

»Ißt du solches Zeug? Und gleich zwei?«

»Du mußt doch auch ... der was geben. Dem Mädchen.«

»Quatsch. Der. Suppe.«

»Soll sie verhungern?«

»Halt dein Maul, Schnauze.«

Sie waren nun den zweiten Tag in diesem kahlen Raum im Abriß. Sie hatten sich gleich entschieden, das Mädchen hierher mitzunehmen, sogar das Rad. Das rote Damenrad, wenn es jemand entdeckte, herrenlos, war vielleicht ein Zeichen. Also hatte auch das Rad verschwinden müssen. Nun stand es bei ihnen neben dem Fenster, der einzige größere Gegenstand im Raum, wenn man von den zwei Kisten mit allerlei Gerümpel absah, Müll, Abfall.

Das Mädchen schlief, wenigstens tat es so. Es lag auf einer der beiden Luftmatratzen am Boden, auf zerschlissenem Linoleum, mit einem Schlafsack bedeckt, Gesicht und Körper der Wand zugekehrt. Es bewegte sich nicht. Es hatte den Kopf in die Zudecke vergraben, nur das dunkle Haar war zu sehen.

»Hat die sich noch nicht gerührt?« fragte der Junge schließlich. »So lange, wie die pennt, ist doch komisch.«

»Sei froh, daß sie nicht rumschreit. Auf meine Tabletten ist eben Verlaß.«

»Verlaß, Verlaß ... Hoffentlich hast du ihr nicht zu viele gegeben. Und dann liegt sie und wacht überhaupt nicht wieder auf.«

»Na und? Piß dir nicht in die Hose. Die wird schon wieder munter und uns noch genügend Ärger machen.«

»Woher du bloß die vielen Tabletten hast.«

»Du mußt genug Leute kennen, die sie verschreiben, und genug jammern – im Knast, erst recht draußen. Nie hab ich alles schlucken können, was ich an Vorrat rumschleppte.«

Er ließ das Messer schnappen, wischte den Stahl überm Knie auf seiner Jeans ab, daß das Blatt sauber wurde – so war er's gewöhnt –, und schnitt dann gleichmäßige Scheiben vom Brot. Der Kleine staunte nur. Die Scheiben kamen wie mit der Maschine getrennt. Soviel Geschick hatte er noch bei niemandem bemerkt. Peinlich genau wurde auch die Knackwurst geteilt, die Pelle heruntergezogen, gleich große Stücke.

Trotzdem maulte der Kleine. »Eigentlich hätt ich ja wieder mal was Warmes essen wollen. Ich gehe auch 'rüber zu deinen Alten, setze das Zeug auf den Kocher, selber, mach dir keine Arbeit.«

»Linsensuppe, äh. Heute abend will ich was Festes. – Und das schmink dir ab, immer zu meinen Alten rennen, dich aufdrängen. Denen hat's zu reichen, wenn sie wissen: Da ist Besuch. Da kommen sie nicht durch die Tür.«

Später lief er selber über den Flur hinüber in die andere Wohnung.

Der Kleine, auf solche Weise unvermittelt allein mit dem Mädchen, zögerte, dann schob er sich näher heran, tastete neugierig unter die Decke. Seine Finger trafen auf bloße, eiskalte Haut. Aber das Mädchen lebte, sein Körper zuckte, zitterte unter der Berührung. Die Jeanshose schien über der Hüfte geöffnet, halb heruntergezogen.

»Hab ich's mir doch gedacht, daß dich die Lust treibt.«

Der Ältere stand unvermittelt in der Tür, er grinste, seine Stimme klang scharf. »Aber wenn's darum geht: Das ist mein Revier. Ich warne dich. – Übrigens: Heute abend, wenn's dunkel ist, kannst du gehn, ordentlich Scheine ziehn. Sie hat mir die Nummern für ihre Chipkarte gesteckt, den Code. Endlich.«

»Hast du sie geschlagen?«

6

Wie soll man sich das Mädchen vorstellen: Nadine Konrad, neunzehn? Wie die letzten Tage ihres Lebens? Kann man das überhaupt, oder verbietet sich nicht alle Vorstellung ihres Leides von selbst?

Sie hat Gewalt und Brutalität bisher nie kennengelernt. Die Mutter ist geschieden und gleich nach der Wende arbeitslos geworden, der Vater ist fern: Die drei Geschwister wachsen heran, und jedes hat seinen eigenen Kopf, da kann es schon Reibungen geben, Auseinandersetzungen, laute Worte. Aber nie Schläge. Freilich, das Leben ist kein Zuckerlecken, ihrs schon gar nicht, es fehlt am Geld vorne und hinten, Weihnachten zum Beispiel ist nie ein Fest großer Geschenke. Aber daß Nadine, gescheit, wie sie ist, nach ihrem Abi nicht studiert? Kommt überhaupt nicht in Frage. Es gibt Unterstützung, staatliche Kredite, irgendwie werden sie es schon gemeinsam schaffen. »Ach, Mutti!« Sie fallen einander in jenen Wochen der Entscheidung immer von neuem um den Hals.

Zwei Menschen mag sie besonders. Das ist neben der Mutter Martin, der ein paar Jahre ältere Freund. Schade nur, daß die Mutter ihn bei allem Wohlwollen nicht schrankenlos akzeptiert.

»Halt dich zurück, Mädchen«, sagt sie. »Du hast noch soviel zu schaffen, das ganze Studium. Heute bindet sich keiner so zeitig wie damals ich. Siehst ja, für die Ewigkeit ist nichts dabei herausgekommen.«

Schade auch, daß Martin ihr nicht nach Halle hat folgen können. Aber die bayrische Firma hatte nur eine Alternative: Entweder er wird entlassen, oder er wechselt seinen Arbeitsplatz. Also ging er nach München.

Nun weiß sie: Nächstes Jahr wird sie selber in München sein, dort weiterstudieren. Sie kann sich nichts anderes vorstellen, sie mag Martin, sie ist verrückt nach ihm, unheimlich verrückt. Die Trennung, die Wochen des Alleinseins, alles ist ein quälender, tiefer Schmerz, eine große Hoffnung aber auch, immer wieder im Wechsel. Wieso bloß? Aber was wird, wenn er eine andere findet, wenn er sie nicht mehr mag? Sie würde es nicht überstehen. Sie prescht durch die nächtliche Stadt, jagt auf ihrem Fahrrad zu diesem Telefonhäuschen am Park. Wenigstens seine Stimme hören, seine Beruhigungen vernehmen, erfahren, was ihn bewegt, was er heute erlebt hat. Was für ein Glück, denkt sie da, was für eine Freude, wozu quält sie sich. Sie hat doch jemanden, auf den sie sich ganz verlassen kann. Alles ist gut.

Es ist ihre erste Liebe.

Da reißt dieses halbe Kind die Tür des Telefonhäuschens auf, stürzt sich in ihr Leben. »Dein Geld her, gib es. Und keine Zicken. Ich hab ein Messer.«

7

»Los, erheb dich. Ich brauch den Schlafsack. Es wird ernst.«

Sie tauchte aus dem dumpfen Dämmer ihres wirren Schlafs und suchte sich im Halbdunkel des Zimmers zurechtzufinden. Eine Kerze brannte, es war offenbar Abend. Zwei Gestalten bewegten sich.

»Wir können hier nicht mehr bleiben. Es geht auf die Reise. Verstehst du?«

Sie versuchte den Kopf zu schütteln. »Nein«, schrie sie, »nein. Ich will hierbleiben!« Aber vielleicht nickte sie auch bloß, und kein Wort kam über ihre zuckenden Lippen.

Allmählich stieg der Schmerz wieder in ihr hoch und die Erinnerung. Der Kopf quälte sie bei der geringsten Bewegung, auch die rechte Hüfte, und ihr Leib brannte heiß im Schoß. Sie weinte, wenigstens war ihr so. Sie tastete vorsichtig mit einer Hand über ihr Gesicht, aber die Haut unter den Augen war ganz trocken.

Jetzt begriff sie: Der Ältere rüttelte sie, seine Hände klatschten ihr, links, rechts, abwechselnd ins Gesicht. »Komm, wach auf. Schluck die Tablette. Die reißt dir den Verstand schneller munter als fünf Tassen Kaffee.« Sie wehrte sich, kniff die Lippen zusammen, dann spürte sie, wie sie doch schluckte. »Na, siehst du. Wenn du weiter so gescheit bist, geschieht dir nichts. Das wird ein weiter Weg heute nacht.«

Später stiegen sie die Treppe hinunter, der Kleine trug das Fahrrad über der Schulter, in der Nachbartür auf dem Flur gegenüber standen der Mann und die merkwürdig kleine Frau, stierten neugierig. Sie kannte ihre Gesichter. Sie hatten sich im Zimmer über sie gebeugt, sie gemustert, ihre Decke zurückgeschlagen. Der kleinen, dicklichen Frau fiel das krause Haar ungekämmt ins Gesicht, der Mann hatte Tätowierungen an den Ober- und Unterarmen. »Haut ab, ihr Penner«, schrie der Ältere sie an. »Wir bringen unseren Besuch wieder weg. Was müßt ihr da glotzen.«

Auf der Straße mußte sie zwischen ihnen laufen, ihr Rad führen. Sie setzte die Füße Schritt für Schritt, langsam. Aber es klappte. Die kühle Novemberluft und vor allem die Tablette ließen sie wieder zu Kräften kommen. Sie kippte nicht mit ihrem Rad zur Seite. Sowieso stemmte sich der Ältere dagegen.

Der Ältere. Er gab an, was geschehen sollte. Er schlug sie, quälte sie. Der Kleine, schien's, lief nur mit. Aber er gehorchte, tat eifrig, was der andere wollte. Was hatten sie nur noch mit ihr vor, hatte ihre Qual kein Ende? »Hättest du mehr Geld auf deinem Konto gehabt, wir wären längst auf und davon. Nun mußt du bei uns bleiben.« Die Worte des Älteren fielen ihr ein.

Jetzt hob der die Hand, wies ihr das Klappmesser vor. »Wir werden Leuten begegnen. Wehe, du muckst dich.«

Sie spürte, wie ihr die Tränen wiederkamen.

8

Der Fall erregt, bewegt die Menschen der Stadt, noch ehe er ganz offenbar ist: Ein Mädchen ist verschwunden, eine neunzehnjährige Studentin. Merkwürdige Umstände: Sie fährt mit ihrem Fahrrad, Marke Hanseatic, im Dunklen durch die halbe Stadt zu einem einsamen Telefonhäuschen in der Nähe der Saale, telefoniert ausgerechnet von dort mit ihrem Freund in München, weil sie's billig kommt. Das Ganze ist ihr letztes Lebenszeichen. Zwei Tage drauf, am 20. November, melden ihre verstörten Internatsnachbarn sie als vermißt.

Und nun dieser Aufwand: An die hundert Polizisten in Feldausrüstung durchkämmen den Stadtpark und die Flußufer nach der Verschwundenen, vielleicht nach Teilen ihres Rades oder anderen Zeichen. Die Presse ist zu der Aktion eingeladen, die Fotografen schießen eindrucksvolle Bilder. Die stehen nun bedrückend auf den Zeitungsseiten. Da ist doch mit dem Schlimmsten zu rechnen, wo bleibt da noch Hoffnung?

Eine reichliche Woche danach werden die Lokalseiten der Zeitungen wieder intensiv betrachtet, als erste aufgeschlagen. Das Bild eines Jungen ist veröffentlicht, ein weiches, naives, kindliches Gesicht mit großen staunenden Augen und aufgeworfenen Lippen, auf dem Kopf eine Art Baseballkappe mit einem deutlichen eingedruckten Porträt. Diesmal stammt das Foto aus dem Videofilm einer Beobachtungskamera. Dieser Junge hat mit der EC-Karte des verschwundenen Mädchens am Bankautomaten Geld abgehoben, zweimal, erst vierzig, dann hundert Mark, nicht mehr, da ist sein Gesicht festgehalten worden.

Natürlich kennen verschiedene Leute den Jungen, Nachbarn, Schüler, es kommen rasch etliche Anrufe und Hinweise. Sowieso ist von nun an alles ganz unkompliziert. Es ist Marko Hentzschke, sechzehn Jahre, Schulabgänger aus der siebenten Klasse, derzeit in einer Berufsausbildungs-Förderungsmaßnahme, wohnhaft in der Südstadt. Nach zweimaliger vergeblicher Vorsprache bei den Eltern passen sie ihn ab, als er sich der elterlichen Wohnung nähert. Da hat er, wie sich herausstellt, gerade einen Ausflug nach Tschechien hinter sich und einen Aufenthalt in Dresden. Aber Heimat ist Heimat.

Am Tag darauf sitzen sie mit ihm in der engen Kabine eines Polizeihubschraubers – da trägt er schon Handschellen –, kreisen über dem Stadtwald im Norden, der Heide, fliegen hinüber zum westlichen Ausläufer, dem Lindbusch, gehen tiefer, fast bis in die Wipfel der Kiefern und Buchen hinein, kreisen weiter, spähen in die Tiefe. Da sagt der Junge plötzlich: »Hier war's, hier ist's passiert.« Sie blicken durch das streifige Gewirr der kahlen Äste, entdecken schließlich wie er den rotbraunen Sattel des zugescharrten Fahrrads, der da aus dem Laub ragt.

9

Sie hatten das Zelt am Ende einer sanften Kuhle zwischen zwei noch ziemlich belaubten Strauchgevierten aufgestellt. Sie waren in der Nacht froh gewesen, den versteckten, einigermaßen ebenen Platz gefunden zu haben. Das Mädchen, nach dem Gewaltmarsch völlig fertig, war sofort eingeschlafen, wie tot. Sie dagegen hatten noch ein paar Biere getrunken, gequatscht.

Am späten Morgen erschraken sie. Der Platz war gar nicht so sicher und weit weg von allen Menschen, wie sie's gedacht hatten. Ein Jogger verhielt ein Stück hin am Hang, sah auf sie herunter. Was machen die denn hier, dachte der vielleicht, zelten im November? Ob er sehr mißtrauisch wurde, mit anderen wiederkam, um nach ihnen zu sehen? Sollten sie inzwischen umziehen, sich im Tageslicht eine bessere Stelle suchen? Oder mußten sie überhaupt verschwinden?

Als dann niemand anderes sich blicken ließ, sie von nirgendwoher Stimmen hörten, gaben sie alle Gedanken an einen Umzug auf, sowieso waren sie träge und matt. Sie tranken nun von der Sangria, zwei große Anderthalbliterflaschen, billiges süßes Zeug, aber es »leierte ganz schön«, wie sie sagten.

Irgendwann schickte der Große den Kleinen davon, Buschwerk zu schneiden, ordentliche Zweige, mit denen man das Zelt noch ein bißchen schützen konnte. Er sah den Kleinen merkwürdig an, als er den Auftrag erteilte. Da wußte der: Er konnte sich Zeit lassen mit seiner Aufgabe, er sollte es wohl sogar.

Als er zurückkam, hörte er das Mädchen im Zelt wimmern, und Schulle grinste. Von dem Strauchwerk, das zur Tarnung der

Zeltleinwand dienen sollte, war nicht mehr die Rede. Sie tranken noch etwas von dem roten Gesöff, mit einem Schluck aus der letzten Bierdose ließ es sich ertragen. Sie schwiegen meist, hockten still. Einmal erzählte der Kleine von Stolberg, der alten Stadt im Harz mit ihren Fachwerkhäusern. Mit seiner Schulklasse war er mal dort gewesen, vor einem Jahr ein zweites Mal, aus eigenem Antrieb. Da gab's auch schönen Abriß, da könnte man auch unterkommen, weg von hier. Später sprach der Ältere von Colmar und dem Elsaß, dort hatte er sich ein paar Wochen aufgehalten, in der Gegend arbeiten wollen (»Aber die Stellen waren alle von Ausländern besetzt.«), vor allem aber erzählte er von Igor aus Odessa. Den hatte er unmittelbar nach seinem letzten Knast kennengelernt. Igor hatte ihn zu sich eingeladen, ihm seine Adresse gegeben. Mit ihm zusammen wollte er sonstwas anstellen. Die Ukraine, der Osten waren sowieso besser als Spanien oder Frankreich, wo einem ständig Deutsche über den Weg liefen.

Sie reichten sich wechselseitig die Flasche, tranken langsam, hingen ihren Gedanken nach. »Aber mit der da kommst du nicht mal zum nächsten Bahnhof«, sagte Schulle schließlich, wies zum Zelt.

»Außerdem mußt du noch die Tage rumkriegen, bis die Stütze fällig wird.«

»Eben.«

Wieder hingen sie ihren Überlegungen nach, dann meinte der Ältere, blickte vor sich ins Laub: »Es gibt drei Möglichkeiten.«

»Drei?«

»Ja. Entweder wir schleppen sie mit uns.«

»Was? Auch mit dem Rad?«

»Da können wir nur nachts unterwegs sein. Und wir kommen nur langsam voran.«

»Oder?«

»Oder wir lassen sie frei, schicken sie heim. Wir geben ihr das Schlafmittel, das sie will, damit wir Sicherheit haben und Vorsprung kriegen auf der Flucht.«

»Sie wird uns trotzdem an die Bullen verpfeifen. Nee, nie! Heimschicken? Nie!«

»Ja, auch wenn sie anderes verspricht, sie wird's tun, uns

verpfeifen. Und uns werden sie finden, und wir hocken wieder im Knast. Bewährung haben wir beide noch.«

»Dreierlei gibt's, hast du gesagt.«

»Oder ...«

Sie sahen beide wie auf Verabredung auf die Hände des Älteren. Er hielt sie über seinen angewinkelten Knien dicht zusammen, ballte sie allmählich zu Fäusten, die sich jäh gegeneinander drehten, eine kurze, knappe Bewegung vollführten, als wäre zwischen ihnen ein nasser Lappen, den es auszuwringen galt, oder der Hals einer Taube.

»Oder sie geht über den Jordan.«

Später, nach Minuten des Schweigens, fügte er hinzu: »Und du wirst es machen.«

»Ich? Nein.«

»Du hast sie angeschleppt. Du wirst auch dafür sorgen, daß wir sie wieder loswerden.«

10

Vor Gericht wird der Junge später aussagen, den Blick auf die Tischplatte vor sich gerichtet, nicht immer vollständige Sätze formulierend, und es wird einer der angespanntesten, stillsten Augenblicke während dieses ganzen Prozesses im Gerichtssaal sein: »Ich hab ..., hab sie erst zu drosseln ..., zu erdrosseln versucht. Ich nahm dazu den Strick, den mir Schulle, Herr Schulte, zuwarf. Ich versuchte es vielleicht fünf Minuten, von hinten. Ich legte den Strick über Kreuz. Aber es klappte nicht. Ich merkte es daran, daß sie noch atmete. Ihre Brust hob sich, ein paarmal. Da sagte Schulle, Herr Schulte: Stich sie ab. Und er warf mir das Klappmesser zu.«

Es waren insgesamt zehn Stiche, vier trafen die Brust, sechs den Hals, erklärt Tage darauf der Gerichtsarzt und erläutert die Stichkanäle.

11

Es ist Nachmittag, der Himmel ist matt, grau. Ein Novembernachmittag. Sie haben die Leiche des Mädchens unter Laub verborgen, das Fahrrad genauso zugescharrt. Der Kleine hat es nicht richtig zustande gebracht, der Aluminiumlenker ragte aus den Blättern heraus, da hat ihm der Ältere, Schulle, unwillig geholfen. Nun laufen sie zurück. Sie reden kaum miteinander. Sie haben sich versprochen: Über das Geschehene (»über die Nadine«) kein Wort, zu keinem. Da reden sie auch zueinander nicht darüber.

Sie verlassen diesen hohen Wald, den Lindbusch, noch bei Tageslicht, sie gehen nun häufiger durch nachgiebigen Sand, über vielfach genutzte, zermahlene Waldwege. Trotzdem, es ist jetzt einfacher zu laufen. Sie haben das Mädchen nicht mehr bei sich, das sie stützen, antreiben müssen, auch nicht das Fahrrad. Das Gepäck ist leichter, das Bier ist getrunken, dazu die Hälfte der süßen Sangria. Nur noch eine Anderthalbliterflasche liegt im Rucksack. Hinterm Heidebahnhof steigen sie in einen Bus, der bringt sie mitten in die Stadt. Drei Minuten vom Abrißhaus des Vaters entfernt steigen sie aus. Sie haben nun Hunger, Durst. Sie leisten sich jeder eine Bockwurst, dazu ein Büchsenbier am Stand vorm Kaufhaus. »Da sind wir wieder, glotz nich«, sagen sie eine halbe Stunde später zu Schulles Vater. »Und das Mädchen?« fragt der. »Die haben wir gut abgeliefert.«

Das Gericht, in seiner Betroffenheit, braucht später gerade nach dieser Aussage eine längere Verhandlungspause.

Danach ist die Reise nach Tschechien dran, damals, Tage nach der Tat. Da haben sie endlich Schulles Sozialhilfegeld bei sich. Trotzdem müssen sie sparen. Das Wochenendticket von der Bahn ist zwar billig. Aber die Übernachtungen kosten, und die Scheine sind bald dahin. Da soll der Kleine zurück nach Deutschland, neues Geld besorgen.

»Sollten Sie betteln?«

»Na ja, betteln. Und wegnehmen.«

»Überfallen, rauben?«

»Ja, rauben.«

Nach drei Tagen ist Hentzschke zurück in Halle, auch Schulle taucht dort plötzlich auf. Sind sie verabredet? Schulte hat eine Zeitung mit Bildern darin: Das Mädchen mit dem Fahrrad ist verschwunden, hundert Polizisten haben sie gesucht. Er weist die Seite dem Kleinen vor: Paß auf!

»Sie waren auch in dieser Bar, diesem ›Toulouse‹?« fragt die Vorsitzende Richterin. »Dort haben Sie angegeben. Sie haben ein

Mädchen umgenietet, hingemacht, so Ihre Worte. Das Mädchen, das überall gesucht wird. Wir kennen die Namen von ein paar Leuten, mit denen Sie so geredet haben.«

»Die Leute will ich sehen, die das erzählen. Wir hatten uns doch versprochen: Wir schweigen. Ich hab mich dran gehalten.«

In den ersten Dezembertagen soll es noch einmal einen Treff mit dem Kleinen geben. Aber es klappt nicht. Schulte findet nur einen Zettel: War umsonst da. Liegt der Zettel auf dem Linoleum im Abriß, oder ist er an die Flurtür angeheftet? Oder geschieht alles in einem Abrißhaus in Trotha, der nördlichen Vorstadt? Es sind etliche Adressen im Spiel. Als Schulte ein zweites Mal eine Zeitung in die Hand kriegt, steht da ein neuer, ganz anderer Bericht darin: Der Kleine ist verhaftet worden, man hat ihn nach dem Videobild aus der Sparkasse erkannt. Da ergreift den Älteren Panik. Warum ist er nicht längst auf dem Weg nach Odessa? Warum hat er plötzlich diese Scheißangst in sich gespürt, sich in einem fremden Land nicht zurechtfinden zu können? Warum hat er diesem dämlichen Heimweh nach Halle gehorcht? Bloß weil er sich da auskennt? Er muß weg, weg, weg.

Er fährt nicht per Anhalter, er benutzt wieder die Bahn, das ist das Sicherste. Er gelangt ins Sächsische, erst mal nach Borna. Er gelangt nach Rochlitz. Dort holt man ihn aus dem Abriß – woher sonst? –, nimmt ihn fest, wie eingangs erzählt.

12

Der Prozeß findet kein halbes Jahr nach der Tat statt. Wenigstens dreißig Zeugen sind zur Anhörung vorgesehen. Wird man sie brauchen? Rechnen die Richter mit allerlei Finessen der Verteidigung, Dutzenden Anträgen, mit wechselseitigen Schuldzuweisungen der Angeklagten? Immerhin gibt es ja keine unmittelbaren Zeugen der Tat.

Aber dann geht doch alles ziemlich glatt. Marko Hentzschke, den sie in den Zeitungen noch immer das Milchgesicht nennen, als erster befragt, erzählt ohne Hemmungen, was geschehen ist, im Telefonhäuschen, im Abriß, im Lindbusch. Er muß vielfach ermahnt werden, laut und vor allem deutlich zu sprechen, aber er erzählt, und die Richterin unterbricht ihn nicht, solange es angeht. Freilich, er berichtet ohne Gefühl, ohne Betroffenheit.

Nur ein einziges Mal zeigt er Erregung. Er soll nach vorn an den Richtertisch kommen. Es gibt da Widersprüche, Fragen. Wenn er, wie er erklärt hat, die Geschädigte von hinten drosselte, wie kommt da die Schlaufe im Strick vorn an den Hals zu liegen? »Nein«, sagt Hentzschke da, auch nach der zweiten, erst recht nach der dritten dringlicheren Aufforderung, »nein, ich komme nicht. Ich kenne die Bilder, ich kann sie mir nicht wieder ansehn.«

Und Dieter Schulte?

Bei ihm haben sie am meisten Sorge gehabt, daß er sich herauszuwinden versucht, seine Schuld abstreitet. Doch Schulte bleibt klar bei seinen früheren Erklärungen. »Wir sind in was reingeraten, das wuchs uns über den Kopf. Was soll man da groß reden. Es stimmt. Fast alles war, wie es der Kleine, Herr Hentzschke, ausgesagt hat.«

Dieter Schulte. Als danach sein bisheriges Leben erörtert wird, sitzen alle im Saal in großer Betroffenheit.

Schulte hat Tagebuch geführt, viele erstaunlich nachdenkliche Seiten, die werden nahezu vollständig verlesen. In denen nennt er Marko »einen ganz lieben Menschen« und hofft, daß sie bald in der Ukraine zur Ruhe kommen. »Wir haben es uns verdient.«

»Ich will das Heft weiterführen. Es gibt so viele wichtige Dinge in meinem Leben, die ich festhalten will, meine ganzen Zuchthausjahre. Irgendwann will ich das noch mal verarbeiten,« sagt Schulte und läßt sich kaum bremsen. »Waren Sie schon mal drin im Strafvollzug, wissen Sie, was Zuchthaus wirklich ist? Lassen Sie mich ausreden. Da gibt's 'ne Hackordnung, 'ne strenge, da mußt du vieles Normale über Bord werfen, Mitgefühl, Mitleid, sonst kommst du nicht durch. Ich bin im Knast groß geworden, ich kenne mich aus. In Untermaßfeld habe ich mit Handschellen in der Zelle geschlafen. Was ich hier darstelle, ist das Endprodukt von achtzehn Jahren Knast.«

Kurz danach fügt er hinzu, lacht: »Freilich, im Zuchthaus war nicht alles schlecht. Da hab ich meinen Beruf gelernt, ich hatte eine prima Ausbildung: Ich wurde Elektriker. Der Lehrmeister kam von außerhalb. Ich hab im Gefängnis Steckdosen gedübelt, in meinem bißchen Freiheit Leitungen gelegt. Ein Exknacki war für die Sicherheit verantwortlich. Irrsinn.«

»Aber sonst konnte Ihnen über den Weg laufen, wer wollte. Sie hatten auf alles einen Rochus«, fragt die Vorsitzende Richterin.

»Ich fühlte mich eben von allen verraten.«

Mit vierzehn »flog ich zum ersten Male ein«, sagt er. Da hatte er sich geprügelt, gestohlen. Und bezog selber Prügel. »Die Mutter trampelte mir auf dem Kopf herum, ernsthaft, sie war hysterisch. In der Besenkammer nahm sie mir Maß, da hörte keiner, wie ich schrie und sie ein Schlüsselbund auf mir regelrecht zerdrosch.« Später stellt sie den Antrag, ihn in ein Heim für Schwererziehbare aufzunehmen. Etliche Jahre darauf drischt Schulte sie samt neuem Mann und Wohnung zusammen. Die Mutter erstattet Strafanzeige, aber vor Gericht verweigert die ganze Familie die Aussage. »Wir wollten dem Sohn eine letzte Chance geben.«

Schulte hat die Mutter 13 Jahre lang nicht mehr gesehen, seinen leiblichen Vater 21 Jahre lang nicht. Er kann übrigens mit Leichtigkeit viele Daten und Zahlen nennen, die sein Leben ausmachen.

»Wenn Ihre Mutter heute vor Ihnen stünde, was würden Sie tun? Was empfinden Sie heute für sie?« fragt sein Verteidiger.

»Ich würde sie nicht schlagen, ihr auch nicht die Arme brechen. Aber ich würde sie erniedrigen, ich könnte sie sogar vergewaltigen. Ja, das wäre die optimale Strafe für sie.«

1987 wird er durch eine Amnestie vorzeitig aus der Haftanstalt Brandenburg entlassen. Mit Gleichgesinnten will er nach Hause. Unterwegs aber bleibt er hängen: in Berlin. Er trinkt unmäßig, füllt sich geradezu mit Alkohol ab, den er so lange entbehrt hat. Er ist schließlich noch keine zwölf Stunden in Freiheit, da schlägt er einen Homosexuellen, der ihm hoffnungsvoll Unterkunft für die Nacht gibt, in dessen Wohnzimmer nahezu tot: versuchter Totschlag, zwölf Jahre Haft. Diesmal legt er's mit großer Disziplin darauf an, nach verbüßten zwei Strafdritteln auf Bewährung entlassen zu werden. Es gelingt ihm. Im Juni 1996 kehrt er nach Halle zurück.

Das Land und die Heimat haben sich inzwischen total verändert. Er läuft verstört durch die Stadt, sucht nach Kumpels, nach den alten Wohnungen, vergeblich. »Die neue Freiheit war Streß.« Da kommt er doch auf das Angebot des Vaters zurück, den er im Zuchthaus wiedergefunden hat, zieht erst einmal zu ihm in den

Abriß, bricht jedoch bald die sowieso verlassene Nachbarwohnung auf, um nicht immer mit den Alten in denselben vier Wänden zusammensein zu müssen. Ende August bekommt er seine eigene Wohnung, sanierter Neubau in der Südstadt, ein Zimmer. Das Sozialamt zahlt die Miete, er erhält dazu 503 DM im Monat. Vom Sozialamt zugleich angebotene Arbeit schlägt er jedoch aus. Er hat auch seinen Stolz. Drei Mark pro Stunde? Darauf hat er keinen Bock, da kriegt jeder Ausländer mehr. Er läßt sich schließlich krankschreiben, er bekommt Medikamente, viele Medikamente. Zugleich nimmt er zehn Kilo ab. Beim Laternenfest lernt er eine Frau aus dem Nachbarblock kennen. »Ich hatte schon im Zuchthaus auf Annoncen geantwortet. Ich wußte, mir wird keine Frau auf dem Tablett serviert.« Nun ist er mit der neuen Bekannten keine drei Wochen zusammen. Es klappt wieder nicht, weiß der Teufel warum. Mitte November spricht ihn der Junge aus der Wohnung im Stock unter ihm an, redet von seinen Schwierigkeiten mit den Eltern: Marko. Da nimmt er ihn auf, kocht sogar für ihn, versorgt ihn mit Essen. Doch es fehlt an Geld. Bevor die neue Stütze vom Sozialamt fällig wird, müssen sie sich anderweitig Geld besorgen, eben »Scheine ziehn«.

»Immer wollen Sie sich hier in eine Opferrolle hineinreden. Sie haben im Leben nie eine wirkliche Chance geboten bekommen? Sie machen sich so oft Gedanken. Sie haben Verstand, Durchblick. Warum haben Sie sich nicht angestrengt, aus Ihrem Dilemma herauszukommen? Warum haben Sie sich auf die Rutsche gesetzt, von der Sie doch wußten, daß ihre Bahn nur nach unten führt? Sie haben nichts, aber auch nichts getan, das Zuchthaus zu meiden, Ihr Leben bewußt, menschenwürdig zu gestalten. Nein, Sie sind kein Opfer. Und die junge Nadine könnte noch leben.«

13

Was muß man unbedingt noch berichten?

Einer Zeitung gelingt es, Schulte ein Geständnis abzukaufen und zu veröffentlichen, noch ehe die Sachverhalte für die Presse freigegeben sind. Dreihundert Mark gehen dafür auf Schultes Konto ein. (Über mehr Geld darf er in der Haft nicht verfügen.)

Und: Die Nebenklägervertreter stellen Anträge über Anträge,

wollen zivilrechtliche Regelungen zum Schadensersatz gleich mit dem Strafprozeß erzwingen. Mindestens aber sind sie wie die Verteidiger bestrebt, sich in solchem Prozeß zu profilieren. Wollen sie den Prozeß ganz und gar torpedieren? Wenigstens erreichen sie, daß die Verfahren gegen Marko Hentzschke und Dieter Schulte voneinander getrennt werden. (Ein Jugendlicher kann nicht von einem Nebenkläger angeklagt werden.) Da erklärt Schulte, bald ein Urteil haben zu wollen. »Macht endlich Schluß mit dem ganzen Theater«, sagt er. Darauf der Staatsanwalt: In 30 Jahren Tätigkeit in diesem Hause hat er ein derartiges Verhalten von Rechtsanwälten noch nicht erlebt.

Was muß man noch berichten?

Daß Schulte seinen Vater beschuldigt, sich seinerseits an Nadine vergangen, sie »mal für eine halbe Stunde ausgeborgt« zu haben? (Sowieso ermittelt die Staatsanwaltschaft gegen den Vater und seine Partnerin wegen Beihilfe und unterlassener Hilfeleistung.)

Daß Schulte seinen Verteidigern verbietet, ein eigenes Plädoyer zu halten, für ihn gar um Milde zu bitten? Auf seinen ausdrücklichen Wunsch hin müssen sie sich den Erklärungen des Staatsanwalts anschließen. So ist auch sein eigenes Schlußwort: »Ich schließe mich den Worten des Staatsanwalts an.«

14

Gemeinschaftlich begangener Mord, Anstiftung zum Mord, schwerer Raub, räuberische Erpressung, mehrfache Körperverletzung, Nötigung, Vergewaltigung, Freiheitsberaubung mit Todesfolge und Computerbetrug – die umfangreichen Tatvorwürfe bestätigten sich sämtlich, wenn auch die Tatanteile der beiden Angeklagten unterschiedlich waren. Die Verbrechen waren heimtückisch. »Nadine hatte zu keiner Zeit die Möglichkeit, ihren Peinigern zu entfliehen und sich ihren Torturen zu widersetzen. Immer hoffend, man werde sie – wie versprochen – freilassen, ist sie arglos gewesen bis zum Schluß und hat nicht mit ihrer Tötung gerechnet.« Man hatte ihr ja sogar noch philosophische Bücher gebracht – zur Ablenkung –, die sie für ihr Lehrerstudium brauchte. Schließlich wurde sie regelrecht hingerichtet.

Dieter Schulte wird zu lebenslanger Freiheitsstrafe verurteilt, und seine Schuld wiegt so schwer, daß nach fünfzehn Jahren Vollzug nicht schon über eine Verkürzung seiner Strafe nachgedacht werden darf. Es wird aber auch keine Sicherungsverwahrung, wie gelegentlich erwogen, für ihn geben.

Das Urteil gegen Marko Hentzschke wird später gesondert gesprochen, Anfang Mai. Hentzschke war ein gefügiger bereitwilliger Vollstrecker, der dem Älteren beweisen wollte, daß er schon ein ganzer Kerl ist, hat der Staatsanwalt im Plädoyer erklärt. Marko Hentzschke wird zu neun Jahren Jugendhaft verurteilt, ein Jahr weniger, als die Höchststrafe für Jugendliche ausmacht, die der Staatsanwalt gefordert hat. Man rechnet ihm seine Geständnisbereitschaft an, seinen Beitrag zur Aufklärung des Mordes. »Die Tote könnte unter Umständen noch heute in ihrem Versteck liegen, wenn der Angeklagte die Polizei nicht zum Tatort geführt hätte«, erklärt die Vorsitzende der Kammer. Aber Marko Hentzschke, der wie zuvor Dieter Schulte das Urteil mit äußerlich unbewegtem Gesicht zur Kenntnis nimmt, hat die Tragweite seiner Tat wohl noch immer nicht begriffen. »Wie wollen Sie damit nur leben?«

Übrigens: Dieses zweite Urteil wird vom Bundesgerichtshof verworfen. Marko Hentzschke kommt nicht in den Strafvollzug, sondern wird über Jahre hinweg in die Psychiatrie eingewiesen. Die Richter in Karlsruhe sehen in ihm vor allem den psychisch Gestörten, den Kranken.

Tod im Taxi

1

Dieser Sommer ist lange Zeit nicht sonderlich warm. Heiße, geradezu hochsommerliche Tage hat wieder einmal nur der Mai gebracht, über Wochen hinweg, da scheint der Vorrat an strahlendem Sonnenschein und ausdauernder Himmelsbläue weithin aufgebraucht. Gott sei Dank, daß es wenigstens selten regnet oder gewittert, nur ein ziemlich gleichmäßiges lasches Grau den Himmel überzieht. Bei allem nimmt es nicht wunder, daß das Wetterthema viele Gespräche bestimmt. Hat Glück, wer seinen Urlaub in diesem Jahr frühestens für den August oder später eingeplant hat? Gibt es gar einen überraschenden Herbst?

Da ereignet sich in diesem Juli plötzlich ein Vorfall, der, viel diskutiert, auch in den Städten ringsum, alle Mutmaßungen über Sonnenschein und verregnete Urlaubswochen weit in den Hintergrund drängt.

Am zweiten Wochenende des Monats, Freitagnacht in der Stunde vor Mitternacht, bemerken drei nächtliche Passanten im Wohnviertel um die Pauluskirche in Halle, ein Ehepaar um die Fünfzig und ein Freund des Mannes, Merkwürdiges: Ein größeres Taxi kommt auf sie zu, gleitet gefährlich nahe an ihnen vorüber, ein heller Wagen, eines dieser längst auch hier in den neuen Ländern oft eingesetzten Mercedesmodelle. Seine Warnleuchten blinken ununterbrochen, und weil der Wagen so langsam und nahe an den drei mitternächtlichen Heimkehrern entlangfährt, können sie einigermaßen genau in das Innere des Taxis blicken, vor allem im nachhinein, von hinten. Da sehen sie die beiden Insassen gestikulieren, aufeinander eindrängen, miteinander ringen. Sich schlagen? Der Fahrer will wohl nicht so fahren, wie sein Gast es fordert? Oder will der eine dem anderen ans Geld?

»Natürlich«, sagt der Freund schließlich erregt, »die streiten sich um den Fahrpreis.« Sie haben am Taxikennzeichen die Herkunft aus der größeren Nachbarstadt entdeckt. Bei der Entfernung und den heutigen Preisen kommt da schon eine ordentliche Summe zusammen, und man kann ins Streiten geraten. Aber so handgreiflich?

Während das Ehepaar noch diskutiert, was man tun kann, hat der Freund auf seinem Handy bereits die Notrufnummer der Polizei gewählt. »Da kurvt ein Leipziger Taxi ganz merkwürdig durch die Stadt«, erklärt er dem Diensthabenden auf dem Polizeirevier. »Wir sind hier Ossietzky, Ecke Schleiermacher. Der Wagen hat die Warnleuchten eingeschaltet. Nein, nein, er fährt, er hat nicht angehalten. Aber die zwei da drin sind richtiggehend im Clinch, sie kämpfen am Steuer miteinander.«

»Will die Polizei was unternehmen?« fragt schließlich die Frau.

»Gleich, haben sie gesagt, gleich. Hoffentlich kann man sich auf sie verlassen.«

Danach stehen die drei, horchen in die Nacht. Irgendwoher klingt Gelächter, irgendwo grölen grob und laut singende Stimmen. Aber das befürchtete blecherne Scheppern oder Krachen bleibt aus.

Das Paulusviertel ist ein nobles Wohngebiet gewesen. Aber die vor bald hundert Jahren errichteten Villen und vielgeschossigen Bauten sind heruntergekommen, erst im letzten Jahrzehnt hat man wieder begonnen, sie zu sanieren und zu modernisieren. Und siehe da: Das Viertel hat seine Anziehungskraft nicht eingebüßt. Freilich: Die Straßenerneuerung hier hat noch nicht mithalten können, Schlagloch reiht sich an Querrinne, und die endlosen Kavalkaden der rechts wie links in enger Reihe geparkten Autos machen jede Durchfahrt durch das Viertel zusätzlich zu einem Abenteuer, dem man lieber ausweicht, auch als Polizist.

Die beauftragte Funkstreife quält sich eine Viertelstunde lang durch die maroden zugestellten Straßen, ergebnislos. Als die beiden Männer ihre Suche schon aufgeben wollen, entdecken sie den hellen Mercedes doch noch: in unmittelbarer Nähe des Wasserturms Nord. Es steht neben der Umfassungsmauer des Jüdischen Friedhofs, eine Tür ist geöffnet, die Warnleuchten blinken unverändert. Wie die beiden Streifenpolizisten vorsichtig näher treten, entdecken sie nicht nur das auswärtige Kennzeichenschild, sondern auch den Mann auf dem rechten Vordersitz. Offenbar seinetwegen läßt sich die Tür nicht schließen. Er hängt auf dem Beifahrerplatz, mindestens ohnmächtig, wenn nicht gar leblos, den Kopf halb unter dem Armaturenbord. Ist es der Fahrer, ein Fahrgast? Schon bei flüchtiger Betrachtung erkennen sie: Seine Kleidung ist blutbefleckt, deutlich zerstochen, auch sein Gesicht ist blutig. Sie bemerken im Schein ihrer Taschenlampe schließlich die Wunde im Nacken des Mannes. Das Taxameter, noch eingestellt, gibt einen Betrag von 119,60 DM an. Neben der rechten Vordertür, auf dem Bürgersteig, breitet sich eine dunkle Lache aus. Eindeutig Blut. Ist der Mann außerhalb des Wagens gestorben, später wieder gewaltsam auf den Vordersitz gezerrt worden?

Sie sichern Straße und Wagen, melden ihren Fund.

2

Natürlich handelt es sich bei dem Toten im gelben Mercedes um den Taxifahrer. Es ist Klaus Kurt aus Leipzig, vierundfünfzig Jahre alt, eigentlich bei einem Transportunternehmen als Lkw-Fahrer angestellt. An manchen Wochenenden verdient er sich ein ordentliches Zubrot mit solchen nächtlichen Taxieinsätzen. An diesem Freitag zum Beispiel ist man gern auf ihn zurückgekommen. So erzählt der Chef seiner Leipziger Taxi-Genossenschaft. Aber seine Auskunft ist nur die Bestätigung von manchem, was sie bereits wissen. Als sie, beispielsweise, den Kofferraum des Mercedes durchsuchten, haben sie dort den Ausweis des Opfers gefunden: Klaus Kurt, wohnhaft Leipzig-Gohlis. Eine Brieftasche des Toten oder andere Papiere haben sie freilich nirgends entdecken können. Demnach ist Raubmord das Tatmotiv?

Auch über Kurts letzten Fahrgast wissen sie, erstaunlich, bald einiges. Klaus Kurt hat auf seiner Fahrt zum Paulusviertel einmal in Halles Straßen angehalten, eine zufällig entlangpatroullierende Polizeistreife um eine Auskunft gebeten. Er hat da einen Ausländer im Wagen, hat Klaus Kurt erklärt, einen Polen oder Tschechen, der sich kaum verständlich machen kann. Nun suchen sie ein Spielkasino in der Stadt, eine Spielhölle, vielleicht auch bloß eine Spielhalle mit Automaten. Die beiden Streifenpolizisten haben dem Leipziger Taxifahrer den Weg zum hiesigen Kasino zu beschreiben versucht. »Aber so eine Spielbude mit Automaten, die gibt's auch gleich hier nebenan im Viertel.« Während sie so mit dem Fahrer reden, haben die beiden Polizisten genug Gelegenheit gefunden, den sprachunkundigen Fremden gründlich über die heruntergelassenen Wagenfenster zu betrachten. Nun liefern sie eine erste Beschreibung von ihm. Ziemlich jung war der Mann, zwischen 20 und Anfang 30, ein glattes Gesicht ohne Bart oder Piercing, das Haar war dunkel, na eben dunkelblond, und was den beiden Männern der Nachtstreife gleich aufgefallen war: Dieses dunkle Haar fiel gewissermaßen in der Mitte auseinander, der Mann im Taxi trug so was wie einen Mittelscheitel.

»Daß da ein Streit war zwischen den beiden, irgendeine Art Spannung, habt ihr davon was bemerkt?«

Nein, überhaupt nicht. Der Fremde sagte ja auch kein Wort.

»Wir haben dann noch gestanden und hinterhergesehen, wie der Fahrer mit seinem Taxi in der angegebenen Richtung zum Paulusviertel abbog.«

Die beiden Polizisten vom Streifendienst werden bald auch diejenigen sein, mit deren Hilfe ein erstes Phantombild vom flüchtigen Tatverdächtigen versucht wird.

Der Flüchtige ist ein Ausländer, wirklich ein Pole, vielleicht ein Tscheche? Da paßt ausgezeichnet ins Bild, paßt zu dem, was sie später bei der genaueren Untersuchung des gelben Mercedes, zwischen die Polster eines der Vordersitze gerutscht, gefunden haben: ein Portemonnaie. Es enthielt verschiedene fremde, vermutlich tschechische Münzen und einen vorgedruckten Zettel mit genauso fremden, offenbar auch tschechischen Wörtern. Nach einiger Zeit, nachdem ein Übersetzer ihnen ihre Vermutungen korrigiert hat, ist ihnen klar: Es ist zwar keine Rechnung, auch kein Versicherungsbeleg, es ist ein Pfandschein aus dem tschechischen Teplice.

Ein Tscheche also aus Teplice, ein junger Mann mit Mittelscheitel ...

3

Es hat in den letzten Jahren in den östlichen Bundesländern wenig Übergriffe auf Taxifahrer gegeben. 1995 wurde in Magdeburg ein Fahrer durch Kopfschuß getötet, ein Jahr darauf starb in Dresden ein Berufskollege an seinen Kopfverletzungen, die ihm ein brutaler Raubtäter mit einem Messer zugefügt hatte. Und nun das. Sechzehnmal, so wird die gerichtsmedizinische Untersuchung ergeben, sechzehnmal ist auf den Körper des fünfundvierzigjährigen Leipzigers Klaus Kurt eingestochen worden, offenbar innerhalb kürzester Zeit und mit erheblicher Kraft.

Sie bilden eine Untersuchungskommission aus zwölf Kriminalisten, die Soko Taxi. Sie alarmieren noch in der Tatnacht die Hundestaffel, aber die angesetzten Tiere liefern keine verwertbaren Ergebnisse, die Spuren verlieren sich in Nebenstraßen, an Zäunen des Paulusviertels. Nur eine führt in die Nähe einer beliebten Kneipe. Aber dort hat sich in der Nacht kein Mann zwischen 20 und 35 mit Mittelscheitel und fremdländischem Akzent blicken lassen. Auch in den wenigen anderen Gaststätten der Gegend ist kein Fremder aufgetaucht, der sich vielleicht rasch aufs Klo verzog, um sich die verschmutzten, möglicherweise blutbefleckten Hände zu säubern. Sie befragen bald die Angestellten des städtischen Kasinos und dieser kleinen Automaten- und Billardhalle im Wohnviertel, vergeblich. Am meisten setzen sie freilich auf die Taxifahrer der Stadt und der Umgebung. Unter ihnen hat sich die brutale Tat an ihrem Kollegen in Windeseile herumgesprochen. Schon am Sonnabendmorgen tragen die Antennen jedes Taxis einen schwarzen Trauerflor, auf der Straße am Jüdischen Friedhof häufen sich die niedergelegten Blumensträuße, und wenn auch keine Zeitung an diesem Wochenende schon über das Verbrechen im Viertel um die Pauluskirche berichten kann, die Zusammenhänge und Gerüchte sind bald stadtbekannt. Nein, da sind Gespräche über das Wetter nicht mehr von Bedeutung.

Als sie mit Hilfe der Taxifahrer versuchen, die letzte Fahrstrecke von Klaus Kurt zu rekonstruieren, ergibt sich eine erste Variante: Klaus Kurt hat diese seine letzte Fahrt am Leipziger Hauptbahnhof begonnen (sie können sogar sagen: es war exakt 22 Uhr 15), seine Gäste sind ein Ehepaar, das er nach Halle befördert. Wenige Minuten vor 23 Uhr hat ein Kollege in der Nachbarstadt dieses auswärtige Taxi gesehen und beobachtet, wie das Ehepaar ausgestiegen ist, allerdings nicht in dieser Gegend an der Pauluskirche, vielmehr in der Neustadt. Dann hat Klaus Kurt wohl nach Leipzig zurückkehren wollen. Wie viele Ortskundige bevorzugt er nicht die schnellere Route über die Autobahn, sondern nimmt die kürzere, am Hauptbahnhof vorbei, erst einmal über die

Dörfer. (Auf die Weise kann er Kilometer und Sprit sparen.) Dabei stößt er offenbar in der Eilenburger Straße auf den radebrechenden Ausländer, der mitgenommen, in die Innenstadt zurückgebracht werden will. Weshalb Kurt sich auf das Angebot einläßt? Weil es sein Job ist, Leute zu befördern, gleich wohin sie wollen? Jedenfalls ist sich ein anderer Kollege sicher, den jungen Mann mit dem Mittelscheitel in der Eilenburger Straße am Rotlichtschuppen gesehen zu haben, wie er da stand und winkte. Doch weil er zu dem Zeitpunkt selber Kunden an Bord hatte, konnte er nicht reagieren. Später aber, bei seiner Rückfahrt, hat niemand mehr am Rotlichthaus gewartet.

Also hat Klaus Kurt seinen Mörder dort einsteigen lassen? Man muß es annehmen. Keine Viertelstunde später ist dieses Zusammentreffen mit der Polizeistreife, bei der sich Klaus Kurt nach dem Weg zum Kasino oder zu einer kleineren Spielebude erkundigt, keine weitere Viertelstunde drauf stirbt er in seinem Taxi im Viertel an der Pauluskirche. Ist der Fundort der Tatort? Mit einiger Sicherheit nicht. Wahrscheinlich hat der Täter den Mercedes mit dem Toten noch ein Stück selber gefahren, um ihn an einer ruhigen Stelle zu parken, nicht mitten im Straßengewirr des Paulusviertels stehen zu lassen. Oder hat er das Taxi benutzen wollen, um rasch fortzugelangen, hinaus aus der Stadt, nur, er hat es nicht geschafft, diese auffälligen Warnblinkleuchten auszuschalten? (Unwahrscheinlich, solch technisches Unvermögen.)

Sie haben von vornherein einige Zweifel an diesem Tatablauf. Wenn Klaus Kurt dieses Leipziger Ehepaar in der Neustadt abgesetzt hat, hat er dort doch auch abkassiert. Danach stellt man das Taxameter wieder auf Null. Doch die Taxameteranzeige gab den Betrag von 119,60 DM an, als man den Mercedes fand. Wie hat Kurt mit seinem letzten Fahrgast innerhalb einer reichlichen Viertelstunde so weit und so viel fahren können, daß dieser Betrag zustande kam? Unmöglich. Da liegt doch viel näher, daß Kurt ihn von Leipzig an nach Halle kutschiert hat. Aber Tatsache bleibt: Sie haben erst einmal nur diese Zeugenaussagen, daß Klaus Kurt ein älteres Ehepaar bis in die Neustadt gefahren hat.

Und was ist mit diesem jungen Mann mit Mittelscheitel, der in der Nähe des Rotlichthauses wartete? »Hat der Täter etwa kurz vor der Tat noch einen Puff besucht?« fragt die Zeitung mit den großen Lettern Tage später. Natürlich fragen sich die Kriminalisten das auch. Aber im Rotlicht kann man sich an keinen Stundengast vom vergangenen Freitag erinnern, auf den die Beschreibung zutrifft.

Und die Vorgänge im Mercedes selbst? Hat der Täter den Wagen nach seiner Tat tatsächlich noch ein Stück weit durch die Stadt gefahren, oder ist das Entscheidende, die mögliche Auseinandersetzung ums Geld, die so unglücklich eskalierte, doch erst am Jüdischen Friedhof passiert? Oder war's ein von vornherein, schon in Leipzig kaltblütig geplanter Mord? Jedenfalls ist Klaus Kurt durch 16 Messerstiche ums Leben gekommen, seine Brieftasche (oder hatte er ein Portemonnaie?) ist verschwunden, und der Tat allein verdächtig ist Klaus Kurts letzter Fahrgast, der junge Mann, der Deutsch radebrecht. (Er ist übrigens, das scheint ihnen bald klar, kein gewiefter Täter. Weil er die eigene Geldbörse mit dem Pfandschein zurückläßt, zum Beispiel. Dazu diese nicht ausgeschalteten Warnleuchten. Oder flüchtete der Täter letztlich in übergroßer Panik, mußte er, etwa durch Leute, die näher kamen, seine sofortige Entdeckung fürchten?)

Der übrigens am meisten an der Raubmordvariante zweifelt, ist Detlef Sommer, der Chef der zuständigen Leipziger Taxi-Genossenschaft, der Klaus Kurt gern mit Sonderaufgaben betraute. »Auf Klaus war immer Verlaß, der war diszipliniert. Der wird sich an unsere Vereinbarungen gehalten haben. Leute, habe ich immer gesagt, wenn da einer im Wagen plötzlich verrückt spielt, euch ans Geld will, gebt es ihm, laßt nicht den starken Max raushängen. Geld ist immer ersetzbar, euer Leben nicht. Klaus war zudem kein Muskelprotz, er war klein von Statur. Nein, da müssen ganz andere Anlässe eingetreten sein, daß es zu diesem Kampf im Auto kam.«

4

Es gibt keine wesentlichen Neuigkeiten in den nächsten Tagen, es gibt nur Arbeit, Kleinarbeit, Zeugenbefragungen. Das gerichtsmedizinische Gutachten liegt vor. Danach sind nahezu sämtliche 16 Messerstiche in den Körper von Klaus Kurt von rechts unten erfolgt, also eindeutig von der Beifahrerseite aus. Alle mit erheblicher Gewalt ausgeführt, hätten einige von ihnen schon einzeln und allein den Tod des Taxifahrers bewirken können.

Und das Phantombild des Täters? Im Grunde liegen vier verschiedene vor, alle natürlich nach bestem Wissen und Gewissen gefertigt. Aber welches von ihnen kommt dem Original am nächsten? Nur dieser ominöse Mittelscheitel ist auf allen vier Varianten zu finden. Welches Bild sollte man veröffentlichen? Was würde es ernsthaft bringen?

Nein, auch das erhoffte Phantombild des Täters können die Zeitungen in diesen Tagen nicht veröffentlichen. Da gehen sie ihren eigenen Recherchen nach. Sie befragen zum Beispiel die Taxifahrer in den Städten ringsum nach ihren Erfahrungen. Da erzählt einer von körperlichen Auseinandersetzungen mit einem angetrunkenen Fahrgast. Als er's der Polizei melden konnte, half die ihm.

Doch die meisten Fahrer berichten von der Angst, die ständig mit ihnen fährt. »Ich habe meinen Job längst hinschmeißen wollen«, sagt ein Fahrer, »aber was soll ich sonst machen?« Andere reden von dem bundesweiten Notrufsystem, das seit Jahren diskutiert wird, für das aber das Geld fehlt. »Man sollte wie in England abgetrennte Fahrerkabinen einführen. Man kann ja nie wissen, was einer klammheimlich im Schilde führt, während er mucksmäuschenstill hinter dir sitzt.«

Andere Zeitungsschreiber recherchieren das Leben des Toten, mit aller Vorsicht. Klaus Kurt ist geschieden, seine frühere Frau anderthalb Jahrzehnte jünger als er. Sie wohnt noch im selben Einfamilienhaus wie vor der Scheidung. »Ein schmuckes Haus«, schreiben die Zeitungen. Weshalb ist die Ehe auseinander gegangen? Ist es wichtig? Elke Kurt ist aufs tiefste betroffen, kann das Weinen nicht zurückhalten. »Wieso hat es ausgerechnet Klaus getroffen?« fragt sie. »Er war einer der großherzigsten Menschen, die ich kenne.« Er kümmerte sich auch nach der Trennung noch intensiv um ihre gemeinsamen Kinder. »Vor allem für die beiden Großen ist er immer dagewesen.« Die achtzehnjährige Susanne, der zwanzigjährige Peter. Beide sind blind.

Auch die Fahrer von der Taxi-Genossenschaft haben dem ermordeten Kollegen nur Gutes nachzusagen. »Hoffentlich finden sie das Schwein bald, das das alles angerichtet hat«, fordern sie. Sie haben oft noch härtere Worte für den Täter. »Klaus war immer hilfsbereit, zu Späßen aufgelegt. Keiner hat verstanden, daß er sich scheiden ließ. Er hat gerackert wie ein Tier, die Woche über als Brummifahrer für die Bahn, an den Wochenenden bei uns. Sogar im Urlaub ließ er sich einsetzen. Er brauchte das Geld. Er wollte, nun allein, wieder auf die Beine kommen, sich einrichten. Und dann hatte er ja noch seine Kinder.«

Nein, entscheidend Neues von den Ermittlungen können die Zeitungen in diesen Tagen nicht melden.

5

Sowieso zieht ein anderes Ereignis plötzlich den Großteil der Aufmerksamkeit auf sich.

Noch in derselben Woche nach dem Mord an Klaus Kurt werden an einem Großmarkt vor der Stadt zwei Geldboten überfallen, während sie ihren Transporter mit Geldkoffern und -kassetten beladen, und kaltblütig erschossen, zwei Familienväter Mitte Vierzig. Der unbekannte Täter entkommt mit einer erheblichen Beute, wohl einer halben Million Mark. Oder waren an dem Überfall mehrere Täter beteiligt? Der allgemeine Aufschrei über das Verbrechen und die Berichte samt den sich anschließenden Vermutungen dominieren nicht nur die lokalen Zeitungsseiten, sogar die Nachrichten bundesweit. Da tritt das öffentliche Interesse an dem ermordeten Leipziger Taxifahrer erheblich zurück.

Dabei könnten die Kriminalisten von Halle, was den vermutlichen Mörder Klaus Kurts betrifft, mit einer spektakulären Mitteilung nicht wenig Aufsehen erregen: Sie haben von Anfang an eine heiße Spur. Sie haben ihr Wissen nur nicht an die öffentliche Glocke gehängt, um den Täter nicht zu warnen. Aber: Der letzte Fahrgast Klaus Kurts hat nicht nur sein Portemonnaie im Todestaxi zurückgelassen, sondern gewissermaßen seine vollständige Visitenkarte: Der Schein der Teplicer Pfandleihe enthält seinen vollen Namen und seine Unterschrift: Petr Cebe.

Da ist es ein Leichtes, die Ermittlungsbehörden im tschechischen Nachbarland um Rechtshilfe zu ersuchen. Von dort erfährt man bald: Dieser Petr Cebe ist zweiundzwanzig, in letzter Zeit selten zu Hause anzutreffen, den heimischen Behörden dennoch gut bekannt, mehrfach aufgefallen wegen Diebstahls, Körperverletzung und der unbefugten Benutzung eines Kraftfahrzeugs. Der Kriminalist, der in Teplice Rücksprache mit den dortigen Kollegen hält, bringt außer diesen Informationen auch zwei Fotos von seiner Dienstreise zurück. Das eine zeigt einen jungen Mann mit deutlichem Mittelscheitel. Auch auf dem anderen Foto trägt der junge Mann nicht gerade einen Bürstenschnitt. Unerwartet können sie, als sie mit diesen Bildern an die Öffentlichkeit treten, dazu ein drittes vorweisen: das Foto der Überwachungskamera einer Bank. Petr Cebe hat, bald nachdem er im Taxi die Brieftasche des Toten an sich nahm, mit dessen EC-Karte Geld abzuheben versucht (übrigens mehrfach, auch in Leipzig), hoffnungslos vergeblich natürlich, er kannte den Geheimcode ja nicht. Schon einmal hat ein jugendlicher Mörder in der Stadt mit der EC-Karte seines Opfers Geld abgehoben und ist dabei abgelichtet worden. Der – oder sein Kumpel – hatte allerdings seinem Opfer, einer Musikstudentin, den Geheimcode abgepreßt. Das damals veröffentlichte Foto hatte zur raschen Ergreifung des Täters geführt. Wird sich dieser Erfolg jetzt wiederholen, der Fall Klaus Kurt rasch abgeschlossen werden können?

Keine Woche nach der Tat bereits läuft die Fahndung nach Cebe an. Er wird mit internationalem Haftbefehl gesucht. Wo wird man ihm erneut auf die Spur kommen, wo hat er Unterschlupf gefunden? Wieder in Leipzig, von wo aus er – das nehmen die Kriminalisten mittlerweile mit Sicherheit an – an jenem Freitagabend zu ihnen nach Halle fuhr? Wo hat er dort eigentlich vor der Tat gewohnt oder sich wenigstens aufgehalten? Welcher der Hinweise, die nach der Veröffentlichung der Fotos in den Zeitungen bei ihnen eingehen, hilft entscheidend weiter?

Oder braucht es irgendeines Zufalls, Cebe zu fassen?

6

Kaufhäuser sind manchmal riesige, wenig übersichtlich angelegte öffentliche Warenlager. In dem Bestreben, zahlungswilligen Kunden Angebote in Überfülle zu machen, um sie zu zusätzlichen, unvorhergesehenen Käufen zu überreden, präsentieren die Häuser ständig neue Warenträger, wegen der ansehnlichen Mieten oft auf knapp bemessenem Raum. Da haben es die für die Sicherheit zuständigen Angestellten nicht immer leicht, die Übersicht zu behalten, Ladendiebe aufzuspüren, ihren Tricks zuvorzukommen. Das ist in Supermärkten nicht anders. Da helfen elektronische Diebstahlsmelder, reichlich installierte Kameras oder auch einfache Spiegel nur in beschränktem Maße. Ein gewisser Bestandsschwund muß immer einkalkuliert werden wie eben Verluste durch Überalterung oder Fäulnis auch.

Heinz-Werner Prause gilt im großen Supermarkt an der Regensburger Straße in Hannover als umsichtig und versiert. Er hat einen Blick, heißt es, für die Unauffälligen, Erfahrenen, die sich mit Gleichgültigkeit tarnen und doch bloß auf ihre Chance warten, ohne Geld gut einzukaufen. Dem jungen Mann mit dem dunklen Haar, das ihm zu beiden Seiten locker in die Stirn fällt, gilt seine Aufmerksamkeit an diesem Donnerstagnachmittag bald, er weiß nicht weshalb, er hat da wieder mal so sein Gefühl. Der junge Mann streift durch das zu dieser Tageszeit nur gelegentliche Gedränge in den Gängen, mustert da und dort die Auslagen genauer, stellt auch einzelnes, Flaschen oder Packungen, in seinen Warenwagen und packt es danach wieder zurück, merkwürdig unschlüssig. Als er schließlich durch die Kassenzone geht, hat er nichts weiter zu bezahlen als eine Flasche Wasser und ein paar Kekse.

Als der elektronische Diebstahlsmelder Alarm gibt, ist Heinz-Werner Prause erstaunlich rasch in der Nähe und bittet den eiligen jungen Kunden, doch einmal seine sich beulende Jacke zu öffnen. Da kommt eine Flasche Likör zum Vorschein, nicht einmal teuer, Irish Coffee, aber eindeutig an der Kasse vorbeigeschmuggelt. Der junge Mann muß ins Büro folgen, seine Personalien müssen festgehalten werden. Hat er freiwillig noch anderes Diebesgut vorzuweisen? Sonst wird man ihn untersuchen müssen, körperlich, versteht sich. Der junge Mann hat einige Schwierigkeiten mit der deutschen Sprache, er stottert wohl sogar, nicht nur wegen der Eile, mit der er sich zu verteidigen versucht. Er hat ja bezahlen wollen, nur plötzlich festgestellt, daß er zuwenig Geld mitgenommen hat. Solche und andere Ausflüchte bringt er hervor. Schließlich aber ergibt er sich, wie es scheint, gefaßt in sein Schicksal. Doch als der Warenhausdetektiv nicht nur seinen Namen und seine Adresse notieren, sondern dazu auch den Ausweis vorgewiesen haben will (er hat sich schon damit abgefunden, den Burschen laufen zu lassen. Prause selber darf das entscheiden; was ist denn vorgefallen, eine Bagatelle, und was wird daraus werden: Hausverbot und eine Sanktion, die nie beglichen wird), als Heinz-Werner Prause dann aber die Papiere des anderen vor sich liegen hat, ist es ein tschechischer Paß. Petr Cebe, geboren im Februar 1976 in Teplice, liest er, doch nach einem Einreisestempel sucht er vergebens. Und eine Aufenthaltsgenehmigung existiert erst recht auch nicht? Da weiß Prause, das ist kein Fall mehr bloß für ihr Haus, das ist nun eine Sache für die Polizei.

Keine Viertelstunde später übergibt er den jungen Burschen den Beamten der Funkstreife, die ihn in ihrem Wagen zur nahen Inspektion mitnehmen. Noch ist man dort ahnungslos, wen man da aufgegriffen hat. Erst als die Daten des Festgesetzten in den Computer eingegeben werden, erschrickt man: Dieses unscheinbare Bürschchen, das sich nicht widersetzt, alles mit sich geschehen läßt, wird seit zwei Monaten mit internationalem Haftbefehl gesucht, hinter dem ist sogar Interpol her. Cebe hat vermutlich einen Menschen getötet.

Noch am selben Septemberdonnerstag wird das »unscheinbare Bürschchen« einer Haftrichterin vorgeführt, noch am selben Abend wird Cebe in die Justizvollzugsanstalt überführt. Am nächsten Morgen spätestens weiß man es in Halle. Der Taximörder vom Paulusviertel ist gefaßt. In Hannover! In wenigen Tagen wird er ihnen überstellt. Nein, es gibt eigentlich keine Zweifel, daß sie mit diesem Cebe den Richtigen haben. »Kommt es zur Anklageerhebung, und wir gehen davon aus«, sagt der zuständige Staatsanwalt, »wird Cebe auf jeden Fall nicht in seiner tschechischen Heimat, sondern in unserer Stadt vor Gericht gestellt.«

7

Der Prozeß gegen Petr Cebe findet tatsächlich in Halle statt, im März des darauffolgenden Jahres, sechs Monate nach der zufälligen Verhaftung Cebes in Hannover, acht Monate nach der Tat. Der junge Mann aus Teplice hat den Mord in den Monaten seit seiner Inhaftierung nie gestanden. Wie wird er sich nun verhalten?

Die Zuhörer und die Leute von der Presse, die den Angeklagten im Gerichtssaal zum ersten Male vor sich sehen, staunen: Das ist ja noch ein halbes Kind, das da hereingeführt worden ist, ein schüchterner Teenager. Wie hat man den mal auf deutlich älter, gar bis Mitte Dreißig schätzen können? Sein Gesicht ist schmal, schmächtig, ohne großen Ausdruck, seine mandelbraunen Augen blicken naiv in die Runde. Fällt sein Haar tatsächlich von einem Mittelscheitel nach beiden Seiten oder bloß strähnig in seine Stirn?

Der Staatsanwalt läßt von Beginn an keinen Zweifel: Dieser so wenig auffällige junge Mann ist ein Mörder. In seiner Anklage faßt er den letzten Stand der Ermittlungen zusammen. Cebe hat in der Mordnacht kurz nach 22 Uhr den Mercedes von Klaus Kurt bestiegen, bereits am Leipziger Hauptbahnhof, nicht erst an diesem Eroscenter in der Nachbarstadt. Cebe war Kurts letzter Fahrgast, nicht dieses Ehepaar, das mit einem anderen Taxi nach Halle fuhr, beinahe zur gleichen Zeit. Dort in Halle, in der Nähe des Paulusviertels, erkundigt sich der Fahrer Klaus Kurt nach einer Disko mit Billard und anderen Spielen (nicht nach dem hiesigen Casino), zehn Minuten später, in der Adolf-von-Harnack-Straße, wird er mit sechzehn Messerstichen getötet. Aus Habgier. Petr Cebe will seine Zeche, den entstandenen Fahrpreis, nicht bezahlen, und er will darüber hinaus an Klaus Kurts Geld heran. Cebe zerrt den Toten oder noch Schwerverletzten auf den Beifahrersitz des Taxis, fährt mit ihm – noch zehn Minuten, fünf, drei? – durch die Stadt, bis er am Jüdischen Friedhof einen ruhigen Platz gefunden zu haben glaubt. Von dort flüchtet er, nimmt Portemonnaie und EC-Karte seines Opfers mit. Dafür läßt er seine Geldbörse mit tschechischen Münzen und diese Pfandbescheinigung mit seinem Namen zurück, gewiß unbeabsichtigt, aber für die folgenden Ermittlungen sehr nützlich. Die Tatwaffe freilich, ein festes Messer mit wenigstens zwölf Zentimetern Klingenlänge, wird nie gefunden. In den Tagen danach versucht Cebe insgesamt fünfmal, mit der entwendeten EC-Karte Geldbeträge an Bankautomaten zu ziehen. Da ihm der Geheimcode unbekannt geblieben ist, sind seine Versuche jedesmal erfolglos. Einmal liefert eine Überwachungskamera eindeutige Bilder von ihm, wie er zu manipulieren versucht.

Der Prozeß ist auf wenige Tage angesetzt. Die Zusammenhänge scheinen klar, die Indizien eindeutig. Am ersten Prozeßtag wird der Angeklagte angehört, die nächsten beiden sind den Zeugen und den Gutachtern vorbehalten. Petr Cebe antwortet schüchtern und leise. Auch in seiner Heimatsprache äußert er sich nicht fließend, sondern stottert zuweilen eindeutig. Jeder seiner Sätze wird von einer Dolmetscherin übersetzt, das macht das Verfahren zusätzlich langwierig, manchmal spannend. Er ist entsetzt über die Anklage, erklärt Cebe, er hat nicht viel Glück gehabt im Leben, hat keine feste Wohnung, hatte immer Schwierigkeiten mit den Eltern, aber er ist kein Mörder. Es ist ein Unfall gewesen im Mercedes, sie sind in Streit gekommen, nein, nicht wegen des Fahrpreises, Herr Kurt hat ihn nicht weiterfahren wollen. Herr Kurt hat auf ihn eingeboxt, das hat er nicht unerwidert gelassen. Später ist das seine Version: Er hat aus dem Taxi aussteigen wollen, aber die Tür der Beifahrerseite nicht öffnen können, sie war wohl verriegelt, so hat er über den Fahrer, Herrn Kurt, hinwegsteigen wollen. Das hat der vielleicht als Angriff aufgefaßt, sie haben sich ja nie richtig miteinander verständigen können.

»Und bei dieser Rangelei haben Sie unvermittelt nach Ihrem Messer gegriffen?«

»Das hatte ich irgendwie plötzlich in der Hand.«

»Und Sie haben wahllos zugestochen, in Notwehr? Von oben?«

»Ja.«

»Und wie erklären Sie sich da, daß nahezu alle Ihre Stiche den Leib Ihres Opfers von unten trafen? Sechzehn Stiche? Sind Sie sicher, daß Sie die Wahrheit reden?«

»Ich denke.«

»Sie sind mit Ihrem Opfer danach noch minutenlang durch das Stadtviertel gefahren. Weshalb?«

»Ich wollte Hilfe für ihn finden.«

Den Vernehmungen der Zeugen an den nächsten Tagen folgt Cebe ohne große Regung. Er hält die Hände im Schoß, den Blick gesenkt. Es gibt nur wenig bislang Unbekanntes noch zur Sache vorzutragen. Über das meiste hat die Presse längst informiert. Die beiden Streifenpolizisten, die dem Mercedes den Weg ins Wohnviertel an der Pauluskirche wiesen, erklären nun – zum Beipiel – genau, wie es war. »Wir hielten uns gerade in der Nähe der Moritzburg auf, da fragte uns dieser fremde Mercedesfahrer nach einer Disko mit Billard, wo auch Ausländer sind. Der Fahrer machte einen frischen Eindruck. Sein Fahrgast, der Angeklagte, studierte offenbar einen Stadtplan. Wir konnten keinerlei Spannungen, keine Auseinandersetzungen im Auto feststellen.«

»Na bitte«, erklärt der Verteidiger irgendwann später. »Mindestens da kann noch nicht von einer Tatabsicht die Rede gewesen sein.« Natürlich versucht er immer wieder, zugunsten seines Mandanten das Mordmotiv in Frage zu stellen. Daß Cebe an Klaus Kurts Tod schuld ist, kann und will natürlich auch er nicht aus der Welt schaffen.

Das Ehepaar und der Freund, die drei nächtlichen Heimkehrer, sagen aus, weshalb sie in der Nacht die Polizei informierten. Die Männer aus dem Funkstreifenwagen berichten, wie sie als erste am Jüdischen Friedhof eintrafen. »Der Tote lag nahezu kopfüber auf dem Beifahrersitz, den Kopf unterm Armaturenbrett. Seine Kleidung, sein Gesicht waren blutbefleckt.« Es gibt sogar einen Zeugen, der den Angeklagten in der Nacht, in der Nähe des parkenden Mercedes, hat fortrennen sehen. Der Zeuge hat Cebe zwar nicht direkt an diesem Auto hantieren, ihn auch nicht aussteigen sehen, aber Cebe hat solche Kleidungsstücke in der Tatnacht tatsächlich getragen: ein helles T-Shirt, eine knielange Hose. Diese vergeblichen Versuche am Bankautomaten kommen gründlich zur Sprache, die medizinischen Gutachten über den Zustand des Toten.

Als Cebe schließlich nach wie vor bei seiner Aussage verharrt, er habe nicht aus dem Taxi steigen können, daraus habe sich alles andere ergeben, läßt der Vorsitzende Richter den Mercedes aus Leipzig in den Hof des Gerichts holen und die Tatereignisse nachstellen. Cebe muß sich in dem Wagen gewissermaßen als Schauspieler betätigen. Ein Gutachter weist nach, wie leicht sich die Seitentür des Wagens öffnen läßt.

»Und wenn der Angeklagte in seiner Hektik den Griff trotzdem nicht gefunden hat?« fragt der Verteidiger. »Und wenn er die Geldbörse des Fahrers mit seiner eigenen verwechselt hat? Es ist doch wohl ziemlich das Dämlichste, das eigene Portemonnaie samt Anschrift und Unterschrift so ohne weiteres zurückzulassen. Genauso naiv ist es, den Toten neben sich, mit auffälligen Lichtsignalen durch das schließlich nicht gänzlich unbelebte nächtliche Wohnviertel zu fahren. Es war der reine Zufall, daß mein Mandant da noch fliehen konnte.«

Nach allem ist für den Staatsanwalt klar, und er sagt es unumwunden in seinem Plädoyer: Auch wenn, was im einzelnen im Taxi abgelaufen ist, nicht bis ins letzte aufgeklärt werden kann – das ist allein Täterwissen, und dieser Täter gibt nur verschleiernde Auskünfte –, die Zeugenanhörungen haben die Anklage Punkt für Punkt bestätigt. Petr Cebe hat aus niederen Beweggründen den Taxifahrer Klaus Kurt in der Nacht zum 11. Juli getötet, aus Habgier, um die Fahrtkosten nicht zu begleichen und um an das Bargeld seines Opfers zu gelangen. Wenn er auch mit ihr nicht umgehen, nichts mit ihr anfangen konnte: Die Geldkarte des Taxifahrers Klaus Kurt war für ihn eine glückliche Zusatzbeute.

Während der Staatsanwalt eine lebenslange Freiheitsstrafe beantragt, tritt der Verteidiger in seinem Plädoyer für eine zeitliche Begrenzung der Strafe ein. Für ihn sind die Ereignisse im Paulusviertel nach wie vor nicht beabsichtigt, vielmehr das Ergebnis einer »spontanen, panikartigen Reaktion«.

Das Urteil wird Tage später, Anfang April 1998, verkündet. Die Strafkammer folgt dem Antrag des Staatsanwalts: Lebenslänglich. Petr Cebe muß für wenigstens fünfzehn Jahre hinter Gittern seine Tat sühnen. »Als Sie zu Ihrem Opfer in Leipzig ins Taxi stiegen, taten Sie das zweifelsohne nicht mit dem Vorsatz, Klaus Kurt zu töten. Aber ihn um das Fahrgeld prellen, das wollten Sie wohl da schon. Doch als Ihr Opfer ernsthaft sein Geld verlangte, entschlossen Sie sich zur Tat, stachen Sie zu. Alles andere sind Schutzbehauptungen. Die Geldbörse haben Sie aus Versehen mitgenommen, Sie haben selbst genug Geld besessen und es Ihrem Opfer gezeigt? Klaus Kurt hat Sie in das Taxi zurückgezogen und dann geschlagen? Das alles ist widersprüchlich und herzlich wenig einleuchtend. Eindeutig sind dagegen die Stiche und die Stichkanäle. Und sie bedeuten: Sie stachen von rechts zu, vom Beifahrersitz, sechzehnmal, mit brutaler Tötungsabsicht.«

Petr Cebe, Jahrgang 1976, geboren im nordböhmischen Teplice. Mit fünfzehn verläßt er die Schule, bricht die sechste Klasse ab. Ein knappes Lehrjahr lang ist er Schuhverkäufer, schlecht und recht. Danach gerät er »in eine miese Truppe«, stiehlt gemeinsam mit anderen, schlägt sich mit ihnen herum. Schließlich begreift er, was er mit seinen homosexuellen Neigungen anfangen kann. Er wechselt über die Grenze ins reiche Nachbarland, fängt an (oder fährt fort), als Strichjunge Geld zu verdienen. Das sagt auch der Vorsitzende der Strafkammer: »Sie sind mittellos nach Deutschland gereist, um sich mit Männerbekanntschaften durchzuschlagen.«

Petr Cebe zeigt im Prozeß keine Reue, er entschuldigt sich zu keinem Zeitpunkt, auch nicht, als er das letzte Wort erhält. Oft hat er geschwiegen, »ein eisiges Schweigen«, selten hat er sich bewegt gezeigt, »eine erschreckende Gefühlskälte«. Er wird wortlos aus dem Saal geführt. Nur zuletzt verliert sein Gesicht die Starre, überkommt ihn ein Lächeln für die Kameras. So wird er erstaunlicherweise nicht wenigen Prozeßbeteiligten in der Erinnerung bleiben.

Im Erdloch

Die Landschaft ist eigenwillig. Fast ein Jahrhundert lang ist hier Kohle abgebaut worden, braune, satte, ertragreiche Flöze wölbten sich, streckten sich unter karger Erde. Bagger wühlten ihre Bänder schräg in den Boden, schrämten den Abraum weg, bargen den Reichtum darunter. Nun ist nur die geschröpfte Landschaft geblieben, Senken, Buckel, Tiefen, Hänge. Auf manchen Schrägen sind Baumreihen gepflanzt, ganze Wälder. Anderwärts soll sich Wasser stauen, Seen bilden, zwanzig Stockwerke tief. Es gibt Pläne über die Jahrzehnte weg.

So ist die Gegend hier. Die Dörfer leben viel von der Vergangenheit, den Gruben, den Kohlefabriken. Was für Tätigsein gibt es da noch? Die Jungen, die lebendig, rege sind, setzen sich ab, suchen den Wohlstand in der Ferne. Wer bleibt da zurück?

Töchter werden heutzutage früher flügge. Meine Güte, mit 13. Wann hat sie ihren ersten Freund gehabt? denkt Sabrina Zeidler. Hinter der Gartenanlage überm Abraum hat sie sich mit ihm getroffen, gezittert, als seine Hände nach ihrer Haut suchten. Und wann ist sie mit Jochen in die Abstellkammer hinterm Hof seiner Eltern gestiegen? Jochen sollte schon der Mann für immer sein. 19 war sie, als sie schließlich Karsten heiratete, und immer noch 19, als Manu kam, Manuela.

Wie schnell die Jahre seitdem vergangen sind. Waren sie turbulent, verrückt? Die Wende lag mittendrin. Sie hat ihre Arbeit verloren und doch neue, ganz andere gefunden, am Computer, eine Sekretärinnenstelle, und dann noch einmal eine andere in diesem Spieleshop, sie hat sich mutig von Karsten getrennt und mittlerweile eine irre Angst vor jeder neuen dauerhaften Bindung, nachdem zwei, drei ernst gemeinte Versuche gescheitert sind. Woran liegt es? An ihr? Sie ist 33, seit Jahren geschieden und Mutter zweier Kinder. Macht Manu sie im nächsten Sommer zur frühen Oma? Um Gottes willen.

Töchter werden heutzutage früher flügge. Der Satz geht ihr

nicht mehr aus dem Kopf, seit Manu diesen Freund hat, ihn mit nach Hause schleppt. Rüdiger, kein schlechter Kerl, hübsch, freundlich, intelligent, sie kann nichts Nachteiliges über ihn sagen, aber muß das denn sein? Eine Dreizehnjährige und einer mit 17? Wie soll sich eine Mutter da verhalten? Sie schmiert ihm Schnitten, sie setzt sich mit ihm an den Küchentisch, als wäre er ihr eigener Sohn. Doch die letzte Frage wagt sie Manuela nicht zu stellen: Schläfst du etwa schon mit ihm?

Dafür gibt sie der Tochter sogar Ratschläge. Gute, nützliche, überflüssige?

»Mama, Niko will immer bei uns sein.«

»Bei wem?«

»Bei Rüdiger und mir. Immer hängt er sich an uns dran, läuft mit uns, ans Wasser, ins Wäldchen. Oder wenn wir Eis essen.«

»Und ihr wollt allein sein!«

»Ja, Mama.«

»Soll dein Rüdiger ihn doch zur Rede stellen. Soll er's ihm sagen: Nur ihr beide wollt was unternehmen. Da braucht's keinen Dritten. Hat dein Rüdiger das schon mal versucht?«

»Ich hätt' ihm den Freund weggenommen, sagt Niko. Früher ist Rüdiger oft mit ihm zusammen gegangen. Nun nicht mehr. Nun hat er ja mich.«

Das Mädchen. Manchmal verharrt es vorm großen Schrankspiegel im mütterlichen Schlafzimmer, mustert sich kritisch, ist wenig mit sich zufrieden. Sie ist ein schwabbliger Pummel, denkt sie abfällig, sagt es auch, nicht nur der Mutter. Die Beine sind zu dick, die Oberschenkel vor allem, sicherlich grade von hinten. Nein, sie hat oft keine Lust, baden zu gehen. Erst recht die Schulsportstunden im Turndreß sind ihr ein Greuel. Dabei laufen ihr nun schon zwei Jungen nach. Es wird ihr Selbstbewußtsein stärken, ihre Sicherheit. Oder trauert dieser Niko wirklich nur eifersüchtig einer verloren geglaubten Jungenfreundschaft nach, interessiert ihn Manu nicht im geringsten?

Sabrina Zeidler mutet ihrer Älteren genügend Aufgaben zu. Sie muß reichlich im Haushalt zugreifen, im Haus, mitunter sogar kochen, wenigstens fürs warme Essen sorgen, sie muß sich außerdem um die fünf Jahre jüngere Schwester kümmern, Heike. Und was kann sie den oft sich selbst überlassenen Kindern als Ausgleich bieten? Einmal im Jahr eine Reise zu einem Onkel vorm Thüringer Wald, der sie nicht einmal kostenfrei aufnimmt. Aber anderer Urlaub ist bei ihrem Gehalt für drei Leute kaum drin. Soll sie ihrem Kind da eindringlich ins Gewissen reden, ihm seine frühe Freude nehmen, diese Freundschaft: Du hast noch so viel Zeit, nach einer Bindung zu suchen; warte, Kind, warte?

Nicht selten fühlt sie sich so hin- und hergerissen und ist zugleich gelähmt in ihrem Vorsatz, irgend etwas Ernsthaftes zu unternehmen.

Im Spätsommer verändert sich das Verhalten Manuelas urplötzlich, fast von einem Tag auf den anderen. Das Mädchen hat kaum Appetit, zu keiner Mahlzeit, verkriecht sich in seinem Zimmer, vermißt sogar den Fernseher nicht, taucht frühmorgens schon mit tränengerötetem Gesicht in Wohnküche und Bad auf, hat Schwierigkeiten in der Schule. Eine Mathematikarbeit ist völlig verhauen. Hat Manu unerwartet körperliche Beschwerden, Probleme mit ihrer Regel? Bleibt die etwa aus?

Nach einer Woche offenbart sich die Tochter, und es ist viel schlimmer: Jutta Schmieder, die Mutter von Rüdiger, will aus dem Dorf wegziehen, sehr bald, nach Westfalen. Ihre neue Bekanntschaft dort ist kein Strohfeuer, kein Spaß, sondern eine dauerhafte Hoffnung für sie alle, auch für Rüdiger. Und deshalb muß der Junge mit der Mutter mitziehen, natürlich. Wieviel Möglichkeiten für eine ordentliche Lehrstelle eröffnen sich ihm da, zum Beispiel ...

»Ach, Mami.«

Manuela wirft sich der Mutter an den Hals, läßt den Tränen, ihrem Schluchzen freien Lauf, und Sabrina Zeidler, bei aller Betroffenheit über den hervorbrechenden verzweifelten Schmerz ihrer Tochter, spürt doch Erleichterung. Es ist wie ein Krampf, de[r] schwindet: So lösen sich die Probleme von selbst. Das Kind wir[d] über seinen ersten Liebeskummer hinwegkommen, und es wi[rd] gut sein. Wer weiß, wie viele frühe Sorgen ihnen beiden ersp[art] bleiben.

Trotzdem: Wie haben sie nur die nächsten vier Wochen ü[ber]standen?

Mitte Oktober wartet ein kleiner Möbelwagen vor der [Woh]nung der Schmieders. Nur ein kleiner Stapel Kartons und ei[n]

Koffer haben darin Platz. Die Schränke und Sessel mitzunehmen haben sie wohl nicht nötig? Einige Nachbarn beobachten hinter ihren Gardinen die Wegfahrt im schwachen Morgenzwielicht. Jutta Schmieder und der Junge haben offenbar ihr Glück gemacht. Der Mann, der den Abtransport ihrer spärlichen Habe mit viel Gesten organisiert, trägt keine billigen Klamotten und verstaut Jutta Schmieder und ihren Jungen in einem schwarzen Auto mit silbernen Sternen auf Kühlerhaube und Heck.

Wenige Tage später erschrickt Sabrina Zeidler. An ihrer Wohnungstür klingelt es ungestüm: einmal, zweimal, mit einem kleinen Abstand dazwischen. Sie kann nur noch ihrer Tochter nachstarren, die davonrennt, aufschreit, an der Tür ihre Arme ausbreitet: Draußen steht der siebzehnjährige Rüdiger Schmieder, öffnet seine Arme genauso. Wieso das alles? Ist der Junge allein zurückgeblieben, seiner Mutter nicht gefolgt? Nein, antwortet Rüdiger Schmieder nach ein paar wortlosen Minuten. Er hat sich von Manu nicht richtig verabschieden können. Nun hat er es nicht allein ausgehalten ohne sie, vielleicht denkt sie sogar Schlimmes von ihm, das soll nicht sein, da ist er eben wieder zurückgefahren.

»Von Westfalen hierher? Allein?«

»Heute, ja, mit dem Zug.«

»Und was soll nun werden?«

Sabrina Zeidler ist in ihrer Spielothek manchmal Mädchen für alles, für die Küche zuständig, fürs Servieren, selbst für die Kontrolle der Automaten. Nach ihrer Sekretärinnenstelle ein Aufstieg, ein Abschwung? Aber mach was, wenn deine Firma radikal Stellen einsparen muß und du oben auf der Liste stehst. Nun ist sie jedenfalls täglich einige Zeit mehr als früher unterwegs zu ihrer Arbeit, und nicht selten muß sie Spätschichten einkalkulieren. Gut nur, daß sie sich einigermaßen auf Manuela und ihre Mithilfe im Haushalt verlassen kann.

Es ist mittlerweile Mitte November. Der unerwartete Besuch von Rüdiger Schmieder liegt nun schon wieder einen Monat zurück, und Manuela hat ihn, wie die Mutter glaubt, gelassen überstanden. Ob in jener Nacht etwas zwischen Rüdiger und Manu vorgefallen ist? Sie hat dem Jungen sein Bett auf der Wohnzimmercouch bereitet, und Manuela hat im Kinderzimmer geschlafen. Sie selber hat zwei Stunden wach gelegen, auf jeden Laut gespannt, und ist dann doch traumlos weggenickt. Hätte sie in jener Nacht statt Heike im Kinderzimmer übernachten sollen? Rüdiger ist noch den ganzen Tag über bei ihnen geblieben, die Schwester hat für Manu einen Entschuldigungszettel in die Schule mitgenommen: Manu hat Fieber, eine Erkältung, und am Abend ist der Junge wieder Richtung neuer Heimat verschwunden, zur Mutter. Seitdem hat es noch ein paar wechselseitige Telefonate gegeben, aber seit vierzehn Tagen herrscht Schweigen. Funkstille, wie Sabrina Zeidler mit Genugtuung feststellt. So lösen sich eben die Probleme, denkt sie zum wiederholten Male, man muß nur Geduld aufbringen. Was soll auch zwischen solchen jungschen Dingern die Monate überdauern?

Am 15. November erhält Sabrina Zeidler einen Anruf in ihrer Spielothek. Manuela ist am Telefon. Das geschieht relativ selten. Es braucht keine zusätzlichen Absprachen zwischen ihnen, erst recht keine Kontrollen. Gibt's diesmal etwas Besonderes? Nein, erklärt Manuela an diesem späten Novembernachmittag, nur daß sie noch einen Besuch bei einer Freundin machen will. Sie nimmt das Rad. Es dauert nicht lange, höchstens eine Stunde. Aber die Mutter soll Bescheid wissen.

»Du erlaubst mir das doch, ja, Mami?«

»Aber achte auf dich. Sei vorsichtig. Es ist längst dunkel, heute auch kalt und naß.«

Sabrina Zeidler hat Dienst bis acht Uhr, dann kommt die Ablösung für die Nachtschicht, auch so ein ganz junges Ding.

Zu Hause staunt sie, oder erschrickt sie gleich? Heike hat sich poppige Musik im Fernsehen angestellt, im Wohnzimmer. Genauso laut dröhnt das Kassettendeck der Schwestern im Kinderzimmer. Wie kann man solchen doppelten Lärm nur aushalten? Und von Manuela keine Spur.

»Hast du wenigstens schon was gegessen, Heike, wenigstens ein bißchen Obst?«

Als nach zwei Stunden gemeinsamem Warten – auch Heike bleibt auf, will auf keinen Fall ins Bett – die ältere Schwester noch immer nicht heimgekommen ist, sich auch nicht von irgendwoher sonst gemeldet hat, ruft Sabrina Zeidler bei verschiedenen Bekannten an, Eltern von Freundinnen ihrer Tochter, vergeblich, am Ende sogar bei Jutta Schmieder in Westfalen. Manu hat die

Nummer aufgeschrieben. Der erste Verdacht, daß dieser Rüdiger noch einmal zurückgekommen ist, das Mädchen umgarnt, vielleicht mitgenommen hat, wird er sich bestätigen? Aber ausgerechnet Rüdiger Schmieder antwortet ihr am Telefon.

»Was ist mit Manu? Sie hat gesagt, ich bin geflüchtet. Nun will sie mich nicht wieder sprechen.«

Als Sabrina Zeidler alles begriffen hat, ruft sie voller Angst die Polizei an, den Notruf.

»Bitte helfen Sie mir, bitte.«

»Befürchten Sie nichts Schlimmes. Ihr Kind wird sich schon wieder einfinden.«

Und wirklich, das Mädchen findet sich ein. Am nächsten Mittag, in ihrer Spielothek. Was hat Sabrina Zeidler denn Schlimmes erwartet. Und doch ...

»Manu, wie siehst du aus?«

»Ach, Mami.«

»Deine Jacke, die Jeans. So schmutzig.«

»Ich bin hergelaufen. Zweieinhalb Stunden.«

»Hergelaufen? Woher? Wo ist dein Rad?«

»Er hat mich festgehalten.«

»Wer?«

»Niko.«

»Was hast du mit Niko zu schaffen?«

»Niko hat mir gesagt: Da wartet Rüdiger. Aber es war Lüge. Er wollte mich selber treffen.«

»Wo ist dein Rad, dein Fahrrad?«

»Er hat das Hinterrad rausgebaut, Niko. Deshalb mußte ich laufen.«

»Und wo bist du gewesen, die ganze Nacht über?«

»In diesem Erdloch. Er hat mich gefesselt.«

»In einem Erdloch, mit Niko? Wo? Was hat er mit dir gemacht? Gefesselt?«

»Ach, Mami.«

Keine Stunde später ist ein Funkstreifenwagen der Polizei unterwegs nach Großkieritz, einem Ort in der Nähe. Die drei Männer darin wissen: In Großkieritz existiert eine Ausbildungsstätte für Jugendliche, dort werden Siebzehnjährige der Region an Tapeten, Holz und Metall auf einen möglichen Berufseinstieg vorbereitet. Manchmal buddeln sie auch Löcher für Baumsetzlinge auf den alten Tagebauhängen. Einer der Jungen in der Ausbildungsstätte ist vorläufig festzunehmen. Die drei Männer kennen den Grund für die vorläufige Festnahme nicht, sie kennen auch nicht das Gesicht des jungen Mannes, sie kennen nur seinen Namen: Nikolaus Kupfer.

Als der Wagen der Funkstreife nach einigem Herumirren auf das Gelände der Ausbildungsstätte gelangt – verschiedene Baracken stehen hier neben Haufen ausgelagerten Schrotts und einer verlassenen Werkhalle mit Dutzenden zerbrochener Fensterscheiben –, als sie auf dem Hof vorfahren, ist es gerade vierzehn Uhr, Ausbildungsschluß. Ein Dutzend Jungen wartet an einer Bushaltestelle, andere kommen dem Polizeifahrzeug auf Fahrrädern entgegen.

»Der Kupfer ist sonst ganz ordentlich«, erklärt schließlich ein Ausbilder den Männern von der Funkstreife. »Aber heute war er ziemlich nervös und unsicher. Er ist als einer der ersten verschwunden. Nach dem Mittag war er merkwürdig fahrig, kriegte sogar Nasenbluten. Weshalb sucht ihr ihn denn?«

»Irgendeine Auskunft. Habt ihr denn keine Bilder von denen?«

Da zeigt man ihnen an einer Pinnwand ein paar Aufnahmen von Versammlungen und einer Feier. Einer der Dutzendköpfe darauf gehört also zu diesem Kupfer: ein ovales Gesicht mit Stoppelhaaren und hervortretender Nase. Müssen sie sich's merken?

Als sie längst auf dem Rückweg in ihre Dienststelle sind, erfolglos, der Auftrag konnte nicht erfüllt werden, natürlich nicht, entdecken sie vor sich einen jugendlichen Radfahrer, der sich merkwürdig verhält. Einer dieser Siebzehnjährigen aus der Ausbildungsstätte vielleicht? Sein Haar ist kurz geschnitten, seine Nase auffällig spitz, scheint ihnen. Der Junge wendet sich öfter nach ihnen um, als sie ihm näher kommen, dann biegt er auf einen Feldweg ein, wohin ihm kein Auto folgen kann. Hinter einem Gebüsch wirft er etwas von sich, offenbar ein Päckchen, rast auf seinem Rad weiter.

»Wartet mal«, sagt der Leiter der Funkwagenbesatzung, »halt an.« Dann läuft er die 50 Meter bis zu diesem Gebüsch, sucht das weggeworfene Päckchen hervor. Es ist eine zusammengeknüllte

Decke, eine Art Schlafsack. Weshalb kann einem so ein Ding zuviel sein, daß man es wegwirft?

Wie oft bringt Polizeiarbeit trotz tage- oder wochenlangem Aufwand nur minimalen oder gar keinen Erfolg? An diesem Freitagnachmittag ist alles anders. An diesem Freitagnachmittag haben sie Glück: Als sie in die Stadt zurückkehren, begegnen sie diesem stoppelhaarigen jungen Radfahrer ein weiteres Mal. In der Nähe eines Supermarkts läßt er vor Aufregung – oder in Panik? – sein Fahrrad achtlos liegen, flüchtet zu Fuß weiter. Als sie ihn nach kaum fünf Minuten in einem Hinterhof stellen, seinen Ausweis verlangen, irgendeine Identifikation, ist es nur eine Bestätigung für ihre Vermutung: Ja, es ist dieser Nikolaus Kupfer, den sie festsetzen sollen. Als sie seine Taschen abklopfen, seine Kleidung durchsuchen, finden sie ein blankes Messer mit ziemlich langer Klinge sowie Schmuck, wie ihn Mädchen tragen.

Ob das alles von Bedeutung ist? Die drei Polizisten nicken einander zu, heben die Schultern. Damit sollen sich nun andere befassen.

»Hab keine Sorge, Manuela. Es kann dir nichts mehr geschehen. Erzähl uns nur noch einmal, wie alles passiert ist. Wir müssen es wissen.«

»Er hat mich vor unserem Haus abgepaßt, dort im Dunkeln, mit seinem Rad. Er hat gesagt, er soll mir Grüße ausrichten von jemandem, der auf mich wartet.«

»Niko Kupfer hat dir also Grüße ausrichten sollen. Du wußtest, von wem? Hast gleich genauer danach gefragt?«

»Rüdiger, sagte er, ist heimlich wieder zu uns gekommen von drüben, zu uns in die Stadt. Rüdiger, mein Freund. Nun hält er sich krank in einem Bunker versteckt, den er von früher kennt. Ein Doktor ist schon bestellt.«

»Du hast das alles geglaubt?«

»Rüdiger ist wiedergekommen, nur meinetwegen, er hat mich noch gern. Vierzehn Tage lang haben wir nicht miteinander telefoniert. Ich habe Mutti angerufen, ich bin noch mal eine Stunde unterwegs mit dem Rad, hab ich gesagt. Dann sind wir los mit den Rädern zum Grubensee. Dort ist der Bunker, hat Niko gesagt. Im Herbst hätten Rüdiger und er ihn entdeckt. Nun hat sich Rüdiger dort versteckt. Nach zwanzig Minuten Fahrt hat Nikos Rad hinten die Luft verloren, da haben wir die Räder den Rest Weg geschoben.«

Sie sitzen zu dritt in einem dürftigen Amtszimmer, eine Polizeipsychologin oder in Jugendfragen erfahrene Kriminalistin, so genau hat das Sabrina Zeidler nicht mitbekommen, sie selber und ihr Mädchen. Sabrina Zeidler, nach den Aufregungen der Nacht und ihrer Schlaflosigkeit im Grunde unendlich müde, verfolgt hellwach jedes Wort ihres Kindes, das nun mit vielen Einzelheiten erzählt, was ihm seit dem Abend gestern widerfahren ist.

»Ihr habt also die Räder den Rest Weg gemeinsam geschoben?«

»Erst schob nur Niko, ich fuhr Schritt. Aber dann schob ich auch. Das war leichter.«

Sabrina Zeidler schießen immer aufs neue die Tränen ins Gesicht, wenn sie sich die beiden vorstellt, in der Dunkelheit unterwegs zu diesem Marterplatz, Manuela gutgläubig, dieses naive Ding, an der Seite dieses anderen ...

Die beiden erreichen das ehemalige Tagebaugelände, sie bugsieren ihre Räder eine steile Böschung hinauf und laufen dort zwischen den halbhohen Bäumen der Neubepflanzung weiter. Plötzlich verharren sie. Weshalb? Wir sind da, erklärt Niko. Hier? Manuela muß ihr Fahrrad niederlegen, dazu ihre Brille und ihre gedrechselte hölzerne Amulettkette an Niko Kupfer übergeben. Warum das? »Das ist so Brauch, wenn wir in den Bunker gehen«, erwidert Niko.

Er schlingt ihr einen Schal um das Gesicht, verbindet ihr so die Augen und schiebt sie Schritt für Schritt voran, bis sie etwas wie Bretter unter ihren Füßen spürt, ein Stück Kiste. Da muß sie ihre Hände heben, und er faßt sie, für Sekunden schwebt sie, daß sie das erste Mal Angst überkommt. Ihre pendelnden Füße suchen hilflos, tasten, finden Leitersprossen, zwei, drei, schließlich doch keinen Halt mehr. Da läßt Kupfer sie fallen, daß sie am Boden einknickt, und kommt ihr nachgeklettert. Sie muß sich auf ein niedriges Podest legen, festgestampfte kalte Erde, notdürftig mit einem Wolltuch überdeckt. »Das ist das Bette«, erklärt Kupfer. Wo ist sie hier? fragt sie sich. Ist das eine Höhle, eine Grube? Und wo ist Rüdiger? Kann Rüdiger nicht wenigstens ein Wort sagen? »He, hallo, Rüdiger, antworte mir doch!« ruft sie. Doch sie erhält, von den merkwürdigen Umständen nun sowieso schon reichlich verunsichert, keine Antwort, nur Niko spricht: »Jetzt ist erst mal der Doktor da«, sagt er. »Und der soll auch dich untersuchen, ich habe ihm schon fünfzig Mark dafür bezahlt.« Sie fühlt Hände an ihrem Bauch entlangtasten, Finger, die über ihre Schenkel streifen. Minuten später, nach einigem Raunen, ruft Niko Kupfer deutlich von draußen, von oben herab in die Grube: »Du hast was an den Schenkeln, eine fremde Sache, hat der Doktor gesagt.« Da ist sie für Minuten verwirrt. Wie lange schon quält sie diese Vorstellung, um Bauch und Schenkel zu dick zu sein. Hat der Doktor nun dafür eine ärztliche Erklärung gefunden, kann er ihr Hoffnung auf Veränderung machen?

Aber sie hat kaum Zeit, darüber nachzusinnen. Wieder ist jemand unten im Schacht, in diesem Bunker, neben ihr, Niko. Sie soll die Hände hinter dem Kopf falten, befiehlt er, dann zieht er ihr nacheinander Schuhe und Jeans aus, streift ihr den Slip herunter, ist mit seinen Fingern an ihr, in ihr. Da endlich schreit sie, die suchenden Finger tun ihr weh, sowieso überflutet sie nun nackte Angst. Nichts ist da mehr von Gutgläubigkeit. Wie sie sich den Schal von den Augen reißt, erkennt sie im Dämmerlicht Niko Kupfer vor sich, mit herabgelassener Hose. Mit Schrecken begreift sie, was eigentlich vorgeht. Niko Kupfer hat sie reingelegt, ihr was vorgeschwatzt von diesem Doktor und Rüdigers Rückkehr und Krankheit, er hat sie übertölpelt. Er selber will was von ihr, Eindeutiges, nun gibt es für sie nur das: Sie muß aufstehen, sofort, weg, raus aus dieser Höhle, aus diesem Gefängnis. »Ich will das nicht«, schreit sie, »laß mich raus, fort!« Aber so sehr sie sich aufbäumt, hochreckt, Niko Kupfer ist stärker als sie, er legt sich auf sie, knüpft auch die Knoten der Augenbinde, dieses Schals, noch einmal kräftiger als zuvor.

Daß aus dem Geplanten am Ende nichts wird, sein Körper nicht mitmacht, versagt, läßt den Zorn und die Wut des Siebzehnjährigen wahrscheinlich nur wachsen. Er fesselt die Hände des Mädchens mit bereitgelegten Stricken. »Nun mußt du über Nacht in meiner Höhle bleiben. Deine Mutter weiß Bescheid, daß du gefangen bist. Ich habe ihr geschrieben. 1800 Mark sind das Lösegeld. Ich werde mich noch vor Mitternacht mit ihr in eurer Wohnung treffen. Dann ist sie dran, dann nehme ich sie.«

Er hat noch schlimmere Wörter.

Er hält plötzlich ein Messer in den Händen, im Zwielicht der Kerze nur unscharf zu erkennen, aber ein Taschenmesser ist es nicht, er wirbelt es herum, hält es ihr zentimeternah vors Gesicht. In panischer Angst liegt sie, während er danach unter ihrem T-Shirt noch einmal an ihr herumzutasten beginnt. »Ich will ein Kind von dir. Stell dich drauf ein.«

Als er geht, sind die Stricke um ihre Hände noch immer eng zusammengezogen, aber er hat ihr wenigstens den Schal nicht um die Augen gebunden, ihren Körper sogar in eine Art Schlafsack gehüllt. Daß er einen Deckel auf die Höhle legt, ihn mit einem Stein beschwert, als Letztes, begreift sie schon nicht mehr. Am Morgen soll sie ihn zurückerwarten, er wird Essen bringen und Tee. Wirklich?

Soll sie wieder schreien? Wer wird sie hören so weit weg von der Straße, von Häusern, von Menschen? Tief in der Nacht?

»Du hast gefroren da unten?«

»Es war kalt, eiskalt. Die ganze Nacht. Ich bin ein paarmal munter geworden. Ich habe geweint.«

Die Kriminalistin prüft, wie weit das mitlaufende Tonband besprochen ist. Dann wendet sie sich an Sabrina Zeidler: »Nikolaus Kupfer hat sich an diesem Abend mit Ihnen in Verbindung gesetzt? Er hat von Ihnen Lösegeld gefordert, Ihnen einen Drohbrief geschickt?«

Natürlich nicht. Alle diese Vorstellungen sind erfunden, ausgedacht.

»Erzähl weiter, Manuela. Es ist schließlich Morgen geworden, heute morgen. Was ist da geschehen?«

An diesem Vormittag ist Niko Kupfer zweimal aufgetaucht, das erste Mal sehr früh. Er bringt tatsächlich etwas zu essen und zu trinken mit und sieht Manuela bei ihrer Notdurft zu. Das zweite Mal, Stunden später, hat er wieder das Messer in der Hand – nein, es ist wirklich kein Taschenmesser – und verbindet ihr erneut die Augen. Diesmal vergewaltigt er sie tatsächlich und droht ihr: Am Mittag komme ich wieder. Er hat, sagt er, Bomben versteckt, hier in der Höhle. »Da gucke: solche«, sagt er und verweist auf einen gelben Plastebeutel. »Sogar in deinen Klamotten sind welche.« Die reagieren, sagt er, auf jede größere Bewegung.

»Wehe, du willst dich verpissen. Hau ja nicht ab. Da knallt's gleich.«

Aber Manuela Zeidler entkommt. Nach stundenlangem Bemühen gelingt es ihr endlich, die in Frost und Nässe zerbröselnden morschen Fesselstricke abzustreifen, die Höhlenbedeckung – diese zusammengenagelten Bretter – samt dem Beschwerungsstein darüber beiseitezuschieben, herauszuklettern. Draußen findet sie ihr Rad, von erstem Schnee leicht bedeckt, das Hinterrad ist ausgebaut, ein fremdes, andersfarbiges Hinterrad liegt daneben, gehört wohl Niko. Da fängt sie an zu laufen, an der Böschung entlang, schließlich auf der Straße, jedenfalls den Weg, den sie vom vergangenen Abend her kennt. Nach zweieinhalb Stunden erreicht sie die Spielothek, die Arbeitsstätte ihrer Mutter. Sie fällt ihr in die Arme. Die Mutter lebt, ist gesund, es ist ihr nichts passiert. Und ihr selber?

Kann man einem dreizehnjährigen Mädchen solche Geschichte glauben, so viel Naivität, so viel Arglosigkeit und brutale Gewalt dicht nebeneinander? Hat sie nicht wenigstens manches dazu erfunden, die Bombendrohung zum Beispiel oder die Forderung nach Lösegeld? Es gibt Bedenken. Oder hat man geheime Sympathien? Der tatverdächtige Niko Kupfer ist der Sohn eines früheren Polizisten. Da gibt es doch noch Verbindungen, mindestens Erinnerungen. Wirken die so lange nach?

Den Zweiflern stehen freilich eindeutige Tatsachen gegenüber. Zum Beispiel: Die Frauenärztin, die Manuela Zeidler untersucht, stellt Manuelas deutliche körperliche Versehrtheit fest; das Mädchen hat Blutungen, frische Einrisse am Unterbauch. Dazu fällt die zerschundene Haut rundum an den Handgelenken auf. Und Niko Kupfer, erst einmal vorläufig festgenommen, hat sich auffällig genug verhalten. Wo hat er sich gestern abend und heute vormittag aufgehalten? fragt man ihn bald. Er kann alles erklären, sagt er, gibt übersprudelnd, wortreich von sich aus Auskünfte. Gestern abend ist er mit Freunden zusammen gewesen, danach bei seiner Mutter zu Hause. Und heute morgen hat er die Ausbildungsstätte mit Genehmigung gegen neun Uhr verlassen, um eine Pizza zu essen. Genau zum Ausbildungsschluß hat er sein Fahrrad bestiegen, um rasch nach Hause zu gelangen. Aber was hat es mit dem

Bündel auf sich, das er unterwegs ins Gebüsch geworfen hat, was ist das für eine Art Schlafsack? Und wieso hat er unterschiedliche Räder in sein Fahrrad eingebaut, ein helles vorn, ein dunkles hinten? Wortreich schwadronierend hat Kupfer auch dafür eine Antwort, eine Erklärung. Wie viele Leute fahren, sagt er zum Beispiel, mit unterschiedlichen Rädern? Da geht ein Rad kaputt, da baut man ein anderes ein. Er weiß nicht mehr, mit wem er das Rad mal getauscht hat. Er hat da erheblichen Verschleiß.

Als man ihn schließlich mit dem Verdacht konfrontiert, Manuela Zeidler gewaltsam festgehalten und schließlich vergewaltigt zu haben, lacht er nur: Manu, die Verrückte, die ihm ständig nachläuft, die ihn bedrängt. Nun versucht sie's wohl auf diese Weise, ihn an sich zu binden oder ihn fertigzumachen. Na ja, er gibt's zu: Er hat einmal mit ihr geschlafen, vor Wochen, sogar in diesem Bunker. Aus Dummheit und weil sie ihm leid tat. Da werden sich wohl auch Spuren von ihr in dem Schlafsack finden. Aber daß sie ihn nun derart beschuldigt?

Von dieser ersten Begegnung an weiß man: Es wird nicht einfach sein mit diesem großmäuligen Burschen, und es wird viele überzeugende Beweise gegen ihn brauchen.

Am nächsten Morgen fährt man mit Manuela Zeidler hinaus an den Rand des Tagebaugeländes, läßt sich von ihr zu diesem vermeintlichen Bunker, der Höhle, führen. Es ist kalt Etwas Schnee ist gefallen. Sie schieben den Kistendeckel zur Seite, leuchten in das Erdloch, sehen die primitive Leiter, die leere Lagerstatt, mitten auf dem Boden einen kräftigen Stein. Mit dem war der Kistendeckel wohl zuvor beschwert und gesichert? Manuelas Fahrrad, dem das Hinterrad fehlt, finden sie in dem Gelände ringsum nicht, auch nicht das einzelne fremde Hinterrad, das ein Stück seitlich davon gelegen haben soll. Wohl aber entdecken sie etliche der anderen Utensilien, die Manuela ihnen zuvor schon beschrieben hat: diese von ihr abgestreiften, zerrissenen Fesselschnüre und eine gelbe Plastetüte, die angebliche Bombe. Sie ist voller Sand. Die Kriminalisten sichern, was zu sichern ist, machen ihre Aufnahmen vom Tatort. Dann muß das Mädchen in das Loch hinuntersteigen, den Kistendeckel samt Stein zur Seite stemmen. Mit einer Videokamera dokumentieren sie, wie Manuela Zeidler das alles schafft.

Lehrer Rose ist der Verantwortliche für Kupfers Ausbildungsgruppe in Großkieritz. Was hat er über Kupfers allgemeines Auftreten und sein Erscheinen am vermutlichen Tattag zu sagen? Da erfahren sie: Natürlich, die Jungs hier sind allesamt keine Leuchten der Gesellschaft und keine Fleißkanonen, sonst wären sie nicht hier. Doch über Kupfer als Schüler und Auszubildenden gibt es wenig Nachteiliges zu berichten. Er ist pünktlich, ordentlich, bringt sogar eigene Ideen ein. Und was war Ende vergangener Woche? Kupfer war an dem bewußten Tag anders, eigentlich immerzu nervös, vor allem gegen Mittag. Er hatte es eilig wegzukommen. Während gerade er sich sonst unheimlich Zeit ließ, rannte er an dem Tag mittags als erster zu den Fahrradständern.

»Und noch etwas, jetzt erinnere ich mich«, sagt Lehrer Rose. »An dem Morgen traf Niko Kupfer mit ziemlich beschmutzten Sachen bei uns ein. Es fiel mir zufällig auf, weil wir unser Ausbildungsgelände gemeinsam betraten. Kupfers Jacke und Hose waren richtig dreckig, mit Erdbatzen beschmutzt. Ich sprach ihn daraufhin an. Da sagte er: ›Er hat sein Fahrrad reparieren müssen, die Fahrradkette.‹ ›Und da haben Sie sich so im Dreck wälzen müssen?‹ fragte ich ihn noch. Ich glaubte ihm nicht. Wahrscheinlich wollte er einen Sturz oder einen Unfall nicht gestehen, dachte ich, nahm es aber überhaupt nicht wichtig.«

Ziemlich bedeutsam wird danach auch die Aussage von Frank Heinemann. Heinemann ist ein Kumpel aus Kupfers Ausbildungsgruppe in Großkieritz. Ihm begegnen die Kriminalisten zufällig, als sie rundum Bekannte von Kupfer befragen. Da erzählt Heinemann plötzlich von einer unterirdischen Bude am Rande des ehemaligen Tagebaugeländes, einer Höhle, die er mit jemand anderem ausgehoben hat. Mit wem und wo? Niko Kupfer war's, der hat ihn dazu überredet, aber er selber hat es ganz lustig gefunden, irgendwo einen heimlichen Platz zu haben, wo man sich in seiner Freizeit treffen kann, zum Trinken und zum Kartenspielen zum Beispiel. »Niko hat gesagt, er hat so was schon früher gemacht und Erfahrungen darin, es ist ganz ungefährlich.« Sie haben in den ersten Novembertagen begonnen, erzählt Heinemann, sie haben sich die Schaufeln aus ihrer nahen Ausbildungsstätte ausgeborgt und losgeschlagen, jeden Tag wenigstens ein bis zwei Stunden, immer nach Schulschluß, manchmal sogar in der Pause. 14 Tage später haben sie eine Tiefe von bald zwei Metern erreicht. Auch die Breite war auf zwei Meter angedacht. »Niko wollte noch tiefer kommen. Batterien sollten Licht liefern, es sollte zwei Liegen geben und Vertiefungen zum Abstellen von unterschiedlichen Sachen: Flaschen, Gläsern, einer Spielbox.« Frank Heinemann hat die Grabungen nicht bis zum Schluß durchstehen können. Leider, sagt er bedauernd. Eine familiäre Verabredung und Krankheit haben es verhindert. Da blieb Niko allein der Rest der Arbeit. Am 14. November, als er Niko sein Krankenattest für die Ausbildungsstätte übergab, hat der ihm freilich erklärt: Die Polizei hat die Grube entdeckt und zugeschüttet. Da haben sie sich wechselseitig bedauert: So viel Knochenbrecherarbeit über zwei Wochen. Und alles umsonst.

Was bedeutet das alles? Zum Beispiel: Vor zwei Wochen hat diese Grube noch nicht existiert. Da hat sich Manuela Zeidler also noch nicht mit Niko Kupfer dort unten freiwillig treffen können. Und wenn Kupfer die Grube nur deshalb ausgehoben hat, um Manuela Zeidler auf dem halbhohen Podest zur Liebe mit ihm zu zwingen?

Wenige Tage nach der Anzeige von Mutter Zeidler sind sie sich sicher: Sie haben das Entscheidende im Fall zusammen, die wesentlichen Aussagen und Zusammenhänge, auch ohne das Geständnis des jugendlichen Täters. Aber das ist sicherlich nur eine Frage der Zeit.

So täuschen sie sich.

Für die Öffentlichkeit, die Zeitungen ist der Fall Manuela Zeidler eine willkommene Gelegenheit zu dramatischer Ausgestaltung und Schlagzeilen. Tagelang kommt die Geschichte nicht von den Seiten, dazu zeigt man Bilder des Erdlochs unterm ersten Schnee samt der zugehörigen Bretterabdeckung, man zeigt das Mädchen, vorm Erkennen gerade mal durch einen schmalen schwarzen Balken über den Augen geschützt, man weist die zerfetzten Fesselschnüre vor und die Bombenattrappe (eine zweite hat man in dem verschmutzten Schlafsack gefunden, dazu Teile einer Lichtanlage), und man zeigt Nikolaus Kupfer, sein Gesicht kaum abgedeckt, zwischen Polizeiarmen, vor Gefängnistoren.

Als Carla Leitmeritz aus Kosau die Zeitungen aufschlägt, Manuelas

Leidensgeschichte verfolgt, erschrickt sie, ist sie sich schließlich ganz sicher: Das ist doch alles schon einmal passiert, ganz ähnlich, vor genau einem Jahr, auch im kalten November. Und es ist ihrer Conny passiert. Die Ereignisse stehen Carla Leitmeritz nahe vor Augen, als seien sie erst gestern geschehen: Conny, ihre zwölfjährige Ziehtochter, ist tagelang vermißt, und sie suchen sie verzweifelt auf den Dörfern ringsum. Und der Täter, mit dem sie damals davongezogen war und der das naive Ding gepeinigt hatte, war genau derselbe, ja, ist dieser Nikolaus K., wie sie ihn in ihren Zeitungen nennen. Sie setzt sich aufs Rad, fährt in die nahe Stadt, sie wird schon Leute finden, die Bescheid wissen, notfalls die von der Zeitung, vielleicht gerät sie auch an die Mutter dieser Manuela. Das darf doch nicht noch einmal geschehen, daß der Bursche, dieser Niko, ungestraft davonkommt, eine Anzeige spurlos verschwindet, im Papierkorb, auf dem Postwege oder sonstwie, und der Kerl höhnisch grinsend an einem vorübergeht, auf irgendeinem Jahrmarkt oder wie damals auf diesem Volksfest.

Vor einem Jahr gibt es in Köchborn eine merkwürdige Clique von jungen Leuten, halben Kindern. Ältere und Jüngere kommen da zusammen, Mädchen und Jungen, Schüler und Schulabgänger, sie tönen sich ihr Haar in Streifen, mehrfarbig, oder kürzen es rigoros, sie tragen gemeinsame Erkennungszeichen, lassen sich tätowieren. Nein, nichts Rechtes oder anderweitig Politisches, sie wollen nur auffallen. Die zwölfjährige Conny fühlt sich unter ihnen pudelwohl, sorgt sogar dafür, daß man sich immer wieder trifft: auf dem Sportplatz, vor der alten Scheune, im Bad, im Wäldchen. Ihre Eltern wollen etwas Anständiges, Ordentliches aus ihr machen und verbieten ihr den Umgang. Dabei sind sie gar nicht ihre richtigen Eltern. Connys richtige Mutter Beate Fritzke lebt ein paar Dörfer weiter, hat Conny nach dem Tode ihres Mannes der Familie Leitmeritz nur übergeben, »ausgeliehen«, wie es mitunter im Dorfe heißt. Sie hat genug Pflichten und Schwierigkeiten mit den verbliebenen zwei Geschwistern, sagt Connys richtige Mutter. Nun träumt Conny manchmal ungehemmt: Sie möchte weg, auf und davon, was erleben, nicht immer aufs Wort und auf Vorhaltungen, gar Verbote hören müssen. Vielleicht genügt es aber auch, nur ein paar Tage lang auszureißen, allen einen Schrecken einzujagen? Und danach kommen die Alten, die Hilfseltern, zur Besinnung und lassen ihr manchen Willen und ihre Freiheit. Wenn sich nur jemand fände, der mit ihr mitgehen würde.

Dieser Jemand findet sich bald. Auch Nikolaus Kupfer, damals 16 Jahre und zwei Monate alt, trifft sich mit der Clique, und er kennt Connys heimliche Gedanken. Auch er möchte ja abhauen, weit weg. Seine Eltern sind geschieden, sein Vater, der einstige Polizist, das ist ein Kerl, aber die wechselnden Liebhaber der Mutter sind Waschlappen. Und wenn Niko anfängt, sich mit einem zu verstehen, ist schon wieder Sense, kriegt der Versuchsvater und gescheiterte Hausfreund von der Mutter den Laufpaß. Außerdem ist da eine Geschichte mit einem alten Trabi und noch größerer Ärger. Niko hat ihn billig erstanden – von legalem Berufsschulentgelt, von Geschenken? – und ist mit ihm heimlich gefahren, aber schließlich doch so oft, daß man ihm auf die Spur kommen mußte: Die Polizei stoppte ihn. Jetzt droht ihm ein Verfahren. Nein, da ist es das Beste, er zieht Leine.

»Kommst du mit, Conny?«

»Ja, immer. Aber wie machen wir's?«

»Du brauchst dich um nichts zu kümmern«, erwidert Nikolaus Kupfer großspurig. »Ich übernehme das alles, Geld, Essen, wie wir unterkommen. Du brauchst nur warme Klamotten zum Anziehen. Und dein Fahrrad.«

Am 25. November spät abends – es ist längst 21 Uhr – hört Carla Leitmeritz eine Stimme vorm Haus nach Conny rufen. Als sie nachsieht, erkennt sie Nikolaus Kupfer samt seinem Fahrrad auf dem gegenüberliegenden Gehsteig. »Conny schläft längst, hat sich früh hingelegt. Laß sie in Ruhe, fahr nach Hause.« Carla Leitmeritz wartet in der Haustür, bis sich der Junge trollt. Aber der gehorcht nur zum Schein. Keine zehn Minuten später bezieht er erneut Posten in der Nähe der Leitmeritzschen Wohnung, diesmal im Schatten eines Baumes, der das verräterische Lampenlicht fernhält. Von hier aus beobachtet er, wie Conny katzengleich durch ein Fenster und über ein Schuppendach die elterliche Wohnung verläßt. Sie trägt einen prall gefüllten Rucksack bei sich, ihr Fahrrad lehnt längst draußen vorm Zaun am Straßenrand. Wohin die beiden in der Nacht verschwinden? Wo hat der großspurige Niko Kupfer für Unterkunft gesorgt?

Am nächsten Morgen entdeckt Carla Leitmeritz die Bescherung:

Zimmer und Bett von Conny sind über Nacht unbenutzt geblieben, einige Kleidung fehlt im Schrank des Mädchens. Meine Güte, auch das Fahrrad ist verschwunden. Ist die Kleine etwa mit diesem windigen Burschen auf und davon? Aber wohin? Was wollen die beiden Dummköpfe in der Kälte und Dunkelheit ringsum anstellen?

In den folgenden fünf Tagen organisiert Carla Leitmeritz gemeinsam mit ihrem Mann, dazu der leiblichen Mutter von Conny, aber auch mit dem Vater von Nikolaus Kupfer, dem ehemaligen Polizisten, und etlichen Helfern ein geradezu flächendeckendes Suchsystem. (Natürlich: Auch Niko Kupfer bleibt seit dieser Nacht verschwunden. Und seine hilflose, zuckerkranke Mutter lamentiert, delegiert alle Verantwortung sofort an den Geschiedenen: »Wenn der Bursche wieder auftaucht, kannst du ihn gleich bei dir behalten. Ich komm' mit ihm nicht mehr klar.«) Jedenfalls: Mindestens fünf Leute fahren jeden Tag über die Dörfer, fragen in Kaufläden, Kneipen, an Bushaltestellen: Habt ihr dieses merkwürdige junge Pärchen gesehen? Sie haben ein Flug- und Suchblatt entworfen, es vervielfältigt, kopiert: »Gesucht werden ein Junge von 16, ein Mädchen von zwölf Jahren. Wer hat sie wo gesehen? Für den geringsten Hinweis sind wir dankbar ...« Über 300 solcher Blätter haben sie verteilt und oft zugesehen und gewartet, bis sie an Schaufensterscheiben oder in Schaukästen befestigt wurden. Wenn die beiden Kinder nicht vollends den Verstand verloren haben und ganz weit weg getürmt sind (»Polen« sagen sie ein paarmal und »ans Meer«), müssen sie sich doch noch in der Nähe rumtreiben. Tatsächlich will man die beiden zweimal an verschiedenen Tagen und an unterschiedlichen Plätzen gesehen haben: auf einem verlassenen Campingplatz und auf einem Bahnhof. (Übrigens haben Conny und Nikolaus Kupfer, tatsächlich noch in nächster Nähe herumstreunend, einmal ihre beiden Konterfeis in einem Fleischereifenster zwischen Würsten und Schinken hängen sehen. Da hätten sie sich nicht halten können vor Lachen, erklärt Niko Kupfer irgendwann später.)

Am fünften Nachmittag überrascht Hartmut Kupfer eine seiner beiden Stieftöchter bei einem heimlichen Telefonat. Als er ihr keine Ausflüchte läßt, erfährt er: Niko hat angerufen, sie soll ihm Eßwaren und Klamotten bringen, er und das Mädchen sind am Bahnhof der

Stadt. Dort gelingt es Hartmut Kupfer, Conny als erste zu überraschen und festzuhalten. Danach überlistet er auch seinen Sohn. Der wird von nun an bei ihm wohnen, er versteht sich ja erstaunlich gut mit seinen Stiefschwestern. Nikos Mutter ist sofort damit einverstanden, obgleich sie das Sorgerecht übertragen bekommen hat. Und Carla Leitmeritz hat wenig Vorwürfe für die allzufrüh flügge Ziehtochter, im Gegenteil. Sie haben das Mädchen bisher wohl wirklich zu streng gehalten.

So scheinen die Eskapaden der beiden im Alltag überwunden, nach und nach vergessen.

Einen Monat später hat die zwölfjährige Conny Fritzke unerwartet Sorgen und erschrickt: Ihre Regel bleibt aus. In ihrer Not und allmählichen Angst redet sie schließlich mit ihrer sieben Jahre älteren Stiefschwester Susanne. Als die in sie dringt, überwindet sie die Scheu, fängt sie an, von dem Vergangenen zu erzählen. Sie hat's zweimal mit Niko Kupfer gemacht, oder er mit ihr, damals auf ihrer Flucht, immer auf offenem Feld, an einem Wegrand. Das erste Mal hat sie es noch geduldet, auch wenn's grade da weh tat, Niko hat ja für sie gesorgt, Essen beschafft und die Übernachtungen in der Scheune. Das wollte sie nicht verlieren. Beim zweiten Mal aber war's ihr nicht mehr recht.

»Du hast dich gewehrt?«

»Wir aßen nur noch geklaute trockene Brötchen, und ich wollte nach Hause. Wo waren wir eigentlich? Niko sollte mich heimbringen. Aber er sagte: Wir geben nicht auf. Und du machst, was ich will.«

»Warum hast du nie was davon gesagt?«

»Ich hatte Angst. Und wer wird's mir glauben. Glaubst du mir?«

Die beiden Schwestern gehen gemeinsam zu einem Frauenarzt, der ihnen die Sorgen nimmt. Eine Regelstörung, stellt er fest, die medikamentös behoben werden kann. »Aber du sprichst mit Mutter, vertraust dich ihr an.«

Conny braucht Monate, bis sie sich überwindet. So erfährt Carla Leitmeritz von dem Geschehenen erst im April. Nun, noch mal ein halbes Jahr später, kann sie ihre Erregung kaum besänftigen: Wäre auf ihre Anzeige damals ernsthaft was passiert, hätte es nicht zu dieser neuen Geschichte im Erdloch kommen müssen ...

Er ist schon frühzeitig ein schwieriges Kind. Er ist aufsässig, er neigt zur Widerrede. »Verhaltensauffällig« ist ein Lieblingswort seiner Lehrer für ihn, die sehen, wie er sich mit Schulkameraden in den Haaren liegt, und die selber ihre erhebliche Mühe und Not haben, ihn in die notwendigen Schranken zu verweisen. Schon im ersten Schuljahr kommt er an eine Lernbehindertenschule, aber Rechnen, Schreiben und Lesen fallen ihm auch hier schwer, gelingen ihm selten altersgerecht. Dennoch schafft er es bis zur neunten Klasse ohne Wiederholung. Ein Wunder.

Manchmal hat er auch günstigere Phasen. Sowieso muß er sich, solange seine zuckerkranke Mutter noch als Putzfrau arbeiten geht, um seine jüngeren Geschwister kümmern, sie zum Beispiel aus dem Kindergarten abholen, daheim beaufsichtigen. Wenigstens da ist auf ihn einigermaßen Verlaß.

Den Vater, als er noch bei ihnen lebt, mag er, er läuft gern mit ihm an die Teiche, angeln. Und einem von Vaters Nachfolgern darf er beim Umbau des Hauses zur Hand gehen. Auch das gefällt ihm. Doch die Mutter hält es mit keinem Mann lange aus. Eine zweite Ehe reicht kaum länger als ein Jahr. Da nabelt sich auch der Junge von der Mutter ab. Als plötzlich die Rede von einer Heimunterbringung ist, entwickelt er ihr gegenüber regelrecht Haß. Sie hat ihm nichts mehr zu sagen, ihn nicht anzumeckern, erklärt er mit zornig geweiteten Augen. Dabei ist mittlerweile einiges zusammengekommen: Er schwänzt das berufsvorbereitende Jahr an der Berufsschule immer häufiger, und dann diese Sache mit dem Trabi: Die Mutter schützt ihn nicht vor der Polizei, im Gegenteil. Da haut er eben ab, er wird schon allein durchkommen. Fünf Tage schafft er es gemeinsam mit Conny, dann greift man sie auf, ohne zu erfahren, was in diesen fünf Tagen vorgefallen ist, ohne genauer nachzuforschen.

In der neuen Familie des Vaters, der ihn danach vor dem Heimaufenthalt bewahren will, läuft vieles besser. Er gehorcht, fährt regelmäßig zur neuen Berufsschule, er versteht sich mit den Stiefschwestern, der Stiefmutter. Doch auch in dieser ruhigen Familienatmosphäre überkommt ihn immer mal wieder sein Rappel, wie sie es nennen, rastet er aus, muß er sich, in sein Zimmer geschickt, austrotzen, beruhigen, austückschen, nicht selten bei lauter, stampfender Musik.

Nach dem berufsvorbereitenden Jahr gilt er als schwer vermittelbar. Der Psychologe des Arbeitsamtes hat bei ihm mangelnde Berufsreife festgestellt. So kommt er in diese vom Arbeitsamt finanzierte Ausbildungsmaßnahme in Großkieritz. Er hat allerlei Bekannte, aber nie einen richtigen Freund. (Er findet auch nie eine Beziehung zu gleichaltrigen Mädchen, fühlt sich ihnen sogleich unterlegen.) Offenbar hat Rüdiger Schmieder tatsächlich solch ein richtiger Freund werden sollen. Da kommt ihm nun dieses Weib dazwischen, Manuela Zeidler. Er will sich an ihr rächen und hat doch zugleich selber ein Auge auf sie geworfen, schon lange. Sie ist deutlich jünger. Ihr gegenüber, glaubt er, wird er bestehen. »Ich liebe dich«, sagt er zu ihr. Jedenfalls: Sie wird von nun an mit ihm gehen müssen. Freilich, eines Tages scheint er aufzugeben. Die Geschichte wird unerwartet vor Gericht bekannt: Er hat ein paarmal für Manuela Eis spendiert, umsonst, eine nutzlose Investition, sie gibt sich ja nun mit Rüdiger ab. Da will er das spendierte Geld von ihr zurück, schließlich sogar von Manuelas Mutter. Er randaliert mehrfach vor der Wohnung der Zeidlers, bis Sabrina Zeidler verschreckt ihr Portemonnaie zückt.

Dennoch: »Ich liebe dich«, sagt er weiter zu Manuela, wenn sich die Gelegenheit dazu bietet.

Als er noch bei seiner Mutter wohnte, hat er tatsächlich schon einmal solch eine Höhle ausgehoben. Er kannte Geschichten von derartigen Höhlen, eine wurde sogar mehrfach im Fernsehen gezeigt. Warum sollte er sich da nicht selber eine buddeln können, richtig mit Schlafplatz und Licht? Als die Grube fertig war, hat ihn dort keiner gefunden, und die Wände sind auch nicht zusammengestürzt.

Nun, auf dem alten Tagebaugelände, geht er beim Bau planmäßiger vor: Er wird sich ja nicht allein da unten aufhalten. Diesmal hat er sogar Hilfe beim Ausschachten und Wegschaffen der Erde: Frank Heinemann. Weil der ihn und Manu schließlich nicht überraschen darf, erklärt er ihm: Die Höhle ist entdeckt, die Polizei hat sie zugeschüttet. Danach verläuft alles fast so, wie er es sich ausgedacht hat. Er hat Manu ganz für sich, und sie kann ihm nicht entkommen. Er sorgt für sie, hat einen Schlafsack für sie beschafft und zwei Decken, damit sie in der Kälte nicht friert, er bringt ihr am Morgen Essen und Trinken. Nur daß sie derart widerspenstig bleibt, damit hat er nicht gerechnet. Ich hab schon eine hier drin gehabt, droht er da, die hat auch gezickt, die hat's nicht überlebt, Lisa. (Hat er das so, wortwörtlich so gesagt? Er wird es immer abstreiten. Aber diese Lisa gibt es tatsächlich, ein bißchen älter als er, ein Mädchen mit eigenem Motorrad und Lederjeans. Natürlich ist mit ihr nie etwas gewesen.)

Am Mittag des zweiten Tages erschrickt er: Als er vor seinem Versteck steht, findet er es leer, die Abdeckung ist zur Seite geschoben. Manuela hat sich befreien, hat flüchten können. Panik befällt ihn: Er muß alle Spuren beseitigen. Er rafft die Decken und die Batterien zusammen. Er hat nicht viel Zeit, er muß ja noch einmal zurück in seine Schule wegen des Alibis. So schafft er es nur, das kaputte Rad von Manuela Zeidler hundert Meter weit weg zu transportieren, dort über einen Hang zu werfen. (Trotzdem braucht es Wochen, bis es zufällig entdeckt wird.) In der Schule ist er nervös, der Schmutz an seiner Kleidung fällt auf. Er ist der erste, der bei Arbeitsschluß davonstürmt. Er muß ja noch die restlichen Spuren verwischen, aus der Höhle mitnehmen, was ihn verraten könnte. Die Fesseln liegen da noch rum, ist ihm eingefallen, wer weiß, was sonst noch. Doch kaum sitzt er auf dem Rad, sieht er die Funkstreife auf dem Hof vorfahren. Da weiß er: Sie suchen ihn, nur ihn, die Zicke hat ihn schon angezeigt.

Er streitet in der ersten Vernehmung jeden Verdacht ab, auch später, immer wieder. Diese Manu ist ihm nachgerannt bis in dieses Loch. Dort hat sie ihn auf sich gezerrt. Ich liebe dich? Er lacht höhnisch. Nie hat er's gesagt. Und in der Frühstückspause ist er nicht zur Höhle gefahren, sondern zu einem Imbißstand, und am Abend zuvor war er bei Freunden in Halle. Wie oft wollen sie es hören? Wie wollen sie ihm anderes beweisen?

Der Prozeß gegen Nikolaus Kupfer beginnt ein halbes Jahr später. Da ist nicht nur sein Verhalten gegenüber Manuela Zeidler angeklagt, sexueller Mißbrauch eines Kindes und Vergewaltigung, sondern auch, was er Conny Fritzke angetan hat. (Das Staunen darüber bleibt. Die Anzeige von vor einem Jahr ist spurlos verschwunden? Falsch abgeheftet? Einfach vergessen? Wie kann das geschehen?) Sogar ein dritter Fall ist aufgelistet: Mißbrauch der dreizehnjährigen Nicole, in einer Gartenanlage, in der großväterlichen Laube. Aber diese Cousine Nicole, weinend, aufgelöst, kann sich vor den Richtern nur widersprüchlich äußern. Da wird ihr Fall vom Prozeß abgetrennt, der Polizei zur Nachermittlung zurückgegeben. Manuela Zeidler und Conny Fritzke dagegen, über viele Stunden lang befragt, erzählen überzeugend, was vorgefallen ist. Da ist auch kein Widerspruch zu ihren früheren Aussagen festzustellen, und der gutachtende Psychologe bestätigt die Glaubwürdigkeit und den Wahrheitswert ihrer Erinnerungen. Außerdem gibt es eine Fülle glasklarer Sachbeweise und Aussagen, überzeugend belegter Handlungsabläufe. Vor allem: Die genetische Analyse ist unbestechlich. Die fremden Partikel auf Manuela Zeidlers Kleidung und Haut stammen von Kupfer.

Aber Niko Kupfers Verteidiger zeigen sich weder vom Ablauf der Verhandlung noch von den Argumenten des Staatsanwalts beeindruckt. Die Erdhütte ist wenige Tage nach ihrer Entdeckung mit Zustimmung der Staatsanwaltschaft zugeschüttet worden? fragt der feder- und stimmführende Anwalt: Welche Zusammenhänge sollten da nicht mehr erkennbar bleiben? Der Stein, mit dem die Holzabdeckung angeblich gesichert worden ist, findet sich nirgendwo bei den Asservaten. Sollte irgendein anderer, leichterer Stein den Eindruck erwecken, daß Manuela Zeidler ihn tatsächlich beiseite schieben konnte? Ist sie wirklich in dieser Höhle gefangen gehalten worden, wenn die äußeren Umstände gegen eine Flucht ohne fremde Hilfe sprechen? Hat auf diesem nachgestellten Polizeivideo, das ihr eigenständiges Entkommen belegen soll, nicht vielleicht ein Kriminalist sie aus der Höhle heraufgehoben? Die vernommenen Zeuginnen, die Kinder, sind sowieso nicht glaubwürdig. Und die frühwinterliche Kälte jener Nacht. Hätte sie nicht mindestens zu schweren gesundheitlichen Schäden bei Manuela Zeidler führen müssen?

Staatsanwalt und Richter sind entsetzt über solche Vorwürfe und Wertungen und halten nicht hinterm Berge. »Eine unbegreifliche Verhöhnung der Opfer und ihrer Leiden«, sagen sie. Und die Verleumdung der Polizeiarbeit als Manipulation und Verfälschung? »Was für ein ungeheuerlicher Verdacht!« Verlangt so etwas nicht selber nach Ermittlung und Anklage? »Ich werde die genaue Überprüfung und Auswertung des Protokolls dieser Verhandlung veranlassen«, erklärt der Staatsanwalt.

So erhält der Prozeß unerwartete Schärfen.

Was über allem noch mehr entsetzt, beinahe mehr als die verhandelten brutalen Taten, ist das Verhalten des Angeklagten selbst. Er ist großmäulig, frech, aufsässig. Er ist unflätig von Anbeginn. Er droht den Zeugen, er wird sie, wortwörtlich, abstechen, erwürgen, kaputtmachen, wenn er erst einmal wieder draußen ist: »Überlege dir hier gut, was du sagst.« Er bedenkt die alten Kumpels mit hämisch-höhnischem Grinsen. Er hat Beschimpfungen erst recht für das Gericht, sein Wortschatz kommt aus der Fäkaliensprache. Er sagt zum Staatsanwalt: »Was grienst du Mondgesicht so blöde?« Und zur Vorsitzenden des Gerichts: »Wenn wir uns wiedersehn, liegst du in einem Sarg.« Er ist kaum zu bändigen. Er muß vielfach zu Ordnung und Mäßigung gerufen werden. Noch während der Urteilsverkündigung bringt man den Schreienden, sich Wehrenden in Ketten aus dem Saal.

»Der Angeklagte vermag sich kaum in die Gefühle anderer Menschen hineinzuversetzen, er zeigt einen erheblichen Mangel an Unrechtsgefühl, an Einsichten. Wegen der außerordentlichen Störung seines Sozialverhaltens und dem darauf zurückzuführenden extrem aggressiv-mitleidlosen, keinerlei Folgen bedenkenden Handeln muß die besondere Gefährlichkeit des Täters bedacht werden. Eine solche Störung bedarf zu ihrer Beseitigung langer erzieherischer Beeinflussung, die erst beginnen kann, wenn der Betroffene zur Mitarbeit bereit ist. Deshalb ist die zu verhängende Strafe aus erzieherischen Erwägungen im Interesse des Angeklagten erforderlich, um die große Wiederholungsgefahr zu bannen und ihm später den Einstieg in ein von Gewalttaten freies Leben zu ermöglichen ...«

Es gibt für die Jugendkammer »keinen vernünftigen Grund, an den Ermittlungsergebnissen zu zweifeln«. Sie verurteilt Nikolaus Kupfer, zur Tatzeit ein Jugendlicher, zu acht Jahren Jugendstrafe. Die Verteidiger hatten auf Freispruch plädiert. Deshalb gehen sie für ihren Mandanten in Revision. Ein Jahr später bestätigt der Bundesgerichtshof die Höhe der ausgesprochenen Strafe.

Das ist ein Überfall

1

Die Kneipe, nur mäßig erhellt, ist vollgestopft mit Regalen, Bierkrügen, Pokalen. Zwei Spielautomaten klimpern unbenutzt, locken. Daneben hängen irgendwelche Urkunden, uralt, aber sauber gerahmt, auch Bilder von Sportmannschaften, genauso alt.

»Du kennst den Laden hier? Wußte ich gar nicht.«

»Eh ich rüber nach Leipzig bin, hab ich hier meine Abschiedsrunden gedreht. Da hab ich den Schuppen entdeckt. Hab zweimal ganz ordentlich was rausgeholt hier an den Automaten.«

»Heute aber nicht.«

»Es läuft eben nicht immer.«

Die beiden jungen Männer am Fenstertisch gleich neben der Tür sind um diese späte Mittagszeit die einzigen Gäste im Lokal. Seit einer Stunde sitzen sie hier, schwatzen, reden und nippen doch jeder erst am zweiten Bier. Und ein Mittagessen brauchen sie offenbar nicht. Dabei könnten sie hier billig und ordentlich essen: schmackhafte Hausmannskost.

Der Wirt langweilt sich seit langem, spült von neuem Gläser, blättert in einer bunten Zeitung. Der Kleinere von den beiden jungen Männern hat sich vor einer halben Stunde ziemlich erfolglos an einem der Automaten betätigt, da hat er noch reichlich Geld besessen. Nun reicht es offenbar nicht mehr zu einer anständigen Zeche.

Die beiden jungen Männer haben tatsächlich erhebliche finanzielle Probleme. Sie haben sich, seit sie die Gaststätte betraten, einer auf den anderen verlassen. Aber der Kleinere von ihnen hat sein bißchen Barbestand vor den Augen des anderen total verspielt (»Ernsthaft. Alles!«), nun hütet der Größere seine paar Fünfmarkstücke. Den fremden Wirt anpumpen oder gar austricksen? Manches kann man ja machen, das aber nicht.

Die beiden jungen Männer kennen einander gut, sie haben, sogar Schüler an derselben Schule, lange Zeit nur ein paar Häuserblocks voneinander entfernt in der Neustadt gewohnt, sich dann aus den Augen verloren. Daß sie sich nun wiedergetroffen haben, was für ein Zufall! Ausgerechnet in diesem Ärztehaus, in der einstigen Poliklinik.

»Du brauchst ein Attest fürs Arbeitsamt, und ausgerechnet deshalb kommst du zu uns rüber von Leipzig?«

»Meine Firma hat mich rausgeworfen, nun bin ich arbeitslos. Dachdecker – den Beruf hätt' ich nie lernen sollen. Der Arzt von meinen Eltern begreift das. Der kennt mich schon zehn Jahre.«

Noch keine Stunde in dieser ehemaligen Sportlerkneipe, und sie sind auf dem besten Wege, wieder gute Vertraute zu werden, richtige alte Kumpels. Sind sie sich wirklich anderthalb Jahre lang nicht über den Weg gelaufen? Es macht regelrecht Spaß, vor dem andern von seinen Sorgen zu sprechen. Und Sorgen, die haben sie beide genug, jeder auf seine Weise.

»Vor allem Schulden«, sagt Axel, der Größere, der aus der Neustadt, seit Wochen auch arbeitslos. Er hat mit geliehenem Geld ein Auto erstanden und einen Unfall gebaut. Und weil er angetrunken war, hat er sich auf und davon gemacht. Und nun muß er nicht nur für das Auto zahlen.

»Fahren ohne Fahrerlaubnis«, sinniert der Kleine, Steffen. »Ich kenn das. Und nun hast du Bewährung.«

»Wenn das alles wäre.«

Axel, der in der Neustadt geblieben ist, ist da noch in was anderes reingeraten. Sie haben, sie waren zehn, zwölf Mann, einen Ausländer gescheucht, einen Schwarzen. Der ist vor ihnen weg durch die halbe Stadt gerannt, schließlich durch eine Tür samt Scheibe gestürzt. Wochen lag er im Krankenhaus. Nein, er hat den Arm nicht gegen den Schwarzen gehoben, er hat ihn auch nicht getreten, er ist nur wie ein Blödsinniger mitgelaufen. Trotzdem: Seit einer Woche weiß er, seine Berufung in dieser Sache ist verworfen. Und nun muß er dem Schwarzen wie die anderen Schmerzensgeld zahlen.

»Da kommt was zusammen.«

»Man müßte einfach mal was Richtiges aufziehen. Was Großes, das sich lohnt. Wo's nicht bloß um Pfennige geht ...«

Hat Axel, der Größere, der Neustädter, in diesem Augenblick zum ersten Mal den Plan, denkt er die Worte nur spielerisch vor sich hin, nur so zur Probe: Das ist ein Überfall, he, Geld her!? Oder spricht er sie aus?

Damit das Schweigen danach nicht zu lange währt, will nun auch der Kleinere, Steffen, der Neu-Leipziger, mit seinen Bekenntnissen nicht hinterm Berge halten. In ein paar Wochen, bald nach Silvester, erwartet er wieder einen Prozeß, seinen vierten. Nur, diesmal geht's nicht um Kleinkram, Körperverletzung, ein bißchen Hasch, nein, diesmal wollen sie ihn richtig aufs Kreuz legen. Er ist weg aus der Neustadt, hat geheiratet, zwei Jahre ist das her, ist zu den Eltern seiner Frau ins Haus gezogen, damals. Da fand plötzlich seine kleine Schwägerin großen Gefallen an ihm, schmuste mit ihm, suchte seine Nähe. Und nun soll er deshalb vor Gericht. Sich verantworten.

»Wie alt ist die denn, deine Schwägerin, das Luder?«

»Dreizehn damals. Nun fünfzehn. Ich hab sie nie berührt, ich schwör's dir. Sowieso ist längst alles vorbei, wir sind rasch in die Stadt abgedampft, mein Weib und ich.«

Sie grübeln, sie schweigen. Wo es ausgesprochen ist, scheint alles plötzlich noch schlimmer. Wie sie da so im Dreck sitzen, beide, passen sie wirklich bestens zusammen. Nicht einmal eine ordentliche Zeche können sie sich leisten.

Man müßte mal richtig was aufziehen, was Großes, das sich lohnt. Die Worte, nur vage geäußert, plötzlich werden sie zum richtigen Plan: »Das ist ein Überfall, he, Geld her! Zack-zack.« Und bald muß alles geschehen, sehr bald.

»Ich hab übrigens schon Erfahrungen«, sagt schließlich Axel. »Wenn du einem einen Schlagring vorweist oder ein Messer, zittern sie alle. Und wenn's gar 'ne Pistole ist, die du hinhältst, so zum Schein? Ich hab ein paar Jagdgewehre, eins mit 'nem Doppellauf. Ich hab auch zwei Schreckschußpistolen, sogar 'ne Handgranatenattrappe. Kannst du dir alles, wenn du weißt, wo, im Versandhandel bestellen. Ich hab meinen Spaß dran, ich hab Waffen gerne.– Leisten wir uns nun doch noch ein Bier?«

So hat alles angefangen, in dieser Kneipe, mit diesem Zufall im Ärztehaus. Mit diesem Wiedersehen nach anderthalb Jahren ...
Sie haben also Waffen, und sie haben diesen vagen Plan. Aber sie haben ja auch Handys, sogar beide, Axel mittlerweile das dritte. Für zwei frühere hat er die aufgelaufenen Gebühren nicht zahlen können. Von nun an telefonieren sie fast jeden Tag miteinander. Sie treffen sich auch noch einmal zwischen den Feiertagen. Ja, sie sind sich

noch immer einig, mehr als zuvor. Sie wollen das Ding probieren. Und sie werden's anders machen als andere. Andere unternehmen, was sie machen, großspurig mit Autos. Die fallen rasch auf wegen ihrer Marke, ihrer Form, ihrer Farbe. Sie dagegen kommen still, leise, wendig. Sie kommen auf Rädern – auch Steffen besitzt ein Mountainbike. Er wird es mitbringen. Eins, zwei, drei werden sie auftauchen. Eins, zwei, drei sind sie wieder verschwunden. Der Bruder von Steffen, dem Leipziger, arbeitet noch in der Neustadt bei einer großen Wohnungsgenossenschaft. Von dem wird sich Steffen den Generalschlüssel besorgen. Der verhilft ihnen zum Keller einer leerstehenden Wohnung. Dort wird ihr Standquartier, ihr Depot sein. Dort werden sie die beiden Räder lagern, die schwarzen Trainingshosen, die sie brauchen, und die dunklen Pullover dazu, die schwarzen Laufschuhe. Am meisten Mühe bereitet ihnen die Beschaffung der vorgesehenen Gesichtsmasken. Man bekommt sie trotz der gar nicht so fernen Karnevalszeit in keinem Geschäft, in keiner Kaufhausabteilung. Schließlich schneidet Axel eine derbe schwarze Winterstrumpfhose zurecht. Er kann erstaunlich geschickt mit Nadel und Faden umgehen, daß die Stoffteile nach dem Einschneiden der Schlitze nicht auseinanderreißen.

Sie wissen nun auch schon genau, wo sie auftreten werden. Axel hat sich in mehreren Sparkassenfilialen der Stadt umgesehen. Einige arbeiten noch mit den altgewohnten Kassenschaltern, hinter denen reichlich Geld aufbewahrt wird, andere – vorwiegend die Großbanken – geben das Geld nur über elektronische Zählwerke heraus, immer exakt so viel, wie ein Kunde per Auszahlschein gerade angefordert hat. Solche Schalter und Bankenfilialen kommen für sie nicht in Frage, wohl aber die anderen, in denen Kassen und Bearbeitungsschalter noch voneinander getrennt sind.

Zwei Tage vor Silvester inspizieren sie ein paar solcher Sparkassenräume gemeinsam, spielen die interessierten Kunden, blättern in ausgelegten Sparangeboten, hantieren an den Automaten. Dann haben sie sich entschieden. Eine Filiale am Rand der Neustadt wird's sein. Die liegt am günstigsten, ruhig, etwas abseits. In den winkligen Straßen nebenan, zwischen den zahllosen Büschen und Bäumen neben den Parkplätzen, in den reichlich vorhandenen Anlagen sind sie rasch und ohne Spur verschwunden. Sie werden auch Pfeffer mitnehmen und streuen. Das kennen sie aus dem Fernsehen. Dadurch werden die Polizeihunde ihren Geruch nicht aufnehmen können. Die Waffen werden sie erst an dem Tag einstecken, an dem es ernst wird. Axel wird noch einmal anrufen, Bescheid geben, aber so ein Tag wie dieser, ein Donnerstag, könnte es sein, so ein ruhiger Vormittag jedenfalls. Steffen will sich bis dahin auch so eine Schreckschußpistole besorgen, vom nächsten Arbeitslosengeld. Pistolen verborgt man nicht.

2

Da war die Stadt in zwei Jahrzehnten hingesetzt worden. Hochhausscheiben auf dem Holperrasen des ehemaligen Flugplatzes und auf den Feldern ringsum bis hin zum Kanal. Platz für fast hunderttausend Leute. Aber was einmal heiß begehrt war, nun wurde es mehr und mehr verlassen. Auf dem Lande leben, in den Dörfern, im eigenen Heim – das war die neue Losung. Hinter immer mehr Fensterscheiben fehlten die Gardinen und die Anwohner. Schon war die Rede davon, die ersten Straßenzüge und Betonklötze dem Erdboden gleichzumachen. Rückbau hieß das neue, bedrückende Wort.

Gisela Weber zuckte bei solchen Nachrichten immer noch zusammen. Etwas freiwillig zu zerstören erschien ihr unmöglich. Sie hatte seit frühester Kindheit sparen gelernt, einfach gelebt. Da war der Umzug der Eltern in die ferngeheizte große Wohnung (fünf Zimmer mit immer trockenen Wänden!) in den siebziger Jahren ein riesiger Glücksumstand gewesen. Später hatte auch sie, Gisela, die älteste Tochter, nach ihrer Hochzeit dort eine Wohnung bekommen. Nun, noch einmal zwei Jahrzehnte später, galten ganz andere Maßstäbe, drängte es die Kinder weg bis hinunter nach Bayern.

Weihnachten und Silvester haben sie zusammengesessen, immer dieselben Gespräche um die Zukunft der Kinder geführt, ein bißchen hilflos. Aber so liefen die Dinge eben, und Eltern konnten oft nur zusehen.

Ziemlich nachdenklich kehrt Gisela Weber aus den freien Tagen um den Jahreswechsel an ihre Arbeitsstelle am Rande der Neustadt zurück, ins Parterre eines der Punkthochhäuser. Sie sind eine kleine Sparkassenfiliale mit einer ebenso kleinen, aber stabilen

Belegschaft, die sich seit vielen Jahren kennt und wechselseitig vertraut. Und so wird es wohl auch bleiben. Denn auch wenn manchmal Gerüchte hartnäckig die Runde gemacht haben von einer möglichen Konzentration auf Großbüros wie bei der Post, es hat sich alles zerschlagen, ihre Arbeitsplätze sind sicher.

Am 11. Januar, einem Donnerstag, ist Gisela Weber planmäßig vormittags an einer der beiden Auszahlkassen der Filiale eingesetzt. Diese Kassen neben den gläsernen Eingangstüren zum Hauptraum sind mit Panzerglasscheiben gesichert. Mit den Kunden spricht man durch ein durchbrochenes Glasoval in Kopfhöhe, Bankanweisungen und Geldscheine werden durch die übliche Aussparung am unteren Glasende getauscht.

An diesem Morgen ist der allererste Stoßverkehr bald vorüber, die frühen Kunden, die auf das Öffnen der Sparkasse gewartet haben, sind längst abgefertigt, nun halten sich nur noch wenige Leute in Haupt- und Vorraum auf, am Schreibtisch, an den Schaltern, an den Auszugsdruckern.

Als sich Gisela Weber dem nächsten Kunden zuwenden will, erschrickt sie. Kein normaler Kunde, vielmehr eine dunkle Gestalt steht hinter der Glasfront, und Gisela Weber in ihrem Schock vernimmt eine leise, fast flüsternde Stimme: »Geld her, alles. Das ist ein Überfall. Ich bin bewaffnet«, und blickt in ein schwarz verhülltes Gesicht, zwei Augenschlitze, eine Mundöffnung mit eigentümlich hervorstechenden weißen Zähnen. Nicht schon wieder, denkt sie – vor einem halben Jahr hat schon einmal so ein Verrückter auf ähnliche Weise hier in der Filiale Geld gefordert – und weicht hinter eine Säule zurück, die die beiden Kassen zur Hälfte voneinander trennt. Aber sie kann dem dunkel Gekleideten natürlich nicht entkommen. Lauter sagt der nun – oder begreift sie seine Worte nur lauter? –: »Das Geld, hab ich gesagt. Ich hab auch 'ne Handgranate. Ich mach keinen Spaß!« Neben der dunklen Hand hinter dem Kassenschlitz liegt nun etwas Unerwartetes, Neues, etwas Rundes. Und da geht Gisela Weber, sie ist keine Resolute, immer das neue Dunklere, Runde im Blick, greift nach den Scheinen – »Alle!« –, schiebt sie durch die Öffnung, sieht einen dunklen Handschuh, der das Geld entgegennimmt, es packt, in einem weißbunten Beutel verstaut.

Als sie wieder zu sich kommt, sitzt sie auf einem Stuhl hinter ihrer Kasse, die Hände im Schoß. Wie lange hat alles gedauert? Wie lange ist sie ohne Bewußtsein, richtig ohnmächtig gewesen?

Das fragen auch die Kolleginnen, die sich um sie kümmern, das fragen später genauso die Polizisten, die das Gelände um Kassen- und Hochhauseingänge weiträumig absperren.

Wie lange das alles gedauert hat? Zwei, drei Minuten höchstens, aber was spielt das eigentlich für eine Rolle? Jedenfalls: Die Kassenuhr neben dem Eingang zu den hinteren Beratungsräumen zeigt noch nicht einmal ein volles Viertel nach neun an. Der große dunkel gekleidete Täter hat die gebündelten und die losen Scheine in seinen Beutel gestopft und ist sofort danach durch den Vorraum nach draußen ins Freie gestürzt und dort verschwunden.

War es ein Mann, eine Frau, war die Person jünger oder älter? Wie war sie bekleidet? Was heißt: dunkel?

Mühsam nach solchem Schreck, sich an einzelnes zu erinnern. Wie genau hat sie überhaupt gesehen, was sich abgespielt hat, obgleich sie doch selber ganz unmittelbar beteiligt war?

Gisela Weber sitzt mittlerweile in einem Sessel in einer der Beratungsboxen. Kolleginnen haben ihr ein Glas Wasser gebracht, auch Kaffee, aber sie hat kaum einen kleinen Schluck trinken können, obgleich ihre Kehle noch immer ausgetrocknet scheint. Man würde sie gern in Ruhe lassen, sogar nach Hause bringen, sagt einer der Polizisten, aber sie ist die hauptsächlich Betroffene, die Hauptzeugin, da muß man sie um einige Auskünfte bitten.

Gisela Weber nickt. Ein Mann, erklärt sie drauf, es ist mit Sicherheit ein Mann gewesen, der sie bedroht hat. Die Stimme, mit der gesprochen wurde, war nicht die einer Frau.

War's ein junger Mann, ein älterer?

Da hebt sie die Schulter, schüttelt den Kopf. Sie hat im Grunde doch nur diese Maske gesehen.

Aber die Waffe hat sie doch, ob sie wollte oder nicht, genau betrachtet? Hatte die einen langen Lauf, einen kurzen, war sie gedrungen, groß, steckten die Patronen in einer Trommel?

Da kann sie nur von diesem dunkleren, runden Gegenstand sprechen, offensichtlich eine Handgranate, die unversehens auf dem schmalen Podest neben dem Kassenschlitz gelegen hat.

Wo ist diese Handgranate übrigens abgeblieben und wo die Pistole? Hat der dunkel gekleidete Täter sie in seinem Beutel versteckt oder in einer Tasche seiner Bekleidung? Was war das, nebenbei gefragt, für ein Beutel? War er aus Plaste oder Tuch? Hat Gisela Weber irgendeinen Aufdruck erkennen können?

Da muß sie erneut die Antworten schuldig bleiben. Und einen zweiten Täter hat sie erst recht nicht beobachtet, nicht erkannt.

»Da ist noch ein zweiter gewesen?« fragt sie sogar erschrocken, begreift erst nachträglich den Sinn der Frage.

Ja, der hoch aufgeschossene Täter vor Gisela Webers Kassenschalter ist nicht allein gekommen.

Keine halbe Stunde, und sie haben ein ungefähres Bild von den Vorgängen dieses Vormittags. Zwei Täter sind an dem Überfall auf die Sparkassenfiliale beteiligt gewesen, ein größerer, schlanker und ein kleinerer, untersetzter. Offenbar hat es zwischen den beiden eine klare Aufgabenverteilung gegeben. Der Schlanke, Forschere hat das Geld am Schalter gefordert, der Untersetzte dagegen blieb im Vorraum, in dem sich die Geldautomaten und die Auszugsdrucker befinden, und hat den Ablauf von dort aus gesichert. Beide Täter, bekleidet mit dunkler Trainingshose und ähnlich dunklem Pullover, sind bewaffnet gewesen. Auch der Untersetzte hat mit einer Pistole hantiert. Niemand kann sich übrigens erinnern, daß der Untersetzte irgendwann ein Wort gesprochen hat. Sein Aussehen und die Pistole genügten als Drohung.

Und niemand hat ein Auto am Hochhaus an- oder abfahren hören? Die Täter haben kein Tatfahrzeug benutzt? Sind sie etwa zu Fuß zum Tatort marschiert?

»Nein«, sagt schließlich eine Frau um die Vierzig, selber Kundin an diesem Morgen. »Als die beiden Vermummten aus der Sparkasse heraus an mir vorbeistürmten, mich fast umwarfen, habe ich es ohne Zweifel gesehen: Sie sind auf Fahrräder gestiegen, Mountainbikes, die an der Mauer lehnten, ein rotes und ein blaues. Mit denen sind sie davongefahren.«

Aber wenn sie mit Fahrrädern in die nächste Straße gestürmt sind, dann stammen sie womöglich von hier aus der Neustadt, sind sie mindestens hier untergetaucht? Und sind noch ganz in der Nähe? Also braucht man vielleicht nur von Haustür zu Haustür zu laufen und zu fragen: Wer hat zwei Männer mit Moutainbikes hier entlangfahren sehen, wer kennt junge Leute mit solchen Rädern, eins blau, eins rot? Also braucht man nur ein paar Männer von der Hundestaffel anzufordern, daß ihre Tiere die Spuren aufnehmen, verfolgen?

3

Ein Arzt der Polizei hat sie noch in der Filiale untersucht, ihr eine beruhigende Spritze gegeben, sogar ein Polizeipsychologe hat sich um sie gekümmert, sich lange mit ihr unterhalten. Doch mehr als das alles hat ihr geholfen, daß sie sich daheim hat lang machen, ein bißchen hat schlafen können, auch wenn sie immer wieder hochgeschreckt ist, jedes Mal dieses schwarze, verdeckte Gesicht, diese Maske vor Augen.

Nun am Abend einigermaßen zur Ruhe gekommen, kann sie sogar schon wieder die drängenden Fragen ihres Jüngsten ertragen.

»Haben sie dir eigentlich gesagt, ob das eine richtig scharf geladene Pistole war, mit der der Kerl dich bedroht hat? Und die Handgranate, war das so ein Ei oder noch so eine alte mit Griff?«

»Peter, bitte. Merkst du nicht, daß Mutter solche Fragen weh tun?«

»Aber ich will doch nur wissen, ob Mutter richtig in Gefahr war. Das mußt du doch verstehen, Vater.«

Wie soll man solche Neugier bremsen? Den Jungen davonschicken oder vor den Fernseher?

Dabei stellt der Sechzehnjährige Fragen, die seine Eltern in den letzten Stunden selber immer wieder schmerzlich bewegt haben. Alles ist anders, wenn es keine Zeitungsmeldung mehr ist oder kein Polizeiruf auf dem Bildschirm, wenn es einen vielmehr selber und direkt betrifft. So haben sie schon einmal diskutiert, vor einem Jahr.

»Was nützt es, hinterher vielleicht zu erfahren, daß ein Täter Attrappen benutzt hat, Spielzeug oder bloß eine Schreckschußwaffe? Wenn du in so eine Mündung siehst, nimmst du immer nur das Schlimmste an.«

Die Diskussionen vor einem Jahr. Alles ist den Webers ja nicht neu. Schon einmal hat es Überfälle auf die Filiale gegeben, in der Gisela arbeitet, ausgerechnet auf ihre Filiale, auch bei Winterbeginn. Ein Mann, krank, einsam, ein Alkoholiker ohne

Arbeit, hat, ein Tuch vorm Gesicht, abends kurz vor Schalterschluß eine Spielzeugpistole durch den Kassenschlitz gehalten: »Das ist ein Überfall.« Da haben sie ihm gegeben, was er wollte. Vier Wochen später tauchte er noch einmal auf, wieder abends, ja, er war es, mit Sicherheit. Da hat ihn ein Mann, ein Kunde, verfolgt, ihn unterwegs gepackt, keine dreihundert Meter weit weg in einer Nebenstraße, zwischen den Autos auf einem Parkplatz zu Boden geworfen, daß man ihn festnehmen konnte. Nun hat der Alkoholiker längst sein Urteil: etliche Jahre Haft und einen unbegrenzten Aufenthalt in einer psychiatrischen Klinik. Der mutige Kunde von damals ist dafür öffentlich belobigt worden, vom Polizeichef und vom Oberbürgermeister der Stadt. Alles war, mit Fotos illustriert, sogar mehrfach in den Zeitungen zu lesen.

»Willst du dich wirklich solchen Gefahren aussetzen? Es gibt offenbar kleine Filialen, die, ein bißchen abseits gelegen, besonders gefährdet sind. Willst du dich nicht wenigstens in eine größere Zweigstelle umsetzen lassen?« So hat ihr Mann damals argumentiert. Wird er es noch einmal tun? Sie hat bei den Überfällen damals an keinem der Kassenschalter gestanden, war nicht einmal im Spätdienst eingeteilt. Damals hatte sie keinen Wechsel erwogen. Aber nun, mit der Gefahr direkt konfrontiert, den Pistolenlauf direkt auf sich gerichtet, wird sie bei ihrer Meinung bleiben?

Und wenn die Kerle am Morgen tatsächlich mit scharfen Waffen in die Filiale gestürmt sind? Vielleicht muß sie jetzt doch anders über ihre Zukunft denken?

»Wie ist das eigentlich?« fragt später der Sechzehnjährige, sitzt nun tatsächlich schon vorm Fernseher, zappt unentschlossen durch die Kanäle. »War euer Verrückter damals nicht zweimal hintereinander bei euch in der Kasse? Und wenn die beiden von heute morgen jetzt genauso denken wie der vor einem Jahr: Es hat so gut geklappt bei denen, machen wir's noch mal?«

Sie blicken einander an, erschrecken.

»Mal den Teufel nicht an die Wand«, sagt Hans Weber dann. »Das heute früh waren keine Verrückten wie der Alki damals. Die sind froh, erst mal unbehelligt davongekommen zu sein.«

»Glaubt ihr nicht, daß man sie rasch findet?«

4

Es ist nun schon Februar, ihr erster gemeinsamer Auftritt liegt vier Wochen zurück. Wo ist das redlich fifty-fifty geteilte Geld geblieben? Sie haben in der Zwischenzeit kaum einmal miteinander telefoniert, und wenn, dann nur kurz, das Nötigste: »Kein Bulle hat sich für mich interessiert.« Oder: »Ja, der Prozeß ist vorbei. Drei Jahre.« Drei Jahre? Schlimm. Sollen sie da nicht schnell noch mal zuschlagen? Wirklich?

Plötzlich ist Hektik an den Handys: Am nächsten Donnerstag, am ersten Donnerstag in diesem Februar, werden sie noch einmal starten: Alte Stelle, alte Zeit. Also: in der Neustadt. Also: bei Axel.

Am Mittwochabend sieht Steffen Wiedener in Leipzig ausgiebig fern, vor allem der Wetterbericht hat seine Aufmerksamkeit. Aber es gibt am nächsten Tag, heißt es, weder Schnee noch Regen, nur mäßige Kälte. Die ist zu ertragen, die hindert nicht. In der hinterlassen ihre Räder keine auffälligen Spuren.

Kaum daß seine Frau am nächsten Morgen die Wohnungstür hinter sich zugeklappt hat, kurz nach sechs Uhr, sie braucht eine reichliche halbe Stunde bis auf ihre Krankenhausstation, stülpt Steffen Wiedener den Kopf unters kalte Wasser der Dusche, reibt sich notdürftig trocken. Zehn Minuten drauf steht er an der Haltestelle der Straßenbahn. Am Bahnhofsmarkt kauft er sich ein belegtes Baguette, das ißt er im Zug, dazu trinkt er eine Flasche Milch. Er hat die Fahrzeiten von Straßenbahnen und Städteverbindungen ziemlich genau im Kopf. Er braucht immerhin wenigstens anderthalb Stunden bis zur Wohnung von Axel in der Nachbarstadt. Schneller ist das nicht zu bewerkstelligen. Diesmal benötigt er siebzehn Minuten mehr. Wieso? Er könnte den Weg von der Straßenbahn in die Neustadt rascher hinter sich bringen, aber er darf nicht auffallen, hat Axel gesagt. Schon gar nicht durch überflüssiges Rennen.

»Ich habe dir verboten, zu mir raufzukommen. Warum stehst du trotzdem vor der Tür?«

»Was soll ich unten vorm Haus warten? Außerdem will ich mir deine Gewehre ansehn. Du hast's mir versprochen.«

»Aber doch nicht heute.«

Axel Rieger bewahrt seine Jagdwaffen in einer Truhe auf, auch eine Kleinkaliberbüchse. Wohin läuft er mit denen eigentlich schießen? Nun darf Steffen wenigstens die Flinte mit dem Doppellauf in die Hand nehmen, anlegen.

Zehn Minuten später sind sie auf unterschiedlichen Wegen durch die Stadt unterwegs. Die Tür des Hochhauses, ihr gemeinsames Ziel, ist angelehnt, als Steffen, der Kleine, eintrifft. Auch die Tür zu den Kellerräumen ist nicht verschlossen. Im dritten Keller hinter der Zwischentür rechts ist Axel schon dabei, sich umzuziehen: der Trainingsanzug, die schwarzen Laufschuhe, der dunkle Pullover. Hier warten auch, was sie sonst brauchen: die beiden Mountainbikes, das mit dem blauen Rahmen, das mit dem roten, die Waffen, die Beutel für das Geld, die selbstgeschneiderten Strickmasken. Wenn alles gut geht, werden sie den Keller in spätestens einer halben Stunde genauso zurücklassen, wie sie ihn eben vorgefunden haben, bloß um etliches reicher. Aber was soll nicht gut gehen?

»Guck mal. Wir werden auch den Polizeifunk abhören können.«

»Das klappt wirklich mit diesem Ding? Sieht aus wie ein Scanner. Ich werd verrückt. Wer hat dir bloß den Tip gegeben?«

Sie verschließen den Keller, sie halten einander die Türen wechselseitig auf, daß sie mit den Rädern ohne Schwierigkeiten und Umstände hindurchgelangen. Dann fahren sie los. Achthundert Meter, tausend? Kurz vor der Sparkasse streifen sie sich ihre Strumpfhosenteile über die Gesichter, die Strickmasken mit den Schlitzen für Augen und Mund. Sie tasten nach dem Metall in ihren Hosentaschen. Alles ist bereit. Sie deponieren die Räder in den vorgesehenen Halterungen vor den Scheiben mit der großflächigen Sparkassenwerbung. Dann stürmen sie in das Innere der Kasse: »Das ist ein Überfall.« Steffen Wiedener steht zwischen den Glastüren, die Vor- und Hauptraum trennen, hält die Schreckschußpistole schräg gesenkt. Axel Rieger tritt wie abgesprochen an die Schalter: »Los, los, Geld her.« Vor vier Wochen hat es hier keine Zwischenfälle gegeben, warum sollten sie da die Sparkasse wechseln?

An diesem ersten Donnerstag im Februar hat Gisela Weber Spätschicht. Hinter dem Kassenschalter bedient diesmal Else Kottwitz. Noch ein halbes Jahr später wird auch sie immer noch sagen:

»Jedesmal, wenn ich laute Geräusche hinter meinem Rücken vernehme, irgendwas Ungewöhnliches, schrecke ich zusammen, erwarte ich Schlimmstes.«

5

Es gibt Gerüchte. Immer gibt es in solchen Fällen Gerüchte. Die Täter gehören zur Mafia, die Täter sind ehemalige Sparkassenangestellte, die Täter sind Söhne eines früheren Sparkassenchefs oder zwei Burschen aus einem Hochhaus in der Nähe, seit Wochen plötzlich verschwunden, die Täter haben sich nach Dresden abgesetzt, nach Hamburg, nach Österreich, nein, in die Tschechoslowakei.

Warum sich der Gedanke immer mehr festnistet, daß man es mit zwei nicht ganz jugendlichen Tätern zu tun hat? Else Kottwitz, nach dem zweiten Überfall, hat unumwunden erklärt: »Das sind keine Leute über die Dreißig, das sind auch keine Kinder, das sind Burschen Anfang der Zwanzig. Ich kenne mich aus. Ich hab Söhne im selben Alter, die bewegen sich genauso. Ihr könnt's mir glauben. Bloß: Meine klauen nicht.«

Auch darüber spekulieren die Gerüchte: Die Polizei hat nach dem zweiten Überfall in der Neustadt Boote der Wasserschutzpolizei eingesetzt und die Ufer der Saale abgesucht. Haben die Täter Verbindung zu einer der einheimischen Schiffsreedereien (Wo liegen deren Schiffe jetzt eigentlich im Winter?), oder haben sie ihre Beute in wasserdichten Beuteln im Uferdickicht verborgen? (Ausgerechnet um diese Jahreszeit?) Oder haben die Täter Unterschlupf in einem der Boots- und Gartenhäuschen am Flußufer gesucht? Auch das verwundert: Gleich nach dem Überfall ist der hiesige Polizeihubschrauber eingesetzt worden. Hat man gehofft, die zwei radelnden Mountainbike-Fahrer bei irgendwelchen Irrfahrten durch die Neustadt oder auf der nächsten frischen Tat entdecken zu können? Wieviel haben die beiden Kerle übrigens erbeutet, einhunderttausend, zweihunderttausend Mark?

Gisela Weber kann bei diesen Zahlen nur lächeln. Natürlich, in Fernsehkrimis wechseln in solchen Fällen immer Millionen, in Beuteln oder Koffern davongetragen, den Besitzer. Bei ihnen in ihrer Filiale geht es dagegen um deutlich geringere Beträge. Gott sei

Dank hat keiner sie gezwungen, den großen Tresor hinter den Schaltern zu öffnen.

Gisela Weber, sonst keine eifrige Zeitungsleserin, verfolgt in diesen Wochen die täglichen Berichte auf den Lokalseiten gründlich. Wenn unter ihren Kolleginnen und Bekannten auch die Gerüchte und Vermutungen wechseln, wenn keiner Genaues, jeder eigentlich gar nichts weiß, niemand zu einer Gegenüberstellung oder neuen Befragung gebeten wird – die Zeitungen werden doch über den neuesten Stand der Ermittlungen berichten können. Denn das kann doch nicht sein, daß die Polizei wochenlang keine heiße Spur, keinen Tatverdächtigen findet. Sind sie nicht Hauseingang für Hauseingang abgelaufen, haben sie nicht gefragt, was für junge Leute da wohnen und wer von denen Moutainbikes besitzt, entweder ein blaues oder ein rotes? Mußten nicht die Fahrradhändler Auskünfte über die Mountainbikekäufer der letzten Jahre abgeben? Haben sie nicht ihre Listen einschlägig Vorbelasteter aufmerksam durchgesehen? Haben nicht wenigstens ihre Hunde erfolgreich geschnüffelt?

Gisela Weber glaubt ihre Unsicherheit nach dem Überfall gründlich überwunden, ihre Selbstsicherheit wiedergewonnen zu haben. Da kommt sie an diesem ersten Februardonnerstag mittags zu ihrer Arbeitsschicht im Punkthochhaus. Schon von ferne sieht sie die rotweißen Absperrungsstreifen, die um die Filiale gespannt sind. Dann steht sie vor einem der Leute vom Sicherheitsdienst und wird abgewiesen. Heute ist die Filiale wieder ganztägig geschlossen, sagt der Mann entschieden, auch für die Angestellten vom Spätdienst. Heute hat sie arbeitsfrei, dienstfrei, versteht sie?

Da fühlt sie plötzlich: Sie hat nichts überwunden, ihre Unsicherheit nicht und nicht ihre Angst. Alles ist noch ganz gegenwärtig.

Noch einmal genau vier Wochen später verbreitet sich die Nachricht in Windeseile über die Telefone, liest man am nächsten Morgen auch in der Zeitung: Diese Mountainbikefahrer, die »radelnden Bankräuber«, haben sogar ein drittes Mal zugeschlagen, zwei Kilometer weit weg in der Neustadt, hinter dem Kiessee, an einer Stelle, wo genauso viele Büsche und Bäume unübersichtlich herangewachsen sind. Aber ja, es sind dieselben Täter, alles Äußere spricht dafür, alle Umstände, die ganze Art des Überfalls, die An- und Abfahrt mit dem Rad, die Farbe ihrer Räder.

Nun sind wenigstens sie im Punkthochhaus nicht mehr das Ziel der Räuber, denkt da Gisela Weber. Wie lange kann ein solcher Gedanke ein Trost sein?

6

Wie viele Ermittlungsvorgänge laufen ins Leere, bleiben trotz erheblichem Aufwand ohne Ergebnis, müssen eingestellt werden? Manchmal erfährt man von eindrucksvollen Aufklärungsquoten, da werden dann Zahlen zwischen achtundvierzig und siebzig Prozent genannt, je nach Straftatbeständen. Wie sehr die Zahlen die Leute überzeugen? Jugendliche Autoknacker haben mitunter zwischen sechzig- und achtzigmal zuschlagen, ehe man sie faßt. Und wie viele Übergriffe bekennen sie dann, wie viele kann man ihnen nachweisen? Oder diese Sprayerbanden. Und diese unterschiedlichen Arten von Beschaffungskriminalität. Über eintausend eindeutig Drogenabhängige leben mittlerweile in der Stadt, sagen die Statistisken. Woher besorgen sie sich das Geld für ihre Events, doch nicht bloß auf ihren Betteltouren an öffentlichen Plätzen, in Bahnhofstunneln oder auf dem Markt?

Nein, die Vielzahl der Straftaten darf keine Entschuldigung für mangelnde Ermittlungserfolge beim »radelnden Duo« sein. Die sind doch in der Nähe ansässig. Die unternehmen doch so was nicht von Leipzig oder Naumburg aus. Oder doch? Aber dann haben sie doch irgendwo in nächster Nähe einen Unterschlupf, eine Ausgangsposition? Kann man die nicht aufspüren?

An einer Tafel in den Gängen des Polizeipräsidiums hängt in diesen Wochen ein Zeitungsausschnitt. So etwas geschieht selten. »Räuber-Duo stellt Polizei vor Rätsel«, heißt die Titelschlagzeile. »Bereits die dritte Tat nach demselben Strickmuster. – Doch Fahndung bleibt erfolglos.«

Den Artikel muß ein Außenstehender, vielleicht ein persönlich Betroffener angeheftet haben. Das Blatt hängt über Tage, und niemand nimmt es ab. Sie wissen ja alle im Haus: Der Artikel hat recht. Der Tatplan, nach dem die Täter jedesmal vorgegangen sind, ist einfach, immer derselbe. Offenbar hat der Erfolg sie übermütig werden lassen, und sie haben ihre Vorgehensweise dummdreist wiederholt. Hat man eigentlich keine Posten in Zivil aufgestellt, die Gauner zu fassen? Freilich: Es gibt so viele Sparkassen- und Bankfilialen in der Stadt ...

In diesen Tagen wird ein Prozeß gegen einen jungen Mann geführt, der vor zehn Jahren den ersten spektakulären Überfall nach der Wende auf eine einheimische Bankfiliale unternommen hat, mit einem Maschinengewehr bewaffnet, mitten in der Stadt, kaum fünfzig Meter neben dem hiesigen Landgericht, das ihn schließlich verurteilt. Nach zehn Jahren Unterschlupf, nach zehn Jahren mit einer veränderten Identität, hat man Dieter Setzepfand auf Mallorca gefaßt, mittlerweile ein umtriebiger Unternehmer, ein braungebrannter Sonnyboy Anfang Dreißig. Seine Lügen und seine Tränen haben ihn nicht vor einer kräftigen Strafe bewahrt. Sollen seine radelnden Nachfolger – Setzepfands Komplize parkte damals seinen Mercedes kurz hinterm Stadtturm – genauso lange auf ihre Bestrafung warten dürfen?

»Dunkel war die Kleidung der maskierten Täter in allen drei Fällen. Im Dunkeln tappt auch die Polizei auf der Suche nach ihnen.« Das sind keine wohlwollenden Zeitungssätze. »Sechs Angestellte befanden sich in der Bank, diesmal freilich nur eine Kundin, als das Gangster-Duo seine Pistolen hob. Ähnlich wie bei den früheren Überfällen haben einige Beteiligte einen Schock erlitten und mußten medizinisch und psychologisch betreut werden.«

Es ist inzwischen März. Einen ordentlichen Winter hat es wieder einmal nicht gegeben, wohl spürbare Kältegrade, aber keinen ausdauernden Schnee.

An einem dieser unangenehm naßkalten und nebligen Märzmorgen erhält Kriminalkommissar Hunger den Anruf, den er erhofft, aber ernsthaft nicht so bald erwartet hat.

»Komm. Wir haben sie, denk ich mal.«

»Wen?«

»Die beiden Mountainbikefahrer.«

»Wo?«

»Nochmal die Filiale von der vergangenen Woche. Sie sind plötzlich durch den Nebel gekommen.«

Minuten später schon ist Hunger unterwegs in die Neustadt. Er kennt den Tatort genau: die Sparkasse hinter den Anlagen an den Schulsportplätzen, vom Donnerstag vergangener Woche. Nun haben die beiden Täter – es sind doch wohl dieselben – noch einmal in derselben Filiale zuschlagen wollen, sechs Tage später, heute ist Mittwoch. Ist ihnen keine Sekunde lang in den Kopf gekommen, daß man sie mittlerweile erwarten könnte? Oder haben sich Trittbrettfahrer an den Fall gehängt?

Es ist wirklich ein ziemlich nebliger Morgen. Der Fahrer hat einige Mühe, in dem Karree der Häuserblöcke rasch voranzukommen. Das Wohnviertel hier draußen ist nicht direkt von der Stadtmagistrale aus zu erreichen, man muß eine Westumfahrung nehmen. Wer sich das einmal ausgedacht hat?

Aber dann ist alles ganz einfach und überschaubar. Die zivile Fahndergruppe erwartet Hunger. Sie haben genau den Augenblick abwarten können, erklären sie, als die Täter, mit allem ausgerüstet, Masken, Pistolen und Plastebeuteln für das Beutegeld, in die Sparkasse stürmen wollten. Nun steht der eine der Täter mit gespreizten Beinen vor der weißgetünchten Sparkassenfront, der andere liegt seitlich auf dem nassen Boden. Ihre Mountainbikes sind nebenan in den dafür vorgesehenen Halterungen geparkt.

»Haben sie Widerstand geleistet, euch etwa mit ihren Waffen bedroht?«

»Ach wo. Die waren nur überrascht, sie ließen sich sofort festnehmen.«

»Ihre Klamotten habt ihr sichergestellt?«

»Wir haben sogar ihre Namen. Natürlich haben sie keine Ausweise bei sich. Aber den einen kannten wir schon. Dem sind wir schon mindestens zweimal begegnet. Und der andere ist aus Leipzig.«

»Na, dann wollen wir den Herren mal ihre neue Unterkunft zeigen.«

Mittlerweile haben sich ein paar Dutzend Leute neugierig angesammelt, frühe Kunden aus der nahen Kaufhalle. Aber sie haben bald nichts mehr außer ein paar weißroten Absperrbändern zu bestaunen.

7

Manchmal hat Gisela Weber gehofft, daß man ihr diesen Zeugenauftritt ersparen wird, dann wieder hat sie sich Mut eingeredet: Sie muß diesen Kerlen wenigstens einmal von Angesicht zu Angesicht gegenübersitzen. Aber schon draußen auf dem Gerichtsflur, als sie mit ein paar anderen Zeugen wartet, ist ihr Mut rasch verflogen. Warum tut sie sich das an, warum hat sie sich nicht krank schreiben lassen, sie ist doch krank, krank vor der neuen Aufregung.

Sie hat noch nie vor einer Gerichtsbank gestanden, kein Gerichtsgebäude von innen gesehen, schon gar nicht als Betroffene. Nun sitzt sie plötzlich in einer Enge, die sie zusätzlich bedrückt, die von allen Seiten auf sie einstürmt. Fünfzig, hundert Leute in dem kleinen Saal! Schließlich begreift sie die Worte des Richters, der ihr begütigend zuredet: »Sie haben nichts zu befürchten, Frau Weber. In zehn Minuten ist alles vorbei, versuchen Sie sich nur in aller Ruhe an das Geschehene von damals zu erinnern.« Aber wie soll sie ruhig bleiben, wenn die Minuten von damals wieder in ihrer Erinnerung aufsteigen, wenn sie sogar noch dazu aufgefordert wird, sich an jede Einzelheit zu erinnern?

»Nein«, sagt sie, sie erkennt die Angeklagten nicht wieder, die trugen ja damals schwarze Gesichtsmasken. Sie hat für die beiden bislang nur ein paar seitliche Blicke zustande gebracht. Sie wird ihnen auch während ihres gesamten Zeugenauftritts nicht ins Gesicht sehen können. Außerdem, sagt sie dann leise, fast flüsternd, außerdem hat sie von dem zweiten Täter erst nachträglich erfahren. Damals gab es für sie nur den einen, der plötzlich mit seiner Pistole vor ihr am Schalter stand und etwas Schwarzes auf das Podest vor der Glasscheibe legte. »Das ist eine Handgranate«, so seine Worte ungefähr, und da trat sie hinter ihrer schützenden Säule hervor und reichte ihm die gebündelten Geldpakete und die losen Scheine.

»Die Münzen auch?« fragt der Richter.

Sie weiß es nicht mehr, sie kann sich auch nur ungenau an den Beutel erinnern, in dem das Geld verschwand, reichlich elftausend Mark, sie hat die Summe erst im nachhinein erfahren.

Als sie bald darauf entlassen wird (»Nun können Sie alles vergessen, endgültig.«), hat man kaum mehr von ihr zu hören bekommen, als man ohnehin schon weiß. Sie wird sich später auch nur undeutlich erinnern können, was man sie im einzelnen gefragt und was sie geantwortet hat. Nicht einmal die Angeklagten hat sie richtig verstanden, die sich bei ihr entschuldigen wollten. »Wir wollten Sie nicht verletzen. Entschuldigung.« Der kleine Untersetzte und der große Schlanke. Nur das weiß sie noch ganz sicher: Als eine Kollegin aus der Sparkasse sie am Arm nimmt, durch die engen Reihen aus dem Saal führt, ist sie froh, allem ein zweites Mal entkommen zu sein.

Ist Gisela Weber eine wichtige Zeugin? Sie ist eine von wenigstens zwanzig. Hätte man auf ihre Anhörung verzichten können? Mindestens ist sie die erste in einer langen Reihe. Und macht nicht gerade ihr Auftritt deutlich, welche psychischen Folgen ein Verbrechen bei seinen Opfern hinterlassen kann?

Der Prozeß gegen die vermummten Mountainbike-Fahrer, die Sparkassenräuber aus der Neustadt findet schon ein Vierteljahr nach ihrem letzten mißglückten Überfall statt. Die Erinnerungen an die dreisten Wiederholungen desselben Tatmusters sind noch frisch. Da interessiert der Prozeß weithin. Vier Terminstage sind angesetzt, auf einen wird am Ende verzichtet werden können, aber an jedem der anderen ist der Gerichtssaal mehr als dicht besetzt.

Der Vorsitzende Richter der Kammer ist für seine forsche Verhandlungsführung bekannt. Die Täter sind geständig, auch beim vierten, vergeblichen Versuch sind sie mit voller Montur erschienen. Mountainbikes, Masken, Pistolen und Handgranatenattrappe liegen nun dem Gericht vor, zusätzlich hat man in einem Keller weitere Beweismittel gefunden. Was soll da noch passieren?

Freilich, Untersuchungsergebnisse sind das eine, ein Prozeß ist etwas anderes. Doch die Täter sind auch da geständig, geradezu kooperativ.

»Eigentlich sollte Steffen an die Schalter«, sagt zum Beispiel Axel Rieger. »Aber der hatte Angst. Da übernahm ich das. Dabei: Alles überblicken, von hinten sichern, das schien mir schwieriger. Die Handgranate sollte ja bloß Dekoration sein. Doch die Attrappe wirkte, die Angestelle kam hinter ihrem Pfeiler hervor und gab mir das Geld. Die Pistole war eine Gaspistole. Im Lauf waren Platzpatronen, im Magazin Pfefferpatronen.«

»Wußten Sie eigentlich, daß Sie während der Tat gefilmt wurden?« beginnt der Richter einen seiner gelegentlichen Späße.

»Wir rechneten damit«, erwidert Rieger.

»Aber in die Kamera gelächelt haben Sie trotzdem nicht.«

Und Steffen Wiedener?

»Mein Bruder hätte mir die Generalschlüssel für die Neustädter Keller nie freiwillig gegeben. Da hab ich abgestritten, daß er ihn bei mir vergessen hatte. So gelangte ich zu dem Schlüsselbund, und die Sache mit dem Keller war danach meine Idee. Aber an einen der Schalter traute ich mich nicht, ich hätte dort bloß rumgestottert.«

»Sie haben für Ihr Alter eine stattliche Vorstrafenliste, sechs Eintragungen mit zweiundzwanzig Jahren. Diebstahl, Körperverletzung, ein andermal haben Sie jemanden angefahren und verletzt liegengelassen. Schließlich hatten Sie Ihren letzten Prozeß im Januar, zwischen dem ersten und dem zweiten Überfall. Hat Sie da nichts nachdenklich gemacht, zurückgehalten?«

»Wir rechneten ja bei dieser Sache überhaupt nicht damit, gefaßt zu werden. Und ich brauchte das Geld.«

»Was haben Sie übrigens mit Ihrer Beute angestellt? Rund 31 000 Mark sind aufgelistet, keine kleine Summe.«

»Wir haben sie geteilt, fifty-fifty.«

»Da bleiben 15 000 für Sie. Wieviel hat Ihre Frau davon abbekommen, wieviel haben Sie in den Haushalt gesteckt?«

»Ich zog erst los, wenn meine Frau aus der Wohnung war, arbeiten in ihrer Klinik. Da hat sie nie was gemerkt. Da konnte ich ihr auch kein Geld geben.«

»Was haben Sie dann mit Ihrem Anteil angestellt?«

»Ich bin in die Kneipen, aus Langeweile, aus Frust. Dort fing ich zu spielen an. Ich hab daran ziemlichen Spaß. Da ist dann alles schnell draufgegangen. Schon als wir das zweite Mal auf unsere Mountainbikes stiegen, besaß ich keine Mark mehr von dem Anteil vier Wochen zuvor.«

Auch Axel Rieger hat sein Geld durch die Finger rinnen lassen. Noch nie zuvor hatte er soviel Scheine auf einmal besessen. Da gibt er Kneipenlagen aus, hält Kumpels frei. Außerdem hat er Schulden. Fünftausend Mark Schmerzensgeld muß er dem Schwarzafrikaner zahlen, in monatlichen Raten, dazu gibt es noch andere Monatsraten. Er hat sogar bei der Richterin vorgesprochen, um eine Halbierung der monatlichen Leistungen zu bewirken. Und dann sind da noch die Schulden für drei Handys. Und »private Schulden, über die ich nicht sprechen möchte«. Dazu gehört wohl das havarierte Auto. Insgesamt siebenundzwanzigtausend Mark.

»Wieviel von Ihrer Beute haben Sie verwendet, solche ›Außenstände‹ zu begleichen?« fragt der Richter.

Natürlich nicht eine Mark.

»Die Angeklagten haben keinerlei Lehren aus ihrem früheren Verhalten gezogen«, erklärt der anklagende Oberstaatsanwalt am dritten Verhandlungstag in seinem Plädoyer. »Sie machen Schwierigkeiten in ihrer Kindheit oder mit ihren alkoholabhängigen Eltern für ihr eigenes Fehlverhalten verantwortlich. Sie sind äußerst uneinsichtige Rechtsbrecher, in ihrem Wohnumfeld früh bekannt. Fehlte irgendwo Wäsche auf der Leine, wurde der junge Wiedener als erster verdächtigt. Nun werden sie erneut schwer straffällig, genau zu der Zeit, als sie sich vor Gericht für zurückliegende Straftaten zu verantworten haben oder auf den Widerruf ausgesprochener Urteile hoffen. Wie können sie da mit Nachsicht rechnen. Wer absolut nicht hören will, muß fühlen.«

Das Gericht sieht die rasche Folge der Taten, es berücksichtigt aber auch die Geständigkeit der Täter. Von der Schlüsselbeschaffung oder dem Kellerdepot für Kleidung und Werkzeug hätte man ohne die Aussagen der Täter so schnell nichts gewußt.

Freilich, die beiden sind nun keine Jugendlichen oder Heranwachsenden mehr. Die Richter verurteilen Axel Rieger zu elf Jahren Freiheitsentzug. Darin sind die nun nicht mehr auf Bewährung ausgesetzten drei Strafjahre wegen der Verfolgung und schweren Verletzung des Schwarzafrikaners enthalten. (Natürlich hatte sich Rieger damals mit seinen Fäusten nicht zurückgehalten.) Und Stefan Wiedener erhält neuneinhalb Jahre. Er hat dazu noch die Jahre aus seinem Leipziger Urteil zu erwarten. Dessen Revision wird wohl keinen Erfolg haben.

Am meisten berührt dieses Urteil die Richter der Jugendkammer vom selben Landgericht. Hätten sie vor gut einem Jahr im

Schwarzafrikaner-Prozeß nicht so viel Hoffnung und Vertrauen in Axel Rieger investiert und damals eine Strafe ohne Bewährung gegen ihn ausgesprochen, Rieger hätte erst einmal über Jahre hinweg nicht die Gelegenheit zu neuen Rechtsverletzungen gefunden.

»Wer rechtzeitig hört, muß nicht fühlen.« Auch das hat der Staatsanwalt gesagt. Aber wer hört schon rechtzeitig auf solche Sprüche?

Pension Storch

1

Dieser Sommer ist verregnet wie viele Sommer der letzten Jahre. Aber wann gibt es die schon mal noch: richtige heiße Sommer und knackige Winter? Vergangenes, unsere Erinnerung, ist immer schöner als Gegenwärtiges, sagt Hubert Storch. Das begreift man erst mit den Jahren.

Hubert Storch hat mittlerweile gelernt, auf vieles zu verzichten, sich auf Gegebenes einzurichten. Nun ist ihm nur noch sein Haus mitten in der Stadt geblieben, nahe am Markt, nein, eigentlich bloß die Wohnung im ersten Stock. Er ist dreiundsiebzig geworden, ein alter Mann, er hat den Schlaganfall überlebt, aber die Lähmungen fesseln ihn an die Wohnung. Da sind ihm Winter und Sommer gleich. Er spürt und verfolgt sie nur durch die Fenster, die er mal aufsperren muß und mal schließen. Das nahe Haus gegenüber ist schon vor einem Dutzend Jahren renoviert worden, schon vor der Wende, neidvoll blickt er manchmal auf die sauberen Balkengevierte des Fachwerks drüben. So hätte er die Stockwerke des eigenen Hauses auch herrichten lassen können, wenn er die Kraft und die Lust dazu gehabt hätte. Und natürlich vor allem das Geld. Sein Haus hätte mindestens genausoviel hergemacht mit dem hölzernen Storchenpaar an der Giebelseite. Doch für wen? Die Kinder und Enkel sind über die ganze Welt verstreut, bis hin ins ferne Australien. Da reicht es höchstens einmal im halben Jahr zu einem Kärtchen oder einem Brief. Sie brauchen ihn alle nicht mehr. Er ist allein. Seine Frau ist längst an Krebs gestorben.

Aufs Bett und auf die Krücken angewiesen, bringt er's trotzdem nicht fertig. ohne Aufgaben zu leben. Als er's noch vermochte, hat er unten im Parterre den Antiquitätenhandel betrieben. Uralte Grafiken. Stadtansichten. Zinngeschirr und Porzellane, er kam an sie ran und hat sich mit ihrem Verkauf über Wasser gehalten. Nun vermietet er seine paar überflüssigen Räume in den oberen Stockwerken. Und er hat Hella und die Jungsche, Grit, die ihm im Wechsel die Zimmer sauber halten und für ihn selber das Nötigste herbeischaffen, Essen und Gewaschenes, Getränke, Bettzeug. Dazu kommt zweimal am Tag, morgens und abends, eine Schwester, die ihn umbettet, wäscht.

Manchmal schafft er's bis zum Sessel am Fenster und blickt hinunter auf den kleinen Platz zwischen den Häusern, verfolgt, was für Leute da unten ihre Autos parken und wer in die nahe Apotheke läuft. In dem renovierten Fachwerk gegenüber, in dem »Haus zu den zwei Tauben«, geschieht am wenigsten, aber immer ereignet sich etwas auf dem nahen Marktplatz, den er nicht mehr sehen, nur noch hören kann.

Um zwei Ecken herum liegt er, ein ungleiches Vieleck mit fünf Türmen mitten darin und der berühmten Rolandsfigur, mit Eßbuden und unterschiedlichen Bühnen, mit Lautsprechern, Ansagen, Versammlungen. Manchmal liest er von ihnen am nächsten Tag in der Zeitung oder sieht gar Berichte davon noch abends im Fernseher, der seinem Bett gegenüber aufgebaut ist.

»Pension zu den Störchen, Zimmer zu billigsten Preisen.« So ein Schriftband wird er draußen am Haus anbringen lassen. Warum hat er's nicht schon längst veranlaßt? Sein Körper ist zerbrochen, malade, aber sein Geist ist noch rege. Immer wieder hat er frische Ideen.

Hubert Storch riecht den nahen Herbst durch die geöffneten Fenster. Er sieht ihn in seinem Fernseher vorm Bett, der Tag und Nacht läuft: Stürme in Spanien, Überschwemmungen in Italien, Kämpfe auf dem Balkan. Und draußen vorm Haus scheint wieder einmal die Sonne, trocknet das regennasse Pflaster.

Es ist ein Sonntag im späten August. Noch vier Monate, dann geht ein ganzes Jahrtausend zu Ende. Was für eine ferne Jahreszahl ist das einmal in der Kindheit gewesen.

Noch höchstens vier Stunden, und Hubert Storch wird nicht mehr am Leben sein.

2

Diana Schäfer ist es nicht gleich, ob es warmer Sommer ist oder früher kalter Herbst. Wer auf der Straße lebt, achtet auf Hitze und Eis, Wind und Regen. Schon einmal hat sie einen eisstarren Winter im Abbruch hinter sich gebracht. Mal friert man zu dritt unter dünnen Decken, mal kampiert man bei Freunden, Kumpels, mal rückt man nahe zu Fremden. Aber lieber dort unterkommen als in der eigenen notdürftigen Bude, die das Sozialamt bezahlt. Nun geht der Sommer schon wieder mit viel Regen zu Ende. Wo wird sie dann sein? Nein, bei ihrer Mutter wieder anklopfen, sich einkratzen, kommt nicht in Frage. Wichtig ist sowieso nur der nächste Tag, wichtig ist: Stoff haben für den nächsten Schuß.

An diesem Sonntagmittag im August ist Diana Schäfer ein paarmal zwischen Obermarkt und Wasserturm unterwegs. Sie steigt in eine der Straßenbahnen, fährt in Richtung Osten der Stadt und kehrt doch nach kaum zwei Stationen schon wieder zurück. Unstet, gehetzt, hin- und hergetrieben wiederholt sie das Spiel mehrfach. Die Bahnen sind um diese Zeit spärlich besetzt, es sind auch nicht immer die Kerle darin, auf die sie aus ist. Sowieso geben sich die paar jungen schwarzen Burschen, die sie anspricht, durch die Bank als hartherzig, abweisend. Selbst wenn sie eine gute Abnehmerin der gewissen Portionen ist, weshalb soll man ihr etwas schenken? Und ungewissen Kredit geben heißt doch schenken. Nein, die jungen Herren über die glückverheißenden weißen Pulver und Päckchen lächeln nicht einmal, wenn sie sie abblitzen lassen. Hat sie nicht wenigstens andere Ware, Tauschware?

Diana Schäfer spürt allmählich das Zittern ihrer Hände, ihr Mund ist hohl, trocken. Wenn sie nicht bald zu einigem Stoff kommt, wird das ein schlimmer Nachmittag.

Da sind unvermittelt Locke und Striptease im Wagen. Striptease, der Zweimetermann, der lächelnde Riese. Weiß der Teufel, nach welchem Vorfall der zu seinem Namen gekommen ist. Striptease ist verläßlich, hat gute Ware, deshalb geht sie gerne zu ihm.

»Striptease, ich bin abgebrannt, kahlgefressen. Ich hab keinen Schein für dich, nichts sonst. Aber du hast was für mich, ja. bitte? Bitte, Striptease, ja. Bitte.«

Als sie Minuten drauf am Obermarkt aus der Bahn stürzt, mit dem weißen Zeug in der Tasche, sieht der Platz schon ganz anders aus, freundlicher, friedlicher. Hat Striptease ihr das Päckchen nun wirklich großmütig geschenkt? Sie kann's kaum fassen. Vielleicht will er morgen doch dafür kassieren, sogar einen großen Schein?

»Hallo«, sagt sie, mustert die Truppe auf den Denkmalstufen, acht, neun Jungen und Mädchen. Bello hockt dabei, albert mit seinem Köter herum, läßt ihn endlos nach einem richtigen Knochen schnappen. Und Tina, die gleich auf sie zukommt, hat ihr Haar kürzen lassen, mit Blau und Rot eingefärbt. Wer weiß, wer ihr das gestern oder heute morgen gemacht hat. So lange haben sie einander nicht gesehen.

»Du hast was bei dir, ja?« fragt Tina. »Ich seh's dir an. Da fällt auch was für mich ab. Du hast's mir versprochen.«

Sie laufen vom Denkmal über den fast leeren, sonntags verödeten Platz, sind schon nahe bei den Untergrundtoiletten, als sich Diana endlich nachgiebig zeigt. »Ein bißchen was kann ich dir lassen, nicht viel«, nickt sie, »bin total abgebrannt. Aber ich hab was gekriegt. Ich soll's bezahlen, wenn ich Geld hab.« Da hängt die andere mehr als zuvor wie eine Klette an ihr. »Du bist ein Engel, Lady Di, ein richtiger Engel. Ich hab's immer gewußt.«

Aus der Männerabteilung kommt ein Bursche, jünger als sie, steigt die Treppe herauf, schließt sich langsam und grinsend die noch weit offene Hose, zwei andere starren ihm hinterher, ein Älterer, ein Jüngerer. Aber im Frauenbereich auf der Gegenseite sind sie allein. Sie kennen sich hier aus. Sie verschließen die Kabinentür, niemand soll sie überraschen. Diana hockt sich auf die Brille, zerrt sich den Schal vom Hals, breitet ihn über ihren Schoß, einen Pappdeckel darüber, fingert das Plastepäckchen vom lächelnden Riesen zwischen Pulli und Rock hervor, läßt das Pulver auf die Pappe gleiten. Für sie eine Zigarette, der Rest bleibt Tina. die mit weit offenen Augen die Prozedur verfolgt.

Sie kennen einander seit letztem Winter näher, über ein halbes Jahr. Sie haben sich wechselseitig schon ein paarmal aus der Patsche geholfen, sich mit Stoff versorgt oder dem anderen einen Schein zugeschoben. Wann hat Tina sie zum ersten Mal so genannt: Lady Di? Aber Tina war's, auf jeden Fall. Und nun heißt sie bei vielen so, und manchmal steht sie vor einer Spiegelscherbe und starrt auf ihre kurzen verklebten blonden Haare und auf ihre kräftige Nase: Wieviel Ähnlichkeit ist da mit der toten Engländerin?

»Laufen wir noch ein Stück, Geld machen? Lieber jetzt als abends.«

Manchmal schon haben sie gemeinsam in belebten Straßen gestanden, auf Märkten, sich den Vorübergehenden aufgedrängt: Haben Sie nicht mal 'n paar Mark? Fünf Stücke wenigstens könnten die Knauser schon abdrücken oder einen Schein, mit Leichtigkeit. Aber wieviele brachten Verständnis auf für ihre Sorgen? Sie hatten sich auch schon Handtaschen besorgt, von alten Frauen, die auf Parkbänken dösten oder im Supermarkt ihre Rollwagen für Minuten unbeaufsichtigt ließen, sie kannten Parkplätze, auf denen wenigstens drei, vier Wagen immer unverschlossen auf ihre erfolgreiche Revision warteten. Und wie leicht konnte man manchmal über Hinterhöfe in fremde Wohnungen steigen.

An diesem nun schon späten Augustmittag stoßen sie nur auf wenige Passanten, die bereit sind, auf ihre aufdringlichen Bitten ihre Brieftasche zu öffnen und nach einer kleinen Spende zu kramen. Dafür geraten sie in ein einladendes, an diesem Wochenende verlassenes Studentenwohnheim am Postplatz, mitten in der Stadt. Sie steigen vorsichtig durch die Gänge, über die Treppen. gelangen schließlich im ersten Stock vor einen unverschlossenen Glasschrank: Was für ein Schatz! Hunderte Kassetten, Hunderte CDs. Sie räumen ab, was sie können, lassen die Beute in zwei Plastebeutel gleiten.

Stunden später sind sie ernüchtert. Selbst der gutmütige Striptease in der Straßenbahn in die östliche Vorstadt hebt die Hände: Was soll er mit dem alten Zeug, Cordalis und Jürgens.

Gegen einundzwanzig Uhr stehen die beiden Mädchen wieder am Markt. Eigentlich hat Diana Schäfer die jüngere Tina längst loswerden wollen, so dicke haben sie's nun auch nicht miteinander, daß sie so viel zusammen veranstalten. Lady Di ist jetzt mit Mambo verabredet, vor diesem Blumenladen am Markt Aber der Heini kommt einfach nicht. Hat er die Hosen voll? Geht ihm der Hintern auf Grundeis? Der Feigling!

Nach knapp zwanzig Minuten erzählt Diana Schäfer plötzlich: Mit diesem feigen Mambo wollte sie eigentlich ein Ding drehn, das hilft ihnen für Wochen aus der Not. Nun muß Tina ihr beistehen. Sie, Diana, hat's eben entschieden. Da liegt, nicht weit weg von diesem Blumenladen hier, eine Pension, Tina kann das Haus sehen, ein alter Mann vegetiert darin, vermietet manchmal Zimmer.

»Der kann sich kaum noch allein bewegen, aber er hat Kohle, massenhaft Kohle, man muß sie nur finden, und Werte, wenigstens zwei Fernseher. Ich hab dort gewohnt. Der Alte schuldet mir noch

Geld, mindestens zweihundert Mäuse. Guck mal: Ich hab sogar noch ’nen Schlüssel für seine Bude.«

»Wie kommst du dazu?«

»Warum sollt ich dem Alten seinen Schlüssel zurückgeben? Ich war mit Mambo hinterher schon mal drin in der Bude. Es ist alles ganz leicht. Der Alte ist malade, kommt kaum noch aus seinem Kahn.«

Wie lange braucht es, Tina, die Sechzehnjährige, zu überzeugen? Was haben sie heute nicht alles angestellt, zu Stoff oder Geld dafür zu gelangen? Und was haben ihre Versuche eingebracht? Sollen sie da auf die günstigste Gelegenheit von allen verzichten? Der letzte Schuß liegt schon wieder acht Stunden zurück. Wie lange noch, und sie wird nach dem nächsten jiepern.

»Und wenn der Alte dich wiedererkennt, wenn der merkt, wer ihm seine Klamotten rausklaut? Hast du keine Angst?«

»Ach, der erkennt mich doch nicht.«

»Und wenn doch?«

»Er kann sich, hat er gesagt, an mich nicht erinnern. Ich hab dem Alten zuviel gezahlt für die Woche, die ich bei ihm gewohnt habe. Er muß mir das Geld zurückgeben. Seit Monaten streiten wir uns schon darum.«

»Und wenn er sich wieder querstellt?«

»Da müssen wir ihm eben ein Kissen aufs Gesicht drücken.«

»Bist du verrückt? Ich hab keine Lust, Jahre im Knast zu hocken. Wir haben’s immer geschafft, zu Geld und Stoff zu gelangen, ohne Gewalt.«

Spricht Diana Schäfer von diesem Kissen tatsächlich bereits, ehe sie die Pension, diese fremde Wohnung, betreten? Und ist dieser alte Mann, Hubert Storch, an diesem Abend tatsächlich ihre einzige Hoffnung, zu Geld zu gelangen?

Jedenfalls: Es ist leicht, die Haustür neben dem ehemaligen Antiquitätenladen zu öffnen. Natürlich: Diana Schäfers Schlüssel paßt. Noch immer ist der Laden hinter den großen dunklen Glasscheiben mit Angeboten gefüllt. Vasen, Schalen aus Glas und Porzellan, Bilder in Öl, Grafiken, alte Plakate. Hat sich niemand darum gekümmert, hat niemand wenigstens eine Bestandsaufnahme gemacht?

Die beiden Mädchen haben kein Interesse an diesen möglicherweise unerwartet wertvollen Gegenständen, dem Ladengerümpel. Sie steigen über die dunkle Treppe in den nächsthöheren Stock. Diana voran. Sie kennt sich ja aus. Hier oben stehen alle Türen offen. Aus einem der Zimmer tönen Stimmen, eindeutig Fernsehstimmen.

»Den hat seine Nachtschwester schon besucht. Verstehst du?«

»Nein.«

»Da kommt keiner mehr heute abend. Der ist nun allein.«

»Wie meinst du das?«

»Daß wir freie Bahn haben.«

»Und wenn nun noch jemand Fremdes in einem der Zimmer kampiert?«

»Da müssen wir uns eben beeilen, ehe er kommt.«

Sie laufen langsam über den Flur, nähern sich der offenen Tür, aus der die Stimmen dringen, blaß und wechselnd das flackernde Fernsehlicht bricht. Diana Schäfer, voran, erkennt den alten Mann im Bett, sieht einen Kopf mit wenigen Haaren, eine Brille über den offenbar geschlossenen Augen. Sie tritt auf ihn zu, wendet sich um. Ihre Zeichen für Tina bedeuten: Der Alte schläft, kriegt nichts mit. Aber sie irrt sich wohl. Tina sieht die großen Augäpfel, schreit plötzlich, macht wilde Armbewegungen: Der ist doch munter, sieht alles, schreit sie.

Da hat Diana Schäfer plötzlich dieses Kissen in der Hand – seit wann?, – stülpt es über den Kopf des alten Mannes, drückt es mit ihren Armen zu beiden Seiten seines Schädels herunter, fühlt seine Kraft, seine Gegenwehr, seine Lebensangst. Storchs gesundes Bein tritt nach oben, sein gesunder Arm schlägt um sich sein Kopf will unter dem Kissen hervor. »Hilf mir, los hilf!«, ruft sie da, schreit: »Tina, ich schaff's nicht allein!« Sogleich stürzt Tina herbei, wirft sich dem strampelnden Bein entgegen, daß eine Ente, dieses Uringefäß, ihren Inhalt über sie gießt. »Pfui, äh«, schreit sie, greift nach dem Bein, hat ein zusätzliches Kissen am Wickel, reicht es Diana, während sie sich auf die Beine des alten Mannes hockt. Dann wirft sie sich über Dianas Rücken, die mit ihrem ganzen Körper auf dem Bauch und dem Gesicht des Mannes liegt, ihn herunterzupressen versucht. So liegen sie, drücken zu zweit, eine über der anderen, endlos, wie ihnen scheint, und voller Angst, denn während sie so liegen und pressen, werden ihnen die weit geöffneten Fensterflügel bewußt und das Licht im Zimmer: Wenn da draußen nun jemand vorbeikommt, etwas bemerkt, ein dumpfes Röcheln etwa des alten Mannes oder gar ein Schreien, wenn jemandem aus den Wohnungen gegenüber ihr merkwürdiges Ringen auffällt, dann kann das ihr Ende sein, ihre Entdeckung. Und so pressen sie nur heftiger, härter, eiliger, versuchen das Aufbäumen des Mannes unter sich abzuwehren. Denn: Hubert Storch, der halbseitig Gelähmte, hat noch erstaunlich viel Kraft in den gesunden Teilen seines Körpers, sein Kopf sucht mehrfach unter den Kissen hinweg zur Seite zu entkommen. »Ich bring dich um«, wiederholt da Diana Schäfer ein paarmal die Worte mit heiser krächzender Stimme, und: »Ich krieg dich still.« Sie wird doch wohl noch genug Muskeln in ihren Armen haben, auch wenn sie ein Mädchen ist und seit Jahren nicht von den Joints und Drops wegkommt.

Und dann ist doch unvermittelt Schluß. Der alte Mann unter ihnen, Hubert Storch, 73, leistet keinen Widerstand mehr, liegt ruhig. »Da war nur noch so ein komisches Glucksen im Bauch«, werden sie später diesen Augenblick beschreiben. Die beiden steigen vom Bett und ihrem getöteten Opfer herunter, sie atmen noch erregt von der langen Anstrengung, sie japsen, sie hecheln. Diana Schäfer greift nach Hubert Storchs Handgelenk. Tina macht sich an seinen Augenlidern zu schaffen. Dann sind sie sicher: Sie haben es wirklich geschafft. Der alte Mann ist tot. Sie fallen sich in die Arme, sie lachen, sie weinen, alles in einem, vor Erleichterung, vor Erschöpfung. Wie lange hat das Ganze gedauert, zehn Minuten, eine Viertelstunde? Viel zu lange. Mit solchen Gedanken stehen sie matt neben dem Toten.

Dann überkommt sie nüchterne Geschäftigkeit. Tina Rockstroh schließt die Fensterflügel, läßt die Rollvorhänge herab. Diana Schäfer läuft durch alle Zimmer. Aber ehe sie etwas berühren, müssen sie ihre Hände sichern, damit sie keine Fingerspuren hinterlassen. Sie haben eh schon genug angefaßt. Diana Schäfer findet ein Paar Stoffhandschuhe, genau ihre Größe. Tina Rockstroh muß sich mit ein Paar Socken begnügen, die sie überstreift und die ihre Hände tapsig machen. Dann endlich können sie von Schrank zu

Schrank, von Kommode zu Kommode, sie öffnen die Türen und Fächer, wühlen in den Inhalten: So viel alte Klamotten, was sollen sie damit? Und die Münzsammlung im Flur? Im ersten Augenblick glauben sie mit ihr den großen Reibach machen zu können, aber dann, nach genauerer Musterung, winkt Diana Schäfer ab. Bis auf einige Stücke mit alten Adlern nimmt ihnen das Zeug wohl keiner ab.

Sie verspüren inzwischen Hunger, aber der Inhalt des Kühlschranks erregt eher ihren Abscheu als ihr Interesse: Joghurt und welke Möhren, Wurstreste. Doch die paar Flaschen Alkohol werden sie mit Sicherheit mitnehmen: Weißen und Braunen, gute Marken. Sie durchwühlen Berge von Papier und Büchern. Weshalb eigentlich? Aus einem Schrankfach stürzen ihnen Videos und Fotografien entgegen. Nicht wenige zeigen nackte Frauen in eindeutigen Posen. »Guck mal, das Schwein«, sagen sie. Für die Videos haben sie Verwendung.

Und wo hat ihr Opfer sein Geld gebunkert? Der Geizhals hat doch seine Mietgelder fast stapeln können. Oder sind ihnen schon andere zuvorgekommen?

Schließlich greift Diana Schäfer unter das Kopfkissen des Toten und holt ein Portemonnaie hervor. Daß sie darauf nicht früher gekommen ist! In den verschiedenen Fächern stecken wenigstens fünfhundert Mark, nicht gerechnet die zahllosen Münzen.

Als sie sich schließlich zum Verlassen der Pension vorbereiten. richten sie den Toten in seinem Bett einigermaßen her, daß es aussieht, als schliefe da jemand in aller Ruhe, legen die Kissen zurück, die sie gebraucht haben. Dann verstauen sie, was sie interessiert, in zwei blaue Müllsäcke aus der Küche, im größeren stecken der Fernseher, ein Videorecorder und allerhand Kassetten, im kleineren sind die Münzen und die Flaschen mit dem Alkohol, aber auch eine Schreckschußpistole, unerwartet hinter Büchern in einem Regal aufgespürt, und die EC-Karte ihres Opfers.

Sie wischen die Gegenstände und Schranktüren ab, die sie angefaßt haben, sie sind dabei eher pingelig als oberflächlich: Daß sich ja nirgends ihre Fingerlinien finden! Wie sie die Treppe hinuntersteigen, erlischt das Dreiminutenlicht. Da läuft Tina Rockstroh im Dunkel noch einmal nach oben, schaltet die Beleuchtung wieder ein, wischt beim zweiten Heruntergehen mit einem Handtuch ihre letzten möglichen Spuren auch da weg, von diesem Geländer.

Sie spüren bald, daß sie mit ihrem großen Müllsack nicht weit kommen. Er ist ungefüge und zu schwer. Da entdecken sie in der Nähe der Pension, am Rande des kleinen Platzes, neben dem Haus mit den Tauben, die Container. Zehn Meter hin stehen sie da wie bestellt. Die Mädchen hieven den großen blauen Plastesack mit den elekronischen Geräten in einen der Müllsammler. Sie werden ihn morgen abholen, vielleicht werden ein, zwei kräftige Jungen dabei helfen.

Sie laufen durch die schmale Schlippe auf den Marktplatz, mischen sich unter die Wartenden an den Straßenbahnhaltestellen. Sie wollen zum Hauptbahnhof. Sie kennen auch dort genügend Leute, bei denen sie sich mit Stoff eindecken oder tauschen können, mindestens kennen sie die Plätze, an denen die Dealer stehen, auch spät abends. Während der Fahrt teilen sie ihre Beute. Jeder erhält die gleiche Menge Scheine. Diana Schäfer bekommt dazu den Revolver und die antiken Münzen. Tina Rockstroh gehören der Schnaps als Anteil und die EC-Karte. Sie reden fast nicht mehr miteinander. Nur soviel: Am Mittwochabend wollen sie sich wieder treffen, am Denkmal. Bis dahin kümmert sich Diana Schäfer um den großen blauen Müllsack und seinen Inhalt.

Sie trennen sich, noch ehe sie den Bahnhof erreicht haben.

3

»Wieviel hast du noch vom Geld?«

»Alles weg. Umgesetzt. Und du?«

»Sie haben den Alten gefunden, Storch, gleich am nächsten Morgen. Sie haben das Haus abgesperrt mit ihren weißroten Bändern, den ganzen Platz. Da konnten wir nicht mehr ran an den Container, den Sack rausholen. Nun wird unser Zeug wohl abtransportiert. entsorgt. Der schöne Fernseher. Der hätte was gebracht. Und die Kassetten ...«

»Die EC-Karte ist auch wertlos. Ich hab keinen Schein ziehen können. Die war schon vorgestern gesperrt.«

»Kennst du die Nummern vom Code?«

»Hast du das wirklich vergessen? Die waren doch aufgeschrieben auf einem Zettel im Portemonnaie.«

»Hat längst nicht so viel gebracht alles, wie wir's uns dachten.«

»Vier Schuß.«

»Hast du jetzt Angst?«

Die Mädchen sitzen am Markt auf der niedrigen Umrandungsmauer am Italiener, abseits von den anderen, die wieder die Stufen unterm Denkmal bevölkern. Auch Bello ist dabei, der diesmal seinen Köter über den Platz hetzt, einen Knüppel wirft, daß der Hund hinter ihm herhechelt. Die Grünzeughändler und die Eßbudenbesitzer haben ihre Stände bereits abgebaut, es ist Abend, ein warmer sonniger Sommerabend. Dieser Mittwochabend. Wie vereinbart. »Wenn jeder die Klappe hält, passiert keinem was. Da brauchst du nicht Angst zu haben. Hast du die Klappe gehalten?«

»Und du?«

Sie versuchen sich das erste Mal richtig und voll in die Augen zu sehen. Aber ihre Blicke flackern rasch, brechen.

Tina Rockstroh, nach einigem Schweigen, zieht plötzlich eine Flasche aus ihrer Jeanskluft hervor, Braunen, Weinbrand, läßt einen Schluck in sich laufen, hält die Flasche schließlich der anderen entgegen: »Du auch, Lady? Ich brauch das jetzt.«

»Wie kann man bloß so'n Zeug schlucken, Braunen. Stammt noch von dem Alten, ja? Du sollst mich übrigens nicht so nennen. Wenigstens du nicht. Lady Di. Soll ich kaputtgehen wie die?«

»Wir gehen alle kaputt.«

»Spinnst du?«

Sie kneifen die Augen zusammen, blicken in die Sonne, sinnieren. Ist der Satz ernst gemeint? Sie sagen manchmal so vieles dumm dahin.

»Ins Apothekenfenster haben sie ein Plakat gehängt: Wer kann Angaben machen über Sonntagabend, wer hat wen gesehen? Ein Bild ist drauf von dem Alten.«

»Im Bett?«

»Ja.«

»Vielleicht setzen sie sogar noch eine Belohnung aus.«

»Das heißt, ich sag's dir: Sie haben nichts. Keine Spuren, keinen Anhaltpunkt, keinen Namen. Niemand hat uns gesehen.«

»Wenn sie den Fernseher finden, haben sie was: Den haben wir beide angefaßt. Hast du die Kiste abgewischt? Nee, nur angetatscht, von allen Seiten, wie ich. Ich sage dir: Die kriegen uns. Es ist alles nur eine Frage der Zeit.«

»Nu mach dich nicht verrückt. Wir werden nichts mehr anzufangen versuchen mit der EC-Karte, wir werden uns nicht mehr zusammen sehen lassen. Wir sind still und quatschen nicht blöde, zu keinem. Da wirst du's merken: Nichts passiert.«

Tut ihnen mittlerweile leid, was geschehen ist? Der alte Mann tot, und alles Geld schon ausgegeben. So schnell. Oder haben sie einfach Angst, entdeckt zu werden? Später wird Diana Schäfer einmal erzählen, daß sie schon am dritten Tag, zwei Tage nach der Tat, drauf und dran war, der Mutter das Geschehene zu beichten. Sie kann nachts nicht mehr schlafen, sie sieht den alten Mann im Bett neben sich, unter sich, sie spürt, wie er sich wehrt, sich windet, sie tritt. Da läuft sie doch zur Mutter. Aber die Mutter hat einmal, nach einem Film im Fernsehen, wo Ähnliches passiert war, ein Mann unter den Händen anderer, viel Jüngerer starb, gesagt: Wenn ein Kind von mir mal so was macht, kenn ich es nicht mehr, nie mehr. Es ist für mich dann genauso gestorben. Da hat sie vor der Mutter nicht reden können, das Verhältnis zu ihr nicht für immer zerbrechen wollen.

Und Tina, Martina Rockstroh, die drei Jahre Jüngere? Martina Rockstroh treibt sich nach der Trennung von Diana Schäfer nachts ziellos in der Stadt herum, trifft eine Bekannte, die sie mit zu sich nach Hause nimmt, Altbau am Bahnhof, eine ganz ordentliche Wohnung. Einige Zeit sitzen sie dort, schwatzen, da flieht Tina plötzlich ins Bad, läßt die Wanne vollaufen, fast überlaufen, schließt sich ein, will allein sein, ganz allein, will mit keinem sprechen und badet, badet, tut ernsthaft nichts anderes als baden, von Mitternacht bis fast zum frühen Morgen, daß die Freundin Angst bekommt: Die wird sich doch nichts antun, so vollgedröhnt, plötzlich eine Heulsuse. Und sie bestellt ein Taxi und läßt die andere zu ihrer Mutter bringen, wo Tina bis zum nächsten Abend durchschläft. »Wo hast du das viele Geld her?« fragt schließlich die Mutter, die in den wenigen Klamotten des Mädchens gestöbert hat. Da sagt Tina Rockstroh: »Schwer erworben. Laß ja deine Pfoten davon.«

Aber hätte sie nicht lieber mit der Mutter geredet? Wieso hat sie sich so gehen lassen, mitgemacht, plötzlich auch ein Kissen zur Hand genommen und alles andere? Wie soll sie's allein ertragen?

So sitzen sie beide nebeneinander auf diesem niedrigen Mauerrand, blicken hinüber, wo der Hund immer noch dem derben Knüppelstück hinterherhechelt, das Bello, wie sie ihn nennen, über den Platz wirft, haben jede ihre eigenen Gedanken und kneifen die Lider zusammen vor der sinkenden Sonne. Ja, es ist das beste, wenn sie sich nicht mehr zusammen blicken lassen, kein Pärchen mehr sind, das leicht auffällt.

Diana Schäfer erhebt sich als erste. »Also, fang keinen Unsinn an mit dieser EC-Karte. Und halt weiter die Klappe, dann passiert keinem von uns was.« Was soll die andere noch sagen? Es ist sowieso alles nur eine Frage der Zeit.

4

Ende November, ein reichliches Vierteljahr später, erhält die Staatsanwaltschaft einen Brief aus der Untersuchungshaftanstalt im Osten der Stadt. Eine Anja König, die ihren Prozeß wegen wiederholten Diebstahls und Drogenmißbrauchs erwartet, bittet um ein Gespräch und erklärt, in der Mordsache Hubert Storch entscheidende Hinweise geben zu können. Erhofft sie sich in ihren eigenen Angelegenheiten ein wohlwollendes Urteil, oder gibt sie nur an wie Dutzende vor ihr auch? Uneigennützig wird sie nicht sein. Freilich, die Zusammenhänge um den Tod des vormaligen Diplomingenieurs, Antiquitätenhändlers und Pensionsinhabers Hubert Storch sind bisher alles andere als geklärt. Man weiß zwar nach der gerichtsmedizinischen Sektion, daß der halbseitig gelähmte Hubert Storch in seinem Bett erstickt wurde, daß sich die Tat in den späten Abendstunden jenes Augustsonntags ereignete und daß es sich ganz offensichtlich um Raub handelte – die Krankenschwester, die den Leichnam Storchs am folgenden Morgen entdeckte, bemerkte auch gleich das Fehlen von Fernseher, Videokassetten und Portemonnaie samt Geld –, aber wer der Täter oder die Täter sind, dafür gibt es kaum vage Anhaltspunkte: Irgendwelche Leute aus dem Milieu? Storch, obgleich schwerstbeschädigt, hat so etwas wie eine Pension geführt, zweifelhaften

Leuten gegen Geld Unterkunft gewährt. Hat einer von denen die Situation ausgenutzt? Aber an wen sollen sie sich halten? Nicht einmal diese verschwundene Schreckschußpistole ist irgendwo aufgetaucht. Und nun will ihnen diese einschlägig Vorbestrafte die Täter gewissermaßen auf dem Tablett servieren?

Aber so ist es. Anja König, sofort vorgeladen und vernommen, gibt ihnen die ersten entscheidenden Hinweise. Martina Rockstroh und Diana Schäfer haben sich an ihre Übereinkunft, eisern gegenüber jedermann zu schweigen, nicht halten können, die Last der Tat war für beide zu groß, und unter Drogeneinfluß wurden sie mitteilsam. Schon im September hat Diana Schäfer von dem Geschehen in der Pension Storch Anja König gegenüber gesprochen, freilich ohne ihre Mittäterin preiszugeben. Der begegnet die König in der Haft, in derselben Zelle: Martina Rockstroh. Als die beiden über gemeinsame Bekannte, auch Diana Schäfer, sprechen, kommt es wie nebenbei zutage: Die Mittäterin vom August ist Martina.

Übrigens erhalten sie bei der Staatsanwaltschaft, fast auf den Tag genau, einen zweiten, ebenso klaren Hinweis. Eine Frau Heinrich erscheint auf einem der Polizeireviere der Stadt, gemeinsam mit ihrer Tochter. Auch dieser Simone Heinrich gegenüber, erfahren die erstaunten Polizisten, hat sich Diana Schäfer über ihre Tat geäußert, auch bereits im September, in einer Disko, »bei persönlichen Gesprächen«. Nun, nach einem handgreiflichen Streit von der Mutter aus einer Wohnung Drogenabhängiger herausgeholt, einer Auseinandersetzung, in die auch Diana Schäfer verwickelt ist, beichtet Simone Heinrich der Mutter ihr Wissen um das zurückliegende Geständnis der anderen.

Und warum haben die beiden, Anja König und Simone Heinrich, über so viele Wochen geschwiegen, eiserner als die Täterinnen selbst? Der Fall führt in ein Milieu unterschiedlichster Abhängigkeiten und eigener Moral.

Diana Schäfer, infolge dieser angedeuteten Handgreiflichkeiten seit zwei Tagen einsitzend (sie steht übrigens anfangs unter erheblichem Drogeneinfluß und ist nicht ansprechbar, wird sogar als suizidgefährdet eingestuft), und Martina Rockstroh, schon seit Wochen in Haft. werden bald auch mit dem anderen, umfassenderen Tatvorwurf konfrontiert. Sie sind beide geständig. Martina Rockstroh unumwunden, Diana Schäfer mit Verzögerungen. Es ist, als ob eine schwere Last von ihnen fällt, weil sie endlich darüber sprechen können. Sie haben, sagen sie, Hubert Storch nicht töten wollen, sie wollten nur an seine Werte und sein Geld. Aber als er sich dann wehrte, ist es gekommen, wie's kam.

Martina Rockstroh, sechzehneinhalb, und Diana Schäfer, zur Tatzeit zwanzig Jahre und fünf Monate alt, haben früh nachteilige Lebenserfahrungen machen müssen. Dianas Vater, fünfzehn Jahre im Ausland tätig, an der Seine, auch im Irak, hat seine Tochter immer mit ungewöhnlichen Geschenken überraschen können. Aber nach der Wende auf einmal arbeitslos und tagtäglich zu Hause, wird er zum Ekel, er trinkt, streitet, prügelt sich herum, hadert mit seinem Leben. Die Folgen: Scheidung und eine Mutter, die ihrer Tochter nicht mehr Herr wird. Selbst ein Heimaufenthalt ändert nichts. Auch Martina Rockstroh kennt Heimaufenthalte, Schulschwänzereien, auch sie hat geschiedene Eltern. Mutter und Lehrer haben ihr nichts mehr zu sagen. Als man ihnen schließlich Drogen anbot, haben beide nicht widerstanden. Erst Stroh und Hasch, bald das harte, teure Heroin, geraucht und gespritzt. Und womit die Dealer, die Ware bezahlen? Da war die kriminelle Laufbahn vorgezeichnet.

Diana Schäfer und Martina Rockstroh sind auch vor Gericht weitgehend geständig. Sie nennen viele Einzelheiten der Tat, die noch kein Polizist ermittelt hat. (Zum Beispiel: Den blauen Beutel im Abfallcontainer hat seinerzeit niemand entdeckt. Ist er von der Müllabfuhr entsorgt worden, oder hat ihn jemand Neugieriges zuvor aufgespürt?)

Aber die Anklage lautet nicht auf Raub mit Todesfolge, sondern auf Mord. Und so spielen die Kissen, mit deren Hilfe Hubert Storch zu Tode gebracht wurde, in den Befragungen keine geringe Rolle. Wann hat man sich entschieden, sie ans Bett des Opfers mitzunehmen? Hat nicht schon auf der Straße festgestanden, als Martina Rockstroh einwilligte, anstelle des nicht erschienenen Mambo mit Diana Schäfer in die Pension hinaufzusteigen, daß man notfalls den Tod Hubert Storchs ins Kalkül ziehen müsse, um an den Fernseher und ans Geld zu gelangen? Hat das nicht mindestens im Vorraum vor Hubert Storchs

Schlafzimmer ihre Entscheidungen bestimmt? Und der Satz »Ich bringe dich um«, an den sich Martina Rockstroh wohl erinnert, den gesprochen zu haben Diana Schäfer aber konsequent abstreitet? Die urteilende Kammer hat keinen Zweifel, daß er gesprochen worden ist.

Ja, man ist sich sicher: Es war Mord. Aus Habgier und um die andere Straftat zu ermöglichen, den Raub, haben sich die angeklagten Mädchen heimtückisch die Arglosigkeit ihres wehrlosen Opfers zunutze gemacht.

Neun Monate nach ihrer Tat wird Diana Schäfer zu acht Jahren Jugendstrafe, Martina Rockstroh zu siebeneinhalb Jahren verurteilt. Man berücksichtigt dabei, daß eine verminderte Steuerungsfähigkeit der drogenabhängigen Angeklagten in ihren Entschlüssen zur Tatzeit nicht mit letzter Sicherheit zu verneinen ist. Dazu wird eine Unterbringung beider in einer Erziehungsanstalt angeordnet. Die Staatsanwaltschaft beantragt Revision hinsichtlich der verminderten Steuerungsfähigkeit, die Angeklagten wollen eine Revision des Strafausspruchs. Beide Anträge werden vom Bundesgerichtshof verworfen. Die Strafen sind rechtsgültig.

5

Das Haus an der Schlippe hinterm Markt, das Haus mit dem hölzernen Storchenpaar und der merkwürdigen Pension ... Es ist inzwischen leer, unbewohnt, eine Immobilie, zum Verkauf bestimmt, die keinen Käufer findet. Über den Giebel hinweg, unter den Störchen, zwischen blinden Fensterreihen, hängt eine schmale Bahn inzwischen hoffnungslos angeschmutzten Leinenstoffs mit Telefonnummer, Fax und Adresse des möglichen Kaufvermittlers. Hinter den Schaufensterscheiben im Parterre, auf einem Podest, steht Geschirr, liegen ein paar grafische Drucke. Die muß noch Hubert Storch dort hingeordnet haben.

Auch die zwei, drei Fachwerke nebenan verrotten ständig mehr, sie werden höchstens im Parterre für ein, zwei Läden genutzt. Möglich, daß sich nach Jahren doch noch ein Großinvestor findet, der einen kleinen Glaspalast dafür hinsetzen darf? Bei der supergünstigen Lage! Für die Häuser nebenan hat es in der Vergangenheit immer mal wieder entsprechende Anfragen gegeben.

Wie in einer griechischen Tragödie
Ich habe sie alle im Schlaf getötet

1

So sehe ich ihn noch in Jahren vor mir, ich weiß es: hilflos, den Kopf schräg zur Seite gewandt, den wunden Blick hinter den großen Brillengläsern den Kameras und Apparaten entgegengehoben, die nun auf ihn zugereckt werden, Dutzende neben- und übereinander. Blitzlichter blenden, Kameras arbeiten, das ist der Augenblick, auf den sie wenigstens ein halbes Jahr gewartet haben. Nun haben sie ihn vor ihren Linsen, endlich, endlich, das Monster, den Unmenschen, den Axtmörder. Und er wartet, daß die stählernen Fesseln abgenommen sind, die zähe Prozedur beendet ist und er die Hände abwehrend, abschirmend vor sein Gesicht heben, er sich überhaupt abkehren kann: in diese schmale Ecke zwischen geöffneter Saaltür und Wand flüchten, ihnen nur noch den Rücken entgegenstrecken ... Und so steht er dann auch, den Kopf an die Saalwand gelehnt, ein kleiner, schmaler gelber Pullover, über den die Blitzlichter zucken.

2

Er mochte die hohen Häuser nicht, die städtischen Mietbauten, eng aneinandergestellte Blöcke, die sich Licht und Luft nahmen, erst recht nicht die Steinscheiben der Neustadt, übereinandergepackte, immer gleiche Wohnscheiben mit höchstens armbreiten Balkons. Dabei hatte er es seit jeher mit allen Sorten Häusern zu tun. Monat für Monat. Die Baubetriebe hatten ihn nicht als Lehrling nehmen wollen, damals gleich nach der Schule. War er ihnen zu spillrig, zu schwach, trauten sie seinen schmalen Händen nicht zu, daß sie zupacken konnten? Da war's ein Glück, daß der Vater ihn noch bei den Klempnern unterbrachte. Der Vater hatte reichlich Verbindungen in den Dörfern und städtischen Vororten ringsum.

Und nun war er vierzig, zweiundvierzig, erfahren in der Arbeit, und überall in der Stadt und auf den Dörfern fanden sich die Spuren seiner Hände.

»Hans ist ein Fuchs, eben schon über zwanzig Jahre im Beruf«, sagte Hubert G. aus seinem letzten Betrieb. »Ich wollte auch seinem Sohn einen Lehrvertrag geben. Wie der Vater, so der Sohn, dachte ich, ordentlich, fleißig, verträglich. Und wenn er Dachdecker werden will, noch was von richtiger Händearbeit hält, kann er bei mir anfangen.«

Der Sohn, der Älteste, Karsten. Er machte früh aus der Ehe eine Familie. Da war die Mutter zwanzig, der Vater fünfundzwanzig. So mußte es auch sein, das waren die richtigen Abstände. Claudia und er träumten beide nicht bloß von einem einzigen Kind. Doch sie ließen sich Zeit. Erst im Wendejahr kam Michael, fünf Jahre darauf Martin. Schon längst sollte da ein Mädchen drunter sein. Das erschien dann weitere drei Jahre später. Die, Annett, vergötterten alle, zumal die Jungen (auch wenn sie mit dem Baby noch nicht viel anzufangen wußten), vor allem aber der Vater. Er brachte ihr Plastepuppen zum Greifen und fürs Baden, auch Rasseln, was er alles nicht sollte, es existierten noch genug, zurückbehalten von den älteren Geschwistern.

Einmal lassen sie sich ein Bild von allen machen, ein richtiges farbiges Profifoto: Sie alle im Studio, wie selbstverständlich hingeordnet, eine glückliche Familie. Die Mutter, vorn links sitzend, hat die Arme um die kleine Annett gelegt, die Jungen stehen rechts hintereinander, ganz hinten der Älteste, Karsten, daneben der Vater. Alle sind locker, heiter. Besonders den kleineren Jungen scheint die Sache großen Spaß zu machen.

Das Bild geht monatelang durch alle Zeitungen, freilich unvollständig: Das Porträt von Hans Greiner ist wegretuschiert.

3

Hubert G., Unternehmer:

»Ich hatte Hans am Mittwoch das letzte Mal hier auf meinem Bauhof gesehen. Wir erledigten gemeinsam die Lohnabrechnung fürs regionale Büro. Danach bat er mich um einen freien Tag. Er wollte mit einem seiner Söhne zum Arzt. Ich erkundigte mich nicht weiter. Warum sollte ich Hans den Tag nicht zugestehen?

Daß er aber auch am Freitag nicht erschien, weder in unserer Zentrale noch auf einer unserer Baustellen, brachte uns ein paar unerwartete Nacharbeiten ein. Doch ich konnte mich erst am Dienstag ernsthaft um die Angelegenheit kümmern. Da war ich dann doch schon ernsthaft in Sorge. Vier Fehltage, noch dazu ohne die geringste Erklärung, das hatte es noch bei keinem unserer Mitarbeiter gegeben. Und nun ausgerechnet bei Hans? Ich versuchte ihn ein halbes Dutzend Mal vergeblich übers Handy zu erreichen. Da schickte ich einen unserer Wagen mit zwei Kollegen los. Sie sollten herausfinden, was Sache war. Etwa ein Unfall? Eine Stunde später kamen sie zurück, erzählten: Hans wohnte nicht schlecht in seiner neuen Siedlung. Aber seine Doppelhaushälfte lag verschlossen, die Rolläden ringsum waren heruntergelassen. Niemand reagierte auf Klingeln oder Klopfen. Die Nachbarn hatten die Greiners seit Tagen nicht gesehen, weder Hans noch die Kinder.

Da informierte ich die Polizei.«

»Einmal fuhr ein fremder Wagen im Bauhof vor. Ein Mann aus Erfurt oder Nürnberg stieg aus, gab sich als mehrfacher Hausbesitzer zu erkennen. In einem seiner Häuser wohnte Hans Greiner, sagte er, und war mit der Miete deutlich im Rückstand. Ob ich ihm nicht helfen könnte. Ich lachte nur: ›Das ist Ihre Privatangelegenheit. Ich hab keinen Nerv, auch noch anderer Leute Zahlungsrückstände einzutreiben. Ich hab genug mit meinen eigenen Außenständen zu tun.‹

Ich bin dem Mann im grauen Mercedes nicht noch mal begegnet. Aber ich habe Hans nach einiger Zeit nach seinen Mietzahlungen befragt. Da erklärte er, er sei wieder voll auf dem laufenden.

Ich hätte es nicht bei dieser Auskunft bewenden lassen dürfen. Ich hätte nachhaken müssen. Ich wußte doch, daß Hans manchmal Geldprobleme hatte. Ein- oder zweimal hatten wir ihm nicht seinen ganzen Lohn auszahlen dürfen. Aber hätte ich etwas bei ihm erreicht? Was sein Leben nach der Arbeit betraf, ging keinen etwas an. So immer sein Standpunkt. Und ist das nicht die Ansicht der meisten? Ich weiß nicht, ob ich mir Vorwürfe machen muß ...«

4

Heiner B., Ingenieur:

»Ich besitze ein paar Doppelhäuser hier im Osten, die ich vermiete. Ich komme nur in Abständen hierher. Da ist man froh, wenn alles einigermaßen glatt läuft, keine ernsthaften Havarien und Schäden auftreten, die Leute pfleglich mit dem Inventar und den Außenanlagen umgehen und vor allem die Mieten pünktlich gezahlt werden. Mit Herrn Greiner hatte ich da immer meine Schwierigkeiten. Dabei war er anfangs freundlich und umgänglich, und ich dachte: Einen Handwerker vor Ort zu haben, wenn du selber ein paar hundert Kilometer entfernt wohnst, ist nicht das Schlechteste, da hast du immer jemand, der nach dem Nötigsten sieht. Seine vier Kinder werden das Haus schon nicht so schnell herunterwohnen. Aber daß alles so schmerzhaft enden würde ...

Ich war schon eine halbe Stunde vor dem vereinbarten Termin vor Ort. Vielleicht konnte ich noch einmal mit Herrn Greiner reden, das Schlimmste abwenden, obschon ich froh war, daß das Gericht die Zwangsräumung entschieden hatte. Ich klingelte erfolglos wie offenbar schon andere vor mir. Das Haus lag leer, ruhig. Da werden sie den Auszug schon allein bewerkstelligt, längst eine andere Wohnung gefunden haben. Nur die sauber weggestellten Gartengeräte und ein zurückgebliebener Kinderroller ließen mich ein bißchen stutzig werden. Und eine Nachbarin, die bald danach auftauchte, erklärte: Bei den Greiners hat sich tagelang nichts gerührt. Nur Greiners Firmen-Kombi hat noch am vergangenen Tag in der Nähe geparkt, der aber ist nun auch verschwunden. Und von einem Umzug hat sie nicht das geringste bemerkt.

Kurz vor acht, ein paar Minuten vor dem vereinbarten Termin, kam dann der Gerichtsvollzieher. Er hatte den Schlüsseldienst und einen Umzugswagen gleich mitgebracht.

›Die Leute hier‹, sagte ich, ›wohnen seit über einem Jahr in diesem Haus. Sie haben freiwillig noch nicht einen Pfennig Miete an mich bezahlt. Ich bekam, was ich bekam, höchstens über Pfändungen. Da habe ich endlich diese Räumung beantragt. So leid mir tut, was nun geschieht, es geht wohl nicht anders.‹

›Sie brauchen sich nicht ausgerechnet bei mir zu entschuldigen‹, erwiderte der Gerichtsvollzieher. ›Da gibt es wohl auch noch andere Schulden.‹

Die Tür ließ sich leicht öffnen, es gab keine zusätzliche Sperre von innen, wie ich plötzlich vermutet hatte. An dem Schlosser vom Schlüsseldienst vorbei betrat der Justizangestellte als erster den Hausflur. Er hatte noch einmal ohne Ergebnis die Klingel betätigt.

Ich folgte ihm. Es roch etwas abgestanden. Hier war seit Tagen nicht gelüftet worden. An der Flurgarderobe hingen Jacken, etwas tiefer auch Kinderanoraks. Die Tür zum Wohnzimmer war nur angelehnt. Ich schob sie zurück, betätigte den Schalter der Lampe. Ich sah die Frau gleich, ihr Gesicht war blutüberströmt, ihr Hals eine rote Masse. Aber sie lag ruhig, wie hingebettet. Über sie war eine Wolldecke gebreitet.

Ich stand starr. Solchen Anblick kannte ich nur vom Fernsehen. Tote nach Explosionen oder irgendwelchen irrsinnigen bewaffneten Auseinandersetzungen hatten solche entsetzlich zertrümmerten Gesichter.

Der Justizangestellte war in diesem Augenblick gefaßter als ich. Er lief durch das Zimmer, an dem Tisch mit den zwei Flaschen und dem umgefallenen Glas vorüber, und berührte die Stirn der Frau. Wozu eigentlich? Dann sagte er: ›Ich fürchte, da gibt es noch mehr Tote im Haus.‹ Aber wir gingen nicht in die anderen Zimmer. Wir drängten die Möbelpacker und den genauso neugierigen Schlosser vom Schlüsseldienst zurück, hinderten sie am Eintreten. Für die Geschehnisse hier waren nun andere zuständig.«

5

Walter B., 61:

»Ich arbeite seit dreißig Jahren als Staatsanwalt. Nie habe ich angenommen, daß ich kurz vor Ende meines Berufslebens noch einmal mit einem derartigen Vorfall konfrontiert werden könnte. Diese Tat ist die brutalste in den letzten dreißig Jahren in unserer Region. Ein Mann löscht seine Familie aus ...«

Greiner sagte später aus: Er tötete zunächst seine Frau, die auf der Wohnzimmercouch lag, dort eingeschlafen war. Er benutzte dazu die größte Axt, deren er auf seiner Arbeitsstelle hatte habhaft werden können. Sie hatte einen Stiel von 62 Zentimetern Länge, die Schneide war 13 Zentimeter breit. Greiner vollführte damit zwei massive Hiebe, der eine traf den Kopf seiner Frau, der andere durchtrennte ihre Halswirbelsäule. Danach, in der oberen Etage, wo die Kinderzimmer lagen, tötete er seine drei Söhne auf ähnliche Weise, zunächst den ältesten. Den jüngsten erstickte er mit einem Bettkissen, der Bruder im Bett daneben sollte nicht aufwachen. Er schob sogar den Pulli des Kleinen hoch, horchte den Körper des Kindes ab, ob das Herz noch schlug. Für den Zehnjährigen brauchte er dann wenigstens sechs Hiebe.

Am Morgen schreckt ihn das Rufen der anderthalbjährigen Tochter aus seinem dumpfen Sinnieren. ›Papa‹, ruft sie. Sie liegt im Ehebett. Da legt er sich zu ihr, beschäftigt sich vielleicht eine halbe Stunde mit der Kleinen, schmust mit ihr, bis sie einschläft. Danach entschließt er sich: Er will ihr die vermeintlich schwere Zukunft ersparen, erstickt auch sie unter einem Kissen.

Und warum das alles, warum diese unfaßbare Tragödie?

In einem der beiden Computer, die es im Hause gab, fanden wir eine Mitteilung, einen Abschiedsbrief. ›Kein Geld, keine Wohnung‹, so hieß es sinngemäß dort, ›so kann ich nicht weiterleben. Ich will nicht, daß meine Familie auf der Straße lebt. Ich will meine Familie und mich nicht dieser Schande aussetzen. Ich liebe meine Familie. Man möge mir verzeihen, was ich tat.‹

Da hatten wir unter Umständen schon das Entscheidende: In der bevorstehenden Zwangsräumung und in den offensichtlichen Schulden der Familie mußten wir den Ausgangspunkt für diese Katastrophe suchen. Hatte es denn keinen Ausweg gegeben, niemanden, der half, helfen wollte?

Inzwischen hatten wir längst die Fahndung nach Greiner ausgelöst. Offensichtlich hatte er sich mit seinem Firmen-Kombi abgesetzt, der in dieser Nacht von dem Parkplatz in der Nähe verschwunden war. Gegen Mittag entdeckte jemand den Wagen am Steilufer eines Sees in der Nähe. Aber wir kamen zu spät. Vielleicht war es auch ein Irrtum gewesen. Am Abend half ihm ein Ingenieur, den festgefahrenen Kombi auf einem Wiesenweg wieder flott zu machen. Der informierte, als er begriff, wem er geholfen hatte, die Polizei. Keine Stunde später hatten wir Greiner. Er hockte auf dem Fahrersitz seines Wagens, hatte sich mit einer Rasierklinge die Pulsadern geöffnet, das Blut war über die Sitzpolster geflossen. Aber er lebte. Mit dem Notarztwagen brachte man ihn ins Krankenhaus.

Die Tötungen waren in der Nacht auf Sonntag erfolgt. Greiner hatte sich Mittwochnacht abgesetzt. Er hatte sich noch drei Tage in dem Totenhaus neben den Leichen seiner Familie aufgehalten.«

6

Prof. Alexander N., Institut für Gerichtsmedizin:

»Ich habe mit dem Angeklagten mehrfach gesprochen, das erste Mal gleich nach seiner Verhaftung, morgens in der Klinik. Noch ganz unter dem Druck der Ereignisse, lag er vor mir, er hatte viel Blut verloren. Die Ärzte sollten nichts unternehmen, verlangte er, lassen Sie mich sterben, ich habe meine Familie getötet. Annett sitzt am Bett, sagte er noch, seine Jüngste. So empfand er es, eine Pseudohalluzination.

Beim zweiten Gespräch, im Haftkrankenhaus, hat er mir alle meine Fragen beantwortet, vier Stunden lang, freilich immer nur kurz, mit einer Art passiver Aggressivität: Geben Sie sich keine Mühe, ich werde mich doch umbringen. Aber er hat mir genau die Abfolge seiner Taten geschildert: ›Ich habe sie alle im Schlaf getötet.‹

Im April traf ich auf einen völlig veränderten Greiner. Er rechtfertigte sich ständig. Ich begriff: Er hatte die Wende als negativen Einschnitt in seinem Leben empfunden. Er war mit den Veränderungen danach nicht zurechtgekommen, mit den neuen Normen und Gewohnheiten. Wäre das neue System nicht gekommen, sagte er – ja, er sagte: System –, wäre nichts von dem geschehen, was geschehen war. ›Und du‹, fuhr er mich geradezu an, ›bist ein Teil des neuen Systems. Ich mußte machen, was passiert ist, weil die Situation für uns ausweglos war.‹

Als er aus dem Krankenhaus in den Strafvollzug überstellt wurde, erklärte er mir: Nein, er denke nicht mehr daran, sich umzubringen. Es sollte nun doch zu dem Prozeß kommen. Er wollte dem gefaßt entgegensehen. Aber er bewältigte die Entscheidung nicht, er zitterte ständig am ganzen Körper.

Manchmal sah er in mir den Arzt, besonders in der Zeit, nachdem er diese größere Menge Tabletten geschluckt hatte. Ich könne seine Leiden nachvollziehen, meinte er. Er entschuldigte sich für manches aggressive Verhalten zuvor. Er sprach auch erstmals gegenüber einem anderen Menschen von den Depressionen, die ihn gelegentlich heimgesucht hatten, über Tage und Wochen hinweg, ›kurioserweise seit einem halben Jahr nicht mehr‹. Ihretwegen hatte er nie einen Arzt aufgesucht.

Aber das sind allesamt keine Störungen von Krankheitswert. Auch lassen sich keine schweren seelischen Abartigkeiten beim Angeklagten feststellen. Es gibt bei allen fünf Tötungen keinen Anhalt, daß seine Einsichts- oder seine Steuerungsfähigkeit eingeschränkt oder gar aufgehoben waren. Hans Greiner wußte immer, was er tat.«

7

Dieses Foto der glücklichen Familie ... Als es aufgenommen wird, sind die Finanzprobleme Hans Greiners schon erheblich. Claudia Greiner weiß, daß es ihnen immer wieder an Geld fehlt, daß sie mit der Miete im Rückstand sind, aber wie hoch ihr Schuldenberg ist, ahnt sie nicht. Hans hat alle Fäden in der Hand, Hans wird es schon richten, er ist das Familienoberhaupt, zuständig für die Finanzen.

1994 beziehen sie eine neue Wohnung, die Familie ist gewachsen. Gibt es da schon diese Klempnerarbeiten, die er in eigener Regie und Verantwortung durchführt? Er muß Material kaufen, vorfinanzieren, und plötzlich platzt ein Auftrag, oder der Kunde ist zahlungsunwillig, sogar pleite. Sie haben sich einige Möbel für die neue Wohnung angeschafft, außerdem sind die Raten für das Auto, den Kombi, fällig. Und für die negativen Folgen eines Gutachtens muß er materiell einstehen. Behält er noch die Übersicht? Oder läßt er sich verleiten, zu unnötigen Krediten etwa? Vertraut er zu leicht?

Der Mensch muß sauber seine Arbeit verrichten, der Mann für seine Familie sorgen, ein Vater für seine Kinder. So hatte er's von den Eltern gelernt. Aber nun gelang es nicht immer. Schulden gehörten plötzlich zum Leben. Jeder sah zu, daß er zu Geld kam. Und die Menschen lebten härter im Umgang miteinander, rücksichtsloser, sie dachten, aufs Materielle orientiert, viel öfter nur an sich. Er auch?

Er führt eine gute Ehe, die Kinder wachsen ordentlich heran, schließlich kommt noch das Mädchen. Kinder haben Wünsche: Keinem soll es am Nötigsten fehlen. Ein paarmal fahren sie für eine Woche in Urlaub an die Ostsee. Da begreift Greiner plötzlich: Er hat sein halbes Leben lang fleißig gearbeitet, Woche für Woche, nun droht ihm der Ruin. Er kommt und kommt nicht von seinen Schulden herunter. Er wird für seine Familie nicht mehr ordentlich sorgen können. Zum ersten Male hat er diese Vorstellung: Er geht durch eine Straße, und die Hochhäuser kippen von beiden Seiten auf ihn herab. Und nirgendwo ein Davonkommen: Am Ende der Straße steht eine hohe, unübersteigbare Wand.

Aber noch hat er Hoffnung, redet er es sich ein: Er wird es schon schaffen, er ist kein Versager. Es ist nicht weiter schlimm. Er wird sich, zum Beispiel, noch weiter selbständig machen.

Er ist ruhig, verschlossen, er trägt alles allein mit sich aus. Weshalb soll er sein Herz auf der Zunge spazieren führen. Dabei möchte er sich bestätigt sehen: Was er tut, tut er richtig. Zu einer Schwester, die ihn beleidigt, bricht er die Beziehung dauerhaft ab. Er kann sehr nachtragend sein.

1998 steht plötzlich die erste Zwangsräumung ins Haus. Bei den Behörden kennt man Greiner schon. Aber er findet einen neuen Vermieter, eine neue Wohnung, diese Doppelhaushälfte in der Neubausiedlung. Von soviel Platz für die Familie hat er einmal geträumt. Freilich, die Miete ist höher, fünfzehnhundert Mark monatlich plus Nebenkosten. Da bleibt ihnen samt Kindergeld nur die gleiche Summe zum Lebensunterhalt: für eine sechsköpfige Familie. Glaubt er wirklich, das alles zu schaffen, oder läßt er sie sehenden Auges in die Katastrophe gleiten?

Er muß Material für seinen Nebenerwerb kaufen, manches läßt er sich auch aufschwatzen. Die unbezahlte Rechnung einer Weingroßhandlung wird ihm der Staatsanwalt vor Gericht besonders vorhalten. Aber da ging es um billige Säfte. Doch so kommen immer neue Schulden hinzu.

Im Sommer kündigt ihm der neue Hausbesitzer enttäuscht: Greiner hat noch keine Miete bezahlt. Zwei Monate darauf erhält Greiner die Kündigung ein weiteres Mal übers Gericht. Im November soll er die Wohnung räumen. Nimmt er die Mitteilung vom Gericht nicht ernst? Der Pfänder hat ihn aufgefordert, sich von der Schuldnerberatung helfen zu lassen. Man rät ihm auch, einen Räumungsschutzantrag zu stellen. Er lehnt jede Hilfe ab. Wozu sie nur alle so auf ihn eindrängen: Er wird es allein schaffen. Am Telefon sagt er: Es gibt keine Probleme, er hat eine andere Wohnung in Aussicht.

Doch Ende Februar des folgenden Jahres weiß er längst: Nun wird ihre Doppelhaushälfte in der Siedlung zwangsgeräumt, es gibt keine Ausflucht mehr. Er hat sich inzwischen verschiedene Wohnungen angesehen, eine, die in Frage kommt, liegt im Nachbardorf.

Am ersten Sonnabend im März sucht er sie noch einmal auf. Da erfährt er: Es wird nichts mit dieser Wohnung, aus was für Gründen auch immer, er hat sich etwas vorgemacht. Eine andere Familie wird sie beziehen. Tief getroffen fährt er zurück. Er läuft wieder auf diese Wand zu, und die Häuserfronten stürzen auf ihn herunter. Vom kommenden Mittwoch an werden sie alle auf der Straße liegen, obdachlos.

Er kommt zu Hause an, er kann nichts von allem mit seiner Frau besprechen, er kann es den Kindern nicht sagen. Sie sollen ihn nicht für einen Versager halten. Also tut er, als sei alles in Ordnung. Am Nachmittag fängt er an, mit seiner Frau und den größeren Kindern die Schränke und Regale leerzuräumen, die ersten Koffer und Kartons zu packen.

In der frühen Nacht sitzt er im Wohnzimmer, seine Frau ist auf der Couch gegenüber eingeschlafen. Es ist still im Haus, eine bedrückende, entsetzliche Stille. Es müssen schlimme Stunden für ihn gewesen sein. Er läuft diese Straße entlang, und vorn ist die Wand. Es ist alles kaputt, denkt er, es gibt kein Zurück.

Er hat schon zweimal versucht, seinem Leben ein Ende zu setzen, mit untauglichen Mitteln, allein. Diesmal werden sie alle gemeinsam gehen, und es wird sicher sein, er wird es besser machen. Er hat sieben Jahre lang keinen Tropfen Alkohol angerührt, nun sucht er zusammen, was er finden kann, in der Küche, in den Schränken: zwei kleine Flaschen, Amarettolikör, Wodka. Er trinkt sie aus, Schluck für Schluck. Wie hoch ist die Hürde, die er überspringen muß? Irgendwann geht er zu seinem Auto, dem Kombi, holt die schwere Axt mit der breiten Schneide.

Am nächsten Tag, Sonntagnachmittag, rührt er die bereitgelegten Tabletten in ein Glas Wasser, trinkt es aus, legt sich aufs Ehebett neben die Tochter. Aber am Morgen erwacht er wieder. Später beginnt er nach seinen Rasierklingen zu suchen. Doch sie erweisen sich als stumpf. Mit den gekauften neuen schneidet er sich an einem Acker zwischen Maisfeld und Wiesenweg tief die Ader ein. Aber man findet ihn, der Arm ist abgebunden, und die Notärzte können sein Leben retten. Nicht einmal dazu hat er den Mut, denkt er, nicht einmal das schafft er, er ist ein Versager. »Laßt mich sterben«, sagt er. »Ich habe meine Familie getötet.«

8

Die Beisetzung der Opfer, die Überführung Greiners aus dem Haftkrankenhaus in den Vollzug – die Medien berichten über Monate hinweg von dem Fall. Ende August soll der Prozeß beginnen. Aber der Angeklagte kann unerwartet nicht vorgeführt werden. Er hat die verschriebenen Beruhigungstabletten über Tage gezielt gesammelt und am Morgen vorm ersten Termin alle auf einmal eingenommen. Bloß um den Verhandlungen aus dem Weg zu gehen? Der Prozeß muß neu angesetzt werden. Es wird darüber Dezember.

»Zehntausende Menschen«, sagt der Staatsanwalt im Dezember, »müssen in diesem Lande oft weitaus mehr Schulden loszuwerden versuchen. Knapp fünfzigtausend Mark, da bestand für Sie kein Grund zur Verweiflung. Es gab ja auch Hilfsangebote. Warum haben Sie sich nicht mit Ihrer Familie besprochen, mit Ihren Verwandten, Ihrer Frau?«

Der Staatsanwalt, im Prozeß, beantragt eine lebenslange Freiheitsstrafe. Aber das Gericht verurteilt Greiner zu dreizehn Jahren und sechs Monaten Haft. Fünf Tötungsdelikte im Zustand verminderter Schuldfähigkeit liegen vor, befinden die Richter, nachdem ein erweiterter Selbstmord geplant war. Und der Alkohol potenzierte, er hemmte nicht. Auch kein Totschlag »im schweren Fall« ist zu konstatieren, auch nicht bei der anderthalbjährigen Annett, und nirgendwann eine feststellbare Heimtücke.

»Schicksalhaft spitzte sich für den Angeklagten seine Situation an diesem Wochenende zu. Sie alle, Frau und Kinder, plötzlich ohne Behausung auf der Straße, und er völlig unfähig, sein Versagen zu gestehen, auch unfähig, die unaufhaltsam wachsenden Schulden zu tilgen. Die Situation nimmt ihm die Freiheit, anders zu entscheiden. Wie in einer griechischen Tragödie wird er bei seiner pathologischen Persönlichkeitsstruktur unausweichlich in den Untergang getrieben, und die von ihm geliebten Personen sollen nicht in einer elenden Welt zurückbleiben.«

9

Noch einmal, ein letztes Mal, drängt sich der Pulk der Fotografen, richten sie ihre Kameras und Apparate, läßt sich der kleine Mann im gelben Pullover die Handschellen in der Öffentlichkeit anlegen. »Daß Sie die Verarbeitung Ihrer Taten schaffen, das wünschen wir Ihnen.« Bleiben die Worte des Vorsitzenden Richters im Ohr?

Dreizehneinhalb Jahre – natürlich hat er mit mehr Jahren gerechnet. Aber was ist ein Jahr da oder dort? Es hat dreihundertfünfundsechzig Nächte. Und in jeder werden die Bilder kommen ...

Harald Korall
Eine Rose für die Tote
Authentische Kriminalfälle

192 Seiten · Hardcover
ISBN 3-86189-176-X
12,80 Euro · 23,00 sFr

Die Täter, ihre psychologischen Profile und realen Absichten stehen im Mittelpunkt der Erzählung.

arald Korall
ie Stunde vor Mitternacht
uthentische Kriminalfälle

92 Seiten · Hardcover
BN 3-86189-127-1
2,80 Euro · 23,00 sFr

ie Aufklärung der Verbrechen eeindruckt ebenso wie die arstellung des seelischen und ozialen Befindens von Tätern und pfern. Die authentischen Fälle ufen umso größere Bestürzung ervor, als Täter und Opfer zum eil miteinander verwandt sind.